第二版

正向心理學

Positive Psychology:
The Science of Happiness
and Human Strengths (2nd Edition)

Alan Carr 著　鄭曉楓 總校閱

鄭曉楓、余芊瑢、朱惠瓊 譯

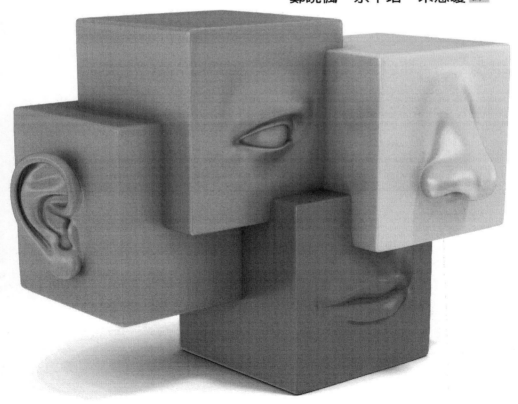

譯序　夢想起飛，航向幸福世界

人生，就是值得做一些瘋狂疲累，但非常有意義的事，尤其跟自
己的好友！2011 年冬天，我們三個人，因為一個夢想而凝聚。

可能是因為走過的生命經驗、曾致力於相關的研究，或受到正向心理學
價值的感召，我們真心認為，幸福快樂是生命歷程中很重要的一件事。就這
樣一個簡單的初衷，我們迫不及待地想將這個在全球已如火如荼發展的正向
心理學相關領域推廣給社會大眾。選書的過程中，我們埋首於十幾本正向心
理學的相關書籍，謹慎琢磨、來回審閱，目的就是希望能找到一本平易近人，
但又有完整學理、豐富實例及大量研究的專書，最後我們很高興挑中了 Alan
Carr 撰寫的 *Positive Psychology: The Science of Happiness and Human Strengths*，
而當時（2011）此書也正在改版中，這讓接下來要譯稿的我們非常興奮，因
為可以將最新的資料呈現給所有的讀者。遂後，我們團隊就展開了一連串轉
譯、討論、修改、校閱等艱辛歷程，常常在忙碌的教書工作後，挑燈夜戰繼
續逐字逐句譯稿，再辛苦也甘之如飴，因為這是我們的夢。

整體而言，本書帶領我們了解正向心理學的內涵，從智慧、情緒、特質、
自我、關係等生活向度，探索個人的內在價值和資源，並透過優勢與美德創
造豐富的生命意義。在內容編輯上，每一部分開始都會以大綱提要來架構整
體內容，內文所提及之理論，亦會搭配最新的研究資料佐證，甚至補充跨文
化的後設分析加以說明。此外，完整的量表問卷、實作手冊也都一併詳盡地
羅列於表、圖中。最後，除了重要內容總結，也會提供個人發展的自我提問、
未來研究方向，這些皆可讓讀者與文本有更多的互動，進而深度省思。本書
共分九個部分，第一章介紹快樂的意義，包括正向心理學的核心價值和理論

基礎。第二章詳談正向特質，除了統整傳統的人格特質理論，亦闡述正向心理學的六大美德與二十四項優勢，包括優勢分類調查問卷。第三章為希望與樂觀，包括正向錯覺的心理歷程、樂觀性格與解釋風格，以及希望理論等。第四章是心流，說明心流的經驗和狀態，也描述了內在動機、反轉理論如何增進幸福感。第五章主題為情緒智力，先介紹評估情緒智力的相關量表，再論及情緒在生命歷程中的發展及神經生理基礎，最後著重情緒智力如何影響生活滿意度。第六章闡述天賦、創造力及智慧的相關理論，及其在生命發展的各階段，亦延伸對生活各層面的影響，例如工作表現、問題解決等。第七章聚焦在正向自我，主要論述自尊、自我效能、防衛機制與因應風格等面向，與快樂的關係。第八章為正向關係，係從家庭生命週期、婚姻、手足、親屬等來談關係中各階段與困境對快樂的影響。第九章則為作者改版後新增加的主題——正向心理治療，集結了各種正向心理取向相關的團體和個別治療模式，及其效果與歷程之研究。

　　在教學現場，常有學生問及：「一味的只看到好的部分，會不會變成放縱自己，而不長進？」其實正向心理學所提出的價值在看見自己所擁有的優勢，並創新地運用在各種不同的挑戰與目標上，以激發更多潛能於促進美好的生活。也曾有學生疑惑地問：「難道要否認或忽視負向情緒嗎？」日常生活中遇到挫折或低潮在所難免，每個人可能都曾有那麼一刻，感覺到自己沒有價值或生活沒有意義。的確，這是真實的感受！如同正向心理學會先去承認所有的悲傷與負面情緒。只是在零和的觀念裡，正向心理學期待人們花更多的精力在正向意義和情緒多於負向，如此才能產生更豐沛的內在資源以開創新局。學術研究上，近年來台灣也累積許多正向心理學的相關研究，包括正向情緒課程的效果、希望感理論課程研究、正向心理取向治療模式的建構等，許多大專院校也陸續增設正向心理學課程，可見在本土心理學領域中，正向心理學已逐漸開展，期待後續更多實徵研究的累積，以建構正向心理學本土化的樣貌。

一個理論的背後總是有一個核心推手。正向心理學之父 Martin Seligman 率先提出令人折服的樂觀理論，正視快樂的重要，勇敢地顛覆傳統心理學重視病理、問題取向的主流。當下，它已悄悄地吸引了眾人的目光，因為這也是潛藏在你我內心真正的嚮往。即便過去心理學早已有正向內涵的相關研究，但 Seligman 仍為當代心理學開啟一個新的里程碑。在翻譯的過程，細細深入文本的每一個字句與脈絡，也經常連結到日常生活中的反思，每每突然醒悟於某些行為背後的原因，敏覺於自動化的負向思考，正向心理學的精神就這樣進入了內心，並隨時提醒和修正自己。正向的自我肯定總是能及時伸出援手，讓快倒下的自己重新站起來；正向的自我肯定總是能讓日常例行生活，多出那麼一點快樂與感恩，這就是正向心理學的魅力！

　　每個人都值得擁有快樂與幸福。我們希望透過此書讓更多人了解正向理論的內涵，幫助身陷泥沼而無法跳脫的人們，勇敢走出負向循環的框架，尋找自我並發現優勢，進而健康正向地成長。感謝促成此書誕生的揚智文化、曾文志老師的專業指導，以及所有支持和鼓勵我們的家人、朋友與師長。最後，感謝願意花時間閱讀的您，這是一趟尋找幸福旅程的開始；我們因這本書而成長，也期盼您的加入，一同在正向心理學的豐富世界裡翱翔探索。

鄭曉楓、余芊瑢、朱惠瓊

前言

> 「新世代已取代舊世代，所有人類也共同聯盟起來，我支持市政道德改革：以三畝地與一頭牛讓所有孩童生活於自然環境；提供豪華的殯葬車；訂定強制勞動規範手冊。全天開放所有的公園，並且提供所有人清潔工具。即刻中止結核病、精神病、戰爭及謊言。還有，例行性大赦、每週舉辦面具狂歡派對，以及所有人都能獲得補助。同時，全球人類使用共通語言……金錢自由、戀愛自由，以及在任何的自由國度裡自由設置教堂。」
>
> ——《尤利西斯》（1922）中，主角 Leopold Bloom 對美好世界的觀點

傳統上，臨床心理學多聚焦在心理缺陷和弱點，較少關注個案復原力、資源及能力的重建。美國心理學教授 Martin Seligman 等人為正向心理學奠下了基礎，以補充過去的缺陷取向（Seligman, 2002; Seligman & Csikszentmihalyi, 2000; Snyder & Lopez, 2002）。這個心理學的新分支主要是著重於人類優勢與快樂的科學研究，如同本篇一開始所言，正向心理學是確認促進幸福的相關因素；然而不同於 Leopold Bloom，正向心理學的任務是以科學方法了解什麼可以創造更美好的世界，而非只提出個人的見解或浮誇之詞。

2002 年我開始寫第一版時，這個主題可用的書籍付之闕如；但我希望這本書能涵括我在臨床心理學導論中有關正向心理學的課程內容。因為這個祈願，以及我在復原力研究方面長期的興趣，促使我犧牲一年的休假努力寫作，終於產出了第一版。沒想到發行第一版後竟然大受歡迎，而又適逢二十一世紀初正向心理學研究呈現爆炸性蓬勃發展的時刻，直至 2010 年時，第一版內容已顯過時，此後便有了第二版。

　　第二版涵蓋了第一版所有受歡迎的部分，包含主要理論的描述、相關研究、學習目標、章節摘要、爭議討論、個人或研究發展的提議、未來研究建議、研究中使用的測量、專有名詞表，以及如何從正向心理學的研究發現來增進個人幸福。無論如何，第二版內容已包含近期的發展與更新，特別是正向心理學治療、優勢特質和美德，以及情緒智力的探討。

　　第一章是從與快樂相關因素的心理學研究開始。隨後四章則著重在正向心理學的核心主題：正向特質（特別在優勢性格和美德方面）、樂觀與希望、心流以及情緒智力。第六章是關於天賦、創造力及智慧的相關研究。第七章則放在復原力的自我系統，包括自尊、自我效能、適應性防衛，以及功能性因應策略上。第八章主題為生命週期的正向關係，以及友誼、婚姻和親職方面的研究回顧；這一章會特別呈現出當代理論和正向心理學的相關議題，包含愛、利他、同理、信任、原諒及感恩。而全新的第九章，則是談論到有關正向心理學的治療取向。

　　我在都柏林大學心理學院的同事們，特別是那些參與臨床心理學博士課程的夥伴們，都非常支持這本書的出版。感謝 Muriel Keegan、Sara Hollwey、Dr. Gary O'Reilly、Dr. Jessica Bramham、Dr. Barbara Dooley、Dr. Eilis Hennessy、Dr. Teresa Burke，以及 Dr. Suzanne Guerin。最後，在此謹對充滿仁慈與耐心的 Gill、Davie 及 Hazel 致上深深感謝。

亞倫・卡爾　*Alan Carr*

2011 年 1 月

目錄

Chapter 1

快樂

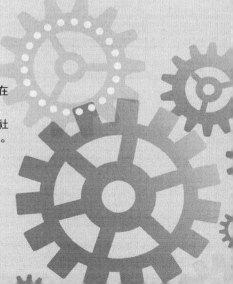

學習目標

- 正向情緒的概念與測量。
- 區辨享樂主義和完善主義不同取向的幸福感。
- 描述快樂發揮在創造力、生產力與人生中的效果。
- 了解基因和環境因素對快樂的影響。
- 能描述關係品質、當下環境、生理狀況、工作狀態與娛樂在快樂中扮演的角色。
- 覺察通往快樂的阻礙,特別是對愉悅的適應與習慣、負向社會比較、得失之不等量反應,以及為了生存的壓力性情緒。
- 透過研究的應用,了解增加主觀幸福感的快樂因素。
- 能進一步確認關於快樂本質、原因與結果的研究問題。

　　正向心理學（positive psychology）是科學和臨床的事業，運用科學的方法了解、強化生命中的正向層面。整體而言，正向心理學是了解和促進：(1) 快樂和幸福；(2) 正向特質、全心投入感興趣的活動；(3) 發展有意義的正向關係、社會系統與組織（Lopez & Snyder, 2009; Seligman, 2002）。

　　愉悅的生活、投入的生活，以及**有意義的生活**是正向心理學關注的三個層面，而這三個層面都與幸福有關，例如 Peterson（2005）在一個包含845 位成人的網路研究中，發現愉悅、投入及有意義皆與生活滿意有關，若這三層面分數較低者，生活滿意度相對也較低。Park（2009）在來自二十七個國家共 24,836 位的研究參與者中也發現類似結果；此外，投入和有意義此兩層面與生活滿意度有更強烈的關聯。

　　就臨床的角度來說，正向心理學的目標是強化幸福與快樂而不是修復缺陷，可以說正向心理學是補充而非取代傳統臨床心理學。這章將聚焦在快樂，先討論正向和負向情感，再論述快樂的本質和測量，最後呈現快樂的原因與效果的相關研究，而稍後會強調正向特質與關係。

正向情緒

　　在《真實的快樂》（*Authentic Happiness*）這本書中，正向心理學的鼻祖 Martine Seligman（2002）將正向情緒區分成三類：**過去性、現在性**和**未來性**。未來性的正向情緒，包括樂觀、希望、信心、忠實及信任，其中樂觀和希望將於第三章中說明；滿意、知足、充實、榮耀和平靜是過去性的正向情緒；現在性的正向情緒則分為短暫的愉悅和永久的滿足，愉悅包含生理性愉悅和高度愉悅，生理性愉悅是透過感官所獲得，例如性、香水或美食帶給人的感覺；而高度愉悅來自多重活動的感受，例如快樂、歡喜、舒適、著迷及興高采烈等。永久的滿足不同於愉悅，來自於運用自己的特徵優勢（signature strengths），全心投入活動之中所產生的全神貫注或心流，這些活動可能是駕駛帆船、教書或是幫助他人等。特徵優勢是與特定美德有關的某

種個人特質，特定美德的定義來自於優勢分類（Value in Action Classification of Strengths）（Peterson & Seligman, 2004）。

在正向情緒與快樂的領域中，其中一個重點是如何有效區別正向情感和負向情感，這也是後續要討論的議題。

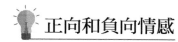 正向和負向情感

英文中約有五百五十到六百個字來描述不同的情緒經驗。有一個解釋情緒經驗變化的最佳佐證（Larsen & Deiner, 1992; Watson & Telllegen, 1985）：研究上千位來自不同文化的參與者，因素分析中發現情緒經驗具有相當的一致性；在情緒概念和情緒臉部表情的多元價值研究結果亦有類似的發現。目前我們使用環狀空間（circumplex space）來描述情緒經驗範圍，它區分為縱橫兩大面向，而如何概念化這兩個面向是一直以來的爭論，例如 Larsen 和 Deiner（1992）、Averill（1997）標示這兩個面向為「活化／喚起」以及「愉悅／評價」。「活化或喚起」的範圍從高度活化／喚起到低度活化／無喚起；「愉悅或評價」的範圍則是從愉悅／正向到不愉悅／負向，這兩個面向組成如**圖 1.1**。其他的研究像 Watson 和 Tellegen（1985）則建議將環狀空間旋轉 45 度，並以正向情感與負向情感來作區別，如**圖 1.1** 中兩條較細的對角線。此外，我們可以使用正向情感和負向情感量表（Positive and Negative Affect Schedule, PANAS）來評估個別差異，如**表 1.1** 所示（Watson *et al.*, 1988）。

正向和負向情感的相關研究有很多（Watson, 2000, 2002; Watson & Naragon, 2009），正向情感是屬於外向的人格特質，而負向情感多與神經質有關，此部分會在第二章中討論。情感與個人特質的相關約在 0.4 到 0.9 之間，正向情感包含了開心（joviality）、自我保證（self-assurance）及專注的（attentiveness）。開心如愉快（cheerful）、快樂（happy）、精力充沛（lively）等；自我保證如信心（confident）、堅決（strong）、膽量（daring）等；專注

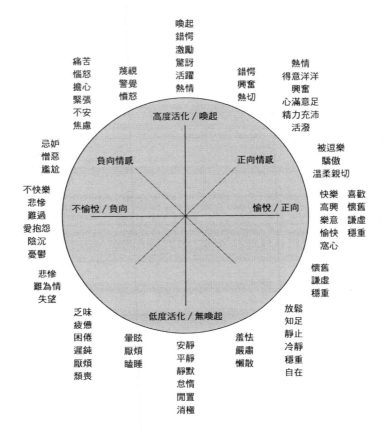

痛苦　　　蔑視　　喚起　　　錯愕　　　熱情
惱怒　　　警覺　　錯愕　　　興奮　　　得意洋洋
擔心　　　憤怒　　激勵　　　熱切　　　興奮
緊張　　　　　　　驚訝　　　　　　　　心滿意足
不安　　　　　　　活躍　　　　　　　　精力充沛
焦慮　　　　　　　熱情　　　　　　　　活潑

忌妒　　　　　　高度活化／喚起　　　　被逗樂
憎惡　　　　　　　　　　　　　　　　　驕傲
尷尬　　　　負向情感　　　　正向情感　　溫柔親切

不快樂　　　　　　　　　　　　　　　　快樂　　喜歡
悲慘　　　　不愉悅／負向　　愉悅／正向　高興　　懷舊
難過　　　　　　　　　　　　　　　　　樂意　　謙虛
愛抱怨　　　　　　　　　　　　　　　　愉快　　穩重
陰沉　　　　　　　　　　　　　　　　　窩心
憂鬱
　　　　　　　　　　　　　　　　　　　懷舊
悲慘　　　　　　　　　　　　　　　　　謙虛
難為情　　　　　　　　　　　　　　　　穩重
失望
　　　　　　　　　　　　　　　　　　　放鬆
　　　　　　　　低度活化／無喚起　　　知足
乏味　　　　　　　　　　　　　　　　　靜止
疲憊　　　暈眩　　　　　　　羞怯　　　冷靜
困倦　　　厭煩　　安靜　　　嚴肅　　　穩重
遲鈍　　　瞌睡　　平靜　　　懶散　　　自在
厭煩　　　　　　　靜默
頹喪　　　　　　　怠惰
　　　　　　　　　閒置
　　　　　　　　　消極

圖 1.1　情緒的環狀模式

註：橫軸是代表評價（愉悅／正向與不愉悅／負向）。

縱軸代表活化（高度活化／喚起與低度活化／無喚起）。

內圈較細的對角線就是 Watson 和 Tellegen（1985）所建議的旋轉 45 度後的軸線。

資料來源：摘自 Averill, J. (1997). The emotions: An integrative approach. In R. Hogan, J. Johnson, & S. Briggs (Eds.), *Handbook of personality psychology* (p. 518). New York: Academic Press; and Larsen, R., & Deiner, E. (1992). Promises and problems with the circumplex model of emotion. In M. Clark (Ed.), *Emotion: Review of personality and social psychology* (Vol. 13, pp. 25-59), Newbury Park, CA: Sage.

表 1.1　正向情感和負向情感量表

這個量表包含了一組形容不同感覺和情緒的字，請閱讀每一個詞，然後圈選適合的答案，請以你現在的感覺為主（即現在這個當下）。

		少許或沒有	有一點	適度地	相當多	非常強烈地
1.	感興趣的	1	2	3	4	5
2.	痛苦的	1	2	3	4	5
3.	興奮的	1	2	3	4	5
4.	難過的	1	2	3	4	5
5.	強烈的	1	2	3	4	5
6.	罪惡的	1	2	3	4	5
7.	恐懼的	1	2	3	4	5
8.	敵意的	1	2	3	4	5
9.	熱心的	1	2	3	4	5
10.	驕傲的	1	2	3	4	5
11.	急躁的	1	2	3	4	5
12.	警覺的	1	2	3	4	5
13.	羞愧的	1	2	3	4	5
14.	激勵的	1	2	3	4	5
15.	緊張的	1	2	3	4	5
16.	堅決的	1	2	3	4	5
17.	體貼的	1	2	3	4	5
18.	不安的	1	2	3	4	5
19.	主動的	1	2	3	4	5
20.	害怕的	1	2	3	4	5

註：第 1、3、5、9、10、12、14、16、17、19 題的加總代表正向情感的分數。第 2、4、6、7、8、
　　11、13、15、18、20 題的加總代表負向情感的分數。

資料來源：摘自 Watson, D., Clark, L., & Tellegen, A. (1988). Development and validation of brief measures
　　of positive and negative affect. The PANAS scales. *Journal of Personality and Social
　　Psychology*, 44, 1063-1070. 美國心理學會許可。

則例如警覺（alert）、集中（concentrating）、決斷（determined）等。人過了
30 歲以後，正向情緒都很短暫；而負向情緒的高峰在青春期後期，慢慢的隨
著年齡增長而下降直到成人中期，但也會因個別差異而不同。正向情感和負
向情感多少會遺傳，遺傳係數大約為 0.5（遺傳係數的範圍是從 0 到 1，所以 0.5
代表具有中度的遺傳性）。環境因素會增進正向情感，例如 Headey 和
Wearing（1991）研究發現約有 31% 的參與者在六年多的時間增進了超過一個
標準差的正向情感。正向情感與工作滿意度、婚姻滿意度有關，但這些變項
的關係複雜且互相影響，正向情感使人們享受工作和人際關係，在工作與愛
中所產生的快樂也相對增加了正向情感。正向情感亦與生理健康有關：當人
們有較多的正向情感，就會擁有較健康的生活方式和問題因應策略。此外，
正向情感也直接影響人在生病中的心理社會因素，而負向情緒多與心理疾病
有關，特別是憂鬱症。

　　正向情感和負向情感代表神經系統不同演化任務的經驗成分（Watson *et
al.*, 1995）。負向情感（像個人特質的神經質等）是一種逃避取向的**行為抑
制系統**，而這個系統的功能在於洞察逃避行為和抑制趨近行為，使有機體遠
離危險、痛苦或懲罰；相反地，正向情感是一種**行為促進系統**（像個人特質
的外向等），它會使有機體前進到一個感到愉悅的酬賞狀態，這個系統的主
要功能是協助有機體獲得生存所需的資源，例如食物、住所、配偶等。正向
情緒與左前額葉的腦部活動有關，由多巴胺系統調節（Watson & Naragon,
2009）。快樂的人左前額葉腦皮層比右前額葉腦皮層有更多的靜態活動；而
焦躁不安的人右前額葉較活化（Davidson *et al.*, 2000; Tomarken & Keener,
1998）。

　　正向情感與規律運動、充足睡眠、穩定的社交，以及追求目標等有關。
換言之，全心投入持續的運動、充足規律的睡眠、良好的社交人際，以及追
求個人目標可強化正向情感（Watson, 2002）。

快樂

　　大部分的人有多快樂？為了回答這個問題，明尼蘇達大學的 Ed Diener 教
授匯聚了 916 篇關於快樂、生活滿意、主觀幸福感的研究，這些研究包含了
四十五個國家、超過百萬人口（Myers & Diener, 1996）。Diener 將所有資料
轉化成一個 0 到 10 的量表，10 代表非常快樂，5 代表中等快樂，0 代表非常
不快樂。從**圖 1.2** 來看，快樂的平均數是 6.75，由此可知，大部分的人都落
在中等快樂的範圍，這些資料的參與者包括了所有的年齡層、性別及所有的
種族，當然也包含了少數不快樂的族群，例如住院的酒癮者、監獄的受刑人、
治療中的病人、南非被種族隔離的黑人及被政策打壓的學生等。Veenhoven
和 Hagerty（2006）針對來自十個歐洲國家的資料研究發現，人們的快樂從
1973 年到 2002 年一直顯著的增加，而這快樂的增加跟壽命越來越長有關。

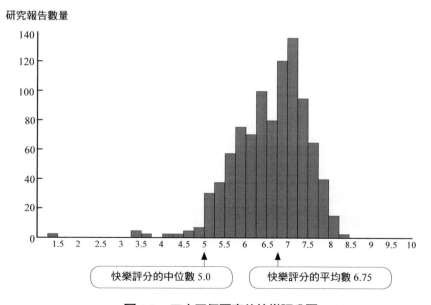

圖 1.2　四十五個國家的快樂評分圖

資料來源：摘自 Myers, D., & Diener, E. (1996). The pursuit of happiness. *Scientific American*, 274(May),
54-56.

測量快樂

　　有很多方法可以研究和評估「快樂」，許多大型研究中通常會用單一題組來測量快樂，這些問題用不同的方式詢問，例如你現在有多快樂？你對你的生活有多滿意？你對自己整體生活的感覺是？通常受試者會從五、七或十點量表中圈選適合的答案。Fordyce（1988）建立了兩個項目來測量快樂：

1. 一般來說，你有多快樂或多不快樂？（這是一個十點量表，10 是非常開心、快樂、極好；0 是極度悲傷、低落）
2. 平均來說，你覺得快樂占所有時間的百分之幾？

　　第一個問題的平均數是 6.9，第二個平均數是 54%。

　　另外，近來也使用了許多具有良好信度與效度的多項題問卷，包括在美國廣泛使用的生活滿意量表（Satisfaction with Life Scale）（Diener et al., 1985），如**表 1.2**；在英國廣泛使用的牛津快樂量表（Oxford Happiness

表 1.2　生活滿意量表

針對下面五個敘述，你可能同意，也可能不同意。請安心和誠實地依照你對每題敘述的同意程度圈出符合的答案。

	強烈不同意	不同意	一點不同意	沒意見	一點同意	同意	強烈同意
1.　就大部分的面向，我的生活符合自己的理想。	1	2	3	4	5	6	7
2.　我生活中每個條件都非常好。	1	2	3	4	5	6	7
3.　我滿意自己的生活。	1	2	3	4	5	6	7
4.　目前為止，我已經得到我生命中想要的重要東西。	1	2	3	4	5	6	7
5.　如果可以重新再來一次，我幾乎不會做出什麼改變。	1	2	3	4	5	6	7

註：大部分的人在此量表得分為 21 至 25 分。

資料來源：摘自 Diener, E., Emmons, R., Larsen, R., & Griffin, S. (1985). The Satisfaction with Life Scale. *Journal of Personality Assessment*, 49, 71-75. 經由出版者 Taylor & Francis Ltd. 同意使用。

Questionnaire）（Hill & Argyle, 2002），如**表 1.3**；另外**表 1.4** 的華威—愛丁堡心理幸福量表（Warwick-Edinburgh Mental Well-being Scale）（Tennant *et al.*, 2007）和憂鬱—快樂雙極量表（Bipolar Depression-Happiness Scale）（Joseph & Lewis, 1998）則是發展於英國兩份心理測驗的幸福簡短量表。

測量快樂與幸福的因素分析研究顯示，快樂至少包含兩個面向：一個面向是代表歡樂（joy）、興高采烈（elation）、滿足（contentment）或其他正向情緒經驗的**情感因素**；另一面向為生活各層面滿意度的**認知評估**（e.g., Andrews & McKennell, 1980）。就跨文化資料顯示，此兩個面向在個人主義

表 1.3　牛津快樂量表

以下有一些關於快樂的描述，請你指出對每個描述同意或不同意的程度，謹慎的閱讀這些敘述，因為有些是正向的，有些是負向的，但也不需要花太久的時間停留在某一題，這裡沒有對、錯或有陷阱的題目。當你閱讀完一個題目，立即出現在你腦海中的答案，就是符合你狀況的答案；如果有些題目你覺得比較困難，請你依照自己大部分呈現的狀態回答即可。

	非常 不同意	中度 不同意	一點 不同意	一點 同意	中度 同意	非常 同意
1. 依照現在的生活模式，我並不覺得特別開心。	6	5	4	3	2	1
2. 我覺得生活是非常值得的。	1	2	3	4	5	6
3. 我很滿意生活中的每件事情。	1	2	3	4	5	6
4. 我不認為自己很迷人。	6	5	4	3	2	1
5. 在某些地方我發現美麗的事物。	1	2	3	4	5	6
6. 我可以達到自己想要的每件事。	1	2	3	4	5	6
7. 我感覺到心理上完全的警覺狀態。	1	2	3	4	5	6
8. 在過去的生活中我沒有感覺特別快樂。	6	5	4	3	2	1

註：大部分的人在此量表得分為 29 至 39 分。

資料來源：摘自 Hills, P., & Argyle, M. (2002). The Oxford Happiness Questionnaire: A compact scale for the measurement of psychological well-being. *Personality and Individual Differences*, 33, 1071-1082 和 Cruise, S., Lewis, A., & McGukin, C. (2006). Internal consistency, reliability, and temporal stability of the Oxford Happiness Questionnaire short-form: Test-retest data over two weeks. *Social Behavior and Personality,* 34, 123-126.

表 1.4　華威─愛丁堡心理幸福量表

以下有一些關於感覺與思考的敘述，請依自己過去兩週內的經驗選出最佳的描述。

	完全沒有	很少	有時候	常常	完全如此
1.　我對未來感到樂觀。	1	2	3	4	5
2.　我覺得自己很有用處。	1	2	3	4	5
3.　我感到放鬆。	1	2	3	4	5
4.　我對其他人感到興趣。	1	2	3	4	5
5.　我充滿精力。	1	2	3	4	5
6.　我可以把問題處理得很好。	1	2	3	4	5
7.　我思路清楚。	1	2	3	4	5
8.　我對自己感覺良好。	1	2	3	4	5
9.　我覺得跟其他人很親密。	1	2	3	4	5
10.　我充滿自信。	1	2	3	4	5
11.　我能依自己的心意決定事情。	1	2	3	4	5
12.　我感到被愛。	1	2	3	4	5
13.　我對新事物感到興趣。	1	2	3	4	5
14.　我感到高興。	1	2	3	4	5

註：大部分的人在此量表得分為 45 至 56 分。

資料來源：Tennant, R., Hiller, L., Fishwick, R., Platt, S., Joseph, S., Weich, S., Parkinson, J., Secker, J., & Stewart-Brown, S. (2007). The Warwick-Edinburgh Mental Well-being Scale (WEMWBS): development and UK validation. *Health and Quality of Life Outcomes*, 5, 63 (doi: 10.1186/1477-7525-5-63) 見 http://www.hqlo.com/content/5/1/63.

的文化中，例如美國和英國，相關係數為 0.5；若是在集體主義文化中，相關係數則只有 0.2，滿意度依人際之間的狀態而有不同（Suh *et al.*, 1997）。因此，歡樂和滿意度，快樂中的情感和認知成分是彼此相對獨立的；更進一步來說，正向情感和負向情感都是獨立的結構或系統，如**圖 1.1**。整體來說快樂就是生活各層面的滿意度認知評估，例如家庭、工作環境，以及在這些層面的情感經驗。**表 1.5** 概念化了主觀幸福感（subjective well-being）的各

表 1.5　主觀幸福感的成分

以下有一些關於感覺與思考的敘述，請依自己過去兩週內的經驗選出最佳的描述。

面向	認知成分	情感成分	
	滿意度	正向	負向
自我	重要他人對自己的生活看法	快樂	憂鬱
家庭	對現況的生活滿意度	興高采烈	傷心
同儕團體	重要他人對自己的生活看法	狂喜	忌妒
健康	對過去的滿意度	榮耀	生氣
經濟	對未來的滿意度	愛慕	壓力
工作	渴望改變生活	開心	罪惡或羞恥
娛樂	對現況的生活滿意度	承諾	焦慮

資料來源：摘自 Diener, E., Suh, E., Lucas, R., & Smith, H. (1999). Subjective well-being: Three decades of progress. *Psychological Bulletin*, 125, 277. 美國心理學會許可。

個成分，這參考了 Alfonso 等人（1996）廣泛生活滿意量表（Extended Satisfaction with Life Scale）中八個生活滿意層面，包括自我、家庭、性、關係、社會、心理、工作，以及上大學。

　　單題或多題的量表測量整體個人快樂知覺，而經驗抽樣法（experience sampling method, ESM）提供片刻式（moment-to-moment）的測量來了解快樂（Hektner *et al.,* 2007）。經驗抽樣方法是人們帶著傳呼機一段時間，並隨機被信號通知，當信號響了就記錄下當時的心情。由此可知，單項或多項題的測量可以評估一段長時間的快樂；而經驗抽樣法則可以研究短時間內快樂的變化。

快樂的影響

　　Seligman（2002）認為正向情緒和負向情緒的區別在於我們面對「**輸―贏／雙贏局面**」，或者「**零和／非零和遊戲**」的準備程度。就演化的觀點來

說，害怕或生氣等負向情緒是防禦抵抗威脅的前線，例如害怕和生氣告訴我們危險或傷害可能即將發生，負向情緒使我們將注意力聚焦在威脅上，並產生「戰鬥或逃」（fight or flight）的機制，負向情緒使我們在零和遊戲中有贏家和輸家，但輸贏的總和沒有淨利，總和都是一樣的；相反的，愉悅或知足的正向情緒讓我們知道有好事正在發生，擴展我們的注意力，更加廣泛地覺察自然和社會環境，開啟新的想法和實踐，也讓我們更有創造力。因此，正向情緒提供我們機會去創造更好的關係和更有生產力，也讓我們在雙贏或非零和的遊戲中互利，這樣的連結是基於 Wright（2000）的論點：文明進步促進了雙贏互動和非零和的遊戲。

　　從以上來說，**負向情緒促發我們高度聚焦在防衛性的關鍵性思考和決策，目的在刪除和排除錯誤；正向情緒則提升了思考與生產力的總量**。在「憂鬱的現實主義」（depressive realism）研究中發現，憂鬱的人能正確評估自己所擁有的技能，也可以正確地回憶發生過的正向和負向事件，而且對風險的相關資訊很敏銳（Ackerman & Derubeis, 1991）；相反的，快樂的人會高估他們的技能，記得較多正向的事情和較少的負向事情，用最佳的策略決定更好的生活計畫，例如找出健康風險的相關訊息（Aspinwall *et al.*, 2001）。一般人的正向觀點和憂鬱的現實主義將在第三章中繼續討論。

擴展與建立理論

　　密西根大學 Barbara Fredrickson 教授擴展了「正向情緒促進非零和遊戲」的理念，她建立了正向情緒的擴展與建立理論（broaden-and-build theory），用以解釋正向情感經驗不只增進個人幸福，同時也促進了個人成長與發展（Cohn & Fredrickson, 2009; Fredrickson, 2009; Fredrickson & Losada, 2005）。像焦慮或生氣的許多負向情緒，縮小人們瞬間的「思考─行動」（though-action）機制，使我們能專注在自我保護；相反地，正向情緒擴展了「思考─行動」機制，提供人們建立持久性的個人資源，亦即藉由創造情緒、認知與行動的正向適性螺旋，促進個人成長與轉化的潛能。這個過程如**圖 1.3** 所示，

歡樂使人們以社交、智慧或藝術的方式面對,與他人一起互動產生的快樂會強化社會支持網絡,創造力則提升了藝術和科學的生產力,或增加日常生活問題的創意解決。增加社會支持、藝術/科學創作、成功的問題解決經驗皆可延續快樂,對個人的轉換或發展也有貢獻,而這些又將產生更多正向情緒。其他的正向情緒,像是滿足,會讓人思考目前的生活狀況,這將引導我們以更新、更正向的方式持續審視自己和這個世界,而透過洞察和實踐,會產生更多的正向情緒。

　　社區、臨床和實驗室的研究證據支持正向情緒的擴展與建立理論(Cohn & Fredrickson, 2009; Fredrickson, 2002, 2009; Fredrickson & Losada, 2005; Lyubomirsky *et al.*, 2005a)。根據臨床躁鬱患者的研究顯示,狂躁和輕躁的狀態與過度概括思考(overinclusive thinking)有關,躁鬱患者雖成功的使用鋰鹽治療,但鋰鹽會侷限創造力。實驗研究也確認出許多維持正向情緒超過15 分鐘以上的方法,包括觀看一部激發情緒的影片或故事、收到一個非預期的禮物(例如一條巧克力)、閱讀正向的自我敘述、回想一件正向事件、提供一個正向回饋、聽音樂或跟一個激勵性人物有正向的社會性互動(Westermann *et al.*, 1996)。相似的研究也確認了「**總體性視覺處理偏誤**」,當人們處於正向情緒或在實驗任務上獲得成功的回饋時,注意力就會擴展;

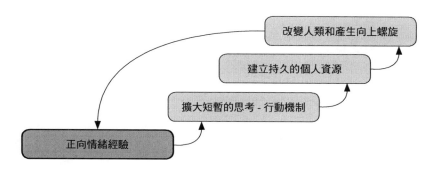

圖 1.3　正向情緒的擴展與建立

資料來源:摘　自　Fredrickson, B. (2002). Positive emotion. In C. R. Snyder & S. Lopez (Eds.), *Handbook of positive psychology* (p. 124). New York: Oxford University Press.

不過要是人們處於負向情緒狀態或在實驗任務上失敗時，就會顯示一個狹隘性的視覺處理偏誤。由此實驗研究顯示，誘發正向情緒狀態會導致更具創造性和彈性的思考和行為。

Fredrickson 做了很多支持擴展與建立理論的研究，其中一個研究是請參與者看一段可以誘發快樂／滿足的正向情緒或害怕／生氣的負向情緒的剪輯影片，看完影片後參與者被要求寫下「在現實生活中處於這些情緒下會做些什麼」。研究結果發現，正向情緒擴大了思考—行動機制。

大量的證據顯示正向情緒狀態協助人們建立持久性的資源。Lyubomirsky 等人（2005）在一個包含 225 篇橫斷研究、縱貫研究以及實驗研究的後設分析中發現，正向情緒使人們在工作、關係、健康方面有更好的適應力，而且在自我與他人、社交能力、親切度、合作、利他、因應能力、衝突解決、創造力和問題解決上都有更良好的知覺。

然而，高度的快樂並非總是帶來全面的成功。Oishi 等人（2007）進行國際性的橫斷研究分析，蒐集來自九十個國家，含括四個龐大的大學生資料庫，發現高度快樂的人是在親密友誼或志工服務上最成功的人，而低度快樂的人則往往在收入、教育或政策參與上最成功，**也就是說快樂是主觀認定的成功**，而非依外在條件決定。

要多少正向情緒才可以促進正向生活呢？為了回答這個問題，Fredrickson 和 Losada（2005）邀請 188 位參與者評估健康心理狀態，他們連續一個月每天回報正向情緒與負向情緒，研究結果發現正向情緒與負向情緒的比例在 3：1 時為心理健康，低於此則否。所謂良好的心理健康狀態是指在下列獲得高分者，包括自我接受度、生活目標、環境掌握、與他人的正向關係、個人成長、自主性、社會凝聚、社會融合、社會接受、社會貢獻以及社會現實。根據擴展與建立理論，Fredrickson（2009）強調正向情緒和負向情緒至少必須是 3：1，才能產生顯著效果，達到良好的心理健康狀態。

長壽

縱貫研究顯示快樂是長壽的重要因素之一。Chida 和 Steptoe（2008）在35 篇後設分析研究中發現，正向心理幸福感與健康人口、疾病人口的死亡率下降有關。正向情感（包含快樂、幸福、有朝氣、能量）和正向特質（例如生活滿意度、希望感、客觀與幽默）皆和健康人口的死亡率降低有關。修女臨終時捐贈大腦提供腦神經學的研究（The Nun study）廣泛被引用在快樂對長壽的影響中。Danner 等人（2001）在 180 位修女的追蹤研究中發現，她們所描寫成年前期進入宗教的快樂經驗確實與長壽有關。這是一個謹慎的操控研究，所有的參與者皆有相似的生活方式、未婚的修女、老師，而且成年後都吃清淡簡單的食物。當她們年紀大一點後，開始把進入教團的過程和對未來的希望用傳記的方式寫下來，但不知道這些傳記會用來研究快樂與長壽的關係。約莫過了半世紀，由受訓嚴謹的評判員評估在這些傳記裡出現正向情緒的比率，而這些評判員並不知道這些修女的年紀。最後發現這些最快樂的修女們（以正向情緒出現的比率來說）有 90% 剛過完 85 歲生日，最不快樂的修女中只有 34% 的人過完 85 歲生日。根據前面的說法，正向情緒不只強化了工作和關係上的適應力，也增進長壽。

至此，在我們思考快樂的效果之前，先來討論快樂的成因和主觀幸福感。

 ## 快樂的成因

探討快樂的成因不容易（Diener, 2009a, 2009b, 2009c; Eid & Larsen, 2008）。愉悅（pleasure）和追求愉悅，有時會產生快樂，但並非總是如此，如抽菸會產生短期的重複愉悅，但因追求愉悅而過度使用藥物導致疾病，就會產生長期的不快樂。再者，蓄意的報仇行為、攻擊、強姦或偷竊可能帶來立即的滿足或短期的愉悅，但長期而言在社會、生理或心理的結果都會導致

痛苦和絕望。就演化的觀點來說，有些情況會使我們快樂，有些情況可能會帶來壓力。

Sonja Lyubomirsky 教授提出三種決定快樂的因素：**設定點**（set-point）、**環境**、**意圖行動**（Lyubomirsky, 2007; Lyubomirsky *et al.*, 2005b）。就快樂的設定點，Lyubomirsky 認為快樂中有 50% 的個別差異是來自遺傳的人格。就環境而言，促發快樂的某種環境或提供人們機會發展創造快樂的技能，Lyubomirsky 認為快樂中有 10% 的個別差異受環境影響，有證據顯示遺傳與環境因素影響幸福，我們將於本章的後半段說明。Lyubomirsky 認為最重要的就是，快樂中有 40% 的個別差異是**人們透過有意圖的行動而獲得**，可見人們有很大的空間能擁有自己的幸福。帶來快樂的三種因素如**圖 1.4**，其中有些部分會以演化心理學的角度檢視快樂的阻礙（Buss, 2000）。本書最後的部分會更詳細的說明增進快樂生活的方案。

快樂的設定點

「快樂的設定點」這個想法來自於觀察，包括人格特質決定了部分的快樂，而這些人格特質的個別差異部分來自基因遺傳。

人格特質和快樂

廣泛的文獻回顧和後設分析皆顯示快樂和不快樂的人擁有截然不同的人格特徵（Diener *et al.*, 1999; Steel *et al.*, 2008）。在西方文化，快樂的人是外向的、穩定的、誠實的、和善的、樂觀的、高自尊的，以及傾向內在歸因的。相反的，不快樂的人較易神經質、內向，且比較不誠實與不和善。有趣的是，智力跟快樂並不相關，而人格特質與快樂的關係並沒有跨文化上的一致。

快樂與外向之間的關係可以用很多因素解釋（Diener *et al.*, 1999）。外向者適合社會環境可能是因為社會需要人們經常性的互動，因此善於社交使他們感到更快樂。也有證據說明外向和神經質傾向的人會經驗較多正向和負

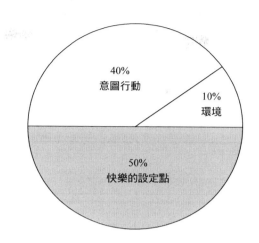

40%
意圖行動

10%
環境

50%
快樂的設定點

圖 1.4　快樂的因素

資料來源：Lyubomirsky, S. (2007). *The how of happiness*. New York: Penguin.

向事件，如果你是高度的外向，你會經歷較多的正向事件，也會擁有更多的快樂；那如果你是一個高度神經質的人，就會經歷較多的負向事件，也會比較不快樂。

　　文化因素也決定了部分與快樂有關的人格特質。西方個人主義，例如美國，自尊、信念與行動的一致，皆與主觀幸福感有關；但就東方文化而言，影響主觀性幸福感的就不是這些了。文化價值決定了影響主觀幸福感的人格特質，因為這些特質能達成文化價值目標（Triandis, 2000）。

基因與環境對個人特質的影響

　　從大量的雙胞胎研究證據顯示，主要人格像外向、神經質等約有 50% 的變異來自基因（Krueger & Johnson, 2008）。基因影響人格特質的機制是複雜的，多元的基因決定了氣質，而這些基因與環境影響互動發展了人格特質。一個縱貫研究說明了氣質與人格特質的關係，活動力高與具有正向情感的孩子會顯得比較外向，也會比較快樂；易怒和恐懼的孩子，對未來的生活就會較神經質，也有較多的負向情緒（DePauw & Mervielde, 2010）。

快樂的設定點之遺傳率

　　David Lykken（1999）在明尼蘇達州分開養育雙胞胎的研究（Minnesota Study of Twins Reared Apart）中顯示，主要的快樂或心理幸福感〔以多向度人格幸福問卷（Well-Being Scale of the Multidimensional Personality）評估〕上有一半的變異來自基因影響，而快樂的設定點有98%來自基因遺傳，亦即在一段時間內，人類情緒上的變異是穩定的，例如十年，這些研究結論的資料見**表1.6**。同卵雙胞胎的幸福感分數具高度相關（0.44-0.53），異卵雙胞胎的幸福感分數則呈現些微相關（0.08-0.13），此研究結果支持幸福有44到53%來自遺傳的結論。在這個研究中同卵雙胞胎的分數與九年後他們自己再測分數的相關是0.55，若比較每個同卵雙胞胎在研究中所測得的分數與九年後他的手足（雙胞胎的另一位）所測得的分數，相關是0.54，這個結果說明快樂的設定點有98%來自遺傳（0.55/0.54）。因此，當快樂有50%來自遺傳時，也說明了快樂的範圍和限制。

表1.6　多向度人格幸福問卷評估分開養育的雙胞胎

	雙胞胎數	相關
分開養育之同卵雙胞胎跨手足相關	69	0.53
共同養育之同卵雙胞胎跨手足相關	663	0.44
分開養育之異卵雙胞胎跨手足相關	50	0.13
共同養育之異卵雙胞胎跨手足相關	715	0.08
結論：44-53% 來自遺傳		
同卵雙胞胎跨時間九年後之相關	410	0.55
同卵雙胞胎跨時間和手足九年後之相關	131	0.54
異卵雙胞胎跨時間和手足九年後之相關	74	0.05
結論：設定點有 98% 來自遺傳（0.55/0.54）		

資料來源：Lykken, D. (1999). *Happiness. The nature and nurture of joy and contentment.* New York: St. Martine's Press.

 影響快樂的外在狀況

　　許多環境的狀況會影響快樂和幸福（Diener *et al.*, 2009a; 2009b; Eid & Larsen, 2008），包括地理位置、文化、宗教和靈性、生活事件、財富、婚姻狀況、社會支持、教育、工作、休閒、年齡、性別以及健康。這些環境的變項總共貢獻了 10% 的快樂（Lyubomirsky *et al.,* 2005b）。

地理位置與自然環境

　　廣泛來說，愉悅的自然環境與快樂有中度相關。自然環境比人造環境更能引發正向情緒，人們在有植物、水、景觀的地理環境較易產生正向情緒（Ulrich *et al.*, 1991）。演化的因素選擇了這些地理環境（Buss, 2000），而這些環境通常是安全的、豐沃的。

　　氣候良好會讓人有正向情緒。當太陽閃閃發亮、天氣合宜溫暖或空氣中帶有一點濕度時，人們會有更多正向的心情（Brereton *et al.*, 2008; Cunningham, 1979）。然而，人們也能夠適應不佳的天氣狀況，以及不同的國家，特別是氣候與快樂無關的國家。

　　居家品質與生活滿意有中度相關，居家品質的指標包含地理位置、個人空間、房間大小及暖氣供給（Andrews & Withey, 1976; Campbell *et al.*, 1976）。

　　與好惡設施的距離也會影響幸福感，靠近機場（但不是近到有噪音汙染）或海岸邊會增加幸福感；但在主要道路或垃圾掩埋場旁則會降低幸福感（Brerton *et al.*, 2008）。上班通勤距離長、居住區較少公園和綠地，較多噪音、空氣汙染等，都會降低幸福感（Diener *et al.,* 2009a）。

　　在調查和情緒誘發的實驗中發現，音樂可以引發短暫的正向心情和減少攻擊（Argyle, 2001; Hills & Argyle, 1998），然而沒有證據顯示音樂能延長正向心情或生活滿意度。

文化

　　在一系列的研究中，包含來自九十個國家的 10 萬名研究參與者，Ed Diener 博士和他的研究團隊發現，特殊文化和社會政策因素在快樂上扮演重要的角色（Diener, 2009b; Diener & Suh, 2000），主觀幸福感也和住在一個富足穩定且沒有政治壓迫、武力衝突的民主地區有關。處於社會公平內涵的文化會擁有比一般平均還高的主觀幸福感；此外，個人文化地區比集體文化地區有更多的主觀幸福感。

　　快樂也跟政府組織的特色有關，在福利國家有較高的主觀幸福感，這些國家的公部門通常比較有執行效率，人民與政府間也擁有較滿意的關係。在較窮困的國家，財政滿意度在整體生活滿意度中扮演很重要的角色，然而在較富裕的國家中，家庭生活滿意度是整體生活滿意度中最關鍵的角色。再者，增進每日幸福感的正向經驗中，亞裔美國人、日本人與韓國人的效果低於歐裔美國人，這些正向經驗包括與朋友聚餐、受到讚美及收到禮物等。

信仰與靈性

　　北美的研究顯示，快樂跟宗教活動的投入有中度相關（Myers, 2000; Myers *et al.*, 2008），如**圖 1.5** 顯示，持續規律投入宗教活動者比較快樂。在後設分析與文獻回顧中，宗教信仰與心理健康（Hackney & Sanders, 2003）、靈性與生活品質（Sawatzkt *et al.*, 2005），以及正向宗教性的因應（positive religious coping）與正向心理調適（Ano & Vasconcelles, 2005），皆有正相關。

　　然而，宗教信仰活動與幸福並非只是因果的簡單關係，過度信仰並不一定好，例如用炸彈自殺的基本教義派就相當危險；許多無宗教的人道主義者，像法國的哲學家沙特（Jean-Paul Sartre, 1905-1980）和英國小說家普萊契（Sir Terry Pratchett），他們也擁有相當滿足的生活。以更廣的視野來看宗教與幸福的實證研究，Kenneth Pargament（2002）認為幸福與宗教的關聯

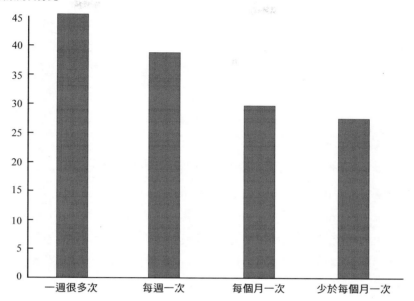

快樂的百分比

圖 1.5　宗教服務與快樂的關係（美國）

註：數據是基於 1972 至 1996 年美國國家民意調查中心所做的社會調查，共有 35,024 個個案。
資料來源：摘自 Myers, E. (2000). The funds, friends and faith of happy people. *American Psychologist*, 55, 56-67 (p. 65). 美國心理學會許可。

是內化的、內在動機的、與上帝是穩固而非強加的關係，但同時也反映了上帝和這個世界不明確的關係。宗教對於社會邊緣或弱勢的團體非常有幫助，特別是處在壓力的狀態中。因此宗教對幸福來說，在於你將它整合在個人生活中的程度。

有幾個理由可以說明投入宗教的人比較快樂，有四點已獲得心理學觀點與證據的支持（Diener & Biswas-Diener, 2008; Myers *et al.*, 2008）：第一，宗教提供連貫的思想系統讓人們找到生活的意義、樂觀和未來的希望。宗教思想讓人們了解自己在宇宙的位置，將災難、壓力和生命循環中必然的失落合理化，也對往生後的極樂世界保持樂觀。第二，投入常態的宗教服務和參與宗

教組織可獲得社會支持、情感滿足與隸屬的需求。第三，投入宗教，生理與心理上皆會擁有較健康的生活方式，像婚姻忠誠、家庭凝聚、利他行為、適度的飲食，以及美德行為。美德行為包括幽默、寬容、感恩、仁慈及努力工作的義務。第四，宗教與靈性的活動，包括靜坐、唱聖歌、禱告、儀式及上教堂，這些活動引發了正向情緒如快樂、敬畏、熱情與優越。

生活事件

生活中正向和負向的事件都對幸福有短暫的影響，在很多案例中發現這樣的影響並不長久。Brickman 和 Campbell（1971）創造「**快樂水車**」（hedonic treadmill）的名詞用來描述快速適應的過程，也就是人們用最直接的快樂和不快樂去反應生活中的正向和負向事件，但大部分在幾週或幾個月內就會迅速恢復到快樂的設定點。Brickman 等人（1978）用證據來支持他們的假設，像樂透得主或意外癱瘓者最後都可以適應這些重大的生活事件。後續研究顯示，人們可以適應生活中的重大事件，包括負向的監禁和殘障、正向的薪水增加等（Frederick & Lowenstein, 1999）。到現在為止，「快樂水車」的現象被視為一種事實。然而 Ed Diener 的團隊強調快樂水車的假設需要被修正，因為人們沒有辦法完全適應配偶的死亡、離婚或失業，如**圖 1.6**所示（Diener et al., 2006），圖中也顯示人們能顯著適應婚姻的初始正向影響。

財富

財富賦予人們很多好處（Diener & Biswas-Diener, 2008, 2009）。與貧窮的人相較，有錢人比較健康、長壽、較少壓力事件、較少輟學、較少青少年懷孕，以及較少成為暴力犯罪的受害者，而且在同一項犯罪上，有錢人容易獲得較輕的刑期。對於那些享受工作的人，賺錢是一件愉悅的活動，財富給人較高的社會地位，也較可以掌握生活的各個層面。財富也允許人們做愉悅的事，例如幫助他人、購物或從事喜歡的休閒活動；除了這些非常顯著的物質好處外，另一個類似的發現是，工業國家中財富與快樂或財富與主觀幸福

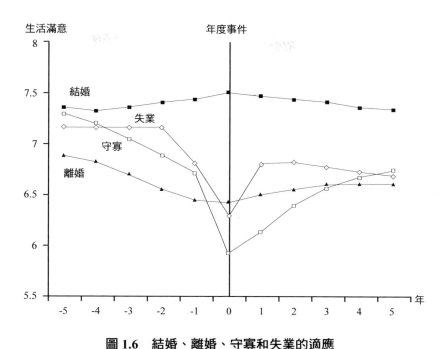

圖 1.6　結婚、離婚、守寡和失業的適應

資料來源：摘自 Diener, E. Lucas, R. E., & Scollon, C. N. (2006). Beyond the hedonic treadmill: Revising the adaptation theory of well-being. *American Psychologist*, 61, 305-314(Figure 2, p. 310). 美國心理學會許可。

的關聯非常小（相關小於 0.2），例如美國、英國。Diener 博士在伊利諾大學根據這項快樂與財富關係的結論，在跨國調查的資料分析基礎上畫出兩者的關係圖（Diener, 2000; Diener & Biswas-Diener, 2008, 2009）。不同的國家之間，財富與快樂有很大的關聯（相關 0.5 到 0.7），但在國內個人的財富與快樂的關聯卻很小（相關 0.02 到 0.4）。在貧窮國家中，不快樂帶來的整體危機更大，財富與快樂的關聯會比富裕國家來得大，例如加爾各答貧窮區的關聯是 0.45，在美國則是 0.2。經濟發展中國家過去幾十年的經濟成長並未帶來快樂，除非他們很富有，否則當他們汲汲營營在追求財富時，比那些不追求物質目標和價值的人更不快樂，這可能是因為**基本生理需求被滿足後，累積金錢的過程與結果並無助於滿足社會和心理需求**；但不可否認，富

裕社會的有錢人還是比一般收入的人要來得快樂一點。

圖 **1.7** 是不同國家的快樂與富有之相關。富有被量化後等同於圖上的購買力。從圖中可以看出，快樂指數比較低的是俄羅斯和土耳其，快樂指數比較高的則是愛爾蘭、加拿大、丹麥和瑞士，可能是因為貧窮國家的人民無法得到媒體所宣傳的那些富裕國家的奢侈品。圖 **1.8** 可以看出富裕的國家如美國，隨著時間過去國家收入增加並沒有使整體主觀幸福感增加，可能是處在富裕中一般性收入增加並不會提升權力感，以致於他們無法感覺比週遭的人更好；在發展中國家，非常有錢的人比一般收入的人有更多一點點的快樂（雖然不是非常多的快樂），因為他們覺得自己生活比其他人更好。這樣的解釋來自於社會比較理論，認為**個別性的快樂是知覺到與他人狀況的差異**

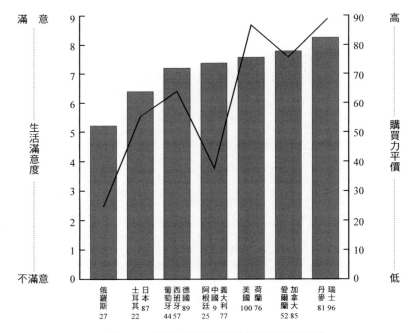

圖 1.7　國家的財富與生活滿意關係圖

註：國名後面的數字是購買力平價價值，長柱是生活滿意度，折線是該國購買力平價的平均值。

資料來源：摘 自 Diener, E. (2000). Subjective well-being: The science of happiness and the proposal for a national index. *American Psychologist,* 55, 34-43 (p. 37). 美國心理學會許可。

（Suls & Wheeler, 2000）。向下比較是與比我們狀況差的人比較，這會比向上比較帶來更多的滿足，如美國等富裕國家，財富的增加並不會帶來快樂的增加，此可用 Abraham Maslow（1954）需求層次理論加以解釋，一旦生理需求得到滿足，例如食物、居住所、安全等，再往上的滿足則是歸屬、自尊、自我實現，而這些並不必然需要增加財富。

　　和直覺恰好相反，財富增加並不會帶動等量的快樂增加，這就如同「伊斯特林矛盾」（Easterlin Paradox），來自加州大學經濟學教授 Richard Easterlin 在 1974 年研討會所發表的論文。伊斯特林的論點跟**圖 1.8** 的資料

圖 1.8　快樂與財富增加的關係圖（美國）

註：收入數據來自於美國商務部統計和經濟局，快樂數據來自美國國家民意調查中心所做社會調查的 35,024 個個案。

資料來源：摘自 Myers, E. (2000). The funds, friends and faith of happy people. *American Psychologist, 55,* 56-67 (p. 61). 美國心理學會許可。

有類似的結果，也可以用社會比較理論或適應理論（快樂水車）來解釋。

　　研究分析顯示快樂與收入的對數（經轉化過的資料）有微弱但顯著性的相關，更進一步說，超過某一個快樂的決定點後，快樂增加的速度會比收入的增加來得緩慢，但並沒有證據顯示收入的增加對快樂沒有影響（Stevenson & Wolfers, 2008），因此人們會適應增加的財富，且適應不會終止。

　　財富與幸福的關係研究指出，當我們試著在富裕國家的生活中獲得快樂，足夠的金錢可以避免貧窮，但是剩餘的精力應去追求金錢以外的目標。如果你是富裕的，也來自中產階級，更多的錢並不會使你更快樂，所以也許去追求非物質的目標是比較好的選擇。對於那些生活在貧窮的國家或富裕國家中貧窮的人，國家政策的價值就在於把這些弱勢的人從貧窮中解放。

婚姻

　　橫斷研究顯示如**圖 1.9**，已婚者比單身狀態、離婚、分居或從未結婚過的人快樂（Diener & Diener McGarvan, 2008; Myers, 2000）。然而，最不快樂的就是那些**無法逃離不快樂婚姻的人**，女性在婚後與未婚間快樂的差距和男性一樣，因此可推論男性與女性從婚姻獲得的個人快樂是一樣的。婚姻與快樂的關聯可以用兩項解釋說明：第一為「選擇的假設」，快樂的人比不快樂的人容易進入婚姻，因為快樂的人比較容易吸引到另一半。第二為「保護的假設」，婚姻帶給人們很多快樂。婚姻提供心理與生理的親密感，因為家庭提供一個有孩子和家的環境，也提供配偶、父母的社會角色，是在一個被深度認同和延續子孫的背景之中。

　　許多證據支持快樂的人來自滿意的婚姻，Stutzer 和 Frey（2006）在德國進行了一個十七年的縱貫研究，共有超過 15000 名個案，發現那些已婚者本來就比單身者快樂；而離婚的人不只在婚姻中就比較不快樂，他們沒有結婚前也一樣不快樂。Harker 和 Keltner（2001）在一項追蹤研究中發現，回溯一群中年婦女的大學校園年刊照片，那些發自內心笑的人，也稱為杜鄉微

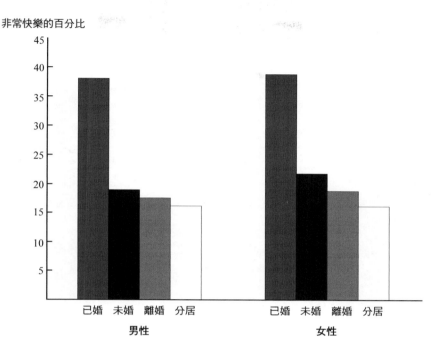

圖 1.9　婚姻狀態與快樂的關係圖

註：數據來自美國國家民意調查中心所做社會調查的 35,024 個個案。
資料來源：摘自 Myers, E. (2000). The funds, friends and faith of happy people. *American Psychologist*, 55, 56-67 (p. 63). 美國心理學會許可。

笑（Duchenne smile），比那些假笑的人擁有更快樂的生活，以及滿意和長久的婚姻。所謂杜鄉的微笑（因杜鄉發現而命名）是指嘴角上揚、眼角因為笑容而產生魚尾紋的狀態；而假笑的特色就是心不在焉。在這項控制嚴謹的研究中，141 名研究參與者並不知道自己在大學校園年刊的照片三十年後還會被受訓過的評判員評斷，而這些評判員也不知道這些研究參與者的生活滿意狀態和中年的婚姻狀態；再者，被評判員認為好看的照片，跟生活或婚姻滿意並無相關。

　　除了快樂，已經確認是構成穩定和滿意婚姻的要素包含（Bradbury & Karney, 2004）：

1. 個人特質、優勢及弱點。

2. 伴侶間的互動模式。

3. 伴侶互動脈絡中的壓力和支持。

　　在個人特質方面，能調節憤怒和負向情緒的人也擁有較好的婚姻調適，因為他們不會將瑣碎的小爭執像滾雪球一樣演變成大的攻擊性衝突。伴侶彼此在人格、能力、外在吸引力、態度、興趣、價值觀及做事方法上都很類似，因此會經驗更多滿意、享受婚姻、忠誠且衝突較少；此外，也能夠提供孩子較穩定的家庭環境（Buss, 2000）。這可能因為我們較容易去同理相似的人，而對方也因為與我們相似而特別容易感受到我們的理解。

　　我們對伴侶的價值觀（mate value）和伴侶本身自己的價值觀相似的話，也較少有不忠的情況。互相支持的婚姻伴侶，面對衝突時能表達更多正向情緒和情感、能尊重與清楚地溝通，以及原諒對方的錯誤，這樣的互動模式會有高品質的婚姻滿意度，而且能產生更多快樂（Harvey & Pauwels, 2009）。至於壓力與支持，擁有較強的社會支持網絡且生活各層面壓力較低的伴侶會有較多的婚姻滿意。

　　除了離婚率、個人主義的效應，現今將近有四十個國家研究婚姻狀態與快樂的關聯（Diener et al., 1999）。根據研究，無論是異性戀、女同性戀和男同性戀的伴侶，同居可以促進快樂（Weinke & Hill, 2009）；然而，未婚者同居對快樂程度的效應則受到文化的影響。Diener 等人（1999）發現在個人主義文化中，同居伴侶比結婚伴侶要來得快樂；然而，在集體主義同居者比已婚或單身者來得不快樂，這可能是因為破壞了集體主義的社會規範；相反地，分居者或喪偶者在集體主義社會比在個人主義社會來得快樂，因為集體主義社會提供了比較多的社會支持，而這些社會支持使他們較為快樂。

　　縱貫研究的證據顯示，婚姻在剛開始時的確增加了幸福感，但隨著時間過去後慢慢適應，人們會回復到類似結婚前的幸福狀態，如同**圖 1.6** 所示（eg., Lucas & Clark, 2006; Soons et al., 2009）。Lucas 和 Clark（2006）在德

國進行了一個十九年、超過二千個案例的縱貫研究，研究參與者經歷了新婚時的幸福滿意度之後，約五年左右會逐漸回到他們結婚前的狀態。另一個在荷蘭的縱貫研究，Soons 等人（2009）發現戀愛中、同居和已婚的伴侶在剛開始都會增加幸福感，但關係進入相對穩定後幸福感就會下降；而幸福感戲劇性的下降會在分居或離婚之後，但只要適應或發展新的關係，幸福感就會再度增加。對單身者而言，幸福感隨著時間會慢慢下降。大部分的人都有適應的傾向，Soons 等人則發現已婚伴侶會有些顯著的變化，有些伴侶會適應婚姻生活，有些則是快樂感持續增加（Anderson *et al.*, 2010）。關於婚姻和伴侶選擇的其他議題會在第八章中家庭生命週期的部分有更多討論。

社會支持、親屬關係和友誼

小家庭和大家庭中的親密支持關係，或者家庭成員與社會網絡間的支持系統，皆能增加幸福感、健康、長壽及適應（Dickerson & Zoccola, 2009; Diener & Diener McGarvan, 2008; Lucas & Dyrenforth, 2006; Masten *et al.*, 2009; Taylor, 2007）。實質性社會支持（instrumental social support）和情緒性社會支持（emotional social support）不太一樣，實質性社會支持包括協助解決問題，情緒性社會支持包括同理和使人安心；接收性的社會支持（received social support）和知覺性社會支持（perceived social support）也不同，接收性的社會支持是指在過去獲得支持，知覺性社會支持是指在需要的時候給予協助。親友提供的社會性支持關係可以增進幸福，特別是滿足人們情感和歸屬的需求、調節和舒緩人們面臨壓力時的負向情緒、協助個人無法解決的問題、讓人們知覺到透過幫助足以因應未來挑戰的希望感，以及創造一種無私、利他的人際互動環境。

就演化的觀點來說，我們必須要從親屬關係或家庭網絡來增進快樂（Buss, 2007），而我們可以進一步強化這些因為親屬關係所帶給來的快樂，例如持續跟家人維繫關係，創造一些與家人更緊密互動的生活方式，或每年例行與家人共同活動。當有段時間你不能在家人身邊，可以使用電子信箱、

Skype 和電話聯繫。維持與家人聯繫可以增加社會支持，這不但帶來快樂，也可以增加免疫系統功能與壓力反應能力（Dickerson & Zoccola, 2009）。與三代以上同堂的大家庭維持聯繫，可以降低家庭暴力和兒童虐待的發生，因為比起小家庭較孤立的狀況，大家庭較不易隱藏家庭暴力。

根據 Diener 和 Seligman（2002）在「非常快樂的人」的研究，他們發現在 222 名大學生之中前 10% 最快樂的人，快樂的原因來自於他們的富有和充實的社交生活，他們花很多時間跟朋友相處，而且自己和朋友都認為他們擅長創造與維持親密的友誼關係，這些快樂的學生也經常被別人當成好友或知己，因為他們比那些常陷入痛苦或感到不幸的人更有吸引力。然而，致力於友好的表現也會因為有社會支持的提供而強化幸福感。

這些來自演化心理學中友誼研究的發現和洞察（Buss, 2000），可以用在如何透過友誼增進幸福上，因此結交一些要好的親密朋友並與他們維持關係是重要的。如果你想結交朋友，就去選擇一份工作或參與某些休閒活動，可以讓你遇到和你興趣、能力、狀態和生活經驗相類似的人；畢竟相似的人們較容易發展深層的關係，在這過程中，你們會彼此欣賞並發現對方的才能、特質及風格，在這些朋友的需求和偏好中找到契合點，對友誼發展的初期是重要的。如果我們的特質和個性是獨特的，又與新朋友互相契合，這樣的友誼就很難被取代；就演化上而言，我們會比其他競爭對手更適合去當他的朋友。為了將酒肉朋友從忠誠的朋友中區分出來，我們可以揭露自己的不完美來測試彼此的關係，例如在一個生理體能上需要幫忙的狀態，像登山或滑雪等較進階的運動（Zahavi & Zahavi, 1997）。創造和維持友誼將會在第八章家庭生命週期中詳談，而友誼中社會支持的助益將會在第七章因應的部分闡述。

教育

教育程度和快樂、社經地位、健康、壽命長短皆有正向關係（Michalos, 2008）。在未開發國家中，教育和主觀幸福感特別有關聯（Diener *et al.*,

1999）。這可能因為在未開發國家中教育能帶來更多好處，而教育程度較低者可能連基本的生理需求都無法滿足；相反地，教育程度較高者能有足夠的錢去買食物和房子以滿足基本需求。在已開發國家中，即便教育程度低者仍能獲得基本需求的滿足。

在學校感到快樂（或對學校的滿意度）跟學生的個人特質、學校的環境特色有關（Huebner *et al.*, 2009）。對學校滿意度高的學生學業自我效能、希望感、動機、社交能力高並投入更多的課外活動；對學校滿意度低的學生有較高的焦慮、憂鬱、物質濫用、心理問題、人際困難，以及傾向外在歸因。當老師提供機會、自主性，運用清楚的課堂規則，以正向的鼓勵與欣賞的方式去強化學生行為時，學生就有更多學校滿意經驗和正向同儕關係。再者，學校滿意度也跟教學方式有關，無論對團體和個人，若老師提倡主動學習會比提倡消極學習更能促進學生對學校的滿意度。幫助學生努力達到未來的學業目標，也促進了學生對學校的滿意度。學齡兒童的各種課程與教學策略已被發展用來加強正向心理學中的個人特質，包括特質優勢、心流、希望、樂觀、自我規範（self-regulation）、正向自我概念、專長、創意、同理，以及正向的同儕關係（Gillman *et al.*, 2009）。Seligman（2009）和他的團隊發展了一個以全校為單位的課程，主要是為了促進樂觀的發展，並且實際運用在澳洲的吉隆文理學校（Geelong Grammar School），這課程包含了教導學生如何以更樂觀的思考來面對每天的生活挑戰、協助學生建立系統問題解決策略、創意的腦力激盪、決策、放鬆以及充滿自信，這個課程也幫助學生辨認出自己的特徵優勢，增加他們在日常生活中運用這些優勢。

工作

就業的狀況跟快樂有關，受雇者比失業者更快樂，從事需要專業和技術的工作比在一般不需特殊技能的工作更快樂（Argyle, 2001）。在超過一百個研究的後設分析中，McKee-Ryan 等人（2005）發現失業者的心理和生理幸福感較受雇者低。德國 Lucas 等人（2004）進行超過二萬四千個案例的十五年

縱貫研究發現，人們在失去工作後幸福感會顯著的下降，而且不會回到失業前的幸福程度，這可從**圖 1.6** 證明。因此他們得出結論：**失業者會改變他們的快樂設定點。**然而也並非所有的失業者都處在相同程度的不快樂，那些健康良好、有財富、有良好社會支持，以及對擁有工作仍抱希望的失業者，都會比較開心（Warr, 2007）。

工作滿意與快樂具有中度相關（0.4）（Diener *et al.*, 1999），這可能是因為工作提供了最適合的刺激，人們可以感到快樂、滿足自己好奇心和技能發展的欲望、擁有社會支持網絡、產生認同與目標感。雪菲爾大學（University of Sheffield）的 Peter Warr（2007）發現，令人滿意的工作代表環境與人有良好的適配，而這些工作也有區別性的特色，人們在這樣的工作環境中能發揮技能和天賦，同時也考量員工在工作中的自主性或決策酌處權，而非透過經常細節性的上級指令緊迫限制。人們喜歡使用純熟的技能完成酬賞的工作，並為他們帶來一些社會助益，但這些工作也包含多樣性的任務，因此我們應該試著調整工作狀況，使技能、優勢和表現得以發揮，讓工作上包含很多有趣的不同任務，使工作上有高度的自主權。其他跟工作滿意有關的因素，包含清楚的角色界定、支持性的督導、能與同事互動聯繫、有社會性價值的定位、身體安全、薪資保證、工作安全、有生涯發展的升遷，以及在社區與組織間、工作場合內皆是公平和合乎道德的關係（Warr, 2007）。快樂的人比較有生產力，快樂與生產力的連結是雙向的；換言之，某種工作型態促進快樂，快樂則會轉換成更高的生產力。正向心理學在組織領導與發展部分，聚焦在發展兼具生產力和滿意度的工作環境（Linley *et al.*, 2010）。

娛樂

休息、放鬆、美食和休閒活動等都能帶來短暫的快樂（Argyle, 2001），在假期中，人們感覺自己心情比較好、比較不暴躁。許多調查研究發現，休閒和運動社團間成員的友誼可以促進快樂，像舞蹈、音樂、慈善團

體志工或較耗時的運動。這些休閒社團的成員情誼帶來了更多的快樂，因為他們在一個特定的團體氣氛、價值和系統中互動，也在一個迷你文化的脈絡下聚會、活動和社交，像投入音樂性質的娛樂團體，能夠獲得正向心情所帶來的正向助益。因此，團體的休閒活動，透過滿足情感和利他的需求、自主運用技能的需求、運動的需求，以及對完成與成就感的需求，因而獲得快樂。娛樂在幸福感上的正向影響促進了休閒治療的發展，即是將娛樂活動運用在臨床脈絡中，增進心理和生理健康問題或傷殘者的幸福感（Carruthers & Hood, 2007; Hood & Carruthers, 2007）。

年齡與性別

Blanchflower（2009）大規模回顧了國際性調查自陳快樂與屬性特徵的相關研究，得出女性、年長者和青少年具有較高的幸福感。在生命週期中，幸福曲線就像是一個 U 型的軌跡。超過五十萬隨機取樣的研究樣本，包括美國、西歐和其他國家，指出典型的個人快樂在中年時達到最小值，約莫是 30 歲後期到 50 歲初期間；青少年到中年之間快樂感下降，中年開始到老年的快樂感則逐漸增加（Blanchflower & Oswald, 2008, 2009）。此外，與男性和老年人比較起來，有更多的女性和青少年提出自己非常快樂或非常痛苦（Diener *et al.*, 1999）。

健康

我們發現個人主觀自評健康狀況與快樂有關，但客觀身體的健康評估與快樂卻不是如此（除了生重病外）（Diener *et al.*, 1999），客觀的健康狀況或多或少也影響整體的快樂，除了特殊狀況外。主觀的健康自評影響快樂，其中也與個人特質和因應策略有關，個人特質如神經質，因應策略像否認、重新詮釋等。高神經質的人常常激烈地抱怨病痛和尚未復原的身體健康；沒這麼神經質的人就算被醫生診斷出疾病，他可能還是覺得自己狀況不錯，因為他們會否認或以正向的角度重新詮釋自己的健康狀況。除了嚴重的

殘疾，大部分的人可以很快適應他們的健康問題，並發展出與之前快樂程度
一致的健康自我認知。除了客觀的健康指數會對快樂產生有限的影響，很多
證據顯示像快樂這樣的正向情感會透過免疫系統對健康產生助益。比起不快
樂的人，快樂的人免疫系統功能更能發揮，這使他們比較少生病，較少負向
症狀和痛苦，也較為長壽（之前在修女的研究中有提及）（Cohen &
Pressman, 2006; Steptoe *et al.*, 2009）。

通往快樂的障礙：演化取向

　　德州大學的 David Buss 教授是一位演化心理學家，他以演化的觀點強調
意識到有哪些帶來深層滿意的狀況，可以讓我們快樂，因此生物本能就是設
計來體驗快樂的（Buss, 2000; 2007; Hill & Buss, 2008）。演化已證實在正常基
因繁殖的狀況下我們能感受到深層的快樂。結婚、維繫親密的家屬關係、跟
一小群人發展深層的友誼、與大團體維持合作聯繫、居住在安全和富饒的環
境、投入運動、發展和運用可以達到目標的技能，以及食用高品質的食物，
這些都會產生快樂，都有助於生存。

　　在西方文明國家，我們的環境在很多方面比起穴居的祖先要來得豪華，
這減少了嬰兒的死亡、減少了很多致命的傳染病、克服了食物匱乏、居住和
大眾運輸則減少了惡劣天氣帶來的毀滅性影響。從掠奪的角度來看，我們也
發展了很多保護自己的方法，發明一些機器取代人類僕役的工作，規劃自己
的生活方式包括教育、運動、藝術和休閒活動，這都延長了人類兩倍的平均
壽命，雖然有時候我們還是不快樂，甚至有些人很多時候不快樂。快樂雖受
到許多阻礙，但 Buss（2000）指出演化心理學為這些阻礙提供了一些了解。

　　從演化的原因來看快樂的阻礙，包括我們**天生傾向習慣或適應愉悅的
狀態，或對於得失之間有過多偏誤的反應**；另外，**我們天生喜歡跟別人比較**，
也許在古代的環境是適合的，但處在現代社會裡媒體頻繁地呈現他人不真實
的正向形象，則並不適合。更進一步來說，快樂的阻礙來自我們自然地透過
演化選擇經驗某些壓力情緒，例如焦慮、憂鬱和生氣，因為這是現代社會發

展之前人種生存必要的適應。現在讓我們來討論快樂有哪些阻礙。

習慣和適應愉悅的狀態

以演化來說，我們本身就能習慣或適應愉悅的狀態，因為這讓我們適應狩獵和群居（Buss, 2000; Frederick & Lowenstein, 1999），快速適應收穫的愉悅，人們自然就會想追求更好的食物與住所；相反地，人們如果在每次完成目標或達到勝利後，還能維持很長時間的愉悅，他們可能就無法生存。在現代，這樣的演化功能讓未來的人類生活在消費主義的暴政中，人們相信當他們獲得最新發售的食物、衣服、居家設備、車子或房子，他們會快樂，但是當他們擁有了這些一陣子之後就會習慣和適應，這時人們就會想要擁有更多、更好。

Brickman 和 Campell（1971）創造了名詞「快樂水車」來形容快速適應的過程，人們對於最近發生的正向和負向的情緒反應強烈，使得快樂的曲線急升或驟降，但大部分在短期內，情緒就會回到原本的快樂設定點，例如數週或數個月後。後續的研究顯示，雖然人們會快速地適應某些正向和負向事件，例如入獄或結婚，也不代表所有的事件都能很快地被適應，例如守寡或離婚，如**圖 1.6** 所示（Diener *et al.*, 2006），而其中的原因還不是很清楚。根據「適應」的概念，接受「必然性」能減少失望和因期待從物質上獲得快樂的焦躁不安。

第二個重要發現是，如果愉悅經驗能有間隔的出現，「適應」就不太會快速降低愉悅感，像吃美食、聽喜歡的音樂。成癮過程的動物研究發現（Shizgal, 1997），再次經驗愉悅之前若能趨緩對深層愉悅的渴望，互相不連接的愉悅就能產生正向效應。據此，為了增加快樂，我們應該隔一段最佳的時間再享受愉悅的經驗，如此每當我們聽喜歡的音樂、吃美食，都是希望這麼做來獲得愉悅，而且是基於先前所投入的愉悅經驗（Seligman, 2002）。

負向的社會比較

快樂的程度端視我們如何自我評估以及當時所處的狀況,當然不只是跟我們現在的狀況比較,也會和其他人的狀況作比較(Hill & Buss, 2008; Suls & Wheeler, 2000)。我們在健康、個人魅力、父母與孩子、財力、社會地位、學歷、運動成就等與他人比較,這些社會比較的過程在過去有適應的意義,功能在讓生活更好、擁有更多資源,讓基因可以繁衍下去。在以前的社會,一個團體中只有少數人(一般來說約五十至二百個人)能過最好的生活、成為最有魅力的男性或女性、有最好的工作、最好的運動表現及最好的關係,這些少數人很快樂,因為在一個團體中他們在某一方面是特別優秀的,對團體中的其他人來說也嚮往在團體中有某一方面特別突出。現代媒體如電視、錄影帶、報章雜誌、網路所呈現的生活型態、體態魅力,以及完美的工作表現、運動表現和關係經營等,都是大部分人所無法達到。當我們用這些媒體所傳遞的標準而非週遭真實的參照團體來衡量自己的成功時,會感到不快樂,因為我們無法達到媒體所設定的標準。在某些案例中這些標準是虛構的,例如體態魅力的影像、電影明星所說的快樂或部分虛構的音樂家。另外,媒體所設定的標準無法達到是因為現實的生活很難讓我們集中投入於一件事物上,例如唱歌、下棋、芭蕾舞,或者說大部分的人並非在所有方面都有天賦。當我們評斷自己無法達到媒體影像所設的標準時,就會感到自尊低落和不快樂;媒體所呈現有主見的男性、有魅力的女性之影像皆弱化了我們無法與媒體完美形象相比的伴侶,而此的確也對婚姻滿意度、家庭穩定及子孫後代的健康和幸福有負面的影響(Myers, 1992)。

根據多重差異理論(multiple discrepancy theory)(Michalos, 1985),我們的滿意度來自於現況與多重標準間的比較,包括那些比自己好或差的人、自己過去的狀況、未來的志向和理想,以及個人需求與目標等。此理論建議,對於快樂的增進和從媒體影像中比較而來的低自尊,我們可以有所選擇。當跟比我們差的人比較,我們會重視關係、個人優勢、成就和當下所擁有的;我們可以評斷目前的現況和個人能力可達到目標的關聯;我們也可以評斷自己與

真實參照團體的關聯,而非媒體傳達的錯誤影像;更可檢視從媒體所言的健康、財富、快樂等是否有效。證據顯示,我們可以彈性地選擇替代性比較(alternative comparisons)來增進幸福感(Diener *et al.*, 1999)。

得失不對等

佛羅里達大學 Roy Baumeister 教授表示,有非常多心理功能的研究證據指出壞的比好的更強大(Baumeister *et al.*, 2001; Sparks & Baumeister, 2008),也就是負向的心理現象比正向心理現象更有力量,我們對生活中的負向事件反應比正向事件來得強烈、對社會關係中的難題比正向經驗來得強烈、負向回饋比正向回饋強烈,以及失去比獲得的感覺更強烈,而且負向資訊比正向新聞流通更多。David Buss(2000, 2007)以演化的觀點強調,對我們的老祖先來說,失去比獲得會有更多情緒強度是一種適應,長時間辛苦追捕到一隻動物後又被牠逃走,比成功宰殺同一隻動物會有更強烈的情緒經驗,這些**經歷失去的強烈情緒會讓他們更努力工作以避免失去**,才能有食物吃,繼續生存。那些沒有經歷過失去所帶來的強烈情緒的人,也就不會有動機避免失去,因此他們可能會經歷更多失去,例如食物、住所或其他生存必要的東西,直到死亡。現在這種傳統仍然延續,例如損失六千元的絕望並不會與獲得或賺取六千元的滿足相同,這種自然選擇的歷程是為了達到更大的滿足。經驗密集性的壓力和需求不滿足,都會弱化我們快樂的能力。當我們獲得很多之後只增加了些許快樂,或因為小小的失去而感到很不快樂,這些都是通往深層快樂的阻礙。然而若我們接受這是一種無法避免的事,就不會因為某些成就只帶來一點快樂而感到失望;而且當我們預期或經驗到失落時,採取一些策略來強化家庭和朋友對我們的支持,降低負面情緒的程度。

適應性的情緒

就演化的觀點來說,擁有某些痛苦情緒對以前的人來說有所需要,包括焦慮、憂鬱、忌妒或生氣(Buss, 2000, 2007)。當面臨某些危險和威脅時

（例如遇到蛇或與父母分離），焦慮可以讓他們避免威脅而生存下來。當面臨地位、社會階層權力和親密關係的失落時，他們會感到憂鬱，而這樣該團體的人不會去挑戰或攻擊他們，因而得以生存。當想要的目標有阻礙時，例如食物或性，他們會感到生氣，而設法克服阻礙以生存。對祖先們來說，這些壓力性情緒都是需要的，而此也傳承給現代的我們。當我們面臨威脅就會焦慮，面對失落就會憂鬱，面對可能的不忠誠就會產生忌妒，遇到阻礙就會生氣。因此進一步的心理治療會建議，特別是認知行為和系統治療，藉由改變想法和行動來處理壓力性情緒，並重新整頓它們之間的關係（Carr, 2009a）。

　　對憂鬱而言，要避免壓力情境。如果無法避免，就把注意力放在情境中無壓力的部分；如果還是做不到，中肯地要求施壓者改變他的方式。如果你已開始變得憂鬱，去挑戰悲觀和完美主義的想法，並在每個情境中找到證據以支持樂觀的替代做法。藉由規律性的運動和安排令你興奮和愉悅的生活事件，增加你的活動力；也定期與那些支持你的親密好友和家人見面。

　　就焦慮而言，挑戰那些帶有威脅性的想法，並找到一些證據支持運用較無威脅性的方法於壓力情境。練習鼓起勇氣進入和滯留在令你感到威脅的情境，直到焦慮退去。當你承擔這些挑戰時，請你的好友和家人支持你並慶祝你最後成功了。面對挑戰前要儲備因應的策略，例如放鬆練習、聽一些令人平靜的音樂等等。

　　對於生氣，要避免進入生氣挑釁的情境。如果無法這麼做，請把注意力放在情境中沒有壓力的部分；如果還是無法做到，就自信地請挑釁你的人改變他的方式。如果你還是很生氣，遠離那個情境讓你的身體可以放鬆一些，如此你能更有效率的思考。當你被生氣、害怕和興奮高度激發後，就無法很有效率的思考。試著傾聽、理解同理他人的觀點，你將會發現並不需要受委屈；如果有，你也可以用更積極的方式處理自己的不滿。

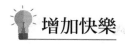 增加快樂

增加快樂的策略見**表 1.7**，這些都來自於研究的發現與整理。最後一章正向心理學的介入、課程和心理治療的取向也都會列入。Seligman 和他的團隊為憂鬱症患者發展和評估一套正向心理治療課程，目的是增加個人生命中的愉悅、投入和意義。根據研究，此課程一年後追蹤效果的確可以減緩輕度到中度的憂鬱症學生，比起只用藥或不用藥的憂鬱症門診患者，接受此課程能高度緩解憂鬱狀況（Seligman *et al.*, 2005, 2006）。正向心理治療包括優勢和正向情緒的培養、寬容、感恩、慷慨、依附、享受愉悅的經驗，以及降低期待。此外，Seligman 也發展了樂觀課程，將於本書第三章中討論（Seligman, 1998）。

 其他

心理幸福感、社會幸福感和健康相關的生活品質皆與主觀幸福感有關，但彼此之間又不相同。

心理幸福感

心理幸福感是指整體心理潛能的發揮度，它根源於人本心理學的傳統，Carol Ryff 教授是這領域的佼佼者，她的心理幸福量表包括：自主、對環境的掌握、個人成長、與他人的正向關係、人生目的，以及自我接受（Ryff, 1989; Ryff & Keyes, 1995; Ryff & Singer, 2008）。Keyes 等人（2000）在 3000 多位 25 到 47 歲的美國人所做的因素分析研究中發現，心理幸福感和主觀幸福感雖然結構不同，但兩者在社會人口變項和人格特質上有著不同程度的相關。心理幸福感和主觀幸福感兩者都隨著年齡、教育、情緒穩定度、外向及自覺（conscientiousness）而增加；然而比起擁有較高主觀性幸福感的成人，擁有較高心理幸福感的成人比較年輕、接受比較多的教育，且心胸更開放。但一

直以來都有個爭論點是：到底心理幸福感是 Ryff 所認為的六個面向，還是可
聚焦在更少的面向上（Ryff & Singer, 2006; Springer & Hauser, 2005; Springer *et al.*,
2006）。

社會幸福感

社會幸福感是指在人際社會網絡和社群中保持最佳功能的正向狀態。
Keyes（1998; Keyes & Magyar-Moe, 2003）的社會幸福感量表用五個面向評
估：社會融合（social integration）、社會貢獻、社會凝聚力、社會實現以及
社會接受度。這份量表與社會混亂、生產力、知覺社會束縛、社區融入、鄰
近地區品質及教育程度有關。目前以此份量表來測量社會幸福感以區別主觀
幸福感。

生活品質

比起主觀幸福感，生活品質是一個廣泛和複雜的結構，包含健康狀況、日
常生活中的實踐力、工作角色狀態、追求休閒興趣的機會、友誼和社會的關係
功能、健康照顧的資源、生活標準，以及一般的幸福感。然而並非所有量表都
會涵蓋生活品質的所有面向，因此還發展了許多不同的生活品質測量，例如測
量一般的生活品質、健康相關的生活品質，以及評估各類兒童與成人特殊疾病
的生活品質（Preedy & Watson, 2010）。

 ## 帶來快樂的小練習

這章提到的策略如 **表 1.7** 所示，可以用來自我練習。

享樂還是自我實現

　　一直以來主要的爭論點是關於幸福研究的享樂主義（hedonic）和完善主義（eudaimonic）兩種傳統思想（Biswas-Diener *et al.*, 2009; Deci & Ryan, 2008b）。享樂主義認為快樂與美好生活是趨樂避苦，這個傳統思想有許多的追隨者散布在哲學和心理學的歷史中，可追溯到公元前四世紀的希臘哲學家 Aristippus，而此思想被當成例證於 Kahneman、Diener 和 Schwartz 教授所編的書《幸福：享樂心理學的基礎》（*Well-being: The Foundations of Hedonic Psychology*, 1999）。相反地，完善主義指出快樂和美好生活就是完全發揮個人潛能，很多宗教或靈性活動喜歡這個定義，這也跟亞里斯多德的觀點一致：快樂並不是來自味蕾滿足，而是道德上值得去做的事，也就是美德的表現。因此，透過需求與味蕾的滿足來追求愉悅，有時候會產生幸福感；但也並非總是如此，在某些案例中追求愉悅可能阻礙了幸福，例如肆無忌憚的喝酒、用藥或過度飲食會導致痛苦多於愉悅。而完善主義的思想被當成例證放在 Alan Waterman 等人（2010）的書中，以及 Carol Ryff 心理幸福感的研究中（Ryff & Singer, 2008）。在享樂主義與完善主義的幸福感多元測量中，經因素分析顯示，主觀幸福感和個人成長雖不同但是互相關聯（Linley *et al.*, 2009; Gallagher *et al.*, 2009），也支持了 Seligman（2002）享樂主義的愉悅與完善主義的滿足的不同。

總結

　　正向心理學是在了解正向情緒、優勢特質和正向組織，並促進愉悅的生活、投入的生活和有意義的生活。這章主要聚焦在正向情緒和主觀幸福感，亦即聚焦在美好生活的享樂主義。

　　正向情感與外向有關，負向情感與神經質有關。正向情感和負向情感可能來自外向和神經質的相同神經生理機制，而兩種情緒皆有部分來自遺

傳。正向情感與好的工作滿意度、婚姻滿意度有關；此外透過例行運動、適當的睡眠、與親密好友的社交，或者是追求有價值的目標，皆可增進正向情緒。

　　臨床研究上運用多重反應類別、多題式量表及經驗抽樣法來評估快樂，研究調查發現多數人是快樂的，在十點量表中的平均值為 6.75。

　　正向情緒對工作許多面向、關係和健康方面都可以增進更好的適應，快樂對於長壽也有幫助。正向情緒的擴展與建立理論解釋了正向情緒經驗不只是個人幸福，也可促進創意性的擴散思考和生產力。為了從正向情緒中獲益，正向情緒與負向情緒的比例必須超過 3：1。

　　快樂的設定點、環境和意圖行動是影響快樂的三大因素。雙胞胎研究顯示，雙胞胎目前快樂的狀態約有一半以上來自基因影響的結果，而決定快樂上限的快樂設定點約有 98% 由基因決定。在快樂中約有 10% 的變異來自環境，而有 40% 的快樂來自意圖行動，由此我們應仔細思考做些什麼可以更快樂。

　　快樂的人格研究顯示，快樂的人外向、樂觀、高自尊，以及內在歸因。地理位置、文化、宗教與靈性、生活事件、財富、婚姻、社會支持、教育、工作、休閒、年齡、性別及健康等與快樂之間，從在著不同優勢，但彼此卻是關聯的。

　　我們可以採取以下活動增進幸福：尊重關係、與相似的人交往、溫和清楚的溝通並寬容錯誤、與家人和親戚保持聯繫、維持親密的友誼、與同事合作、投入宗教和靈性；尊重環境，確保身體和財務的安全、對家人和自己感到自在，但不會陷入消費主義的「快樂水車」現象，居住在一個擁有好的氣候、音樂和藝術的優美環境中；重視休閒活動，適當的攝取健康食物、規律的休息和放鬆、適度的放假，以及跟一群朋友投入合作性的社團活動。從演化觀點來看阻礙快樂的因素包括：我們內在傾向於習慣愉悅的狀態、跟別人產生負向的比較、對於得失不對等的反應，以及感到憂鬱、焦慮和生氣。從過度獲得物質而增加的快樂感而言，我們要接受物質的獲得會隨著時間而不

如當初那樣快樂。對於低自尊是來自於與媒體影像的負向比較，我們可依據週遭的真實參照團體或就狀況比你差的人來評估自己（向下比較），確認媒體所傳遞的資訊和快樂是否真的有效，並根據自己的能力與資源設定真實的個人目標和標準。面對得失之間不對等的反應與失望的關聯，讓自己適應在大豐收和成功後獲得小小的快樂；以及小的失落和失敗導致的快樂驟降。就憂鬱而言，我們應該挑戰悲觀和完美主義思想，並積極取得家人和好友的支持。對於焦慮，我們應該挑戰具有威脅性的想法和練習更有勇氣。面對生氣，我們應該退後一步和練習同理。

心理幸福感、社會幸福感及健康相關的生活品質皆是與主觀幸福感有關的概念，但跟主觀幸福感不同。

最後這個領域的爭論之一就是分辨享樂主義和完善主義，享樂主義認為快樂與美好生活是趨樂避苦；完善主義認為快樂和美好生活是完全發揮個人潛能。

表 1.7　增加快樂的策略

方向	策略
關係	● 與相似的人成為朋友，溫和與清楚的溝通，原諒錯誤。 ● 與家庭維持聯繫。 ● 保持一些親密的友誼關係。 ● 與點頭之交合作。 ● 投入宗教或靈性的實踐。
環境	● 確保生理和財務上的安全，且讓你自己與家人互動愉快，但不要落入消費主義的快樂水車現象中。 ● 定期享受好天氣。 ● 居住在一個風景優美的環境中。 ● 生活在有音樂與藝術的環境裡。
身體的狀況	● 維持健康。 ● 定期運動。
教育與工作	● 在挑戰性的任務中使用技能而產生愉悅。 ● 在有興趣的挑戰性工作中獲得成功與讚美。 ● 工作與目標一致。
休閒娛樂	● 適當地吃有益的食物。 ● 適度的休息、放鬆和享受假期。 ● 參與可以團體合作與互動的活動，例如樂團、舞團、運動團體，或輕鬆刺激的活動（滑雪／衝浪）。
習慣	● 為了避免過度追求物質增加快樂，學習接受自己會逐漸習慣這些物質所帶來的快樂。
比較	● 低自尊源於與媒體影像的負向比較，與週遭的真實參照團體比較或與比自己更差的人比較，而非媒體錯誤的影像；確認資源的效度和媒體影像所傳遞的快樂；根據自己的能力與資源來設定真實的目標和標準。
得失不對等	● 為了因應得失不對等的失望，學習在大大的獲得與成功中得到小小的快樂，在小小的損失與失敗中大大減少快樂。
壓力性情緒	● 避免壓力情境可以降低憂鬱，聚焦困難事件中較沒有壓力的部分，積極挑戰那些煩惱的人、挑戰悲觀和完美主義想法、積極行動並獲取支持。 ● 就焦慮部分，挑戰那些威脅性的想法，藉由進入威脅情境來練習勇氣，運用因應策略以降低焦慮。 ● 就生氣部分，避免挑釁的情境，聚焦在困難情境中較無壓力的部分，要求挑釁者不要再挑釁，退後一步並練習同理心。

問題與討論

個人發展

1. 現在的生活中，有哪些因素會讓你快樂？
2. 就增加快樂而言，現在生命中仍缺少哪些因素？
3. 你如何增加快樂？
4. 若選擇了某個增加快樂的策略，代價與收穫是什麼？
5. 採用一些策略並評估它們對幸福的影響，你可以使用這章中的幸福量表作為策略使用前後的自我評估。

進一步研究

1. 複製和延伸這個或類似的調查研究：Diener, E., & Seligman M. (2002). Very happy people. Psychological Science, 13, 81-84.
2. 複製和延伸一個情緒的歸納研究，如這篇研究所描述：Cohn, M., & Fredrickson, B. (2009). Positive emotions. In S. Lopez & C. R. Snyder (Eds.), Oxford handbook of positive psychology (Second Edition, pp. 13-24). New York: Oxford University Press.

Chapter **2**

正向特質

■ 學習目標

- 人格五大因素和相關研究發現。
- 特質優勢的評估及其來自基因和環境上的偏誤。
- 優勢和美德及建立在此分類架構上的研究發現。
- 了解如何使用特徵優勢促進快樂感。
- 找出相關的研究問題,使我們對正向特質與優勢如何促進更美好的生活有更深層的理解。

正向心理學所關注的，不僅是第一章裡的焦點——正向情緒，還有正向特質（Lopez & Snyder, 2009; Seligman, 2002），而正向心理學的成就之一就是建立了正向特質的分類系統，特別是好奇、勇敢、仁慈及寬恕等。這個系統的發展來自 Christopher Peterson 教授和 Martin Seligman（2004）在《性格優勢和美德》（*Character Strengths and Virtues*）一書中所描述的內容，之後會特別說明。然而，將這些性格優勢分類的新系統放在此脈絡中之前，我們會先提供既有的相關人格特質心理學理論。

人格和人格優勢的特質

特質（traits）影響個人的行為、認知及情意（Matthews *et al.*, 2009）。例如我們有高度的嚴謹特質，在生活中大部分的情境和時間裡會用可靠且精確的方式完成任務或工作。在不同的狀態（states）中會呈現不同的人格特質。特質的影響遍及了許多情境；而狀態是屬於短暫和特定情境的。舉例來說，嚴謹就是一種「特質」，而忙碌是「狀態」。

人格特質理論基本假設，人格特質是行為和經驗中的重要部分，在某些（或全部）的狀態中，特質會與某種個人優勢有關，例如一個人有高度的隨和特質，可能就會有信任和利他的優勢。特質一般呈常態分配，亦即就任何一個特質（例如外向）來說，大多數人呈現在中等程度，只有少數人呈現出非常高或低度。最近幾年的特質理論，五大人格特質模式（Five-Factor Model of Personality）占有主導地位（McCrae & Costa, 2008），這個模式包含情緒穩定（神經質）（neuroticism）、外向（extraversion）、對經驗的開放（openness to experience）、隨和（agreeableness）及謹慎（conscientiousness）五大向度，每一個特質都有六個層面，如**表 2.1** 所呈現。

五大人格特質是從各國語言的字典、自陳報告的密集因素分析以及觀察評估表中抽取之語意類聚語詞（John *et al.*, 2008; Mccrae & Costa, 2008）（因素分析是一種複雜的統計分析方法，藉由考驗一大群相關項目的模式，以確

表 2.1 五大人格特質模式所代表的優勢

因素		組成	相關正向特質的形容詞
情緒穩定 （神經質）	N1	勇氣／焦慮	不緊繃
	N2	沉穩／憤怒敵意	不易怒
	N3	快樂／憂鬱	知足
	N4	自我肯定／自我意識	不害羞
	N5	衝動控制／衝動	不情緒化
	N6	復原／脆弱	自信
外向	E1	溫暖	直率的
	E2	合群	社會化
	E3	自信	有說服力的
	E4	行動力	有能量的
	E5	尋求刺激	冒險的
	E6	正向情緒	熱情的
對經驗的開放	O1	幻想	想像的
	O2	美學	藝術感
	O3	感受	興奮的
	O4	行動	興趣廣泛的
	O5	想法	好奇的
	O6	價值	非傳統的
隨和	A1	信任	寬恕
	A2	坦率	不苛求
	A3	利他主義	溫暖
	A4	順從	不固執
	A5	謙遜	不出風頭
	A6	慈愛為懷	有同情心
謹慎	C1	勝任	有效率的
	C2	順序	有組織的
	C3	責任感	不草率
	C4	追求成就	徹底的
	C5	自律	不懶惰
	C6	深思熟慮	不衝動

資料來源：摘自 Paul T. Costa Jr. 和 Robert R. McCrae 的《NEO 人格問卷再版專業指導手冊》（*NEO Personality Inventory Revised Professional Manual*），1985、1989、1992 版本由 Psychological Assessment Resources 出版，並特別允許重製。

認其中一小群因素）。五大人格特質的每一個因素都是有相關的一組題目，每組項目的分數的加總就是一個因素的分數。

在眾多傳統的人格理論中，對於有多少人格可以用來描述人格功能（personality functioning）仍具爭議。舉例來說，英國的 Hans Eysenck（1916-1997）認為只有三個廣義的次要特質（three broad-band secondary traits）可用來描述人格功能：神經質、外向及精神病質（psychoticism），可以用來記錄大部分的人格功能向度（Furnham *et al.*, 2008）；相對地，美國 Raymond Cattell 教授（1905-1998）認為十六個狹義的主要特質（16 narrow-band primary traits）是必要的（Boyle, 2008）。模式中不同的特質源自於因素分析的方法和項目分析的範圍不同。五大因素人格特質模式是由 Eysenck 和 Cattell 所建立。

綜合以上，這三個模式有其相似性。Cattell 的十六個主要因素之次級因素（secondary-factor）分析說明了廣義因素與五大人格特質相似；同樣的，五大人格特質的前兩個向度和 Eysenck 的神經質和外向是相同的，而五大人格特質中的隨和與謹慎是說明 Eysenck 精神病質的兩個部分。

評估與人格特質相關的優勢

人格問卷和形容詞檢核表被發展用來評估五大因素模式中的特質。最完整的五大人格特質和其六個層面的評量為 240 題修訂版的 NEO 人格量表（NEO Personality Inventory, Neo-PI-R, Costa & McCrae, 1992）。簡化版量表包含 60 題的 NEO 人格量表（Costa & McCrae, 1992）、100 題和 50 題的國際人格試題庫之形容詞檢核表（Goldberg,1992）、44 題五大人格量表（John *et al.*, 2008）、40 題五大人格特質精簡量表（Saucier, 1994; Thompson, 2008）、**表 2.2** 的迷你國際人格試題庫（Donnellan *et al.*, 2006），以及 10 題的人格量表（Gosling *et al.,* 2003）。人際形容詞量表（Interpersonal Adjective Scale）提供一個和人際行為環狀模型一致的系統去評估五大因素（Wiggins, 1995）。

表 2.2　五大人格特質的迷你國際人格試題庫

請評估下列量表中對你狀況描述的正確性。請仔細閱讀每個陳述，然後圈出最能描述你現在一般狀態的答案，不是你未來所希望的，誠實描述如你所見的自己，以及你所知道與你同性別或跟你年齡相近的人。

		非常 不正確	有點 不正確	沒意見	有點 正確	非常 正確
E	1. 我很活躍而且受歡迎。	1	2	3	4	5
A	2. 我同理他人的感受。	1	2	3	4	5
C	3. 我會立即完成例行工作。	1	2	3	4	5
N	4. 我通常情緒起伏不定。	1	2	3	4	5
I	5. 我有鮮明清晰的想像。	1	2	3	4	5
E*	6. 我話不多。	1	2	3	4	5
A*	7. 我對於他人的問題不太有興趣。	1	2	3	4	5
C*	8. 我通常會忘記將物品放回適當的地方。	1	2	3	4	5
N*	9. 我多數時間都是放鬆的。	1	2	3	4	5
I*	10. 我對於抽象的想法沒興趣。	1	2	3	4	5
E	11. 我在宴會上會跟不同的人說很多話。	1	2	3	4	5
A	12. 我能感受到其他人的情緒。	1	2	3	4	5
C	13. 我喜歡有秩序的。	1	2	3	4	5
N	14. 我容易沮喪。	1	2	3	4	5
I*	15. 我很難理解抽象想法。	1	2	3	4	5
E*	16. 我習慣在幕後。	1	2	3	4	5
A*	17. 我對其他人不感興趣。	1	2	3	4	5
C*	18. 我把事情搞得亂七八糟。	1	2	3	4	5
N*	19. 我很少覺得憂鬱。	1	2	3	4	5
I*	20. 我想像力不好。	1	2	3	4	5

註：E= 外向、A= 隨和、C= 謹慎、N= 神經質、I= 智慧／想像力／對經驗開放、* 代表反向題。

資料來源：Donnellan, M. B., Oswald, F. L., Baird B. M., & Lucas, R. E.(2006).The Mini-IPIP scales: Tiny-yet-effective measures of the Big Five factors of personality. *Psychological Assessment*, 18, 192-203. 美國心理學會許可，50 題 IPIP-FFM 可上網至 http://ipip.ori.org/newQform50b5.htm

人格特質和相關的優勢

表 **2.1** 中提及與五大人格特質及其各層面有關的個人優勢。五大因素評估個人情緒穩定度、外向、對經驗的開放、隨和及謹慎；情緒穩定度的層面有勇氣、沉穩、快樂、自我肯定、衝動控制及復原力，外向的層面有溫暖、合群、自信、行動力、尋求刺激及正向情緒。對經驗的開放是：幻想的開放、美學的開放、對新鮮感的開放、對新奇行為的開放、對新想法的開放及對不同價值的開放。隨和的層面包含信任、坦率、利他主義、順從、謙遜及慈愛為懷。謹慎有關的優勢為勝任、順序、責任感、追求成就、自律以及深思熟慮。

類型論再確認了與五大人格有關的三個部分，其為復原力、過度控制及低度控制（John & Srivastava, 1999）。具有復原的個體在所有的五大因素中皆顯示正向的形容詞，與復原有關的個人優勢見**表 2.1**；過度掌控者具有高度的隨和和謹慎，但有低度的外向；低度掌控者在神經質部分獲得高分，但其隨和和謹慎是低分的，而且低度掌控和拖延有關。

人格特質相關的優勢證明

後設分析和系統性的回顧提供了強而有力的證據說明，在五大因素獲得高分者（個人優勢）在許多面向有良好適應，包括幸福感、因應能力、長壽、健康行為、關係、創造力、學業成就及職業適應。

五大人格和幸福感

Steel 等人（2008）對包含十萬個案例的三百四十七個研究樣本進行後設分析，發現五大人格特質在量表上的分數與幸福相關指標有強烈關聯，包括快樂、生活滿意度、正負向情感及生活品質。取絕對值後，快樂與外向的有效相關為 0.57、與神經質的有效相關為 0.51、與隨和的有效相關為 0.36、與謹慎的有效相關為 0.27、與對經驗的開放有效相關為 0.14。由此可見外向和情緒穩定度的人格特質優勢與快樂有強烈相關。

外向、謹慎與適應性因應

　　不同人格特質類型的人們使用因應策略的研究顯示，擁有許多人格特質優勢者能使用較多的適應性因應（adaptive coping）。在超過 33000 位參與者的一百六十五個研究樣本中，Connor-Smith 和 Flachsbart（2007）發現在外向和謹慎得分高者，更能使用問題解決和認知重建的方式來因應壓力；相對來說，使用越多有問題的策略，例如一廂情願、退縮等，則在神經質部分得分較高。

謹慎、長壽與生活型態

　　來自六個國家的二十個研究樣本，包含 8000 名參與者的後設分析中，Kern 和 Friedman（2008）發現謹慎和長壽有顯著相關，謹慎透過其在健康行為和生活型態的影響，間接使人們更加長壽。藉由 Bogg 和 Roberts（2004）在包含 10 萬名參與者的 194 篇研究之後設分析，證實了謹慎的人，較少藥物濫用、酒癮和抽煙，較少不健康飲食、較少危險駕駛和危險性行為、較少暴力相向、較少自殘行為；此外，謹慎的人也會投入更多運動和有較佳的體適能狀態。

情緒穩定、外向、隨和與人際關係

　　情緒穩定、外向與隨和是**創造滿意關係**的三個重要特質優勢。在回顧縱貫研究中，Ozer 和 Benet-Martinez（2006）提出結論：兒童和青少年時，外向和隨和可營造好的同儕關係；成人期，情緒穩定和隨和的特質，與婚姻親密關係的維持和滿意度有關。

謹慎、學業與工作表現

　　謹慎一致被認為是**成就**和**工作表現**的重要特質優勢，雖然其他特質優勢也同樣重要。O'Connor 和 Paunonen（2007）針對 23 篇包含 5000 名案例的研究進行後設分析，發現五大人格特質中唯一和學業成就有顯著相關的是

謹慎（0.24）。Zhao 等人（2010）從超過 15000 位以上參與者的 60 篇研究
中發現，成功的創業者在謹慎、對經驗的開放與情緒穩定得分高。Peeters
等人（2006）進行五百個以上團隊的工作表現資料進行後設分析，發現團隊
都有高於平均值的謹慎和隨和，而團隊成員在這兩個部分相似度越高，團隊
表現越好。謹慎對工作表現很重要，情緒穩定和外向，則對工作滿意度很重
要。針對 24000 名以上參與者的 92 項研究之後設分析，Judge 等人（2002）
發現情緒穩定且個性外向的人呈現出較高的工作滿意度。

遺傳和環境基礎

　　人格特質決定優勢是備受關心的議題。這些優勢是先天的，還是透過社
會化歷程所學來的？根據研究指出，雙胞胎手足在**表 2.1** 中的相關優勢約有
一半左右不同，來自遺傳和環境的比率大約相等（Johnson *et al.*, 2008）。

　　對於特質優勢的環境決定，有充分的理由相信，在五大因素模型的人
格特質中，早期安全依附是一個重要的正向調適指標（Cassidy & Shaver,
2008），若父母能以溫和且中度掌控的方式教養子女，會提升在這些因素上
的正向適應（Darling & Steinberg, 1993）。關於影響後期正向發展的早期生
活經驗，在第八章中會進一步討論。

　　影響人格特質的遺傳機制是複雜的，多重基因決定了氣質性格，但最
終人格特質發展的過程是基因和環境交互作用的結果。人們出生的家庭和物
理環境造就了特定的基因屬性；然而，嬰兒和兒童的行為影響了人們回應他
的方式，間接改變了環境。換言之，環境影響了人格特質的發展，這些人格
特質發展又影響了人們的環境，以及他人與之互動的方式。

　　遺傳性人格特質的評估來自不同遺傳的相似配對比較。在遺傳的雙胞
胎研究中，通常使用同卵或同卵雙胞胎群、異卵或異卵雙胞胎群之共同特質
人格量表或評定量表來評量。同卵雙胞胎已被確認有相同的基因碼，而異卵
雙胞胎一般只有 50% 的共同基因。遺傳評估使用下列的公式 $h^2 = 2(r_{mz} - r_{dz})$。在公式中 h^2 是遺傳，r_{mz} 是與同卵雙胞胎配對有關的特質，r_{dz} 是與異

卵雙胞胎配對有關（Johnsons *et al.*, 2008），因此遺傳是兩者相關之差的兩倍。以五大人格特質來說，遺傳通常介於 0.4 到 0.5 之間。

特質優勢的生涯發展

人格特質和優勢皆與氣質性格有關，早期氣質類別和後來的人格特質的相關持續地被確認（DePauw & Mervielde, 2010）。**氣質指的是嬰兒回應情感的性格與方式**，是與生俱來或遺傳的，氣質來自生理因素，是成人人格的基礎。西元前四世紀 Hippocrates 是第一位指出此一觀點的人，公元二世紀時由 Galen 加以推廣，兩人都假設 4 種幽默與 4 種來自人格的獨特氣質之間具有連結（Murray, 1983）。依據這個假定，有樂觀氣質的人會發展出快樂、積極人格，是因為過多的幽默和心臟的血液量。沉穩人格的發展跟冷淡的氣質有關，這是因為有過多的幽默和相關的大腦鎮定。具有憂鬱氣質的人會發展出陰沉的人格，是因為過多的幽默和脾分泌的黑膽汁。最後因為過多的幽默和肝分泌的黃疸汁，易怒氣質會導致侵略性人格發展。之後英國大學的 Hans Eysenck 教授指出這些氣質和四個象限的特質：神經質和外向有正交相關（Eysenck & Eysenck, 1975）。從**圖 2.1** 或許可以看見，使用這二因素模式，穩定內向性格的人具有鎮定氣質，而穩定外向者有樂觀氣質，這些是較有彈性的氣質型態，憂鬱氣質的特性屬於神經質內向者，而不穩定的外向者則會具有易怒的氣質。

表 2.3 簡要呈現了氣質的主要模式與人格理論間的一致性。一致性是建立在對特質和氣質向度的描述上，以及在特質和氣質上的長期研究發現。從**表 2.3** 可見氣質會以各種方式被分類：Thomas 和 Chess（1977）的嬰兒氣質模式，包含了觀察者評估出來的九個因素；Buss 和 Plomin 的兒童氣質模式（1975），包含了他們藉由 EASI 氣質調查所測量的四個要素。EASI 的縮寫代表了這個理論的四個要素：情緒性、活動力、社交性及衝動性。Clark 和 Watson（1999, 2008）發展出三因素的成人氣質模式，與 Eysenck 的人格三因素模式非常相似。

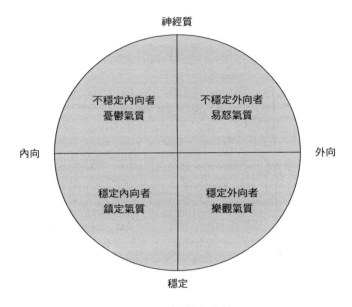

神經質

| 不穩定內向者 憂鬱氣質 | 不穩定外向者 易怒氣質 |
| 穩定內向者 鎮定氣質 | 穩定外向者 樂觀氣質 |

內向

外向

穩定

圖 2.1　氣質和人格

資料來源：摘　自 Eysenck, H., & Eysenck, S. (1975). *Manual of the Eysenck Personality Questionnaire*. San Diego, CA: Educational and Industrial Testing Service (EdITS). 獲得允許重製。

縱貫研究的證據支持氣質和人格特質兩者之間的關聯（DePauw & Mervielde, 2010; Rothbart & Bates, 2006）。舉例來說，高活動力和正向感情的兒童，能成為外向的成人並從外向的優勢獲益；注意力較為持久的兒童，之後會發展出高度謹慎和相關優勢；較為急躁和恐懼的兒童，往後生活會呈現出較高的神經質；有極端氣質性格的兒童會對環境壓力和支持產生過多反應，或者是被父母或其他人激發更極端的氣質性格。

除了氣質型態和人格類型的延續性外，也有強力的證據說明五大人格特質在許多文化中有可預期的生涯發展軌道。Roberts 等人（2006）在涵蓋五萬個以上案例的 92 篇研究樣本之後設分析中發現，在青少年時期，人在外向中的經驗開放和社會行動力有增加的趨勢；在老年期這兩個特質都會減

表 2.3　氣質和人格特質

五大人格 因素模式	人格三因素模式	成人氣質 三因素模式	兒童式氣質 四因素模型	嬰兒氣質 九因素模式
穩定—神經質	神經質	負向氣質	情緒性	情緒強度 感官反應閾 趨／避 適應性 規律性
外向—內向	外向	正向氣質	社交性 活動力	情緒本質 活動程度
謹慎 隨和	精神病質	抑制困難	衝動性	注意力持續度 注意力分散度
對經驗的開放				

資料來源：依 據 McCrae, R. R., & Costa, P. T., Jr.(2008). The five-factor theory of personality. In O. P. John, R. Robins, & L. Pervin (Eds). *Handbook of personality: Theory and research* (Third Edition, pp. 159-181). New York: Guilford press. Furnham, A., Eysenck, S., & Saklofske, D. H. (2008). The Eysenck personality measures: Fifty years of scale development. In G. Boyle, G. Matthews, & D. Saklofske (Eds.), *The Sage handbook of personality theory and assessment. Volume 2: Personality measurement and testing* (pp. 199-218). Los Angeles, CA :Sage. Clark, L., & Watson, D.(2008). Temperament. An organizing paradigm for trait psychology. In O. John, R. Robins, & L. Pervin (Eds.), *Handbook of personality: Theory and research* (Third Edition, pp. 265-287). New York: Guilford. Buss, A., & Plomin, R. (1975). *A temperament theory of personality development.* New York: Wiley. Thomas, A., & Chess, S. (1977). *Temperament and development.* New York: Brunner/Mazel.

少。在成人早期或中期，大約是 20 到 40 歲，會在謹慎、情緒穩定（相對的是神經質）以及社交領域（外向的另一面）有所增加。隨和則是隨著整體生涯發展逐漸增加。這些研究發現否定了 30 歲以後人格已非常穩定的觀點（見**圖 2.2**），他們建議年輕的成人們應是具備社會行動力與開放度的優勢，稍長的成人則以情緒穩定、謹慎、社交領域以及隨和為優勢。

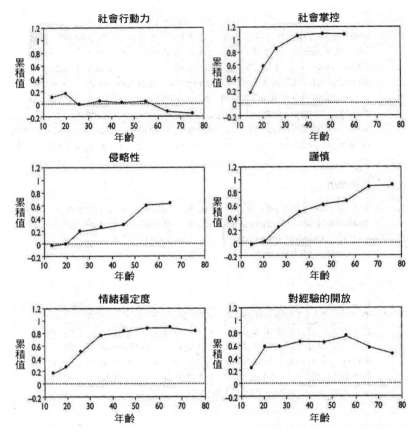

圖 2.2　隨時間演變的人格特質

資料來源：Roberts, B. W., Walton, K., & Viechtbauer, W. (2006). Patterns of mean-level change in personality traits across the life course: A meta-analysis of longitudinal studies. *Psychological Bulletin,* 132, 15 (Figure 2). 美國心理學會許可。

 優勢和美德的分類

正向心理學的優勢與美德，和傳統的人格特質心理學，在目標和發展階段上皆有所不同。正向心理學的美德與優勢是試著確認那些與美好生活有

關的人格特質，這有別於傳統的人格特質心理學，是更廣泛的，但並不關心如何辨認和研究這些特質。透過科學方法，人格特質心理學已完善地建立了，從 Gordon Allport（1897-1967）1937 年的著作《人格：心理詮釋》（*Personality: A Psychological Interpretation*）開始；到近期關於美德和性格優勢群聚的科學研究。2004 年 Christopher Peterson 和 Martin Seligman 發表《性格優勢和美德》（*Character Strengths and Virtues*）後，正式形成一門科學研究。早在個人性格優勢之前，關於樂觀和創造力的研究已進行數十年之久，但沒有縝密的研究，也沒有研究探討關於性格優勢群，此為過去被忽略的性格優勢和美德建立了科學的調查脈絡。

　　正向心理學中的性格特質的是指優勢和美德的分類（VIA），見**表 2.4**（Peterson, 2006; Peterson & Seligman, 2004; Peterson & Park, 2009）。美德被哲學家認為是核心品格，例如智慧、勇氣。而創造力、感恩等優勢，具體地被用來達成美德。智慧、勇氣、人道、正義、節制、心靈超越是正向心理學的六大美德，以下是這些美德的簡短描述，其中參照了許多相關重要的研究報告。

智慧

　　智慧的美德是具有創造力、好奇心、開放的胸襟、熱愛學習以及能採取廣博的觀點，這些認知優勢包含了知識的獲得及將其運用在提升幸福感上。

創造力

　　一個有創意的人必須能夠產出新的想法和行為，引導藝術、科學或其他相關作品的形成。創造力同時來自個性，以及經由各種方式評估而來的個人心理社會脈絡（Kaufman & Sternberg, 2010）。創造力有別於聰明、天賦或智慧，這些部分會在第六章討論得更詳盡。

表 2.4　優勢和美德的分類

美德	定義屬性	特質優勢	定義屬性
智慧	知識的獲得與使用	1. 創造力	能用新奇和產出性的思考方式來做事情
		2. 好奇心	對正在發生的經驗感到興趣
		3. 開放胸襟	思考事情的經過且檢視事情的各面向
		4. 熱愛學習	專精於新技巧、主題及知識
		5. 有見解	能夠提供他人睿智的意見
勇氣	面對內、外在衝突的困境下完成目標	6. 真切	說實話且真誠表現自己
		7. 勇敢	面對威脅、挑戰、困難或痛苦能不退縮
		8. 堅毅	完成已開始的事情
		9. 熱忱	用興奮和能量過生活
人道	人際優勢	10. 仁慈	做喜歡且對他人有益的事
		11. 愛	重視和他人的親密關係
		12. 社交智力	能覺察自我和他人的動機
正義	公民優勢	13. 公平	公平和正義地對待他人
		14. 領導能力	組織團體活動和讓它們發生
		15. 團隊合作	和團體或團隊成員工作愉快
節制	避免走極端的優勢	16. 寬恕	原諒犯錯的人
		17. 謙遜	讓他人的成就去證明他們自己
		18. 審慎	小心個人的選擇，不說或不做會後悔的事情
		19. 自我規範	調整個人感受和行為
心靈超越	將我們與更大的宇宙做連結	20. 對美與卓越之欣賞	珍視和欣賞生活中各層面的美、卓越和熟練的表現
		21. 感恩	覺察和感謝好事的發生
		22. 希望	期待並努力達到最好
		23. 幽默	連結歡笑和笑話，並帶給人歡笑
		24. 宗教／靈性	對更高的目標和生活的意義有一致的信念

資料來源：摘自 Peterson, C., & Park, N. (2009). Classifying and measuring strengths of character. In S. Lopez & C. R. Snyder (Eds.), *Oxford handbook of positive psychology* (Second Edition, pp. 25-33, Table 4.1., p. 28). New York: Oxford University Press; and Peterson, C., & Seligman, M. (2004). *Character strengths and virtues. A handbook and classification.* New York: Oxford University Press. 獲得允許。

好奇心

好奇的人會有強烈的動機去獲得新經驗、知識與資訊。心理學上會區別短暫的興趣與持久的好奇、對經驗的開放、新奇探索及知覺探索之不同（Kashdan & Sylvia, 2009）。稍早所提及的五大人格特質中，對經驗的開放指對新奇想法、奇幻、感覺和價值的感受性，知覺搜尋和新奇探索則與冒險有關。好奇和內在動機對技巧和專業能力的發展是必須的，而且也和第四章所討論的心流有關。

開放的胸襟

在一個不確定情境下做決定時，胸襟開放的人會從各種角度來看待問題，合理地思考問題，解釋各種可能的證據，不會直接跳到結論，一點證據的線索就能改變他／她的想法，最後做出一個平衡的判斷。在心理學裡，心理學家藉由關注批判性思考、判斷和決策來探索開放的胸襟，包含諾貝爾獎得主康納曼（Daniel Kahneman）（Hardman, 2009; Stanovich, 2009）。研究指出許多錯誤的判斷是發生在不確定情境下所做的決定，為了避免這樣的情況，應採用謹慎、合理及開放胸襟的態度和方法。

熱愛學習

一個熱愛學習的人會有強烈的內在動機去精熟新技巧、議題和各種知識，以系統的方法來滿足這需求。在心理學傳統中的熱愛學習，是成就動機和能力動機（Elliot & Dweck, 2005）。在任何領域要具有高能力或專業知識的內在動機，一方面靠個人天賦和氣質，另一方面是在環境中要得到機會和支持。環境的重要層面包含父母、老師、同儕、教練、心靈導師及雇主，也包括一般社經條件和文化氛圍。競爭力動機（competence motivation）會在第四章中呈現。

有見解

藉由傾聽他人、洞察「全貌」、做出平衡利弊的判斷和有說服力的表達，一個有見解的人可以提供明智的建議。在心理學，智慧一詞代表有自己的觀點與看法（Sternberg & Jordan, 2005），是專家的知識系統，是認知和人格發展的進階階段。智慧包含運用智力和創造力權衡各種解決之道的影響和利弊，又能符合道德觀和公益。智慧將在第六章詳盡討論。

勇氣

勇氣的優勢特質為真切、勇敢、堅毅與熱忱。當個人感覺到為了幸福必須面對內外衝突時，這些優勢就會微調修正。

真切

真切的人會對自己和這個世界都坦白。他們以真誠的方式呈現自己，為自己的信念、感覺及行為負責，誠實且誠信。道德發展的心理學研究指出，這些屬性受到個人屬性的影響，例如氣質、環境因素，尤其是父母教養、學校教育品質，以及與有利社會行為有關的同儕互動（Killen & Smetana, 2006）。自我決定理論指出自發性地追求價值目標（真實的核心）和幸福感有關（Deci & Ryan, 2002; Sheldon, 2004）。自我決定理論會在第四章中討論。在心理治療領域，個人中心治療運動的始祖 Carl Rogers（1902-1987）認為治療師是否真切是成功治療的關鍵條件，而讓個案真切是重要的治療目標。我們並不驚訝，正向心理學以 Rogers 的中心治療為平台，建立正向心理學治療（Joseph & Linley, 2006）。正向心理治療會在第九章中討論。

勇敢

勇敢的人會以堅定的方式面對身心的威脅、挑戰、困難或疼痛。勇敢包含勇氣和捍衛對的想法。勇敢和勇氣是心理學新興的探討領域（Pury & Lopez, 2009）。

堅毅

具有堅毅優勢的人，儘管遭遇困難和被迫放棄的誘惑，都能夠完成要求或困難的任務。在心理學中，堅毅包括堅持、勤奮及暫緩滿足（Peterson & Seligman, 2004）。行為心理學發現，比起連續增強時被剝奪，間歇性增強時剝奪會產生強大的堅持不懈（抵抗消滅的反應）。在認知心理學裡發現，樂觀解釋風格會比悲觀且習得無助的人，更能在任務上堅持不懈。在許多條件下，堅毅會出現在能暫緩滿足、高自尊、自我效能、自主以及自我控制的人身上。

熱忱

有熱忱優勢的人，生活是熱情、興奮、有能量、有精力與充滿活力的。他們認為生活就是冒險，全心致力於達成任務。自我決定理論假設我們會因內在動機而投入活動來滿足關係、能力、自主上的心理需求，而且能強化生命力；相對來說，生活型態若放在外在目標會降低活力，因為他們無法在關係、能力以及自主上獲得心理滿足，這觀點受到越來越多的證據支持（Ryan & Deci, 2008）。自我決定理論和內在動機見第四章。

人道

人道包含仁慈、愛以及社交智力，這些人際優勢被用來加深親密、一對一關係的特性。

仁慈

仁慈的人會做對他人有益的事，也會照顧他人，他們也是利他主義、體諒、關懷備至以及慷慨的。利他主義的心理研究認為同理心是支持善良和利他行為的重要因素（Batson *et al.*, 2009）。同理的情緒會產生利他動機去幫助別人，儘管自己需要付出許多。關係中的同理和利他主義在第八章會討論。

愛

　　透過愛，我們會珍視和滋養親密關係，互相分享與照顧。有許多不同類型的愛，包含父母對子女的愛、子女對父母、朋友之間、愛情等。John Bowlby（1907-1990）的依附理論在各種形式的愛裡扮演核心的角色（Cassidy & Shaver, 2008），依附理論的核心假設為：創造和維持親子、朋友及親密伴侶間之情感聯結的動機與能力是生理本能，也是物種生存所必須。嬰兒期從父母那接收到的照顧方式在早期經驗中被內化，成為成人時期發展和朋友或親密關係的樣版。安全依附的嬰兒，成人期會發展出和朋友或親密伴侶之間的安全依附。愛與關係，會在第八章中仔細討論。

社交智力

　　透過社交智力的優勢，我們能持續覺察自我或他人的動作和感受，適應不同的社會情境。社交智力是正確地認知自我或他人心理狀態的能力，有效處理我們的心理狀態與社交情境。藉由 IQ 測驗可以區辨出不同型態的智力，也就是運用記憶、檢視關係、快速處理資訊及抽象推理等技巧，解決口語或非口語的問題。在 VIA 分類系統中，社交智力被納入情緒智能的架構裡（Salovey *et al.*, 2009）。情緒智力將於第五章討論。

正義

　　正義的美德是具有公平、領導以及團隊合作的優勢，這些社會優勢會運用在團隊、團體或社群中，建立強力的社會網絡。前面提到人道的優勢性格（善良、愛與社交智力）主要針對兩人之間的關係，正義的優勢性格則是關於團體中的網絡關係。

公平

　　公平的人依據公平與正義的觀念對待所有人，不會讓個人的偏頗感受影響公平的決定，因此公平是道德判斷的結果。在心理學，公平是道德發展

研究中的一部分（Killen & Smetana, 2006）。道德推理與行為的發展受權威型父母教養的影響，也與認知觀點和同理心的發展有關。

領導能力

有領導能力優勢特質的人能組織團體活動，促進團體成員間的良好關係以及使團體完成任務。在心理學裡，領導的研究有悠久的傳統（Bass & Bass, 2008; Linley *et al.*, 2010）。有證據顯示不同的領導型態適合不同的情境，有效能的領導者會調適他們的領導型態去符合目標、特色、團體發展階段、團體成員的技能和優勢，甚至是團體所處的環境。

團隊合作

擁有團隊工作優勢特質的人，和團隊中的成員關係良好，對團隊忠誠，能平均分配工作任務。團隊工作需要社會責任、公民表現以及公益工作的概念。青少年發展和公民參與的心理學還在發展中，主要提出在發展公民參與上，家庭角色的重要性、學校課程的內涵及提升公民投入的社區志工課程等（Sherrod *et al.*, 2010）。許多團隊合作的心理學研究包含在組織心理學、職業心理學及工業心理學的領域中（West *et al.*, 2003）。公民參與及合作的心理學則涵蓋在政治心理學中（Sullivan *et al.*, 2008）。

節制

節制的美德是具有寬恕、謙遜、審慎以及自我規範的優勢，而這些優勢使我們遠離極端行為。寬恕使我們免於仇恨，謙遜使我們免於傲慢，審慎使我們免於因短暫愉悅的過度放縱而造成長久困境，自我規範則讓我們避免用不當的方式表達激烈情緒。

寬恕

寬恕的人願意給犯錯者第二次機會，是仁慈且不報復的。根據心理學研究，寬恕是一個複雜的心理歷程（McCullough *et al.*, 2009; Worthington,

2005），這包括同理犯錯者，以及隨著時間對犯錯者的信念、情緒、動機及行為而有所不同。寬恕的歷程受到許多因素的影響，包含犯錯的程度、道歉的程度、是否已贖罪補償、受害者與犯錯者的特質、受害者與犯錯者的關係，以及社會環境。寬恕在第八章中會有更多討論，這和建立正向的關係有關。

謙遜

謙遜的人不會過度誇大自己的成就，也不會吹噓或認為自己比別人重要。謙遜的人通常也是仁慈的。仁慈除了要能正確自我理解外，也要能接納一個人的優勢、成就、不完美及失敗，能關注所有人與事的價值，而不是只有自己（Tangney, 2009）。謙卑和謙遜的人讓他人感受到較少的威脅。謙遜和仁慈是很特殊的性格，因為人很容易不自覺地自我提升，這一個部分第三章會繼續討論。

審慎

審慎的人不會承擔不必要的風險，不會說或做短視近利但最後後悔的事。因此，審慎是一種生活的方法，也就是一連串考慮到許多長期行為後果的決策。審慎跟溫和的生活型態有關，沒有密集或過度的短期愉悅，但願意承擔長期的風險。審慎在五大人格特質中的謹慎（conscientiousness）之下研究（Roberts *et al.*, 2009），先前已經提過，謹慎包含勝任、順序、責任感、追求成就、自律及深思熟慮，和學業成就、事業成功、健康、長壽有關。

自我規範

透過自我規範的優勢特質，人會在既定的規則下對其思考、情緒、欲望及衝動負責，因此他們可以有計畫追求目標、實踐標準，而非只表現出對情境原始反應的行為。自我規範意指自我控制、自律以及執行的功能（Forgas *et al.*, 2009）。自我規範的核心特質是以較好或較適合的反應取代原始反應。自我控制是為了帶來正向的結果，例如在飲食、消費、性、智力思考、選擇

及人際行為等方面。然而，自我控制的行為會消耗自我控制的資源；這些資源被補充後，又能表現出更多適應行為。

心靈超越

　　心靈超越的美德是對美和卓越的欣賞、感恩、希望、幽默及靈性，這些優勢讓我們可以超越自己、和更廣大的宇宙聯結，並創造生活中的意義。欣賞讓我們連結到生活中的美麗和卓越；感恩讓我們連結到生活中值得感恩的好事；希望讓我們連結到未來的夢想及心願；幽默讓我們用正向的情緒面對生活中的挑戰和複雜；宗教或靈性使我們追求非物質或超越生活層面，進入宇宙之完美、整體、神聖或宗教的部分。

對美和卓越的欣賞

　　透過欣賞的優勢特質，一個人會注意與欣賞生活中的美麗、卓越以及生活中各方面之表現，包含日常生活經驗、大自然、科學、藝術以及像仁慈、寬恕或勇敢的美德行為。具有欣賞優勢的人會讚嘆大自然的美麗，欽佩純熟技能的使用，以及透過美德行為提升道德（Diessner *et al.*, 2008; Haidt, 2003）。就某些部分來說，欣賞與五大人格特質中經驗開放度的美學層面相似。

感恩

　　感恩的人會利用時間自省，感謝發生在生活中的美好事物，感受這些美好事物背後的愉悅。近年來有許多感恩的心理學研究（Emmons & McCullough, 2004; Emmons *et al.*, 2003; Watkins *et al.*, 2009）。感恩可分為個人和超個人：個人感恩（personal gratitude）是感謝一個人的恩典或存在；超個人感恩（transpersonal gratitude）是感謝神、特定的事情或存在的經驗。另一種分類是感恩情緒（在某種特定情境下的感謝）和感恩特質（感謝的狀態），感恩特質（trait gratitude）與情緒穩定、隨和、自信以及非唯物主義

有關。感恩與幸福感，比起感恩與五大人格特質，有更強烈的相關。在實徵和臨床研究中，邀請人們回憶或詳細記錄所要感謝的事件細節，藉此計算他們的感謝數，或者是寫感恩信給想要感謝的人，研究顯示這些介入皆可以增加幸福感。關係中的感恩會在第八章討論，感謝的養成則在第九章討論。

希望

有希望感的人期望最好的，而且會努力達到最好。在心理研究裡，希望感、樂觀性格、樂觀解釋風格都已建構完整，發展出結構性的測量工具（Carver *et al.*, 2009; Peterson & Steen, 2009; Rand & Cheavens, 2009）。相關、實徵及臨床研究都顯示出，希望、樂觀及樂觀解釋風格，都與快樂、適當因應、關係、身心健康有關。第三章將會仔細討論樂觀和希望。

幽默

透過幽默的特質優勢，能點出許多挑戰中幽默的一面，以嬉鬧、笑及開玩笑等方式把歡樂帶給大家。在心理學中，對幽默、風趣、喜劇、諷刺、開玩笑、笑以及嬉鬧有長期的研究（Martin, 2007）。幽默在認知、情感、人際關係及生理的方向不同；幽默知覺和幽默行為也不太一樣。在兒童與青少年時期，幽默和玩耍是一連串複雜的發展。幽默可以發揮正向功能，例如建立人際關係、因應壓力、舒緩緊張等，但也可以用來攻擊和貶損他人。某些幽默的方式對生理與心理健康有正向影響，有證據指出幽默已成功整合在心理治療、教育及職場的介入處遇中。幽默是一種因應方式，第七章會進一步討論。

宗教／靈性

透過宗教性或靈性的優勢特質，人們能將生命看得更深遠。涵融較廣事物的信念引導我們的行為，讓我們生活趨於一致。當信仰逐漸成內在動機並整合於生活中時，能提升幸福感，特別是遭遇壓力以及災難的情況下（Pargament, 2002; Pargament & Mahoney, 2009）。

VIA 分類系統的發展

　　這個分類系統回顧了美德與優勢，參考了來自世界主要的宗教和哲學傳統（Peterson & Seligman, 2004）。透過回顧確認出六種美德——智慧、勇氣、人道、正義、節制，以及心靈超越，這些美德是普及而且完整，紮根在生物學物種演化和選擇中。

　　從一連串確認過的清單中選出二十四個優勢，並依據特定清楚的分類標準分成六大美德。為了將性格優勢納入 VIA 的分類系統，這些正向性格特質上相似、普及、能促進美好的生活、具有道德價值、不會貶低他人，也都對應了一個負向特質（例如勇氣相對懦弱）、是可測量的，優勢間彼此有所區隔且相異。優勢展現或發揮出來，資優的兒童或青少年會提早出現，但某些人卻完全沒有，這些優勢也能藉由社會或教育機構強化和培育。

　　智力、體能或性格等天賦和能力不作跨文化的評價，就如同整潔和節儉被分類系統排除在外。每一個美德群下的優勢都是相似的，因為都與核心美德有關聯，但彼此有所區隔。想要擁有好的性格，或許需要展現美德類群中一到二個優勢。性格優勢是通往美德的道路。

　　有利的條件會促進人們在既定的環境下展現本來就有的性格優勢，進而形成美德，有利的條件包括**教育和職業機會、一個穩定的家庭、安全的鄰區與學校、政治穩定以及民主**；此外，良師益友、角色楷模、同儕支持、直系親屬，也都是有利的條件。有些環境屬性會促進優勢和美德，例如處在自然和美好的自然環境中、賦能的社會環境、學習心理學家所提出的可預期與可控制性情境，或是組織心理學家所研究的新奇和多樣性。

評估優勢

　　在 VIA 分類系統中的二十四個優勢，可採用優勢分類調查成人版（Values in Action Inventory of Strengths, VIA-IS）加以評估（Peterson & Seligman, 2004），這是一份 240 題的自陳問卷。11 至 17 歲的青少年使用另

一份 198 題的優勢分類調查青少年版（Values in Action Youth Survey, VIA-YS; Park & Peterson, 2006a）VIA-IS 和 VIA-YS 可 在 http://www.viacharacter.org/VIASurvey/tabid/55/Default.aspx 上進行測試，此兩個工具都有好的信效度。日文版也已在發展中（Otake *et al.*, 2005）。

特徵優勢

在 VIA 分類系統中，特徵優勢即在 VIA-IS 量表得分特別高的（Peterson & Seligman, 2004），你可以用上面網址的 VIA-IS 量表自行測驗，測驗後你會收到一份全部優勢內容的解說報告以及前三名特徵優勢。Seligman（2002）區分出「短暫的愉悅」和「持久的滿足」兩種正向情緒，愉悅來自感官經驗，滿足是運用自己的特徵優勢投入某項活動的專注狀態，這些活動像駕駛帆船、跳舞、閱讀、創意寫作以及教學等。在生活中運用這些特徵優勢是非常重要的，例如：

1. 和親密伴侶的關係。
2. 和後代子孫的關係。
3. 職場。
4. 休閒活動。

假設運用特徵優勢、心流經驗、專注及幸福感之間有關聯，你可以試試看有沒有效果。特徵優勢有下列特色：

1. 優勢是你的核心特質。
2. 運用優勢時會覺得非常開心。
3. 第一次運用優勢就能快速上手。
4. 持續學習新的方式來運用優勢。
5. 渴望找到新的方式運用優勢。
6. 你感覺在許多場合中就是會用到優勢。
7. 當運用優勢時會感到越來越振奮。

8. 以優勢打造個人計畫。

9. 運用優勢時會感到樂趣、熱忱、熱情或狂喜。

實證發現

優勢分類在世界各地的許多國家或文化中被評估。Park 等人（2006）在涵蓋美國五十州和五十四個國家，超過 117000 位參與者的網路研究中發現，多數認同仁慈、公平、誠實、感恩以及正義，同時也發現最不認同審慎、謙遜以及自我規範。美國性格優勢的內涵包含其他國家受測者的檔案資料。Biswas-Dienar（2006）指出優勢分類調查具有跨文化特質，他訪談了 123 位肯亞馬賽（Maasai）族人和 71 位格陵蘭島北方的因紐特（Inughuit）原住民，仍能在這些不識字的文化團體中找出 24 項優勢的性格特質，該社會也認為這些是重要、有價值的。

性別和特質優勢

許多研究發現特質優勢有性別上的差異；然而，文化間的差異或許來自每個文化中的性別角色。Linley 等人（2007）針對 17056 位英國成人進行網路調查發現，除了創造力外，女性在所有優勢分類調查中都比男性高，性別差異最大是仁慈、感恩以及愛。Shimai 等人（2009）在一個包含 308 位日本年輕人與 1099 位美國年輕人的研究裡發現，女性陳述較多的優勢是愛和仁慈，然而男性陳述最多的優勢是勇敢和創造力。Biswas-Diener（2006）的跨文化研究則發現，因紐特女性原住民在仁慈得分較高，男性在自我規範得分較高；相對來說，馬賽族女性在自我規範的得分較高，男性則是在誠實、公平以及領導能力的分數較高。

年齡和特質優勢

英國 Linley 等人（2007）研究發現優勢會隨著年齡增加。然而，VIA 的優勢分數和年齡之間的相關小，例如年齡與希望感、公民參與的相關是 0，

年齡與好奇心相關 0.16。和年齡有強烈相關的是好奇、熱愛學習及公平。

社會中的各個團體

　　社會中有不同的團體，也有不同的特質優勢，這都可以預期。在一篇有 103 位美國西點軍校學員、141 位挪威海軍軍官學生及 838 位美國公民的國際研究中，Matthews 等人（2006）發現對軍人來說誠實、希望、勇敢、勤奮及團隊合作是最大的優勢。相對地，VIA 優勢對 250 位青少年和 83576 位成人進行計分，Park 和 Peterson（2006a）發現希望、團隊合作及熱忱在青少年裡較為普遍，對美與卓越的欣賞、真實、領導能力及開放胸襟在成人裡較為普遍。

幸福感

　　研究指出，在兒童、青少年及成人時期，熱忱、希望、愛及感恩與幸福感有強烈相關。Peterson 等人（2007）發現在 12439 位的美國人和 445 位瑞士成人中，熱忱、希望及愛，是與生活滿意度有強烈相關的前三大優勢（相關 > 0.04）。在美國樣本中，感恩和生活滿意度的相關係數也高於 0.04；在瑞士樣本裡，堅毅和生活滿意度的相關係數也高於 0.04。他們也發現特定的優勢與愉悅、投入及有意義的生活方式（正向心理學的三個支柱）有關。這兩者中，幽默和愉悅的生活相關；熱忱和投入的生活有強烈相關；和宗教／靈性有強烈相關的是有意義的生活。在 Park 等人（2004）進行 5299 名成人的網路研究裡發現，熱忱、希望、愛及感恩，與生活滿意度有強烈相關；相對來說，生活滿意度與謙遜、對美的欣賞、創造力、判斷以及熱愛學習的相關很低。使用 VIA-IS 日文版對 308 位年輕人所做的研究發現，熱忱、希望及感恩，與快樂有強烈相關（Shimai *et al.,* 2006）。Park 和 Peterson（2006b）針對 680 對父母對 3 到 9 歲子女的文字描述進行網路內容分析發現，對較小的孩子來說，熱忱、希望和愛的優勢特質與快樂有相關；而對較大的兒童來說，感恩與快樂有相關。Park 和 Peterson（2006a）也發現，青

少年的熱忱、希望、愛及感恩與生活滿意度有強烈相關，甚至五大人格特質的效果在統計控制的狀況下，也是如此；這個研究指出優勢分類調查比五大人格特質所評估的更多，尤其是個人的道德方面。Park 和 Peterson（2006a）還發現自我規範、熱忱、希望及感恩的親職優勢與本身青少年時的生活滿意度評估有關。Park 和 Peterson 的結果指出除了熱忱、希望、愛與感謝的關鍵優勢外，當父母能夠自我調整負向情緒時，他們就會創造正向穩定的環境，讓孩子過著滿意的生活。

創傷和疾病

VIA 優勢特質與創傷、疾病之間也有關。Peterson 等人（2008）對 1739 位成人進行的網路研究發現，像意外或襲擊的創傷事件經驗次數與特質優勢有正相關，特別是勇敢、創造力、對美的欣賞及仁慈。24 項特質優勢也與創傷後成長有顯著相關。Peterson 和 Seligman（2003）在 2001 年紐約 911 恐怖攻擊事件前後，進行 4817 位跨區域的網路研究，發現優勢分類調查的分數在感恩、希望、仁慈、領導、愛、宗教／靈性與團隊合作有所增加，在恐怖攻擊後兩個月差異非常大且非常明顯，但是十一個月過去之後就比較沒有這麼明顯了。他們也假設聖保羅的神學美德（信仰＝靈性；希望和慈善＝愛、仁慈、感恩、領導及團隊工作）提升了人們自我永存的歸屬感。Peterson 等人（2006）對 2087 位成人進行網路研究發現，有生理疾病但具有勇氣、仁慈及幽默的性格優勢者，就不容易影響生活滿意度；有心理疾病者，若具有對美的欣賞與熱愛學習的性格優勢，生活滿意度影響得也較少。

工作和特質優勢

Peterson 等人（2010）對 7348 位成人所做的網路研究發現，好奇心、熱忱、感恩及宗教／靈性的優勢特質，與工作滿意度相關。好的特質不會單獨出現在任何特定職業。Peterson 等人（2009）對 9803 位就業者進行網路研究發現，熱忱可預期工作是「心靈感召」（calling）（0.39）、工作滿意

度（0.46）以及一般生活滿意度（0.53）。

教育

Park 和 Peterson（2006a）對 250 位青少年的研究發現，優勢分類的堅毅、公平、感恩、誠實、希望及有見解的優勢特質，與學業平均成績（GPA）有關。Dahlsgaard 等人（2003）在 134 位中學生的研究發現，被老師評定為受歡迎的學生，在領導能力、公平、自我規範、審慎及寬恕的優勢分類分數較高。

兒童適應

Park 和 Peterson（2006a）也發現優勢分類中的熱忱、希望和領導能力的性格優勢，和內在行為問題較無關；而愛、堅毅、真切以及審慎，和外在行為問題較無關。

特質優勢的先天和後天發展

特質優勢的發展同時受到基因和環境因素影響。在明尼蘇達 336 對雙胞胎研究裡，Steger 等人（2007）發現雙胞胎手足的顯著基因，和非共同的環境因素，影響了 24 項特質優勢會中的 21 項，這與人格特質測量大致重疊，而且基因對人格特質的影響納在優勢中的遺傳變異。Park 和 Peterson（2006a）對 395 位青少年和他們的父母進行優勢分類調查研究，發現親子之間的優勢顯著相關。

優勢的分布狀況

近年來在 VI-IS 的結構上沒有達到共識。根據抽樣和方法學，因素分析已找出一到五個因素解（Shryack *et al.*, 2010）。Peterson（2006）提出實用的交叉因素分析，兩個交叉的因素代表自我到他人、心智到心靈的範圍，此分析圖和二十四個性格優勢分布圖見**圖 2.3**。從圖可見，好奇心和創造力屬於關注自我，而關注他人的優勢包含公平和團隊合作。自我規範和堅毅屬於心智掌控或智慧控制的範圍，而愛與感恩則是心靈掌控或情緒表現。

Peterson 和 Park（2009）認為當性格優勢用這種方式呈現出來時，就可以非常清楚的看出沒有人可以將所有優勢都發展得很好。**圖 2.3** 中相近的優勢有可能同時具備高度水準，例如感恩與愛；但要求距離很遠的優勢同時出現高度水準就非常有挑戰性，例如謹慎和熱忱。因此在發展個人優勢時，我們必須為有所取捨。

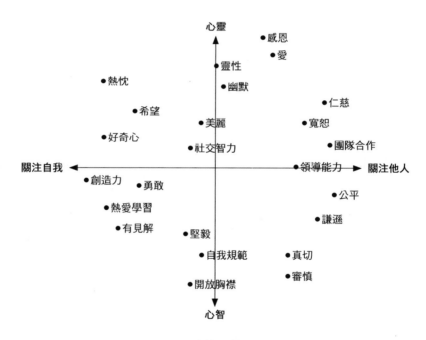

圖 2.3　性格優勢的平衡

註：各個優勢之間的距離分得越開，越難同時擁有。

資料來源：摘　自 Frederickson, B. L. (2002). Positive emotions. In C. R. Snyder & S. Lopez (Eds.), *Handbook of positive psychology* (p. 124). New York: Oxford University Press. 獲得 Oxford University Press 許可。

 運用特徵優勢改變生活

表 2.5 運用了特徵優勢來提升幸福感。請你使用 http://www.viacharacter. org/VIASurvey/tabid/55/Default.aspx 線上的 VIA-IS 測驗，再根據測驗結果，每天以新的方法運用其中一個特徵優勢，並持續一週。有安慰劑控制的網路研究中，Seligman 等人（2005）追蹤了六個月後發現這樣的介入能有效提升幸福感。

 有重新分類的必要嗎？

正向人格特質研究的主要爭論是：這些 VIA 分類系統的性格優勢，會不會只是新瓶裝老酒呢？用二十四個性格優勢評估五大人格因素時，是否只有些許不同？VIA 量表的因素分析取得的因素解，可明顯看出這些因素，例如情緒穩定、外向、經驗開放、隨和及謹慎（Shryack *et al.*, 2010）。然而，其他研究指出，VIA 量表測量的特質和五大人格特質有重疊，但實際上還是不同。如 Park 和 Peterson（2006a）提出 VIA 青少年量表的研究，熱忱、希望、愛與感恩的性格優勢，即使用統計方法控制五大人格，仍和生活滿意度有強烈相關，同樣也如 Steger 等人（2007）的雙胞胎研究中所提，基因對於人格特質的影響可納入性格優勢裡的遺傳變異中。VIA 性格優勢的評估工具看來好像能測量五大人格中的某些特性，但除此之外他們也開啟了人類經驗和行為的道德向度。

 總結

特質影響了個人性格，個人性格則影響了行為。近年來，人格特質理論由五大人格特質模式主導，內含的情緒穩定（神經質）、外向、對經驗的開放、隨和及謹慎的特質，皆與個人優勢有關，這些可藉由有信度的量表或評

估問卷進行測量。情緒穩定和外向，與快樂有強烈相關。情緒穩定、外向及隨和，與關係裡的正向調適有相關。外向和謹慎，與適應性因應有相關。謹慎，與學業表現、職業表現、健康生活型態及長壽有相關。五大人格特質裡，大約有 50% 的變異來自基因。縱貫研究的證據支持了氣質和人格特質之間的連結。人格特質在生命循環裡會改變：對經驗的開放和社會行動力在青少年時期會增加，但在老年期減少。介於 20 至 40 歲之間，謹慎、情緒穩定、社會掌控是增加的，而隨和在生命發展中逐漸增加。

在正向心理學裡，性格優勢歸類在六個主要美德之下，而這六個主要美德是來自於哲學和宗教的道德觀之跨國文獻回顧中所歸納。這些美德為智慧、勇氣、人道、正義、節制及心靈超越。智慧的美德包含知識的獲得和使用，可透過創造力、好奇心、開放胸襟、熱愛學習及有能力對生活採取更寬廣的視野等優勢來達成。勇氣美德包含在面對內、外在的反對意見時，依舊能達成目標的意願，且透過真切、勇敢、堅毅及熱忱等優勢來達成。人道美德促進人際能力，可透過仁慈、愛及社交智力來達成。正義美德可促進和更廣的社群連結，透過公平、團隊合作以及領導能力的優勢來達成。節制的美德包含對喜好的溫和呈現，且透過寬恕、謙遜、審慎和自我規範的優勢加以達成。心靈超越的美德將我們與更寬廣的世界連結，透過欣賞、感恩、希望、幽默和宗教／靈性的優勢來達成。性格優勢可以被評估且個人特徵優勢可藉由 VIA-IS 和 VIA-YS 認定。實徵研究顯示，VIA 優勢被所有研究過的國家認同。仁慈、公平、誠實、感恩及正義是最普遍存在的優勢。女性傾向於在 VIA 多數的優勢上得分較高。好奇、熱愛學習及公平，與年齡有強烈相關。熱忱、希望、愛及感恩，與幸福感有強烈相關。勇敢、創造力、對美的欣賞及仁慈，則與創傷事件經驗有相關。紐約在 2001 年 9 月 11 日之後，對於靈性、希望、愛、感恩、仁慈、領導能力及團隊合作等優勢有增加。有勇敢、仁慈和幽默優勢的人對生理疾病有較好的調適；有欣賞與熱愛學習優勢的人對心理疾病有較好的調適。好奇、熱忱、希望、感恩及宗教／靈性，與學業成就有相關。在青少年族群裡，公平、自我規範、審慎和寬恕，與受歡迎有

88 　正向心理學
positive psychology

表 2.5　運用你的特徵優勢

使用線上 http://www.viacharacter.org/VIASurvey/tabid/55/Default.aspx. 的 VIA-IS 找出自己的特徵優勢，並確認其中最好的三個。這些就是你的特徵優勢。持續一週，每天用不一樣的方式運用其中一個特徵優勢，下表會給你一些具體實行的想法。

優勢	任務
智慧	
創造力	• 選擇一項日常工作，然後用完全不同的方式來執行。 • 將你可以回憶到的最美麗的景象，用非常簡短正確的文字描述下來。
好奇心	• 選擇一個你每天都會經過但卻了解不多的地方，然後去發現所有關於它的事情。 • 下班或下課後，走不同的路線回家，然後注意每件新奇的事物。
開放胸襟	• 寫下你所堅持的觀點，然後再寫下他人會質疑的五個理由。 • 下次某個人說了你不同意的事情時，詢問他們為何如此這麼堅信；仔細聆聽他們說的內容並試圖了解其想法。
熱愛學習	• 每天都學習一個新的想法。 • 每天花 15 分鐘讀一些你平時不會讀的書或文章。
有見解的	• 下次你和兩個起爭執的朋友共處，不要站在任何一方，而是去理解兩方爭論的內容。 • 找一天，花比較多的時間詢問和聆聽，而非只是說話；只有被詢問時，才謹慎地陳述。
勇氣	
真切	• 找一天，只說你真誠相信的事情。 • 每天深刻地反省個人所抱持的價值觀。
勇敢	• 不管這件事讓你覺得如何緊張，你還是去做，然後知道自己可以勇敢。 • 下次，你會害怕去做或說某件好事時，理解你的害怕，然後在這種情境下去做或說某些好事。
堅毅	• 今天，計畫做一件事情、任務或工作，並依循計劃完成。 • 去做一件你之前曾經排斥的重要任務，然後計畫一些小步驟並依序完成。
熱忱	• 今天去做一些你真的想做的事，而非因為你覺得應該做。 • 睡八小時，吃適量健康的三餐，每天積極運動一小時，然後感受一下你是不是更有活力了。
人道	
仁慈	• 幫忙朋友或陌生人，但不要小題大作。 • 拜訪獨居者並傾聽他們。
愛	• 和你的朋友或夥伴做一件他們真正想做的事。 • 接受他人說一聲感謝，不要多過於此。

（續）表 2.5　運用你的特徵優勢

優勢	任務
社交智力	● 當某個人做某件事情或說某些話惹惱你時，不要立刻反擊，嘗試了解他們的動機。 ● 在緊張情況下，做或說些可讓其他人感到放鬆的事。
正義	
公平	● 當你發現與他人共事時犯錯了，就承認並負起責任。 ● 聆聽你不認同的人說話，且不打斷他們。
領導能力	● 為你的朋友或家人舉辦一個社交活動。 ● 在你的社交圈裡，讓新人或不受歡迎者感受到歡迎並成為團體中的一份子。
團隊合作	● 準時出現，並在公平分配工作後，為團隊多做一些事。 ● 在慈善機構中擔任志工。
節制	
寬恕	● 寫封信給曾經對你做錯事情的人，但不要寄出，持續一週每天閱讀它。 ● 一旦你覺得被某人惹惱，放下這個感受。
謙遜	● 今日不要談論你自己。 ● 稱讚朋友某件做得比你好的事。
審慎	● 今天，問問自己是否值得冒健康的風險，繼續吃垃圾食物、喝超過兩罐酒或開車超速。 ● 今日，避免任何極端的事情。
自我規範	● 下次當你要失控時，從一數到十。 ● 今天放棄閒聊並說些關於他人有意義的事。
心靈超越	
20. 對美與卓越欣賞	● 每天至少兩次，停下來看看你身邊自然環境的美麗。 ● 寫下你每天看到最美麗的事並持續一週。
21. 感恩	● 每天結束前，寫下你經歷的三件好事，並感恩於此。 ● 對曾經幫助你的人寫下感恩信，那個人是你從沒有感謝過的，描述他幫助你的細節，然後把信件寄給他們。
22. 希望	● 寫下你下個月的目標，然後定出計畫來完成它。 ● 想一件讓你覺得失望的事及其為你創造的正向機會。
23. 幽默	● 今天讓一個人微笑。 ● 今天讓你自己覺得好玩。
24. 宗教／靈性	● 今天冥想 15 分鐘。 ● 今天想想你生活的目標。

資料來源：這個練習是依據在 Peterson, C. (2006). *A primer in positive psychology*. Oxford: Oxford University Press, pp 158-162 所提供的。

關；而愛、堅毅、真切和審慎，則與較少的外在行為問題有關。基因因素在 24 項 VIA 性格優勢中的 21 項的發展扮演著重要的角色。因素分析研究已在一個和五個因素之間找到因素解，雖然交叉的方式包含了兩個軸的因素，一為自我到他人，另一為心智到心靈，但非常連貫與一致。

問題與討論

個人發展

1. 讀完這章後，對自己的優勢你學到了什麼？
2. 在生活中，你可以用什麼方法讓這些優勢更常被運用？
3. 採用這些方法的代價與收穫為何？
4. 試試看一些方法，並藉由第一章裡幸福量表來前、後測評估對幸福感的影響。

進一步研究

1. 建立一系列關於**表 2.1** 五大人格特質與**表 2.4** VIA-IS 的二十四個優勢之關係的假設，並設計和建立一個研究來測試這些假設。
2. 在 PsycINFO 中搜尋本章中相關主題之過去數十年發表過的研究，例如五大人格特質（Big Five）、性格優勢、感恩、寬恕等等，並與快樂或幸福感的詞語結合後再一起搜尋。確認一個你有興趣的研究，而且可以複製和延伸。重複執行以上方式。

Chapter 3

希望和樂觀

學習目標

- 正向錯覺、自我欺騙、否認、壓抑、選擇性注意,以及良性遺忘的心理過程。
- 分辨出樂觀性格與樂觀解釋風格。
- 希望理論。
- 期望理論。
- 大概說出樂觀的神經生物學基礎的當代知識。
- 正向錯覺、樂觀主義、希望及期望理論的研究意義,並增加快樂。
- 定義出亟待解決的研究議題,增加我們對正向錯覺、希望、樂觀及快樂的了解。

　　直到 1970 年代末，公正評估一個人的未來被視為心理健康、成熟以及優勢的象徵時，樂觀被當成一種心理缺陷、不成熟的象徵或軟弱的特質（Peterson, 2000）。對於樂觀的負面觀點，可見於伏爾泰 1759 年的作品《憨第德》（*Candide, ou l' Optimisme*），其中潘格羅斯（Dr. Pangloss）天真地認為我們居住的世界是完美無缺的，而作家 Porter（1913）的暢銷小說《波麗安娜》（*Pollyanna*），主角是慶祝不幸的小女孩，另外根據 Freud（1856-1939）的分析，宗教是一種樂觀錯覺。

　　Freud（1928）在《錯覺的未來》（*Future of an Illusion*）主張，只要我們控制了攻擊和性的本能，仁慈的天父就會對我們的未來有所回報，而這個樂觀的信念是一種達到文明所必要的幻想；若沒有這種錯覺，人們可能就會肆無忌憚地表現出攻擊和性的本能。然而，此種樂觀錯覺的代價就是否認了攻擊和性本能的真實性。透過心理分析，人們得以探究各種防衛機制、精神官能性的妥協，以及用社會可以接受的方式來滿足性與衝動的樂觀錯覺。心理分析的目的就是為了達到某種程度的心理成熟，**心理成熟是指清楚地了解「真實」，並拋棄樂觀錯覺。**

　　1970 年代晚期，認知心理學家已經累積了大量的研究資料，這些資料由 Margaret Matlin 和 David Stang（1978）整合在《波麗安娜效應》（*The Pollyanna Principle*）一書中，書中指出人們思考過程是樂觀的。因此，大多數的人回憶正向事物比負向事物快，使用正向口語和寫作的語言多於負向，而且比其他人更加正面的評價自己。唯一的例外就是，焦慮或憂鬱的人比較容易以實際或悲觀的方式看待自己。Tiger（1979）在《樂觀：希望的生物學》（*Optimism: The Biology of Hope*）中認為樂觀思考是應對未來的能力，是人類進化過程中自然選擇的特徵。對未來，危險、疾病和生命終有一死，抱持現實主義或悲觀主義的人，缺乏求生的動機；相反的，樂觀的人相信努力會獲得好結果，因此會積極奮鬥。

　　在正向心理學中，有三個研究範圍啟發了人們如何與為何採取正向的世界觀。

1. 正向錯覺與自我欺騙。

2. 樂觀。

3. 希望。

每項都會在這章中討論。

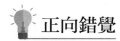 ## 正向錯覺

任教於加州大學洛杉磯分校（University of California Los Angeles）的 Shelly Taylor（1989）教授，在《正向錯覺》（*Positive Illusion*）一書中指出，大多數人——特別是**健康的人們**，傾向正面看待自己，這種正向錯覺和更好的健康、幸福有關。之後二十年，根據《正向錯覺》所進行的研究皆支持了 Taylor 的觀點，發現正向錯覺可以提升**主觀幸福感、人際關係滿意度、挫折適應力、工作上的堅持力**，而且可以在**不會太難的工作上，工作效能更高**（Marshall & Brown, 2008）。在許多個案中，正向錯覺也能促進健康，從自陳報告的結果，以及透過免疫功能、血壓、疾病進展與死亡率等客觀指標可以得知（Segerstrom & Roach, 2008）。

人類的思考被強烈的正向偏見（positive bias）所區分，也就是我們的心智被正向的思考方式所引導而非現實或負向的方式。大多數人正面看待自己、世界及未來。在許多社會心理學嚴謹設計的實驗中，Taylor 和其他學者提出，相較於現實處境的威脅或他人的觀點，人們會以較正向的希望觀點來看待自己，主要有三方面：第一，他們把個人放在強光之下看待過去的行為、個人特質以及自我強項，也就是經歷自我強化的錯覺；第二，他們有一種不切實際的個人控制感，以及誇張且毫無根據的信念，那讓他們能使事情轉壞為好，但從不對發生在他們身上的壞事負責；第三，他們有一種毫無根據的樂觀感，認為未來會比實際可能的狀況還要好上太多。他們相信，樂觀帶來更多機會發生好事，而不是災難、壓力及混亂。大多數人們不了解這些正向錯覺，主要是因為錯覺進行得非常順暢，以致於我們無法感覺到這些正向的

本質，而且我們也會避免去證實看起來好像不存在的正向錯覺。

自我欺騙

　　根據科學實驗與田野研究結果顯示，我們會為了維持一個自我和世界的正向觀，而使用各種防禦機制和自我欺騙（self-deception）的策略來管控負向訊息（Chang, 2008; Taylor, 1989; Taylor & Brown, 1988, 1994）。這些負向訊息包括：將我們的才能和特質歸在只是一般而沒什麼特別的；對無法預測與混亂的世界，我們掌控有限，也對我們自己的衝動、情緒、想法及行動掌控有限；未來無望。未來代表許多失落，包含失去年輕活力、失去健康、失去聰明才智和天賦、失去珍貴友誼、失去工作角色，以及自己和親人都無可避免的死亡。相較於樂觀世界觀點，我們使用自我欺騙的策略掌控這些不好的訊息，包含防衛機制與正向錯覺。

否認和壓抑

　　否認（denial）和壓抑（repression）是兩種廣泛使用的防衛機制，它幫助我們維持正向與樂觀的世界觀。否認是不承認外在世界的威脅或壓力事件的存在和意義；壓抑包含現實世界不接受的個人內在攻擊或性衝動。為了被社會接受，只能限制衝動的表現，壓抑是留住不被接受的衝動，而這些是社會要求我們不應該感覺、不應該意識到的。Taylor（1989）指出，那些像是否認和壓抑的防衛是不良的適應方式，因為它們扭曲了事實；再來大腦的某部分被另一個「知道」事實的部分給隔絕或扭曲了。相對的，自我欺騙的正向錯覺讓人們知道關於自己的負向訊息，並以正向的自我觀點處理；這些錯覺有適應性，容許人們盡可能以最光明的一面詮釋現實。大量的研究顯示，正向錯覺包含選擇性注意、良性遺忘、維持口袋裡的無能以及負向自我基模的認知歷程（Taylor & Brown, 1988, 1994）。

選擇性注意和良性遺忘

選擇性注意（selective attention）是只注意和我們有關的正向事物並篩選掉負向的事物，也就是以帶有偏見的方式過濾訊息，以至於只有正向消息才能被記錄和編碼。良性遺忘（benign forgetting）是不易想起關於自我的負向訊息，卻能仔細回憶起支持自我正向觀點的正向訊息。

口袋裡的無能

我們還是可以處理自我的負向訊息，透過清楚地定義口袋裡的無能（pockets of incompetence），並接納自己在某些領域中技能不足。例如：雖認為自己不擅長處理數字，但仍相信自己是高智力的。然後，我們將這些區域圈限在正向特質的自我核心外面，藉由圈限出口袋裡的無能，不用這些領域的表現來評估自我價值，即得以維護自尊。

負向自我基模

處理自我負向訊息的更進一步策略，就是建立負向自我基模（negative self-schema，除此之外還有正向自我基模）。自我基模可依循許多特質建立，例如害羞或體重過重。負向自我基模是一套有組織的信念，可以讓我們預期接收負向訊息的情況，然後建立可處理的策略。舉例來說，先告訴大家我們比較害羞，就可以不用說太多話。負向自我基模，使人可以預期在什麼情境下個人較可能接收到負面訊息，並使用相關的因應策略。負向自我基模也讓人們將負向評價歸到負向自我基模核心中的負向特質，以保護自尊。例如，我沒有考好是因為我不敢在課堂中問問題，這都是我害羞的性格造成的；只有那些敢在課堂上問問題的人，才可以得到好的考試成績。

我們如何養成正向錯覺

正向錯覺的發展來自教養方式，例如父母親能鼓勵兒童在溫暖的關係

和清楚的行為規範下做決定。放縱、權威或冷漠的親職方式無法促進正向錯覺發展。

正向自我知覺始於生命早期。學前兒童認為自己能幹、受歡迎，這樣的正向自我觀點會持續一生，縱使強度會隨著成長而逐漸減弱。正向的自我觀點由記憶的運作來決定，**記憶是自我中心的**，因此我們大部分會記得以我們為主角或英雄的過去。再者，我們選擇性注意和記憶的訊息，取決於我們的自我基模，就是我們是什麼類型的人和我們有什麼特質的相關信念。舉例而言，擁有「我有音樂才能且擅長運動」的信念自我基模者，就可能記得「我跑得很快，而且臉不紅氣不喘；或者我可以評論一場音樂表演的好壞」；但一個自視聰明和仁慈的人，可能還是會想起趾高氣揚的人也曾試著不要遲到，也曾試著在音樂中放鬆。自我基模決定我們想達到什麼狀態，然後再對這些狀況的印象或資訊加以強化。所以擅長運動、有音樂才能的人們在那樣的狀況下會記住自己是有音樂才能的並擅長運動的，或者仁慈、聰明的人們會記住自己是仁慈的和聰明的。

大部分的人們認為好事歸自己管，例如通過考試或是幫助某人，但卻不想搭理壞事，例如失敗或傷害他人。因為像成功與仁慈這類的好事是我們想要去做的，壞事是人們幾乎不想要去做的，例如失敗和殘酷。人們也會誇大地去接納所有好結局，他們接受榮譽多於分享榮譽。當你問先生和太太們是誰在做家事，回答是「自己」的總人數通常超過100%。同樣的，無論是在科學、創作或音樂領域的創作團隊，答案也會如此。

正向自我評價者同時也保有其他面向的高自尊，而且受人歡迎，從小到老都是如此（Mruk, 2006）。認為自己有正向特質，對未來充滿樂觀，並且相信自己在生活上能夠掌控重要事件，像這樣的人工作可以維持得更長久、也更加努力，這是因為他們希望從工作中得到正向的結果。當面對阻礙時，他們嘗試使用各種解決方法直到成功為止，因為他們相信自己最後一定會成功。因此，他們工作風格的特色是：**一個強烈想成功的動機，對挑戰性任務的高度堅持、更有效率的表現**，以及**全面卓越的自我要求**。

　　控制的需求和對掌控環境的自我知覺，自出生就存在。從生命初期幾個月，孩童就顯示出控制與主宰環境的需求。當他們掌控了一部分，就會覺得無趣，並且轉移到下一個目標。舉例來說，一個孩童可能對一輛新的汽車好奇，但不久就感到厭倦，而對另一個新的搖鈴玩具更有興趣；不久，當他們發現一個發出聲音的新玩具後，又開始厭倦先前的那個。因為孩童對於有些新奇的場合，比起熟悉的事物或幾乎不熟悉的場合，會有刺激感和興趣。孩童也喜歡環境中比自己能力高一些的新挑戰，而非太簡單或過難的挑戰。

　　大部分人相信世界是可掌控的。我們相信只要努力工作、謹慎的計畫，運用良好的工具、技能與科學，幾乎都可以達成目標任務。我們相信天然災害、疾病、社會和經濟的問題，甚至是戰爭，都是可解決的問題。我們相信只要透過努力就會成功，而懶散則會造成失敗；所以成功是努力的象徵，而失敗則象徵懶惰。絕大部分的人們不相信，在生命歷程的決定中，混亂或非預期扮演了主要的角色。Ernest Becker（1973）的書《拒絕死亡》（*Denial of Death*）提到，在可掌控與規律的世界中，我們的信念保護我們不必一直面對死亡的事實，即便我們距離死亡並不遠。

　　我們會為了許多理由堅持個人掌控的信念。我們錯誤的歸類了許多事件，認為事件結果符合預期是因為我們付出的行動，例如：「我已經為植物澆水了，因此它們會長大。」這正是一個依據我們所付出的行動而希望達到預期結果的例子。**我們因為事件剛好同時發生而將它們錯誤歸類成是可以控制的**。例如我有一個朋友，冬天時他都會在車庫裡留一盞燈，因為他確信這樣做，到了早上車子一定可以發動。這是一個因自己的行動而預期達到結果的不正確歸類。我們對事件錯誤歸類，將它視為可操控的，雖然有時候行動和預期結果確實會一起發生。我朋友的車在寒冬早晨有時會發不動，某天傍晚他離開車庫時忘了關燈，儘管是在冷冽的寒冬中，隔天他的車卻可以發動，於是他認為車子可以發動是因為前晚留了一盞燈。此後在寒冷的夜晚，他一直持續做這件事：只要他前晚留下一盞燈，之後車子就可以發動。無論車子是否因為留了一盞燈而被發動，掌控的信念都被增強了。這是很常見的

錯誤，我們可以找到一些例子證明先前的信念其實支持了許多迷信的行為。人們傾向於不去試看看相反的例子，例如在有些冬天的夜晚關燈，再看看隔天車子是否發得動。

　　掌控的信念可以幫助我們降低面對壓力時的反應。在實驗研究中，兩組參與者暴露在相同的電擊或吵雜的爆裂聲中，只有其中一組有緊急按鈕（但他們並不使用）。當他們知道自己有掌控能力時，生理上的心跳和膚電反應測量上都顯示出較少的壓力（Carr & Wilde, 1988）。又如在遊戲中，如果有任何線索顯示出好的技術可以贏得遊戲，就像在遊戲中介紹一位穿著正式的專家來講解如何進行，人們的表現就會更加熟練精湛（Langer, 1975）。

關係中的正向錯覺

　　正向錯覺不僅可以用在自己身上，還包括重要的關係。在回顧親密關係與正向錯覺的研究後，Marshall 和 Brown（2008）指出大部分人認為自己的伴侶比他人還要好；他們之間的愛也比其他人的愛更加堅毅。為了維護關係，人們會嘗試降低許多問題帶來的威脅，如溝通不良或興趣不合，此種屬性的人會比其他人更能掌控關係的結果，分離的可能性也較低。對伴侶和關係較理想化的人，顯示出更好的關係承諾、滿意度及更穩固的關係。當兩個人對彼此的關係皆採取正向觀點，可稱之為「錯覺共謀」（illusion collusion），這也與更多的關係滿意度和承諾有關。正向錯覺同時也被發現可以應用到和兒童的關係中，舉例來說，Wenger 和 Fowers（2008）發現，比起對一般的孩子，父母對自己孩子的正向評價會多於負向評價。越正向評價自己的父母，也會越正向地評價自己的孩子。

調適生活中的負面訊息

　　孩童的正向錯覺比成人還要強烈。正向錯覺可能是連線到我們的神經系統，因為從進化的觀點來說是合理的（McKay & Dennett, 2009）。假使生

活中有適應不良的狀況，錯覺就是最佳的修正。正向錯覺的修正，是對於負面訊息加以修正，而不破壞。創傷、遇害和失落會破壞正向錯覺，也會阻止人們看見自己的美好、看見自我可以掌控的部分，甚至是美好和安全的未來。從災難事件中受到心理創傷的人們、被他人傷害或虐待、突然間重病，或者是突然遭受剝奪，可能都會開始質疑自己的價值、對事物的掌控權，甚至未來世界的安全。這些事件在生命中越早發生，人們就越容易變得脆弱憂鬱，晚年也比較容易臥床生病。

 樂觀

樂觀測量的兩個主要研究取向是基於不同的構念，其中一個被概念化為樂觀的人格特質（Carver *et al.*, 2009）；另一個則是樂觀解釋風格（Peterson & Steen, 2009）。也就是說，研究者們傾向在樂觀解釋風格和樂觀性格之間加以區別。

樂觀性格

樂觀性格（dispositional optimism）是指未來能發生好事多於壞事的整體期望。Michael Scheier、Charles Carver 等人證明，樂觀者在面臨困難時會持續追求價值目標，並使用有效的因應策略來調整自我和狀態，所以他們比較有可能達成目標（Carver *et al.*, 2009, 2010）。為了評估樂觀性格，Scheier 和 Carver（1985）建立了簡短的自陳式生活定向測驗（Life Orientation Test, LOT），後續也進行修訂（Scheier *et al.*, 1994；見**表 3.1**）。兒童樂觀性格的 LOT 父母評定版本也已經發展出來（Lemola *et al.*, 2010）。LOT 評估出來的樂觀類型，是個人期待未來的人格特質。

回顧大量的樂觀性格研究之後，得到許多結論（Carver *et al.*, 2009, 2010）。和正向錯覺的研究相同，樂觀性格研究顯示大部分的人其實是樂觀的。樂觀性格是一個相當穩定的特質，約莫有 25% 的遺傳因子。溫暖的父

表 3.1 生活定向測驗（修訂版）

請圈適合你的答案，以表達下列你的認同或不認同。

	非常同意	同意	不確定	不同意	非常不同意
1. 在不確定的時候，我通常會預期最好的情況。					
2. 對我而言，人生總難以事事順遂。					
3. 我對未來總是樂觀以待。					
4. 我的生活幾乎很難如我所願。					
5. 好事很少會降臨在我身上。					
6. 整體而言，我期待發生的好事會多於壞事。					

註：所有的項目分數依「非常同意－同意－不確定－不同意－非常不同意」得分為「5─4─3─2─
　　1」，注意第 2，4 和 5 項為反向記分。

資料來源：摘自 Scheier, M., Carver, C., & Bridges, M. (1994). Distinguishing optimism from neuroticism
　　　　　(and trait anxiety, self-mastery, and self-esteem). A re-evaluation of the Life Orientation Test.
　　　　　Journal of Personality and Social Psychology, 67, 1063-1078.

母和經濟穩定的家庭環境，與樂觀的發展有關。樂觀者期待生活中會有好事發生，甚至是遇到困境時也一樣；悲觀者總是預期最壞的狀況，即使遇到好事，還是會認為是不好的。在一些壓力研究中，樂觀者與悲觀者對逆境會表現出不同的回應，包含在導彈攻擊下生還、接受乳腺癌治療、經歷冠狀動脈繞道手術或骨髓移植，以及照顧有癌症或阿茲海默症的親人。在各式各樣不同壓力下的研究，樂觀者比悲觀者反應出更多的幸福感和更少的痛苦和煩惱。因此，樂觀者的正向期待與更多幸福感有關，即便是面對逆境時也一樣；相反的，悲觀者面對逆境時會一直帶著負向的感受。這是樂觀者和悲觀者因應壓力與逆境截然不同的方式。在超過 11,000 案件中的 50 篇後設分析研究中，Solberg-Nes 和 Segerstrom（2006）發現，樂觀性格與因應策略有正相關（0.17），因應策略的目的在消除、減少及管理壓力或情緒；樂觀性格與逃避因應策略有負相關（-0.21），逃避因應策略的目的在於忽略、避免對壓力或情緒退縮。因此，樂觀者傾向使用問題焦點因應策略，並盡可能去解決壓

力的相關問題；相對地，悲觀者則傾向於使用逃避的因應策略，內心盡可能遠離與壓力相關的問題。當悲觀者幾乎要放棄嘗試時，樂觀者可能更堅持解決問題，尤其是事情還值得挑戰時。因應策略將在第七章中會討論。研究發現，相較於悲觀者來說，身為心臟病復健患者和愛滋病陰性反應的同性戀者之樂觀者，會更積極主動去做一些降低健康風險的事。一般而言，樂觀者比悲觀者更健康。Rasmussen、Scheier 及 Greenhouse（2009）進行超過三萬個以上案例之 84 篇研究的後設分析中，發現樂觀與生理健康結果的相關為 0.17，包括癌症、心臟病及疼痛障礙的狀況。比起客觀生理健康測量，主觀的自陳式健康評估與樂觀的相關要來得大。當人們有慢性病，他們的疾病進展較慢，樂觀治療能讓他們更快恢復健康。在教育和工作的領域中，樂觀者對生活採取積極問題焦點取向，讓他們比悲觀的人更投入教育；之後，他們因為能達到較高的教育成就而獲得更高的收入。比起悲觀者，樂觀者傾向更有效率的創造和維持社會網絡與親密關係，可能是因為他們比較容易受人喜歡，也因為樂觀者總是期望最好，所以在關係中會更加努力。

樂觀解釋風格

Martin Seligman、Chris Peterson 等人，將樂觀者概念化為解釋型態，而非個人特質（Peterson & Steen, 2009; Seligman, 1998）。根據這樣的觀點，樂觀者解釋負向事件或經驗是歸因於**外在、短暫**及**特定的因素**，例如當時的環境所造成；相反的，悲觀者解釋負向事件或經驗是歸因於**內在、穩定**及**整體性因素**，例如是個人造成失敗。所以，樂觀者比較可能會將考試考差歸咎在題目出得不好，或是考場氣氛讓自己無法專心；相對的，悲觀者比較可能將失敗歸咎是自己課業無法勝任，或自己很愚笨。樂觀者和悲觀者，可利用歸因風格問卷（Attributional Style Questionnaire, ASQ）（Dykema *et al.*, 1996; Peterson *et al.*, 1982; Peterson & Villanova, 1988）、語言解釋內容分析（Content Analysis of Verbal Explanations, CAVE, Peterson *et al.*, 1992）加以測量。歸因風格問卷給予受測者一系列含有正、負向結果的假設事件，並被要求指出如果

這些情況發生在他們身上，他們會認為這些正、負向事件的主因為何。然後，他們會再被邀請填寫三份多點量表評估這些原因被知覺的程度：

1. 內在的或外在的。
2. 穩定的或短暫易變的。
3. 整體性或特定的。

這些評定綜合了樂觀和悲觀的指數。另外在語言解釋內容分析的部分，正向和負向事件的解釋來自文件，如日記、演講稿、訪談記錄、新聞引言，再由專家使用內在－外在、穩定－短暫易變、整體－特定的歸因風格問卷加以評定。結合這些評定，就能獲得樂觀和悲觀的指數。

除了歸因風格問卷和語言解釋內容分析之外，兒童版的歸因風格問卷也已發展（Seligman *et al.*, 1984; Seligman, 1998）。關係歸因測量（Relationship Attribution Measure, RAM）已發展用來評估婚姻中的樂觀（Fincham & Bradbury, 1992; Fincham, 2000）。在婚姻和婚姻治療的記錄中，利茲歸因編碼系統（Leeds Attributional Coding System）提供對事件樂觀解釋編碼的方法（Stratton *et al.*, 1986）。

樂觀的發展

孩童樂觀的發展與父母的心理健康、提供角色楷模的型態，以及父母對孩童樂觀程度的鼓勵與獎賞有關（Abramson *et al.*, 2000; Gillham, 2000; Peterson & Steen, 2009; Seligman, 1998）。樂觀者通常來自父母都沒有憂鬱症的家庭，而樂觀者的父母也都是樂觀解釋風格的楷模：將成功歸因在內在、整體及穩定的因素；將失敗歸在外在、特定及短暫的因素等。樂觀者的父母了解他們的失敗，並將失敗歸在外在甚於內在的因素。曾經歷過重大創傷家庭（例如失業和貧窮）的青少年，如果家庭能因應逆境並從中復原，他們還是能發展出樂觀。樂觀的父母會鼓勵他們的孩子們用樂觀的方式面對挫折，並以各種方式強化樂觀與堅毅。悲觀者較可能來自父母憂鬱的家庭，他們是

悲觀解釋風格的角色楷模，以各種方式強化悲觀解釋風格。這樣的父母會譴責孩子，並且將失敗歸因於內在、整體及穩定的因素，孩童長大後較有可能成為悲觀者。虐待或疏忽也會讓孩童發展出悲觀解釋風格以及憂鬱。樂觀與延宕滿足（delayed gratification）有關，樂觀也與為了成就長期目標而放棄短期收穫的能力有關，因為樂觀的人認為長期目標是可以實現的。

前瞻性與回顧性的研究都顯示，面對生活重大壓力事件時，樂觀解釋風格者比悲觀解釋風格者較少有身體健康不佳、憂鬱或自殺的狀況；但是從孩童時期就面對生活重大壓力事件的悲觀者（例如父母長期衝突、離婚，或孕婦流產和死產），可能容易引發憂鬱症。如果他們有良好的社會支持關係就勉強可以抵消，但也有可能情況更糟或沒有什麼起色。如果憂鬱又導致他們在學校裡被指責，就會用內在、整體、穩定去歸因他們的失敗。

成年後，樂觀與良好的學習成就、運動表現、職業適應及家庭生活有關（Gillham, 2000; Seligman, 1998）。樂觀可預測出大學能有更好的表現，甚至比能力測量更加準確，例如學習性向測驗（Scholastic Aptitude Test, SAT）（Peterson & Barrett, 1987）。樂觀可預測個人與團隊運動有更好的表現（Seligman *et al.*, 1988），也可預測各種職業成就，例如銷售能力。比較業績前 10% 的保險推銷員和業績後 10% 的保險推銷員在歸因風格問卷的測驗分數，**非常樂觀解釋型風格者比非常悲觀解釋型風格者銷售量多達 88%**（Seligman, 1998; Seligman & Schulman, 1986）。關係歸因測量評估婚姻中的樂觀發現，樂觀與高比率的正向互動有關，也可預測長期的婚姻滿意度（Fincham, 2000）。

樂觀對人們處理喪親之痛和失落的方式也有重要的影響。Susan Nolen-Hoeksema（2000）發現，同樣是喪親的狀況，樂觀者傾向使用因應策略，例如用正向語詞重新評估失落、尋求社會支持來解決問題、透過興趣或運動來分散注意力；相反的，悲觀者可能會過度飲酒來逃避或分散注意力。樂觀者詮釋喪親之痛是「生命重組的覺醒」，他們變得更能覺察生命的脆弱，更能活在當下，而不是耽溺在過去或未來。他們會更加關注重要的關係，甚於

工作和其他較不重要的關係。他們會解決多年來一直無法解決的家庭衝突，也會做出拖延已久的重大改變，例如換工作或再進修，他們較能寬容待人，還能覺察從未發現的優勢，對於必然的死亡也比較不會感到恐懼。樂觀者在喪親六個月之內，可以從失落中獲得某些正面的啟發，之後的十八個月內心理適應較好，憂鬱和焦慮症狀也較少。

在語言解釋內容分析系統的研究中，針對歷史文件的內容分析，例如演講稿、日記以及傑出政治或軍事人物的新聞報導，顯示出樂觀決定成功的公眾生活（Satterfield, 2000）。已發現樂觀解釋風格與美國選舉的成功、美國激進的政治競選活動、國際領袖的壓力因應，以及海灣戰爭與第二次世界大戰的軍事侵略和危機任務等有關。

心情轉換的練習

Seligman（1998）發展了協助成人和孩童由悲觀轉為樂觀的解釋風格方案，此方案是以 Aaron T. Beck（1967）和 Albert Ellis（Ellis & Harper, 1975）的認知治療模式為基礎。這些方案的參與者，學習去監控與分析心情轉換的情境，再次確認與修正悲觀的信念，讓個人解釋風格變得比較樂觀。

這些方案的第一部分就是讓參與者學習監控逆境中的情緒改變。他們在每一個逆境中都進行 ABC 分析，包含具體確認逆境、遇到逆境時所產生的信念和想法，以及連續的心情轉變。下列是 ABC 分析的例子：

1. 逆境（Adversity）：我的朋友不打電話給我。
2. 信念（Beliefs）：他已不再關心我們的友情，因為我是很悶的人。
3. 連續的心情轉變（Consequent mood change）：我從還可以的狀況，轉變到非常鬱悶（在十點快樂量表中，1 分是代表非常憂鬱，10 分是非常快樂，我從 7 分到 3 分）。

在這些方案中，參與者分析了十幾個類似的情況，他們先確認憂鬱心情轉變或其他負面心情狀態前的信念。他們發現這些信念如何不同於先前的

正向情緒的轉變：負向情緒轉變之前的信念是基於悲觀解釋風格，正向情緒轉變之前則是基於樂觀解釋風格。悲觀解釋風格的信念對於逆境的歸因是內在、整體且穩定的；樂觀解釋風格的信念對逆境的歸因是外在、特定且短暫的。一旦熟練 ABC 的分析後，可以繼續用其它技巧改變對逆境的悲觀解釋風格，包括分散（distraction）、疏離（distancing）及辯論（disputation）。

分散，指做些事情來改變注意的焦點，停止專注在內在對逆境的悲觀解釋風格。具體大聲地說出「停止」並敲打桌子、扯斷手環、注視寫著大字母「停止」（STOP）的字卡、把注意力放在一個外在實體對象、沉澱省思直到當天晚上，或者是在逆境發生當下，立即記錄下悲觀解釋風格的相關事宜。

疏離，是提醒我們逆境的悲觀解釋風格只是其中一個可能的解釋，而非事實真相。分散如果是一個「關掉」悲觀想法的策略，疏離就是認知這樣的信念非事實，「拒絕」它來影響心情，因為不過只是其中一種情況的詮釋而已。疏離預設了接下來辯論的階段。

辯論，是繼續內在對話的過程，目的是為了顯示出對逆境更有效的樂觀解釋風格。與辯論悲觀解釋時，我們提出四個方向的問題：講求證據、替代方案、意義及用處。

1. 這樣解釋或信念的證據為何？證據是不是真實的？
2. 有任何其他解釋逆境的方法，讓我能將逆境歸因於外在、特定及短暫的因素嗎？
3. 如果我無法用樂觀解釋面對逆境，想想這會帶來超悲慘結果的悲觀解釋風格，還是只是暫時的一些阻力？
4. 假如我無法決定是否有更多對逆境的樂觀或悲觀解釋之證據，哪一種解釋或信念，對我擁有正向情緒和達成目標是最有用的？

我們介紹了 ABC 分析技術，以及分散、疏離與辯論的技術之後，下一步是將它們合併在 ABCDE 的練習中。ABCDE 代表逆境（adversity）、信念

（beliefs）、連續的心情改變（consequent mood changes）、辯論（disputation）
及激勵（energisation）。在每個逆境中，除了逆境、信念及連續的心情改變
外，你也要注意如何與你的悲觀信念辯論，以及這對你心情狀態的影響（替
代性樂觀解釋與信念會如何激勵你）。

舉例如下：

1. 逆境（Adversity）：我的朋友不打電話給我。
2. 信念（Beliefs）：他已不再關心我們的友情，因為我是個很悶的人。
3. 連續的心情轉變（Consequent mood change）：我從還可以的狀況，
   轉變到非常鬱悶（在十點快樂量表中，1 代表非常憂鬱，10 分是非
   常快樂，我從 7 分到 3 分）。
4. 辯論（Disputation）：證據呢？有證據顯示他對我們的友情還是相當
   在意的。我們在過去一年裡，每週見面二到三次。替代方案？他心
   上可能掛著其他事情？他可能正處於關鍵時刻？意義？假使他不在
   意我們之間的事，這件事也沒什麼，我會繼續過我的生活，我還有
   其他朋友。用處？思考他為何沒有打電話給我更有用，可能因為有
   一些臨時的事情發生，例如危機，而不是因為我個人的負向特質。
5. 激勵（Energisation）：我現在感到更樂觀了！已經沒那麼憂鬱了！（在
   十點快樂量表中是 6 分）

為了發展辯論技術，可以找親密好友試看看。設想在不利的處境之中，
請你的朋友表達悲觀的解釋和信念，而你的任務就是與這些悲觀的解釋和信
念進行辯論，檢驗負向信念有什麼憑據，提出樂觀的替代方案，如果悲觀看
似有效，就檢驗真實性而不是災難性的意義，最後評估樂觀和悲觀信念的用
處。

賓州大學復原力方案

賓州大學一項歸因再訓練的復原力方案（Penn Resiliency

Program），是協助學齡兒童發展樂觀解釋歸因風格，希望藉此能預防憂鬱
（Gillham *et al.*, 2008）。這個為期十二週的方案，包含幾個單元：前因、行
為及連續心情轉變的情境分析；分析歸因解釋風格三個面向的信念，包括內
在─外在、整體─特定、穩定─短暫易變；產生心情轉變情境的替代性解釋
和評估證據；還有挑戰災難性式思考。這個方案也包含了來自行為療法的行
為技能訓練，處理家庭衝突、自信和協商、問題解決技能訓練、決策技能訓
練、放鬆和因應技巧訓練、拖延處理，以及社交技巧訓練。在認知上是協助
兒童建立希望感，使他們願意面對和解決看起來似乎無法克服的問題；外在
行為上，是提供青少年有效處理生活困難的技能。賓州大學復原力方案在無
助、絕望及憂鬱的標準化測量上，可有效降低憂鬱得分且追蹤效果能長達兩
年。在超過 2000 名年輕人的 17 篇研究的後設分析中，Brunwasser 等人
（2009）發現，賓州大學的復原力方案可以減少憂鬱症狀，追蹤效果能長達
一年，效果值範圍在 0.11 到 0.21 之間。

 ## 希望：加速前進和跨越障礙

希望的結構與樂觀相似，由已故教授 Rick Snyder（1944-2006）概念化
成兩大部分：一個是規劃超越障礙達成預期目標的路徑，另一個是使用這些
策略的動力（Rand & Cheavens, 2009; Snyder, 2000）。而希望就是這兩大部
分的總和，如**圖 3.1**。根據這個概念，當價值目標有點挑戰而且阻礙並非無
法克服時，希望感最強；當我們百分之百確定可以達成目標時，希望感反而
變得沒有必要；當我們確信無法達成目標時，就會變得絕望。這麼說來，正
向與負向情緒就是目標導向的希望感或絕望思維的副產品。

在特定情況下經歷希望感的過程，可見**圖 3.1** 上方部分。在追求價值目
標的情況下，有希望的目標導向行為是由以下決定：

1. 達成結果或目標價值的程度。

2. 對達成目標的可能路徑的想法，以及對達成結果或目標的相關期待。

3. 個人動力的想法，以及依循這些路徑達成目標的成效。

過去經驗和發展所形成的想法，也會帶入情境中：

1. 達成目標路徑的想法，來自於相關和因果的教訓。

2. 對動力的想法，來自於自我是事件因果鏈中主角的相關教訓。

在**圖 3.1** 中所有關係都以粗的箭頭表示，圖中的細箭頭代表回饋的過程，像是目標導向行為對策略路徑與個人動力的近期和長期想法，以及重視目標的程度。

Snyder 的團隊發展了一系列量表去測量希望的不同面向（Lopez *et al.*, 2000; Rand & Cheavens, 2009）：成人希望量表（Adult Dispositional Hope Scale）和陳述式希望量表（State Hope Scale）是提供成人使用的簡短特質測量和自陳式測量，兒童希望量表（Children's Hope Scale）是給學齡兒童使用，幼童希望量表（Young Children's Hope Scale）則適用在學齡前兒童身上。另外，成人希望量表、兒童希望量表及幼童希望量表的觀察版本都已發展出來，可由研究評定員、父母及教師們來使用。除了希望相關動力與相關路徑的得分外，這些自我報告和觀測評定量表都會產生希望的總分。此外，成人特殊面向的希望量表（Adult Domain Specific Hope Scale），測量包括社交、學術、家庭、戀愛關係、職業以及休閒活動等特殊面向。所有量表都有一定的信效度。

希望的發展

Snyder（2000）提出希望是以一種明確的方式發展，跨越嬰兒期、孩童期及青春期。出生後第一年末，物體恆常性（object constancy）和因果關係的基模讓嬰兒產生為達成目標的策略路徑的預期想法，這個時期若發展出好的指向技巧（pointing skills），嬰兒就能指出自己的目標。到了第二年，幼童會根據策略路徑啟動目標導向行動，此時期會認為自己就是一種原動力。

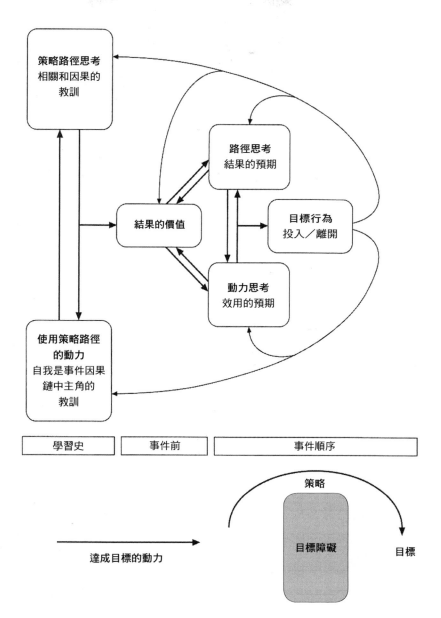

圖 3.1　希望理論的主要內容

資料來源：摘自 Snyder, C. R. (2000). *Handbook of hope* (pp. 11-12). Orlando, FL: Academic Press.

在第二年的期間，與希望相關技能最重要的學習之一，就是能計畫出跨越障礙的路徑並積極前進。遇到障礙，計劃超越的方法，然後積極執行，這就是希望起源的核心。倫敦精神病學機構（Institute of Psychiatry）的 Michael Rutter 教授（1994）將克服此種障礙與逆境比喻為一種心理免疫的歷程，並稱它為復原力（resilience）。孩童在因應逆境時，與照顧者的安全依附和人際脈絡是關鍵。換言之，與父母或照顧者有安全依附，而且有足夠社會支持因應挫折的孩童，比較能發展出復原力與希望感。

　　3 到 6 歲的學齡前期間，語言迅速發展、有前運思的直覺思考、對說故事感興趣，以及可預期的例行生活，所以能進一步發展出面對障礙或阻礙的希望路徑計畫；生理發展讓計畫付諸行動的技巧更精煉。學齡前期後幾年開始發展同理他人的能力，孩童了解計畫和追求自己價值目標的路徑，有時可能阻止他人追求價值目標；因此，幼兒發展出觀點採取（perspective taking）的概念，將他人的期望放在自己的計畫中。

　　在童年中期和青春期前，開始迅速發展邏輯思考、記憶、閱讀，以及社交的觀點取代技巧。這些將使計畫和追求價值目標的路徑日益複雜，在父母、手足、同儕及老師期待的社會脈絡下進行。

　　青春時期，青少年開始發展抽象推理的技巧。這些技巧能促成他們妥善掌握複雜問題，包含從父母那轉移過來的自主權、獨特親密關係的形成，以及職涯計畫的發展。除了遇到阻礙與困難，這些挑戰也為規劃和追求希望提供了機會。

　　要培養兒童的希望感，父母必須是希望的角色楷模，並且能教導子女發展與執行計畫，克服障礙、達成價值目標。這些兒童與父母有安全的依附，父母提供溫暖、穩定的家庭環境，並且運用可預期和公平的方式來處理衝突。

　　仍有少數的孩童處於被忽略、虐待、喪失親人，或父母處於分居或離婚的衝突中，這些孩童可能難以發展有希望感的性格。不過，成長在特殊壓力家庭環境中的孩童比較可能具有復原力和希望感（Mahoney, 1991）：首先，

這些孩童意識到父母目前有難題，所以將父母養育的不足歸類在教養方面的問題而非個人問題；第二，這些孩童發現還有其他成人可以滿足他們被照顧、掌控及智力刺激的需求；第三，這些孩童很早就確認和精煉自己的才能或天賦，用這些來建立新的支持社會網絡；第四，他們有高度動機去發展藉由堅持與韌性襯托出來的才能；最後，他們把逆境當作挑戰或機會，而非阻礙。

充滿希望的人有許多特色（Snyder, 2000）：他們如同其他人一樣經歷了許多阻礙，但卻擁有適應挑戰和因應逆境的信念。他們會持續和自己進行正面對話，如「我能做到，我不會放棄」，聚焦於成功多於失敗。當他們朝價值目標前進卻遭遇挫折時，比較不會有緊張的負向情緒，可能是遭遇阻礙時，他們會開創其他的替代路線或彈性選擇其他的目標。抱持低度希望的人遇到難以克服的障礙時，情緒會出現一連串可預測的轉換，從憤怒到絕望，並從絕望到冷漠。當面臨生活中的問題時，充滿希望的人傾向將大的模糊問題，拆解成清晰定義但可處理的小問題。

在希望的研究回顧中，Rand 和 Cheavens（2009）作出結論，希望特質與較好的健康適應、心理適應及人際關係有關。失明、纖維肌痛、脊髓損傷及嚴重燒傷等病患的研究指出，高希望特質者能有效地因應他們的狀況。兒童、大學生及成人的研究表示，即便處於逆境中，高度希望特質者有較好的心理適應。高度希望特質者，較能創造和維繫社會的支持網絡，也能感受到較多的社會支持。

希望療法

希望療法（hope therapy）取自 Snyder 的希望理論，參考認知行為治療、焦點解決治療及敘事治療的概念（Snyder, 2000）。希望治療主要是協助個案形成清楚的目標、產出許多可達成的路徑、激勵他們去追求目標，以及將障礙重新檢視（reframe）為有待克服的挑戰。

希望療法和歸因再訓練，都可以幫助個人或小團體發展出樂觀和希望

的問題解決策略。接下來要談的期望理論則提供一個架構，協助人們建立一個有安全感的未來生活。

 ## 期望理論、風險平衡理論與時間觀點

期望理論（expectationism）談得是預防性策略，目的是強化人們知覺未來價值感，減少因生活方式所帶來的疾病、意外、暴力及人口平均死亡率（Wilde, 2001）。風險平衡理論（risk homeostasis theory）強調，在群體中，冒險行為的程度、意外事故的失落強度、以及因生活方式引發的疾病之強度，都會隨著時間一直持續存在，直到風險的目標水準（target level of risk）有所改變。風險目標（target risk）是指，個人為了得到活動最大的預期效益而選擇風險的程度。在一個國家裡，每個人意外事故發生率屬於「封閉控制」（closed-loop control）的結果，也就是發生意外事故率的變化決定了謹慎程度的變化，人們會將謹慎度用在行為中，而謹慎度的變化是國家人口意外事故平均率起伏的原因。當人們能夠預期健康和安全技術介入之後的可能結果時，意外事故率的變化就會大幅降低。相關意外事故和患病率的回饋，以及預期的風險行為模式（如超速或抽菸），會產生降低意外事故風險的行為。事故發生過程的本質是，只有降低風險的介入，才能降低人口中每個人的事故意外率。

根據風險平衡理論，利用工程技術，例如設計更好的道路和車輛；根據教育，例如提供健康與安全的資訊；基於立法，例如懲治人們偶發的特定危險行為；或者基於醫療，例如發展更好的生活救援程序來處理意外事故和緊急事件，這些促進健康與安全的措施並沒有對人口中意外事故率發生顯著的影響。這些革新措施既然不會影響人們的風險目標水準，因此也無法促使人們追求健康、安全及延長壽命。大量的研究數據支持風險平衡理論精確的預測，舉例而言，根據 1900 到 1975 年（不考慮戰爭期間）的暴力行為而得到的標準死亡率來說，儘管當時道路、車輛設計、教育、安全立法及醫療有

很大的改善，標準死亡率卻沒有什麼改變（Wilde, 1986, 2001）。

然而，根據風險平衡理論，意外事故率可藉由降低人口內的風險目標水準而改變。可由以下四個介入來達成：

1. 增加安全行為的利益感知，例如強調好處。

2. 減少安全行為的成本感知。

3. 增加風險行為的成本感知。

4. 減少風險行為的利益感知。

許多實驗證據指出，這些策略中第一項策略的獎勵計畫，對於減少工業與道路使用者的意外事故特別有效（Wilde, 1986, 2001）。獎勵（incentive）的基本特徵──不同於獎賞──是預先公布在符合某些行為的狀況下，承諾給予額外獎勵。也就是說，獎勵不提供立即性滿足，而是強化對未來享受的預期，並因此提升未來某段時間的主觀價值。如果我們相信未來會擁有很多正向的經驗，今天就會更加謹慎行事，不鋌而走險。因此，健康和安全的管理、因生活方式引發的疾病預防，以及預防暴力的對策，都可以強化對未來價值的知覺。

提供個人獎勵來維持零事故或安全，意味著提供個人一個理由增加對未來的期待。因此，就預防性的策略而言，期望理論是藉由強化人們對未來價值的知覺，以減少因生活方式引發的疾病和人口死亡率。**人們越能知覺與現在價值相關的未來價值，就越能小心謹慎**。有證據說明，有益健康的習慣普遍存在於高度重視未來的人們身上（Björgvinsson & Wilde, 1995; Strathman *et al.*, 1994）。

表 3.2 中的時間區塊問卷（Time Horizons Questionnaire）是用來評估未來比現在重要的程度。此變項的計算指數是從「未來計畫量表」的項目平均數減去「現在時間價值量表」的項目平均數。

特殊的期望策略和一般的期望策略有所不同。特殊的期望策略，包含立即滿足某些未來的點，以獲得特別的獎勵。例如，獎勵人們在工作上或道

路行駛上持續十二個月零事故、50 歲前從未罹患過與酒精相關的肝硬化，或者在 55 歲前沒有罹患與抽菸相關的呼吸系統疾病。至於一般的期望策略就沒有詳細的標準。不過上述所有的情況，都是為了未來能繼續生存而答應提供獎勵。例如，支付相當於 65 歲年平均工資十倍的金錢。

　　意外事故率、不健康習慣的發病率以及暴力程度，取決於人們對自己未來的定向。他們越期望未來，就越小心謹慎。在社會上，風險承擔的程度並非取決於安全技術與教育，而是在於主流社會的價值觀。根據期望理論，社會可以做出一些改變，讓我們有充分的理由去期待下一個生日、未來十年，甚至是晚年。對於青少年，我們可以在每年生日增加他們每週的零用錢。對於年輕人，我們可以在進入大學後每學年減少學費。對於員工，我們可以增加最低工資，並且隨著年齡增長而增加年假時間。薪水的價值和工作保障的程度取決於服務年資。當我們年老時，能享有減稅優惠、退休儲蓄金的優惠，以及保險折扣，這些都可讓我們積極地去促成未來貨幣的價值。這些財政獎勵能夠降低成為他人負擔的恐懼，或者是晚年被忽視、遭到虐待或孤獨的可能。

　　期望理論的觀點是人們可以藉由獎勵提高為日後儲蓄和節約的動機。為日後儲蓄和節約所帶來的好處，包括有乾淨、綠色的生態及完善保護的自然資源。藉著獎勵而活的更久，以及為未來儲蓄節約，整個社會可以保護環境，對抗汙染和短期利益帶來的破壞。

　　Wilde 對於期望理論的觀點與未來時間觀點的研究是一樣的。時間觀點（time perspective）聚焦在過去、未來或現在。根據未來導向時間觀點，人們的行動取決於關心未來的程度。使用 Zimbardo 時間觀點調查問卷（Zimbardo Time Perspective Inventory）的相關研究之調查回顧（Zimbardo & Boyd, 1999）中，Boniwell（2009）得出未來導向時間觀點與正向結果有關，例如高動機、責任感、有計畫性、自我效能、學術成就，以及對失業有建設性調適。未來導向時間觀點與憂鬱和絕望有負相關。相對地，風險承擔、藥物和酒精濫用以及濫交，與現在導向（present-oriented）時間觀點有關。持

表 3.2　時間區塊問卷

在下列每一項敘述中，圈選出適當的答案來表示你贊同或不贊同。

	非常贊同	贊同	不確定	不贊同	非常不贊同
1. 活在今天比擔憂明天更重要。					
2. 我活在當下而非未來。					
3. 我做能勝任的工作，並從事能力所及的事。					
4. 我覺得我沒有足夠的時間完成所有必須做的事情。					
5. 享受此刻的生活比擔心明天會如何更重要。					
6. 每一天似乎都時光飛逝。					
7. 明日的成功源自於今日的努力。					
8. 我很少安排自己的時間。					
9. 讓我們為今天而活，沒有人知道未來會留下什麼。					
10. 我常常覺得加快速度做事會有壓力。					
11. 在開始工作之後，我常發現工作比想像中的還要難。					
12. 我時常需要超出所能的加快速度做事。					
13. 我更在乎現在的感受多於未來可能的感受。					
14. 我會規劃每日的活動以減少混亂。					
15. 我仔細思考自己未來要做些什麼。					
16. 我時常一下子就計劃許多事情。					
17. 當有工作要做時，我能夠抵抗誘惑。					
18. 我知道自己生命的延續感。					
19. 我很少思考未來。					
20. 我的生涯途徑似乎發展得相當不錯。					
21. 對我而言，今天比未來更為重要。					
22. 依據計畫安排，我工作快速且有效率。					
23. 我現在從事對未來會有正向結果的行為。					
24. 每天，我似乎都沒有足夠的時間把事情做好。					
25. 我知道自己要成為什麼，也知道要往哪裡去。					
26. 當我終於安頓下來要做事時，已經浪費了許多時間。					
27. 對我而言，未來比當下重要。					
28. 我必須完成的工作清單，似乎每小時越來越多。					
29. 對我而言，思考未來是愉悅的。					
30. 我鮮少感到匆忙。					

（續）表 3.2　時間區塊問卷

在下列每一項敘述中，圈選出適當的答案來表示你贊同或不贊同。

	非常贊同	贊同	不確定	不贊同	非常不贊同
31. 我會早早提前計劃與安排我的時間。					
32. 我永遠找不到時間放鬆。					
33. 我認為規劃未來是浪費時間。					
34. 比起現在，我覺得自己未來十年會不太快樂。					
35. 享受當下，不去擔心明天是很重要的。					
36. 我通常會把今天能完成的事拖到明天。					
37. 我擔心今日的生活甚於擔心明天。					
38. 最重要的是達到今日的最佳狀態而非擔心明天。					
39. 當我想要達成某事，我會定下目標，並且考量具體方法來達到這些目標。					
40. 我從未事先進行超過一天以上的計畫。					

註：所有項目的分數的「非常贊同—贊同—不確定—不贊同—非常不贊同」為「5—4—3—2—1」，除了項目第 8，19，26，27，30，33，34，36 以及 40 得分相反，「非常贊同—贊同—不確定—不贊同—非常不贊同」為「1—2—3—4—5」。「未來時間價值量表」（the future time value scale）包含項目 7，15，18，19，20，23，25，29，33，34。「現在時間價值量表」（the present time value scale）包含項目 1，2，5，9，13，21，27，35，37，38。「未來計畫量表」（the future planning scale）包含項目 3，8，14，17，22，26，31，36，39，40。「時間壓力量表」（the time pressure scale）包含項目 4，6，10，11，12，16，24，28，30，32。

資料來源：Gerald J. S. Wilde, Queen's University, Kingston, Ontario Canada. http://psyc.queensu.ca/faculty/wilde/index.html.

負面過去時間觀點者容易陷入沉思，持正向過去時間觀點者則傾向投入在更多正向的回憶中。

　　幸福與過去、現在及未來導向時間觀點的相關強度皆不同。正向過去時間觀點與幸福的相關最強，現在導向時間觀點與主觀幸福感有中度相關，而幸福與未來導向時間觀點則沒有顯著相關。Wilde 主張未來導向時間觀點強化了生活的價值；Zimbard 則主張，最佳的幸福發生在平衡的時間觀點中，也就是人們回憶過去的正向經驗，細細品嚐當下的樂趣，以及朝未來的希望與夢想努力（Zimbardo & Boyd, 2008）。

樂觀的神經生物學

最近的腦部造影研究指出，特定的大腦區塊與樂觀有關。倫敦大學的 Tali Sharot 等人（2007）邀請了 15 歲的年輕參與者想像正向和負向的未來事件，例如一段浪漫關係的結束，或者是過去和未來的得獎時刻，並對其進行腦部功能性磁振造影掃描。參與者自評在生動性（vividness）、情緒值（emotional valence）及其他變項的經驗，並完成樂觀性格量表。當參與者正想像著和正向未來相關的負向事件時，會活化杏仁核（amygdala）與前喙扣帶皮層（rostral anterior cingulate cortex），如圖 3.2 所標示的兩個區塊，在憂鬱症患者腦中顯示出異常。喙前扣帶皮層的活化與樂觀性格有關。此研究結果是標示出「樂觀腦」的第一步。

 ## 塑造自己的樂觀

增進正向錯覺、希望、樂觀及正向期待的自我協助策略摘要在表 3.3 中。這些都能融入臨床實務工作中。

 ## 失控的樂觀？

在正向錯覺和樂觀的領域中，主要的爭議之一在於正向錯覺和樂觀都是好事嗎？實際情況並非如此。強烈正向錯覺的過度樂觀者，他們僵化、對於情境因素反應遲鈍，因此可能會做出不好的抉擇。他們無法適當的預備養老金，並且容易使自己晚年窮困不已；他們可能忽視醫療諮詢，延遲醫療檢測和早期治療，因此涉入高度的風險而危害到自己與孩子，或者也准許自己的孩子這樣做；或許在一個比較極端的情況下，表現出與自戀型人格障礙相關的特質和問題，像是和自己有關的正向觀點遭到挑戰時，會出現攻擊的狀況（Colvin & Griffo, 2008; Klein & Cooper, 2008）。這個領域未來研究的關

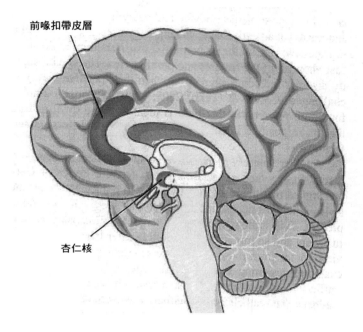

前喙扣帶皮層

杏仁核

圖 3.2　被樂觀想法活化的腦部區域

資料來源：Schacter, D., & Addis, R. The optimistic brain, 10, 1345-1347 (figure 1, p. 1346), copyright©2007.
由Macmillan Publishers授權。

鍵議題在於確認正向錯覺的個人和環境因素，以及樂觀的危險因子。

　　另一個有趣的爭議是，來自期望理論的風險平衡理論。Gerry Wilde（2001）主張，減少意外事故與不健康生活最有效的方式就是激勵人們，使他們重視未來甚於現在，這個策略降低了人們已接受的風險目標水準，使生活更加安全。與此觀點相反的是提倡工程設計以促進環境安全，例如設計安全性較高的車輛，或有較完善交通號誌的道路；然而大量的研究顯示，一旦人們了解減少每年意外事故發生率的是安全帶、安全帽或道路號誌，他們在駕駛行為上就會變得比較魯莽，每年意外事故發生率還是會回到先前的水準。Wilde 主張，工程設計上的安全介入、環境改變以及教育，最終是無效的，因為並不會修正一個群體的風險目標水準。

總結

　　在 1970 年代末期之前，樂觀被視為是心理缺陷。Freud 提出，神的樂觀信念是文明所必要的錯覺。70 年代末期，認知心理學家已經累積了豐富的研究指出人們思考的歷程是樂觀的。在正向心理學中，正向錯覺和自我欺騙、樂觀以及希望的相關研究特別重要。

　　正向錯覺和自我欺騙的研究顯示，人們的想法被強烈的正向偏見所區隔。大部分人們會用正向的語詞描述自己、世界與未來。我們使用自我欺騙策略來處理與樂觀世界觀點相反的負面訊息，包含否認、壓抑及正向錯覺等防衛機制。正向錯覺包含選擇性注意的認知過程、良性遺忘、口袋裡的無能，以及維持負向自我基模。正向錯覺的發展來自教養方式，包括孩童接受父母給予訊息的方式，以及在父母提供溫暖的關係脈絡和明確的行為限制下，被鼓勵做決定。這種持正向自我觀點的傾向將會持續一輩子，即使它的強度隨成長會逐漸減弱。好的自我觀點取決於記憶中自我中心的本質，也取決於我們認知情境中的自我基模。正向錯覺的修正是一種矯正而非破壞性的方式處理負向訊息。

　　樂觀除了被概念化為一種個人特質之外，也被視為一種解釋風格，也就是將負向事件歸因於外在、短暫、特定的因素而非內在、穩定與整體的因素。樂觀的發展取決於父母的心理健康，父母提供的角色楷模，以及父母對孩子鼓勵和獎賞樂觀的程度。比起悲觀解釋風格者，擁有樂觀解釋風格者較能降低身體不健康、憂鬱症，以及降低面對重大壓力生活事件時的自殺傾向。成年後的樂觀會帶來較好的學業成就、運動表現、職業適應與家庭生活，對喪親之痛與失落的適應也較佳。樂觀者也較能擁有成功的公眾生活。協助成人和孩童從悲觀轉變為樂觀解釋風格的有效課程已經被發展出來。

　　希望，是計畫排除障礙、通往目標的策略路徑，以及使用這些路徑的動力或動機。希望以一個明確界定的方式發展，它跨越嬰兒期、兒童期和成人期。要培養兒童的希望感，父母必須是希望感的角色模範，教導孩子發展與執行計畫，排除障礙，達到目標。這些孩童對父母有安全的依附，父母提

供溫暖與有結構的家庭環境，也就是有可預期和穩定的規則，並能以公平和預期的方式處理衝突。希望療法是在協助個案形成清晰的目標，產出許多達成目標的途徑，激發追求自我目標，並將「障礙」重新詮釋為「挑戰」，進而勇於超越。

　　期望理論是預防性的策略，藉由增進人們對未來價值的感知，減少因生活方式引發的疾病、意外事故、暴力以及死亡率。期望理論是根據風險平衡理論，風險平衡理論提出大量的冒險行為、意外事故率以及因生活方式引發的疾病率會隨著時間持續，除非風險的目標水準有所改變，而且以強化未來甚於現在價值的方式就是取代目標風險。

　　樂觀、希望與身心健康有正相關，能預測身心健康，透過各種測驗包含自陳健康報告、對醫療介入正向回應、主觀性幸福、正向情緒、免疫的強度、有效因應（重新評估、解決問題、避免壓力生活事件、尋求社會支持），還有促進健康的行為可以看出。樂觀的神經生物學初步證據提出，樂觀與杏仁核、前喙扣帶皮層的活化有關。

表 3.3　增加正向錯覺、希望、樂觀和正向期待的策略

方向	策略
正向錯覺	● 思考過去經驗時，放在正向事件的細節。 ● 相對於你的主要能力和具有吸引力的自我形象，你了解自己有一個不太擅長的區塊或有一些連自己都不太喜歡的特質。
樂觀	● 為了在任何情況下，可以對逆境做內在、整體及穩定的歸因，請確認逆境（A）、悲觀信念（B）及十點量表中連續的負面心情改變（C）。 ● 從逆境中「分散（D）」你的注意力，並且說「停止」進行沉澱省思，讓自己從束縛中解放，或聚焦在其他活動或對象上。 ● 藉由注意其他的解釋，讓自己「疏離（D）」悲觀解釋風格。 ● 檢視悲觀解釋的證據，尋找樂觀替代——將逆境歸因於外在、特定及短暫易變的情境因素之證據，與悲觀信念進行「辯論」（D）。 ● 注意分散、疏離與辯論是如何引導你情緒的改變，甚至最後能正向地激勵自己。
希望	● 在特定的情況中產生希望、形成清楚的目標、產生許多達成目標的路徑，追求你的目標，並且將「障礙」重新檢視為「挑戰」，進而勇於超越。
正向期待	● 為降低減少壽命的風險，發展一些激勵的方式，協助你重視未來更甚於現在。

問題與討論

個人發展

1. 過去幾年在健康、家庭、朋友、愛情關係、休閒活動、教育以及工作的領域中，你最成功的故事有哪些？

2 這些成功故事中有哪些可以證明是因為個人優勢（而非情境因素）而達到的？

3. 未來一年你在健康、家庭、朋友、愛情關係、休閒活動、教育以及工作領域中的目標是什麼？

4. 如何達到這些目標？

5. 你有什麼個人優勢可以協助你用以上的方法達成目標？

6. 什麼樣的動機可以幫你更接近自己的目標？

7. 追求這些目標的路徑時，可能的代價和收穫是什麼？

8. 採取其中一些策略，並使用第一章的幸福量表做前、後測的評估，以了解對幸福的影響。

進一步研究

1. 設計並進行一項研究去檢驗自我欺騙、樂觀性格、樂觀解釋風格、希望感特質、未來取向和快樂之間有顯著相關的假設。這些變項中，何者對快樂產生最多的變化？

2. 使用 PsycINFO 以單獨或組合的方式搜尋「自我欺騙」、「樂觀」、「希望」及「未來取向」等語詞，包含過去數年來已發表的文獻。確認你感興趣且可複製和延伸的研究，重複執行。

Chapter 4

心流

■ 學習目標

- 心流經驗的特徵和進入此經驗的狀態。
- 了解內在動機、反轉理論及心流對提升主觀幸福感的意義。
- 內在動機和自我決定的連續性。
- 了解反轉理論及其對內在動機行動的影響。
- 確認能使我們更了解內在動機、特徵優勢、心流及快樂的研究問題。

　　加州克萊蒙特學院的 Mihaly Csikszentmihalyi 教授透過研究顯示，當人們投入內在動機所想要的、具有挑戰性的，但可掌控的工作時，他們會經歷獨特的心理狀態，此稱為心流（Csikszentmihalyi, 1975/2000, 1990, 1997, 2003; Csikszentmihalyi & Csikszentmihalyi, 1988; Nakamura & Csikszentmihalyi, 2009）。心流經驗的理論和研究是本章討論的重點。Deci 和 Ryan 的自我決定理論（self-determination theory）也會涵蓋在內，因為它強調內在動機，以及從內在動機到心流經驗的歷程（Deci & Ryan, 1985, 2002, 2008a; Ryan & Deci, 2000）。也會提到 Apter（2001, 2007a, 2007b）的反轉理論（reversal theory），因為導向心流經驗的挑戰性工作，有時與焦慮和興奮狀態之間的反轉有關，也與目標方法（means-end）的思考和行動聚焦（activity-focused）的思考之間的反轉有關。

心流

　　心流是一種自述的主觀狀態，是人們發自內心投入可掌控、但具挑戰性的工作，或者是需要相當技能的活動時，例如帆船競賽、創意寫作、進行一場激發性的對話（Nakamura & Csikszentmihalyi, 2009）。心流的定義，是指**全神貫注在活動中，而且暫時不會意識到自我的其他層面和個人生活情境。**心流經驗發生在我們內心很享受完成工作的狀態，而這個工作必須有足夠的挑戰性來測試技能的極限。工作的挑戰性和本身可用的技能之間必須達到平衡，不會困難到令我們焦慮，或是過於簡單而使我們感到無聊。在心流經驗中，我們運用已發展可以成習慣的技能。工作是可以明確實行的，並且有立即和清楚的回饋，讓我們能夠更接近目標。隨著心流經驗，我們完全專注而且毫不費力的深入工作，不會想到日常生活中的煩惱與挫折。心流經驗中，強烈的掌控感駕馭我們的行動。這種掌控感不會因失控而感到焦慮，即使從事的行動可能具有危險性，例如跳傘、衝浪或攀岩。經歷心流的期間，自我感覺消失；但冒險結束之後，自我感覺反常地強烈浮現。在心流經驗中時間

知覺被改變了，因此感覺時間忽快忽慢。簡單來說，心流經驗有九個重要的特質：

1. 執行工作的內在愉悅感。
2. 挑戰和技能達到平衡。
3. 行動的自動化。
4. 清晰的目標。
5. 回饋。
6. 專注在工作上。
7. 掌控感。
8. 失去自我意識。
9. 時間的轉變。

挑戰和技能達到平衡

　　導向心流經驗的工作，必須能讓我們的技能幾乎是用到接近極限，工作也必須是可以完成的。舉例來說，完成閱讀或撰寫一篇散文、譜出一段音樂，或者遊戲闖關成功。心流經驗裡，活動的挑戰性和所需的技能接近1：1，而且我們還會運用在高出平均程度以上的挑戰上，如**圖 4.1** 所示，高度挑戰／高度技能領域屬於心流領域，低度技能／低度挑戰領域則會感到無趣。我們在高度挑戰且低度技能的情況中，會產生焦慮，因為感受到活動的失控。在低度挑戰且需中度技能的情況下，我們會感到無聊。當我們技術更純熟，為了擁有心流經驗，我們需要逐漸增加工作的挑戰性。假使我們沒有從事更複雜的工作，就會感到無聊；相對的，假如我們在精通技能之前就去從事太有挑戰的工作，焦慮也會因此產生。

清楚的目標與立即的回饋

　　導向心流經驗的工作有清晰的目標，達成目標後的回饋也是立即的，

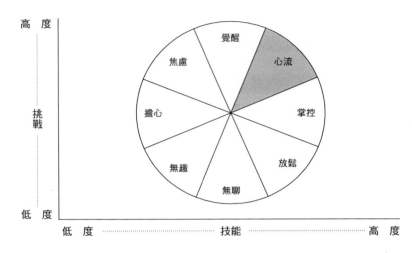

圖 4.1　不同技能與挑戰程度的狀態

資料來源：摘 自 Csikszentmihalyi, M. (1997). Finding flow. The psychology of engagement in everyday life (p. 37). New York: Basic Books.

像是帆船或網球競賽，就有非常清楚的目標，例如比其他船隻更先繞過標誌或得分。所有運動的回饋都是立即的。競爭者知道，他們的輸贏分秒必爭。回饋使人們了解發展良好的自動化技能，可以持續不斷的精進和修正。

如入無人之境

　　導向心流經驗的工作需要有清楚的目標，並能得到相關的立即回饋，所以常會因為高度關注而失去自我覺察。當我們失去自我覺察，就如同將自我從工作中抽離。舞者融合成了舞蹈，歌者成為了歌曲，賽船選手和船合為一體。專注力下降或陷入自我批判會喪失心流經驗，影響技能展現的品質。因此在心流經驗中我們不去問：自己應該做這件事？有其他更好的選擇嗎？因為這些問題都會阻擾心流經驗。這種暫時失去自我意識的狀態，會在心流經驗之後增強我們的自我感覺。原因是我們不會在心流經驗中將心理能量放在思考「我怎麼做？」或是「其他人怎麼想我？」但心流經驗之後，我們可

能會反思已經完成了什麼，並且想「哇！我做到了。我是可以做好這個東西的人呢！」

時間轉換

當我們融入心流經驗中，我們的時間知覺是失真的。在重複的工作中每小時過得像是每分鐘一樣快；相對地，執行需要複雜技能的工作，時間似乎就慢了下來。例如我們只專心閱讀一本好書，每小時像每分鐘一樣飛逝。類似這樣時間消逝的經驗稱為「凝結壓縮」（condensed）。在其他心流經驗中，時間消逝的經驗是被延展的。舉例來說，在風大的狀況下進行帆船競賽，選手們可能在幾秒鐘內就執行了許多快速的技能，但在心流經驗期間，這些操作會以慢動作的情況發生。

以工作為目標及重視工作歷程的性格

導向心流經驗的活動，特徵是讓這些活動與自己融合在一起或以本身為目標。「以本身為目標」的 autotelic，來自於希臘文字的自我（auto）和目標（telos）。以「本身為目標的經驗」（autotelic experiences）主要來自於活動本質和立即性的酬賞，而非為了可預期的未來利益，雖然這些任務最初可能因為其他理由而需要被完成，但最終卻是靠內在酬賞而完成。作家通常會說他們寫作不是為了金錢、職業或成就，而是因為這件事很愉快、很享受。賽船選手可能花費大量的金錢和時間打造船隻，擁有好的競賽條件，那並非只是想要贏得競賽或與其他選手聯繫感情，而是對他們來說都比不上賽船過程的心流經驗。大部分的人感受到心流時，在自陳心流頻率和心流經驗的強度上其實都有相當大的變異。此觀察引出重視工作歷程的性格，就是**將更多重點放在工作上，而非工作的結果**（Csikszentmihalyi, 1997），有這樣性格的人具有後設技能（meta-skills），能相對輕鬆地進入和維持心流狀態，這些後設技能包含好奇心、堅毅及低度自我中心。持久的好奇心特質和短暫的興趣狀態，強化了投入新奇任務的內在動力和執行的堅持（Silvia &

Kashdan, 2009）。內在動機對發展新知與技能是重要的，而心流經驗將會運用到這些技能。

如何測量心流

心流的質性研究透過半結構式訪談來評估（Csikszentmihalyi, 1975/2000; Jackson, 1995; Neumann, 2006; Perry, 1999），心流的量化研究則使用心理測量問卷來評量；另外也可以使用經驗抽樣方法。在澳洲昆士蘭大學任教的 Sue Jackson 博士與同事們，已發展出一組心理測量自陳表來測量心流（Jackson *et al.*, 2010）。這個量表可以測量心流的性格或特質，還有心流經驗的情境或狀態。性格量表（Dispositional Scales Measure）用來測量特定領域的心流經驗頻率，像是運動，學校或工作；狀態量表（State Scales）則評估在特定具體活動的心流經驗程度，像是一場賽跑，一次學校測驗或是一個工作計畫。心流性格和狀態量表有完整版（36 項試題）與簡化版（9 項試題）兩種，另外也有評估體能活動和非體能運動脈絡下的心流經驗之不同版本。這些量表評估心流的九個關鍵層面為：挑戰和技能達到平衡、行動的自動化、清晰的目標、回饋、專注在工作上、掌控感、失去自我意識、時間的轉變，以及以本身為目標的經驗（本質上愉悅的經驗）。完整版的量表也提供了這九個層面的分量表得分；還有性格和狀態CORE心流量表，用以評估心流的現象學──或者最理想的心流經驗感覺像是什麼？此外 Bakker（2008）還發展了 13 項與工作相關的心流經驗調查表，除了可以獲得一個整體的分數，也可獲得在工作專注、享受、內在動機等因素的得分。此量表在職業上的心流研究特別實用。

在以經驗抽樣方法評估心流的研究裡，請參與者隨身攜帶電子呼叫器，研究者定期給他們信號，請他們填寫一份報告書，並描述出他們當下的經驗狀態。呼叫器每天隨機間隔的給予八個訊號，而在大部分的研究中，參與者們都要攜帶為期一週的呼叫器。當呼叫器傳送訊號，每位參與者記錄在筆記本中的訊號都是一樣的，可見**表 4.1** 中的範本。這些表中的訊息會以下列的

表 4.1　評估日常生活中心流經驗的抽樣範本

請圈選適合你的答案，以表達下列你所認同或不認同的敘述。

A 日期	信號響起時間	填寫時間

B 你在哪裡？

C 你正在做什麼？

D 為什麼你在做這件事？　　　　　我必須做的　　　　我想做的　　　我沒其他事可以做

E 當你被信號通知時，你正在做什麼事？

	一點也不			有些		相當			非常
1. 你專注嗎？	0	1	2	3	4	5	6	7	8	9
2. 很難專注嗎？	0	1	2	3	4	5	6	7	8	9
3. 你的自我意識如何？	0	1	2	3	4	5	6	7	8	9
4. 你對自我的感覺良好嗎？	0	1	2	3	4	5	6	7	8	9
5. 你能掌握情況嗎？	0	1	2	3	4	5	6	7	8	9
6. 你無愧於自己的期望嗎？	0	1	2	3	4	5	6	7	8	9
7. 你無愧於他人的期望嗎？	0	1	2	3	4	5	6	7	8	9

當你被信號通知時，請描述一下你的心情。

	◄ 非常	相當	有些	皆不	有些	相當	非常 ►	
8.	警覺	0	1	2	3	4	5	6	困倦
9.	快樂	0	1	2	3	4	5	6	難過
10.	煩躁	0	1	2	3	4	5	6	愉快
11.	堅強	0	1	2	3	4	5	6	虛弱
12.	積極	0	1	2	3	4	5	6	消極
13.	孤獨	0	1	2	3	4	5	6	合群
14.	羞愧	0	1	2	3	4	5	6	自豪
15.	投入	0	1	2	3	4	5	6	超然
16.	興奮	0	1	2	3	4	5	6	無聊
17.	保守	0	1	2	3	4	5	6	開放
18.	明確	0	1	2	3	4	5	6	混淆

（續）表 4.1　評估日常生活中心流經驗的抽樣範本

19. 緊張	0	1	2	3	4	5	6			放鬆
20. 競爭	0	1	2	3	4	5	6			合作

21. 當你被信號打擾時，你有感覺任何生理上的不適嗎？	0	1	2	3	4	5	6	7	8	9
	沒有			輕微			討厭			嚴重

請具體說明。

23. 你當時跟誰在一起？	單獨	媽媽	爸爸	兄弟姊妹	男性友人（多少人？）	女性友人（多少人？）	陌生人	其他

請說明你活動中的感受。

	低度 ◄──────────► 高度									
24. 活動的挑戰性	0	1	2	3	4	5	6	7	8	9
25. 你在活動中表現的技能？	0	1	2	3	4	5	6	7	8	9

	一點也不 ◄──────────► 非常									
26. 這個活動對你重要嗎？	0	1	2	3	4	5	6	7	8	9
27. 這個活動對其他人重要嗎？	0	1	2	3	4	5	6	7	8	9
28. 你做的事成功了嗎？	0	1	2	3	4	5	6	7	8	9
29. 你希望你已在做其他事情了嗎？	0	1	2	3	4	5	6	7	8	9

	一點也不 ◄──────────► 非常重要									
30. 你滿意你自己所做的嗎？	0	1	2	3	4	5	6	7	8	9
31. 這個活動對你整體目標有多重要？	0	1	2	3	4	5	6	7	8	9

32. 如果可以選擇，你想跟誰一起完成？

33. 如果可以選擇，你想做什麼事？

34. 最後一聲信號之後，有沒有發生什麼事？或是你做了什麼影響你的感覺？

資料來源：摘自 Csikszentmihalyi, M., & Csikszentmihalyi, I. (1988). *Optimal experience: Psychological studies of flow in consciousness*. Cambridge: Cambridge University Press, pp. 257-258.

方式合併分類，並計分在不同心流經驗的層面，分別為：情感（快樂、愉快、社交），系統負熵（明確、開放、合作），活動力（警覺、積極、強烈、興奮）、認知效能（專注、專注減緩、無自我意識、清晰）、動機（有意願從事活動、行動的掌控、融入），以及自我概念（自我好感、滿足自我期望、滿意自我表現）（Csikszentmihalyi & Csikszentmihalyi, 1988; Hektner *et al.*, 2007）。

個人和團體的心流

心流最初被認為來自於獨自的活動，但心流經驗可能同時發生在獨自和團體的活動。Walker（2010）在一系列的研究中發現，社交性心流比獨自性心流更令人愉快。一份大學生對回憶評估的調查研究指出，社交性心流經驗的回憶比獨自性心流經驗更愉快；另一份研究兩個迴力球遊戲的實驗也說明，與他人一起玩比單獨玩更愉快。在實驗設計中，無論在團體或個人的情況下，挑戰的難度和技能展現都是相同的。

帶來心流經驗的活動

科學的心理研究中，帶來心流經驗的活動包含：菁英和非菁英的運動（Jackson & Csikszentmihalyi, 1999; Jackson & Kimiecik, 2008）、社會行動（Colby & Damon, 1992），藝術經驗（Csikszentmihalyi & Robinson, 1990）、創意寫作（Perry, 1999）、學術成就（Neumann, 2006），以及各種以電腦為基礎的活動（Finneran & Zhang, 2005），特別是電動遊戲（Weber *et al.*, 2009）。在這些領域中，有一些證據指出心流經驗可以提升行為表現。日常活動中心流經驗的頻率見**圖 4.2**。

使用電腦與心流

為了工作和休閒事項而使用電腦時，也會產生心流經驗，包括寫作、電子郵件往來、搜尋資訊、玩遊戲、購物等等。在許多以電腦為媒介的環境的心流經驗研究中，Finneran 和 Zhang（2005）指出，心流經驗在電腦媒介

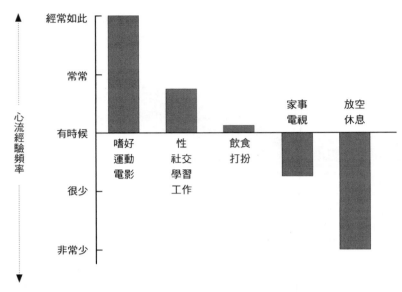

圖 4.2　日常活動中心流經驗的頻率

資料來源：摘自 Csikszentmihalyi, M. (1997). Finding flow. *The psychology of engagement in everyday life* (p. 37). New York: Basic Books.

環境中的特點是享受、集中、**無自我意識、時間扭曲**，以及**臨場感**。遠距臨場感是指在以電腦為媒介的環境中的感受，而非所處的物理環境。在電腦為媒介內所發生的心流經驗會帶來短期和長期的結果，包含正向情感、學習、探索，溝通，甚至增加電腦的使用，也就是我們在電腦媒介的環境中技術會更純熟，並且未來更能使用電腦去探索和溝通。以電腦為媒介的環境所產生的心流經驗有幾項特質，包含電腦知識與技能的搭配、電腦媒介環境的挑戰、生動、迅速、互動、重要性和這個環境的魅力。然而，使用電腦的心流經驗並非總是正向的，也有可能造成負面效果和網路成癮，特別是低自尊的焦慮族群（Ho-Kyung & Davis, 2009）。

在運動中創造心流的建議

發展運動中經驗心流的能力，如跑步或游泳，可遵循一些簡單的指導

方針（Jackson & Kimiecik, 2008）：第一，設立一個完整的目標，並且將它們分解成若干的子目標；第二，針對你所選定的目標，選一種測量進步的方法；第三，盡力專注在你正努力從事的活動上，並且注意你正在達成的子目標；第四，逐漸增加子目標的困難度與複雜度，使挑戰能符合你逐漸增強的技能。

家庭中的心流

在美國芝加哥大學任教的 Kevin Rathunde（1988）發現，某些家庭的類型可以增進心流的經驗。在明確、集中、選擇、承諾及挑戰等方面有最佳狀態的家庭的成人，會有較多心流經驗。在最佳「明確」狀態的家庭，目標和回饋都不模糊，兒童很清楚地知道他們被期望什麼。在最佳「集中」狀態的家庭，兒童了解他們的父母正從事自己感興趣的事且享受當下，因此兒童不會先著眼在未來自己是否能找到一份好的工作或要讀哪一所大學。在最佳「選擇」狀態的家庭，兒童了解自己有某種程度的選擇權，而非只注意他們如何表現，也知道不同選擇（例如違反父母的規定）會帶來不同的結果。在最佳「承諾」狀態的家庭，兒童會感到充分的安全感，讓他們可以放心地投入真正有興趣的活動和運動，而不畏懼負面評判、批評或羞辱。因此，當兒童能感受到父母高度的信任，就能完全忠於心流經驗的活動。有最佳「挑戰」狀態的家庭，父母會漸進式地提供兒童許多機會，訓練他們的獨特性以及發展那些隨著年齡會不斷純熟的技能。

以上研究的結果顯示，我們可以使用特定的策略來協助兒童增加心流經驗：我們可以提供兒童清楚的目標和回饋；我們要尊重他們現在的興趣，而不是只關心什麼對他們未來比較好；我們能給予他們機會選擇自己想要做的，並讓他們牢牢記住這些選擇的後果；鼓勵他們投入自己所愛的活動，並試著做到最好；當他們漸漸長大之後，我們再提供他們機會去面對更大的挑戰。

親密關係中的心流

對我們大多數人而言，性關係一開始都是非常愉快與滿意的。然而隨著時間過去，性可能會從一個正向的經驗變成無聊的例行公事或依賴成癮。在短期內，假使我們嘗試各種激起情欲的性行為，性關係就能持續成為心流經驗的來源之一。古老的名著《印度愛經》（*The Kama Sutra*）（Doniger & Kaker, 2009），以及現代經典《性愛聖經》（*The Joy of Sex*）（Comfort, 2002），皆強調更多激起情欲的性行為方式。但在維持長期性關係的部分，關係中的心理層面和複雜情欲同樣重要（Csikszentmihalyi, 1990）。我們可以藉由真誠地關心伴侶，與他們分享興趣、希望及夢想，與他們一同冒險，與他們共同養兒育女，一起面對生活中所有的混亂、壓力及失落，強化長期親密關係的維持。婚姻滿意度將在第八章中有詳盡的討論。

透過教育創造心流

回顧大量的田野調查研究，Shernoff 和 Csikszentmihalyi（2009）得出小學與中學的某些教學方法可以產生心流經驗，且擁有更佳的學業與行為結果。這些教學方法可以透過兩個歷程來促進學生有意義的參與學習：

1. 創造快樂的學習。
2. 依學生的程度設計任務，創造出課業學習的挑戰性。

在練習中，鼓勵學生積極參與個人或群體學習活動、促進學習新知的內在動機，以及讓學生了解這些技能可應用到校外生活上。師生間正向、合作的教學方式可促進心流。在技能學習期間，提供學生支持與鷹架（scaffolding），新技能和知識的挑戰也必須符合學生目前技能發展的程度。Rathunde 和 Csikszentmihalyi（2005）研究來自蒙特梭利或一般傳統中學的290 位學生，發現心流經驗在蒙特梭利學校比較多，因為蒙特梭利教學鼓勵自主學習，並創造出全心投入工作的機會；此外，在技能與相關工作挑戰之

間強調最佳平衡。在這樣的學校，處理行為不當是安排學生從事利社會活動，並讚許他們能夠投入其中，而不是只著重在懲罰或制裁。

工作中的心流

Csikszentmihalyi（2003）表示，職場中的心流會發生在工作者對工作有掌控感時、需要使用自己精湛的技能來挑戰工作時，和有明確的目標和接收到經常性的回饋時。Bakker（2008）的因素分析研究發現，工作相關的心流問題可歸納成三個因素：專注、愉快以及內在動機。這些因素下構成職業角色的子系列，發現都有助於工作滿意度（Warr, 2007），此部分已於第一章討論。由 Csikszentmihalyi 和 LeFevre（1989）經驗抽樣研究 78 位成年工作者中指出，「工作的矛盾」（paradox of work）是工作中會有比較多的心流經驗，但休閒時間中較常出現的是快樂。

文化與心流

某些文化有助於心流經驗（Csikszentmihalyi & Csikszentmihalyi, 1988）。所有文化都會以合理與具體的方式促進公民目標、社會規範、角色、規則以及儀式。若這些文化中的目標、規範、角色、規則與儀式能緊密地對應著人們的技能，就會產生較多的心流經驗。第一章提到的科學調查支持這個立場，也就是當一個國家有較穩定的政府，人民富裕且教育程度較高時，生活滿意度就會更好。在不同文化中的心流經驗頻率，依不同領域的心流經驗而有差異，如工作、嗜好及運動。「工作」層面的心流經驗多發生在人們扮演既不單調無聊、也不會過度有挑戰性和壓力的工作角色，而且角色要求也必須符合工作者技能。在推廣宗教儀式，包括舞蹈、歌唱或冥想靜坐等儀式，都能促進心流經驗。另外，技術性比賽搭配上適合競爭者，也可增加心流經驗。

在我們的文化裡，會極致地使用技能去挑戰工作上的要求。當這種工作角色得以發展時，就可以增加心流經驗的頻率。我們也可以發展舞蹈、音樂、節奏練習，或是靜坐冥想的技能，規律地練習，增加心流經驗。參與一

項或更多的運動，可以增加「運動」層面的心流經驗，並從中強化運動技能，迎接適當的挑戰。最後，終身學習和維持探究的精神，都能增加智能活動相關的心流經驗頻率。

心流的神經生物學

在心流的神經生物學部分，有兩個主要理論：Dietrich（2004）的「前額葉皮層功能低下理論」（hypofrontality theory）和 Weber 等人（2009）的「神經網絡之注意和回饋同步化理論」（synchronisation of attentional and reward networks theory）。根據 Dietrich（2004）所言，心流經驗可能與基底核（basal ganglia）的活化增加、前額葉皮層和內側顳葉（medial temporal lobe）結構功能的減弱同時發生。基底核的活化有助於放鬆和自動化的內隱認知過程；前額葉皮層和內側顳葉結構功能的弱化，有助於刻意控制、努力及覺察的外顯認知歷程。Dietrich 的理論是基於內隱和外顯認知歷程的神經心理學研究，但目前尚未用來測試心流經驗。

相對於 Dietrich（2004），Weber 等人（2009）認為心流經驗與神經網絡之注意和回饋同步化有關。網絡回饋是在大腦邊緣系統的基礎上，包括多巴胺系統（dopaminergic system）、前額腦區底部（orbitofrontal cortex）、腹內側前額葉皮質（ventromedial regions of the prefrontal cortex）、背外側前額葉皮質（dorsolateral regions of the prefrontal cortex）、視丘（thalamus），以及紋狀體（striatum）。有關心流經驗相關的注意力歷程，包括有助於警覺的額葉和頂葉皮質區（frontal and parietal cortical regions），和有助於定向（orienting）的上回／下回頂葉區（superior and inferior parietal lobe regions），即前眼軟骨和上丘（superior colliculus）。根據 Weber 等人（2009），在心流經驗的期間，神經網絡的注意和回饋會「熔化」在一個同步的速度。Weber 和其團隊的功能性磁振造影（fMRI）研究表示，當因電玩遊戲而產生心流的狀態時，在逐漸能掌控遊戲而分心之後，神經網絡的注意和回饋同步也會下降。未來 fMRI 研究還需要評估 Dietrich（2004）的「前額葉皮層功能低下理論」和 Weber 等人（2009）

的「神經網絡之注意和回饋同步化理論」的相關效度。

促進心流的臨床課程

在臨床上，心流理論可用在一些介入課程，協助有身心健康問題的人們開創能促進心流經驗頻率和強度的生活環境。這些介入措施的效果可藉由經驗取樣法和稍早於心流測量所提到的心流相關問卷加以評估（Delle Fave & Massimini, 2005）。未來仍需要持續擴展心流相關課程的實驗研究。

 自我決定理論與內在動機

心流經驗發生在出自內在動機而參與的活動中，自我決定理論對內在動機提供了特別的說明和描述（Deci & Ryan, 1985, 2002, 2008a; Ryan & Deci, 2000）。外在與內在動機有所不同。若因外在動機而行事，是因為**期待這些行動之後的結果**，或是能**避免某些不愉快的事件**，例如有時候我們工作賺錢是為了吃飯、居住及娛樂等，避免窮困潦倒；而當我們因內在動機而行事時，則是因為**喜歡自己從事的活動**，例如藝術、運動或冒險。

美國羅徹斯特大學的 Richard Ryan 和 Edward Deci 兩位教授發展了自我決定理論，用來解釋產生內在動機的條件（Deci & Ryan, 1985, 2002, 2008a; Ryan & Deci, 2000）。在這些理論中，內在動機被概念化為邁向自發性的興趣、探索的過程，以及對新資訊、技能和經驗的掌握。此理論預測，當我們的能力、關聯及自主需求被滿足後，內在動機就可能發生；但是當這些需求沒被滿足時，自我激勵就不太可能發生。此理論無法解釋這些需求的成因，但可以假設它們是演變而來的。

與外在動機者相比，有內在動機的人們在追求想要的任務中顯示出較多的興趣、欣喜及自信。他們表現比較好、堅持以及具有與工作相關的創造力，也有較高的自尊和主觀幸福感。同時有內在和外在動機的人，若能與內在動機者有同樣程度的能力和自我效能，就能得到內在動機所帶來的利益。

藉著提供完成工作的多樣選擇、自我引導的機會,以及良好表現的回饋,可以強化內在動機。然而,負面表現的回饋會弱化的內在動機,正面回饋則能增強內在動機,因為正面回饋增加了對問題的覺察力。

無庸置疑地,處罰、處罰威脅、壓力評價,還有強制、目標、期限以及指令會削弱內在動機。在令人驚訝和具有爭議的後設分析中發現,內在動機也會因為酬賞了本來很有興趣的工作而減弱,特別是當**這些酬賞被看成一種控制時**(Deci *et al.*, 1999)。懲罰和正向激勵都會減弱內在動機,因為降低了人們的自主性,也強化了表現是因為或受制在外在因素的觀點;也就是他們了解到自己的表現是對外在酬賞的回應或受限於外在懲罰的威脅,而不是出自於內心的追求。

調整外在動機

幼兒期之後,投入內在動機活動的機會減少了,取而代之的是父母、老師、同儕、夥伴、同事,顧客和規定所要求的事。在極端的內在動機與無動機之間,可以區別出外在動機各個階段性的變化。**圖 4.3** 描繪出 Ryan 和 Deci(2000)自我決定的連續向度,以四個不同的外在動機調節型態(regulatory styles)來區別,這些型態的差異要看行動是外在或內在動機。因為酬賞或避免處罰而執行的活動,稱為「**外在調節**」。這是操作性心理學家研究外在動機的典型,常與傳統實驗室裡研究的內在動機相互比較。自發性投入行動後,獲得內在獎勵或避免自我懲罰,例如增加自尊、避免自我價值感低落,就稱為「**內攝(introjected)調節**」。

透過行動,人們實踐從別人那裡學來的內攝標準。在完成工作的過程中,可能會產生某種程度的矛盾,但仍會完成它們;是因為覺得應該要做,如果我們不這麼做會失去自尊。當人們有意識地重視某些行動,而且認為這個行動對個人是重要的話,就會根據他人看待此活動的觀點進行「**確認或內化調節**」。當行動與個人的認定是一致的,與自我融為一體,這個行動就會以「**整合**」的方式調節。我們行動是因為我們想做,而且符合個人價值和需

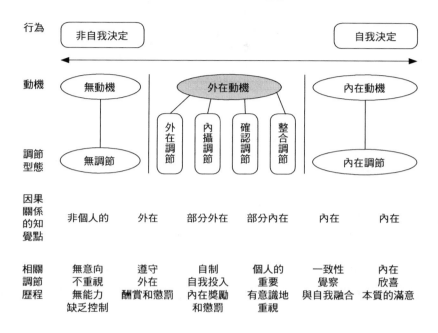

行為 非自我決定 ←———————————————————————→ 自我決定

動機 無動機   外在動機   內在動機

外在調節　內攝調節　確認調節　整合調節

調節型態 無調節   內在調節

因果關係的知覺點	非個人的	外在	部分外在	部分內在	內在	內在
相關調節歷程	無意向 不重視 無能力 缺乏控制	遵守 外在 酬賞和懲罰	自制 自我投入 內在獎勵 和懲罰	個人的 重要 有意識地 重視	一致性 覺察 與自我融合	內在 欣喜 本質的滿意

圖 4.3　自我決定的連續向度

資料來源：摘自Ryan, R., & Deci, E. (2000). Self-determination theory and the facilitation of intrinsic motivation, social development and well-being. *American Psychologist*, 55, 72. 美國心理學會許可。

求；然而，這些行動仍被看成是外在動機，因為它們是為達成特定的結果而完成，而非出自本身的興趣和愉悅感。

自我決定的連續向度越向前發展，我們調整行動的自主程度就越高。外在動機的高度自主，與在工作上更多的堅持、更優越的表現，以及更多的主觀幸福感有關。這個觀點適用於學術工作，慢性病患、肥胖與成癮者相關的醫療制度、體能運動、環保運動，以及投入親密關係的相關活動。

內在動機的發展

就成人而言，像藝術、運動及某些工作型態等內在激勵的活動，我們可能都曾經厭惡過，但我們必須學習運用內在激勵去做這些事情，包含**圖 4.3**

自我決定的連續向度中外在動機階段的突破，也就是說從外在調節進展到內攝、內化（確認）調節，一直到整合調節。當孩童成長後，他們會內化與整合更多的調節和經驗，以及在各種行動中逐漸增加自主性。當他們發展出認知能力後，可調整的範圍也會逐漸增加和擴展。

　　某些情況會促進內在動機的發展。內在動機的發展部分取決於兒童在關聯性、能力及自主之需求，以及被父母、老師、教練與其他社會網絡中重要他人所滿足的程度。發展研究的證據顯示，關聯、能力與自主的需求先天就存在。孩童很早就表現出依附行為；即便是新生兒也會努力發展技能，並期待以後能自主地運用。

　　在嬰兒期和童年期，關聯需求有被滿足的兒童，會有較多的內在動機。嬰兒和兒童的依附行為研究中指出，若孩童對他們父母有安全的依附關係，就能投入在更多內在動機的探索行為上。若父母對兒童的管教方式是支持而非控制的，兒童比較容易產生內在動機。同樣地，學校的教師如果能對學生採取支持而非批評的方式，就可以強化學生的內在動機。

　　藉由給予適齡的工作和責任，兒童的能力和自主需求被滿足，可發展出對這些工作的整合調節；相對的，給予兒童過度困難的任務，他們會維持以外在動機的方式去完成，最多發展出對行動的內攝調節。

　　可發展內在動機的活動是：

1. 有適度的挑戰性。
2. 覺得自己可以做得很好。
3. 帶來滿足感（Bandura, 1997）。

　　對於複雜的挑戰性任務，一開始先針對中度挑戰的子目標下手，較能產生內在動機。一旦掌握住子目標之後，整體任務或行動就有可能達成。自我效能調節了內在動機；換言之，**因為我們相信自己會成功，所以付諸行動**。出自於內在動機的工作帶來個人滿足，通常這種滿足感與達成表現的個人標準、伴隨成就感的正向情緒有關。

　　酬賞與內在動機發展之間的關係是複雜的。當我們覺得酬賞帶有控制性，就會降低內在動機；但若此種外在動機建立了，這樣的酬賞反而能協助人們在自我決定的連續中邁向真正的內在動機。換言之，**酬賞可以強化行動初期的堅持性，直到人們充分感受到自我效能，遂而以整合的方式調節行動**。當酬賞被認知為是訊息性甚於控制性時，有助於我們在自我決定的連續向度中邁向內在動機。因為可以讓我們盡可能地了解自己在工作中的表現。

 ## 後設動機與反轉理論

　　這是特殊的人類情境之一，對於同一種狀況我們可以又愛又恨，也可以又興奮又驚恐。我們會在很短的時間裡突然改變，既想同時達成目標而執行工作，同時又想要是因為樂趣而完成工作。也就是說，對同一個活動，我們在內在動機和外在動機之間搖擺不定。導向心流經驗的挑戰性工作有時跟此種擺動有關。反轉理論提供一個架構，以了解這些顯而易見的動機矛盾（Apter, 2001, 2007a, 2007b）。

　　反轉理論假設：在任何特定時刻，我們的動機被成對的後設動機狀態影響。Apter 提出與手段—目的領域相關的「目標性」（telic）和「娛樂性」（paratelic）的後設動機狀態，就是當我們正在工作時，意識到自己的外在動機，以嚴謹而有計畫的方式達成目標，此經驗類型即為**目標性的狀態**；另外，我們可能發現自己內在被激勵，自發地聚焦在行動上，這是因為任務本身就令人興奮，而非考量目標，這樣的情況就是**娛樂性的狀態**。在目標性的狀態中，我們行動是為了達成目標；但在娛樂性的狀態之下，我們則是會了行動本身而做的。目標性狀態與嚴謹、成就有關，而娛樂性狀態則與趣味、樂趣有關（反轉理論也有與其他領域相關的後設動機狀態，像是處理規則、因應轉換及強化關係。由於這些不是本章直接相關的主題，因此不加以闡述）。

　　正向情緒與負向情緒在反轉理論中，都被解釋成後設動機狀態的結果。

情緒與目標性狀態、娛樂性狀態的關係見**圖 4.4**。在目標性狀態中，生理喚起低和正向的快樂氛圍，主要的情緒是放鬆。

當生理喚起增加、快樂氛圍下降至不愉悅，放鬆就會轉變成焦慮。在娛樂性狀態下，低度喚起而且在不愉悅氛圍之下，主要情緒會是枯燥；當喚起增加，快樂氛圍增加至愉悅，則會感到興奮。

從一個後設動機狀態反轉或改變到其他狀態，可能發生在因挫折、厭煩，或情境和社會脈絡改變所導致的生理喚起。這跟情緒的突然改變有關，例如從放鬆到枯燥，或是由焦慮到興奮。

坐雲霄飛車這樣高度喚起的娛樂性狀態，主要的情緒是興奮；但假如

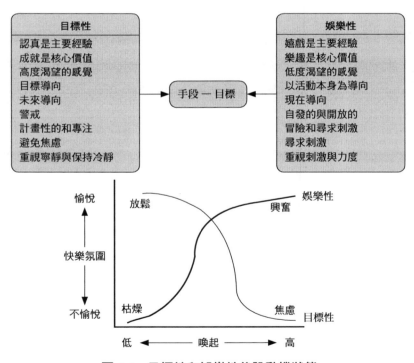

圖 4.4　目標性和娛樂性後設動機狀態

資料來源：摘自 Apter, M. (2001). *Motivational styles in everyday life: A guide to reversal theory* (pp. 6-13 and 44). Washington, DC: American Psychological Association.

一個人由高度危險的挫折轉變為目標性的狀態，興奮就會被焦慮取代。
Apter 和他的同事表示，娛樂性—目標性狀態的反轉會發生在跳傘中最危險
的時刻、舞者表演開始的前後、實驗參與者面臨特別挫折的難題，以及當實
驗參與者被給予從一個目標性到娛樂性的實驗的任務時。

　　Young（1998）在職業網球選手研究中發現，專注在心流經驗上可能與
目標性或娛樂性後設動機狀態其中之一有關，但娛樂性狀態與心流經驗不完
全相同。

　　反轉理論也提出人們有「主要的」後設動機狀態（Apter, 2001,
2007a），也就是傾向在某一個後設動機狀態上花費比其他狀態更多的時間。
一個目標導向者會花費比較多的時間在目標性狀態，而非娛樂性狀態。目標
導向與下列有關：內在動機較少、工作動機較為強烈、在工作與生活滿意間
有較強的相關、較有組織性的生活方式、對失敗有較多的害怕和對成功有較
少的希望感、較少的青少年違法犯罪與藥物濫用、較少冒險的性行為、更多
日常困擾或生活重大改變之壓力，以及問題焦點因應策略的運用。

　　在目標性狀態下，有特別的生心理狀態變化。比起娛樂性狀態者，目
標性狀態者在需要專注力的工作中，會增加更多肌肉張力的緊繃（肌電
圖），更多緊張性生理喚起，以因應增加的心率、呼吸，以及更多焦點和局
部的腦皮質活化。相反的，娛樂性狀態者，在完成一件心理性肌肉活動
（psychomotor）時，會產生更大的肌肉張力和心率的階段性波動，以及會
有更大的呼吸幅度改變用來因應美好的結局。

後設動機結構的測量介紹

　　目前已發展出各種測量後設動機狀態的工具和主要後設動機傾向的資
料庫（Apter, 2001, Chapter 3）。針對目標性和娛樂性狀態以下列出實用的
工具。

　　1. 目標狀態量表（Telic State Measure）（Kerr, 1997）。此量表敘述目

前或最近的目標性或娛樂性傾向，包含 5 種六點評定量表：嚴謹—玩樂、玩樂—自發、偏好低度喚起—偏好高度喚起、低度喚起—高度喚起，以及低度努力—高度努力。

2. 目標性—娛樂性狀態量表（Telic-Paratelic State Instrument）（Kerr, 1999）。共有 12 題調查量表，包含「目前或最近的目標性—娛樂性傾向」（7 題）和「喚起－逃避－喚起－尋求的面向」（5 項）。此量表具有良好的信度。

3. 後設動機狀態訪談與編碼目錄（Metamotivational State Interview and Coding Schedule）（O'Connell *et al.*, 1991）。包含有關配對的後設動機狀態問題，以及訪談後逐字稿之編碼系統。其會產生 8 種後設動機狀態的分數，例如與方法—目的層面相關的目標性和娛樂性狀態、與規則層面相關的負向和遵從狀態，與處事層面有關的支配和同情狀態，以及與關係層面有關的關注自我和關注他人狀態。

4. Apter 後設動機風格檔案（Apter Motivational Style Profile）（Apter International, 1999）。此量表有 40 題，具有良好的信、效度。主要測量其他三個配對後設動機狀態的目標傾向，例如負向—遵從、支配—同情，以及關注自我—關注他人。共有 8 種後設動機狀態的量表分數，例如目標性、娛樂性、負向性、遵從、支配、同情、自我關注，以及關注他人。

運用心流和內在動機

運用心流和內在動機增加幸福的方法，摘要在**表 4.2** 中，這也可使用在臨床實務中。

過度專注的問題

在這一領域的爭議可歸納為下列問題：心流總是好的嗎？就短期而言，心流經驗對個人可能是正面的，但它發生的脈絡可能不適合長期發展，不利於個人的家庭、社交網絡與社會。舉例來說，超速駕駛賽車、從事武裝鬥爭及高空跳傘都有可能創造心流發生的脈絡，但這些活動對個人與他人都可能帶來極大的健康風險。另一個較極端的例子是，堅持專注於帶來心流經驗的工作、運動或電腦活動，可能會導致個人忽視他們的家人和朋友；長期專注引發心流的工作和休閒活動，會導致影響幸福甚鉅的社交網絡崩解。提升整體幸福感的心流經驗狀況，是尚須著力的議題。

還有一個爭議是關於內在動機的酬賞效果。一個極端的內在動機假設指出，內在動機和外在動機是特定的現象，搭配特定的工作，而且所有形式的酬賞都會降低內在動機。這個立場是站不住腳的（Ryan & Deci, 2000）。應該說，動機的下降是一個連續體，從內在動機到各種形式的外在動機再到無動機。再者，在不同的時間裡，我們也可能會以內在或外在動機來執行同樣的活動。最後，被視為回饋（非控制行為）的酬賞不會對內在動機產生不利的影響。

 ## 總結

當我們以內在動機和相當的技能，從事可掌控但仍具挑戰性的工作或活動時，心流經驗就會產生。這些活動通常有清楚的目標和立即性的回饋。這些活動需要高度和持續的專注，在這段期間不再思考每天瑣碎的生活與自己，時間知覺也會在心流期間被改變。心流經驗可能發生在從事閱讀、運動、藝術創作與音樂、儀式或某些工作類型。帶來心流經驗的活動往往是自發性的，因其是內在和立即性的酬賞，由此，容易產生心流經驗的人多半具有自發性格。心流可使用訪談問卷或經驗抽樣法來評估。心流經驗可能同時

發生在獨自和群眾的工作中。教育性、職業性與娛樂性活動，包含使用電腦的活動，可以產生心流，而心流也會提升這些活動中的表現。在明確、集中、選擇、承諾及挑戰等方面有最佳狀態之家庭的孩童，將擁有較多的心流經驗。就維持長期良好的性關係而言，心理層面的重要性也如同關係中的情欲面向一樣，透過分享價值興趣、希望與夢想、展開共同冒險、養兒育女，以及共同面對生活中的挑戰來發展。在學校，教學方法透過雙向歷程讓學生有意義的投入：(1) 使學習愉悅，並且 (2) 創造符合學生技能程度的挑戰性學習任務，以產生心流經驗並達成學業目標。在職場中，心流發生在工作者有超越工作的掌控感、當工作需要他們使用擅長的技能去挑戰任務時，以及當他們有清楚的目標且常常得到回饋時。「前額葉皮層功能低下」和「神經網絡之注意和回饋同步化理論」，已經被提出作為心流的神經生物學基礎。若文化中的目標、基準、角色、規則與儀式，能符合人們的技能，則會有心流經驗的機會。心流理論可被用來發展一些介入策略，以協助有生心理健康問題的人們，創造能增加心流經驗頻率和強度的生活情境。

　　心流經驗會發生在因內在動機而投入的活動中。自我決定理論解釋了內在動機，並說明其發展。外在動機與內在動機是有區別的。外在動機是因為想要的結果而行動；內在動機則是因為活動本身而去做。內在動機提升表現、堅持與創造力，也提高了自尊與主觀幸福感。在自我決定的連續向度上，極端的內在動機與無動機之間有四個不同的外在動機調節型態：外在、內攝、確認與整合。比起其他三個調節型態來說，自主性與整合調節相關。當兒童逐漸成長，他們內化和整合越來越多的規範，而且在各種活動中不斷增加自主經驗。當我們發展內在動機去從事適度挑戰性的活動，我們會感覺自己可以做得很好，並帶來滿足。內在動機發生於能力、關聯及自主的需求被滿足後。內在動機藉由自我引導的機會和獲得正向回饋而被強化。

　　反轉理論提供了一個理解動機之間迅速擺動的架構，舉例來說，對相同情境會有興奮和害怕的情緒，以及同一項任務我們會因為目標（目標性狀態）和樂趣（娛樂性狀態）而行動。導往心流經驗的挑戰性任務有時會與這樣的反轉有關。

表 4.2　使用內在動機與心流增加幸福

方向	策略
選擇內在動機的工作	● 選擇擅長而且是因為內在動機而想從事的工作，同時具有適度的挑戰性。你覺得應該可以做好，它們也會讓你感到滿足。 ● 對每個非常具有挑戰性的複雜任務，先以適度挑戰性的子目標開始。一旦掌握了子目標後，就可以達成工作或目標。
動機的連續性	● 接受會從外在動機移向內在動機的技術性活動。 ● 往內在動機的連續移動，定期以外在動機的方式練習技能，運用任何有訊息性的酬賞，而非控制性酬賞。 ● 一旦發展了良好的技能，就決定是為了行動本身去做，而不是因為酬賞或逃避厭惡的情況（但有時候你仍會因為成就而被獎勵，儘管你的行動是出於內在動機的）。
反轉	● 當你專注執行一個非常擅長的活動時，你可能會週期性地從一個娛樂性狀態，也就是以活動本身為目的且有趣的方式來從事，突然轉變到一種目標性的狀態，也就是為了達成目標以一種認真嚴肅的方式來從事活動。 ● 當你正處於挫折情況中、當你厭倦或受夠了這個活動、當你正在從事的活動之社會或自然環境有所改變時，反轉有可能會發生。
創造心流經驗	● 為了創造心流經驗，選擇可掌控但具挑戰性的工作或需要相當技能的活動，完全專注並且出於內在動機。 ● 選擇你可以及時完成的工作。 ● 選擇有清楚目標與立即回饋的工作。 ● 專注於工作，而非你自己、你的感受，以及工作或活動的外在酬賞。 ● 期望不再意識到自我，並享受時間的失真。 ● 逐步增加活動或工作的難度和複雜性，使你面對的挑戰可以符合日益精進的技能。
協助孩童發展心流	● 提供他們清楚的目標和正向訊息，而非批評性的回饋。 ● 尊重他們現在的興趣，而不是只關注未來對他們有益的部分。 ● 給他們機會選擇自己想要的，並學習注意這些選擇的結果。 ● 鼓勵他們盡己所能，且不知不覺地投入自己所選擇的行動。 ● 當他們大一點時，提供他們機會去面對更大的挑戰。

問題與討論

個人發展

1. 列出一份發自內心想去做的活動清單,體驗心流。

2. 在這份清單中標註哪些是獨自、哪些是社交性的。

3. 在這份清單中標註哪些是和工作相關、哪些與休閒相關。

4. 如何改變你每日或每週的計畫,好讓你可以有更多時間投入這樣的活動?

5. 這些改變的代價與收穫是什麼?

6. 做出一些改變,並使用第一章的幸福量表來評斷,透過前、後測來評估對幸福感的影響。

進一步研究

1. 設計和執行一項研究,評估「心流特質和狀態」與「反轉理論的相關變項」之間的關係。

2. 透過 PsycINFO 以單獨或組合的方式搜尋「心流」、「內在動機」及「反轉理論」等語詞,包含過去數年來已發表的文獻。確認你感興趣且可複製和延伸的研究。重複執行。

Chapter 5

情緒智力

學習目標

- 情緒智力是一種能力，也是一種人格特質。
- 描述兒童期與青少年期情緒智力的發展。
- 依附理論在情緒智力與復原力發展的重要性。
- 情緒智力在神經生理學的部分。
- 回答和情緒智力有關的測量和其他構念的關聯。
- 情緒智力與相關的構念，例如實用智力、泛自閉症障
  礙特質、對經驗的開放、述情障礙、心理感受性以及
  情緒創造力。
- 提升主觀幸福感的情緒智力的相關研究應用。
- 促進情緒智力和幸福感的相關研究問題。

　　美國方言協會（1999）1995年選擇了「情緒智力」（emotional intelligence）一詞作為最實用的新名詞，這樣的興趣起自 Daniel Goleman（1995）的暢銷書《EQ》（*Emotional Intelligence: Why it can Matter More Than IQ*）。同時身為心理學家和科學雜誌記者的 Goleman，推廣了美國新罕布夏大學 John Mayer 教授和耶魯大學 Peter Salovey 教授1990年學術發表的情緒智力（Mayer *et al.*, 1990; Salovey & Mayer, 1990），以及1983年由哈佛大學的 Howard Gardner 教授發表的自省與人際關係智力。根據 Mayer 和 Salovey 的研究結果發現，情緒的訊息處理能力有別於傳統智力測驗中口語、數學和視覺空間的訊息處理能力，因此 Gardner 認為在傳統智力測驗之外仍有許多其他智力，這些包含理解和調整個人情緒的能力（內省智力），以及理解和經營關係的能力（人際關係智力），不過這些都不是新的主張。Edward Thorndike（1874-1949）1920年代就將社交智力（social intelligence）的概念引進美國心理學界（Landy, 2006）。

　　Goleman 的書中提出：工作上的成功和達成生活目標，不是歸因於智商（IQ），而是情緒智力——能辨認、處理個人情緒以及在重要人際關係中他人的情緒（附帶一提，這個主張在後來從數千個個案中所做的後設分析中並未獲得支持）（Joseph & Newman, 2010）。再者，當基因設限了智商的發展被廣泛接受時，Goleman 的書中提出，情緒智力明顯可由環境決定而且可透過訓練進步。美國大眾普遍接受這個想法，因為剛好反襯了當時 Herrnstein 和 Murry（1994）的書《鐘型曲線》（*The Bell Cure*），主張智商由基因決定，高智商決定職業成功和社會身分地位。近來研究指出，智商和情緒智力部分來自遺傳，而且受到遺傳天賦的限制，但兩者皆可透過介入課程而有所增進（Grigorenko, 2000; Lange & Carr, 2002; Parker *et al.*, 2009; Vernon *et al.*, 2008）。

情緒智力：是能力，還是人格特質？

在近期研究裡，情緒智力被概念化成為兩個不同的內涵（Mayer *et al.*, 2008）：一個認為情緒智力是**處理情緒訊息的一組能力**，由 Mayer、Salovey 等人，也就是 Mayer-Salovey-Caruso 情緒智力測驗（Mayer-Salovey-Caruso Emotional Intelligence Tests, MSCEIT, Salovey *et al.*, 2009）的作者所擁戴；另一個論點認為情緒智力是**一組人格特質**，由情緒智商量表（Emotional Quotient Inventory, EQ-i, Wood *et al.*, 2009）的作者 Reuven Bar-On 教授、Goleman 等人（Boyatzis *et al.*, 2000）、KV Petrides 和倫敦大學發展特質情緒智力問卷（Trait Emotional Intelligence Questionnaire, TEIQue）的 Adrian Furnham 教授（Petrides, 2009a）、澳洲斯威本大學發展 Genos 情緒智力調查表（Genos Emotional Intelligence Inventory, Genos EI）的 Con Stough 教授（Palmer *et al.*, 2009）所採用。

表 5.1 中簡單說明了測量情緒智力的工具，但只是舉例不包括所有。這當中有些是自陳的情緒智力量表，如 Perez 等人（2005）回顧了十五個自陳的情緒智力測驗，其中只有五個被納入**表 5.1** 中。**表 5.1** 也包含評估情緒智力特定向度的量表，如情緒辨認和情緒理解；還有非口語正確性的診斷分析Ⅱ（Diagnostic Analysis of Nonverbal Accuracy 2, DANVA Ⅱ, Nowicki, 2003）、日本人和白人情感辨認測驗簡表（Japanese and Caucasian Brief Affect Recognition Test, JACBART, Matsumoto *et al.*, 2000）、情緒覺察程度量表（LEAS, Lane *et al.*, 1990）以及兒童情緒技能評估（Assessment of Children's Emotional Skills, ACES, Trentacosta & Izard, 2007）

情緒智力的特質取向和能力取向代表著兩個不同概念化和測量構念的方式（Mayer *et al.*, 2008）。能力取向將情緒智力視為一組能力，可藉由對與錯的答案進行「任務表現」評估，類似於認知智能測驗，這樣的評估有時候是指情緒智力的**極大值表現**；相對來說，情緒智力的特質取向是指「典型表現」的評估，自陳或觀察者報告就是指出人們平常的表現。特質取向將情

表 5.1　情緒智力的評估工具

形式	工具	創始者	題數	量表數	子量表	版本	量表、子量表 測驗描述
能力	MSCEIT	John Mayer Peter Salovey David Caruso	141	4	8	成人 青少年	**知覺情緒** 表情：辨認臉部表情。 圖像：辨認風景和圖像中的情緒。 **使用情緒** 催化：情緒如何影響思考的相關知識。 感知：有關於對多樣情緒的感受。 **理解情緒** 改變：情緒如何隨時間改變的多選題。 混合：情緒字彙定義的多元選擇。 **處理情緒** 情緒管理：內在問題的多樣解決方法之效能。 情緒相關性：人際情境的多樣解決方式之效能。
能力	非口語正確性的診斷分析 II（DANVA2）	Stephen Nowicki	64	-	3	成人 青少年	**臉部表情** 24 張具高低強度的快樂、難過、生氣和害怕之臉部表情。 **副語言** 男、女演員用快樂、生氣和害怕的情緒狀態來說「我現在要離開這個房間，但我稍後會回來」的錄音帶。 **姿勢** 32 張照片，每張照片有兩位男性和兩位女性站著或坐著，表達高低程度的快樂、悲傷、生氣及害怕。每一項測驗受測者都被要求辨認情緒。
能力	日本人和白人情感辨認測驗簡表（JACBART）	David Matsu-moto	56	-	1	成人	56 張日本人和白人的臉部表情，包括快樂、丟臉、厭惡、難過、生氣、驚訝及害怕。呈現第一張臉部表情0.2秒後，再呈現另一張的臉部表情，要求受測者辨認這些情緒。
能力	情緒覺察程度量表（LEAS）	Richard Lane	20	-	1	成人	受測者在二十個社會場景中去猜想他們自己及其他人的感受，例如生氣、害怕、快樂和難過。

（續）表 5.1　情緒智力的評估工具

形式	工具	創始者	題數	量表數	子量表	版本	量表、子量表測驗描述
能力	兒童情緒技能評估（ACES）	Carroll Izard	56	-	3	兒童	**臉部表情** 有 26 種快樂、難過、瘋狂、恐懼和冷漠的臉部表情，要求兒童辨認出這些情緒。 **社會情境** 兒童在 15 篇簡短的社會小品文中猜測主角的情緒。 **社會行為** 兒童在 15 篇簡短的社會小品文中猜測主角的情緒。
特質	Schutte 自陳式情緒智力測驗（SSEIT）	Nicola Schutte	33	3	0	成人	**知覺情緒** 使用情緒 處理自我情緒 處理他人情緒
特質	情緒智商問卷量表（EQ-i）	Reuven Bar-On	133i 51簡版	5	15	成人 青少年 父母 教師	**內省** 自我關注 情緒的自我覺察 自信 獨立 自我實現 **人際** 同理 社會責任 人際關係 **壓力管理** 壓力容忍度 衝動控制 **適應能力** 現實感 彈性 問題解決 **一般心情** 樂觀 快樂 **正向印象** 矛盾

（續）表 5.1　情緒智力的評估工具

形式	工具	創始者	題數	量表數	子量表	版本	量表、子量表測驗描述
特質	特質情緒智力問卷（TEIQue）	KV Petrides Adrian Furnham	153 30 簡版	4	15	成人 青少年 兒童 成人 360	**幸福感** 樂觀特質 快樂特質 自尊 **社交能力** 情緒處理（他人的情緒） 自信 社會覺察 **情緒性** 情緒知覺（自我與他人） 情緒表達 同理特質 建立和維持關係 **自我控制** 情緒調整 衝動（低） 壓力管理 **輔助面** 適應性 自我動機
特質	情緒能力調查表 II（ECI 2）	Daniel Goleman	72	4	18	成人 成人 360	**自我覺察** 情緒覺察 正確自我評估 自信 **自我管理** 情緒自我控制 開放 **適應力** 成就 積極性 樂觀 **社會覺察** 同理 組織意識 服務導向

（續）表 5.1 情緒智力的評估工具

形式	工具	創始者	題數	量表數	子量表	版本	量表、子量表 測驗描述
							關係經營技巧
							成就他人
							激勵型領導
							改變的催化
							影響
							衝突管理
							團隊工作
特質	Genos 情緒智力 調查表（Genos EI）	Con Stough	70 31 或 14 簡版	0	7	成人 成人 360	情緒的自我覺察 情緒表現 覺察他人的情緒 情緒推理 自我情緒管理 處理他人情緒 自我情緒控制

資料來源：依據 Stough, C., Saklofske, D., & Parker, J. (2009). *Assessing emotional intelligence. Theory, research and applications.* New Work: Springer. Mayer, J. D., Roberts, R. D., & Barsade, S. G. (2008). *Human abilities: Emotional intelligence. Annual Review of Psychology*, 59, 507-536. Zeidner, M., Matthews, G., & Roberts, R. (2009). *What we know about emotional intelligence. How it affects learning, work, relationships, and our mental health.* Cambridge, MA: MIT Press.

緒視為一組個人性格，相似於人格特質，可藉由自陳工具，或經常與我們互動的同事、父母或老師等觀察者的評估來了解我們的行為。特質取向也同樣是混合模式架構，因為藉由情緒智力的自陳報告來評估特質，是結合了人格屬性，例如一方面來說是樂觀，另一方面又是情緒管理的技巧或能力（Roberts *et al.*, 2008）。

　　情緒智力的特質和能力取向已成為鮮明的對比（Murphy & Sideman, 2006）。從表 5.1 可見，將情緒智力視為狹義的能力模式來評估的有 MSCEIT、DANVA II、JACBART、ACES 和 LEAS 測驗；而特質模式則是由 EQ-i、TEIQue 和 ECI 2 的工具來評估，此為較廣義的情緒智力。情緒力的能力模式中有較多傳統的智力測驗，而非一般心理學的人格評估；情緒

智力的特質模式則主要運用了心理學的人格評估的心理學。如果要區別純研究、應用或實用導向研究，情緒智力的能力模式會出現在純研究的傳統裡，情緒智力的特質模式則會在應用或實用導向傳統裡。情緒智力的能力模式之研究目標是在促進我們對情緒智力結構的理解，特質模式則強調評估和提升在學校、工作組織以及臨床上的情緒智力（Zeidner *et al.*, 2009）。

處理個人或他人情緒訊息的能力

依據 Mayer、Salovey 和 Caruso 的情緒智力能力模式，情緒智力是指**處理個人或他人情緒訊息的能力**（Salovey *et al.*, 2009），如**圖 5.1** 所呈現的四個部分：知覺情緒（perceiving emotions）、使用情緒（using emotions）以促進認知並理解情緒（understanding emotions）以及處理情緒（managing emotions）。

第一個部分為**知覺情緒**，是確認自己和他人情緒的能力，能正確表達情緒和相關的需求，以及能區別正確／誠實的感受和不正確／不誠實感受之間的差異。能知覺情緒的人，較能貼近環境而且適應較好。此外，能偵測到細微的憤怒臉部表情者，較能處理潛在的衝突社會情境。

第二個部分是**使用情緒**，指經歷和產生可以促進思考的感覺。情緒能進入認知系統並引出特定情緒的思考，例如我很開心；或者是產生相同情緒的修正認知，例如快樂的人會想今天每件事情都很順利，因此無論透過我們的心情訊息——讓我們知道自己是開心、難過、害怕或生氣，或者是使我們的思考與心情狀態一致，情緒都可以激發思考。善於使用情緒的人在快樂時會用樂觀的觀點來看待事情，難過時用悲觀角度，焦慮或生氣時則是從有危機的觀點看事情。依心情狀態改變觀點的能力代表人們若具有發展良好的「使用情緒」技巧，就能隨著心情改變，用多元的角度看待事情。從多元觀點看待事情的能力，可以**激發出更多有創意的解決問題方法**，也可以解釋為何情緒波動較大的人比情緒穩定的人更有創意。情緒波動的程度要能在自我控制的狀況下，就必須要有情緒處理的技巧——這個是情緒智力模式中的第

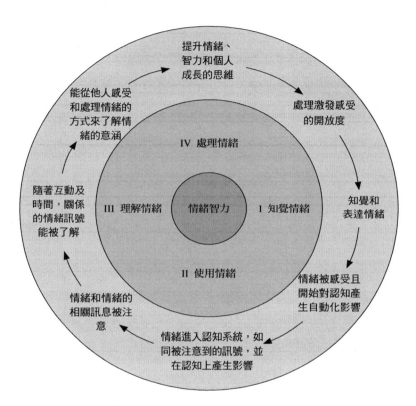

圖 5.1　情緒智力能力模式

資料來源：摘自 Mayer, J., Salovey, P., & Caruso, D. Emotional intelligence as zeitgeist, as personality, and as a mental ability. In R Bar-on & J. Parker (Eds.), *Handbook of emotional intelligence* (pp. 92-117). San Francisco, CA: Jossey-Bass. © 2000, John Wiley & Sons 允許重製。

四個部分。

　　第三個部分**理解情緒**是了解情緒內涵的能力。人們若具備發展良好的情緒理解技能，就可以知道一個情緒如何引發另一個情緒、情緒如何隨著時間改變、人為何有複雜混合或矛盾的情緒，以及一時的情緒如何影響人際關係，例如：用攻擊、傷害他人的方式來表達憤怒後，若沒有受到懲罰，會帶來悔恨；若受到懲罰，則會引發更多憤怒。如果能了解這樣的情緒過程，比起不理解這樣情緒的人來說，較能處理衝突情境。

　　第四個部分是**處理情緒**，指能夠開放的感受愉悅和不愉悅的感覺，能監督和反應這些感覺，進而延續或分離這些情緒狀態，控制情緒的表達，以及管理在他人面前情緒表達等能力。情緒管理能力發展良好者有機會選擇感受或阻隔情緒，例如，在日常生活中，開放地面對自己或他人的情緒，以及自在地表達情緒，都能豐富我們的生活，深化我們與他人的關係。然而，緊急狀況像是避開車禍、被搶、火警或進行一項風險很高的醫療手術，就比較適合阻隔情緒感受和限制情緒表達。有良好情緒管理能力者，可以選擇他們感受和表達情緒的開放程度。

　　知覺、使用、理解以及處理情緒的能力可以使用 Mayer-Salovey-Caruso 情緒智力測驗（MSCEIT, Mayer *et al.*, 2002, 2005）加以測量，這些測驗試題包含對情緒做出複雜的判斷以及回答這些複雜判斷的對錯。就「知覺情緒」來說，會要求受測者確認一系列由表情、景象和圖案引發的主要情緒。就「使用情緒」來說，受測者被問到情緒如何影響思考，以及特定知覺與特定情緒之間的關係，舉例來說，什麼樣的心情對初次拜訪親家是有幫助的：緊張、驚訝或開心？每個量表上的評分都從 1= 完全沒用，到 5= 非常有用。就「理解情緒」來說，用來評估的試題例如：Tom 覺得很焦慮，而且當他一想到所有需要完成的工作時，就會變得有一點壓力。當上司交付他額外的工作時，他是否覺得壓力大、憂鬱、難為情、不自在或緊張不安？就「處理情緒」來說，會問：Debbie 剛度假回來，她感覺到平靜又滿足，以下的行為延續住心情的程度如何？「列出在家需要做的事情、思考下次旅遊的時間和地點、忽略無法持續的感受？」受測者評估每個量表上的選項，從 1 分＝非常無效，到 5 分＝非常有效。MSCEIT 的填答會依照兩組標準來評分：(1) 專業共識，例如專家小組的觀點，以及 (2) 一般共識，例如一般成員表達的觀點。事實上這兩組標準非常相似。

　　MSCEIT 現在已經到第二版，取自更大規模的多向度情緒智力量表（Multidimensional Emotional Intelligence Scale, MEIS, Mayer *et al.*, 1997），有成人版也有青少年版（Mayer *et al.*, 2002, 2005）。MSCEIT 具有充分的心理測

量 特 性（Mayer *et al.*, 2008; Papadogiannis *et al.*, 2009; Rivers *et al.*, 2008）。
MSCEIT II 有五千個國際樣本的常模，根據標準分數的因素分析資料顯示，
MSCEIT 子量表的分數適於預測的四個因素模式；然而超過一萬個案例的後
設分析因素分析（meta-analytic factor analysis）建議，將知覺情緒和使用情緒
合併成一個因素後，使用三個因素解會更合適（Fan *et al.*, 2010）。知覺、使用、
理解和處理情緒的四個因素量表之內部一致性和再測信度，都超過可接受的
標準 0.07。至於建構效度的部分，正如預期，MSCEIT 與認知能力測量（包
含智商）有中度相關（0.3-0.4），與五大人格特質有輕度相關（0.1-0.3）。
在效標效度上，MSCEIT 的分數與幸福感測量有正相關（在某些研究裡，而
不是全部的研究）；也與朋友、家庭成員及親密伴侶關係的功能、工作能力
及情緒預報（預測一個人在特定情境中會如何感受）有正相關。相對來說，
MSCEIT 的分數和適應問題的測量是負相關，例如心理壓力、藥物濫用或反
社會行為。如前面所提到，MSCEIT 是使用任務去評估情緒智力的最大表現，
與評估典型表現的自陳測量是低相關的。女性在 MSCEIT 的得分高於男性。

特殊的情緒智力能力

　　MSCEIT 是評估情緒智力的綜合能力模式，**表 5.1** 中其他四個能力測驗，
都是評估高度特定情緒智力技巧的工具，包含非口語正確性的診斷分析 II
（DANVA II , Nowicki, 2003）、日本人和白人情感辨識測驗簡表（JACBART,
Matsumoto *et al.*, 2000）、情緒覺察程度量表（LEAS, Lane *et al.,* 1990），以
及兒童情緒技能評估（ACES, Trentacosta & Izard, 2007）。DANVA II、
JACBART 及 ACES 都是根據部表情、身體姿勢或音調評估知覺情緒技巧，
這些測驗在受測者面前呈現特定的臉部表情、人際互動的圖片或說話的音
調，之後要求他們指認相關的情緒，例如：快樂、難過、害怕或生氣。LEAS
和 ACES 評估人際情境中的情緒理解，要求受測者推論人們描述的社會場景
裡的情緒經驗。這四個測驗有可接受的內部一致性信度，DANVA II 和
JACBART 也有可接受的再測信度。關於效度，在這些特定情緒智商能力測

驗上得高分者，在某些向度的適應上較好，Mayer 等人（2008）指出情緒智力的能力測量，與兒童期和青少年期的社交能力有關；情緒智力能力較高者，也會有較好的家庭和工作關係、較好的學業成就和工作表現，以及更多的幸福感。

自陳式的情緒智力測驗

Schutte 自陳式情緒智力測驗（Schutte Self Report Emotional Intel-ligence Test, SSEIT）是由澳洲的 Nicola Schutte 所發展出來的，將早期 Mayer、Salovey 和 Caruso 發展的情緒智力模式轉化成自陳量表（Schutte *et al.*, 2009），SSEIT 包含 33 項自陳題目，每題皆為五點的回應形式，從 1 分 = 強烈不同意，到 5 分 = 強烈同意，結果可以得到單一情緒智力分數和四個因素的分數（知覺情緒、使用情緒、處理自我及處理他人情緒）。SSEIT 被用在許多研究中，內在一致性和再測信度都在可接受的標準 0.7 以上。初步的因素分析研究顯示，單一情緒智力因素共有 33 項試題，之後的因素分析確認四個子量表的四個因素結構。在效標關聯效度上，SSEIT 與幸福感、心理健康、以及社會、學業和職業適應等一系列測量有相關性；與五大人格特質有低到中度相關，但與五大人格中對經驗的開放則呈現強烈相關。

社會情緒智力模式

相對於能力導向概念的情緒智力，Reuven Bar-On（2000, 2006）將社會情緒智力視為非認知能力的模組，是能成功因應環境的需求。從**圖 5.2** 可知，這個特質模式由五大向度加以區分：**內省、人際、壓力管理、適應能力**及**心情**，每個向度裡都有特定的技能，共同建構出社會情緒智力。內省包含下列技能：自我關注、情緒的自我覺察、自信、獨立及自我實現；人際則有：同理、社會責任及人際關係處理；壓力管理的主要技能為壓力容忍度和衝動控制；問題解決、現實感及彈性是建構適應能力的技能；在心情的範圍裡則須要維持快樂和樂觀的技能。

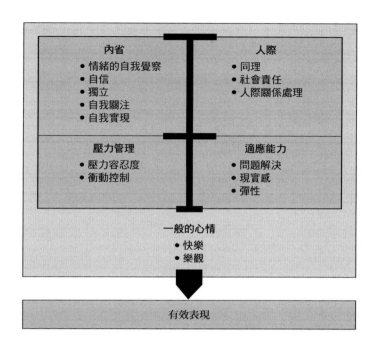

圖 5.2　社會情緒智力模式

資料來源：摘自 Bar-On, R. (1997). *Bar-On Emotional Quotient Inventory: Technical manual.* Toronto: Multi-Health Systems.

　　在內省中，自我關注指能了解、接受及尊敬自己；情緒的自我覺察是辨識和理解個人情緒的能力；自信是用不帶有侵略的方式表達個人想法、信念及感受，以保護個人權益；獨立是指個人思考和行為上的自我引導與控制，而且情緒上不依賴；自我實現是了解個人潛能和達成想要的目標。

　　在人際的向度裡，同理是覺察、了解與珍視他人感受的能力；社會責任是與他人合作，並對所屬團體有所貢獻；維持人際關係是指藉由情緒的親密度和心理的緊密感來創造、維持友誼。

　　在壓力管理的向度裡，壓力容忍意指有能力承受逆境、挑戰、壓力及強烈情緒的能力，且沒有代謝失調或情緒分裂的症狀；衝動控制是衝動時能抗拒或延遲行動並控制個人情緒。

在適應能力的向度裡，問題解決是一種能確認社會和人際問題的能力，即用可解決的名詞定義之，且用有效的方法加以解決；現實感是評估主觀經驗與外在客觀環境之間的關聯性；彈性是調整個人思考、感受及行為，以適應瞬息萬變的情境。

在心情的向度裡，維持快樂是享受當下、充滿樂趣、表達正向感覺及對生活感到滿意；樂觀是在逆境中能看到事情的光明面。

情緒智商量表（Emotional Quotient Inventory，簡稱 EQ-i）的發展，是為了評估 Bar-On 模式裡的情緒智力（Wood *et al.*, 2009），有完整版、簡化版、成人版、青少年版、自陳式以及觀察者評估的 EQ-i（Bar-On1997, 2002; Bar-On & Hadley, 2003; Bar-On &Parker, 2000）。成人的觀察者評估版本是 EQ-360，青少年的版本是父母／教師填答的形式 EQ-i：YV。每種 EQ-i 版本的試題都是簡短的陳述，受測者根據此陳述比對自己的狀況選出一個程度（或是觀察者版本裡案例中的目標人物），使用五點量表，1 分 = 幾乎是真的，5 分 = 常常是真的。所有版本的 EQ-i 版本都可以得到一個整體情緒智力分數和**圖 5.2** 中所列的五大向度的分數，完整版則可以得到與五個向度有關的十五個特定區域的分數。

EQ-i 工具的心理測量特性已陸續被研究出來（Conte & Dean, 2006; Mayer *et al.*, 2008; Wood *et al.*, 2009; Zeidner *et al.*, 2009）。EQ-i 橫跨十五個國家，從超過數千個樣本中獲取標準化資料，EQ-i 量表在許多的研究中都呈現良好的內部一致性和再測信度，相關值都在 0.7 以上，也具備良好的效度。在建構效度的部分，十五個 EQ-i 量表分數因素分析得出單一因素解，也就是有單一潛在的社會情緒智力因素，能夠回應整體 EQ-i；然而，試題的因素分析並沒有得出 Bar-On 模式和 EQ-i 子量表結構的十五個因素解。關於建構效度，EQ-i 與智商之間是低相關（0.1-0.2），這顯然有問題，因為如果 EQ-i 是測量智商的一項分支，兩者應是高相關。EQ-i 和五大人格因素是中度相關（0.2-0.6）（第二章中已說明），因此只有低度的增加效度（incremental validity），可能是因為不同名稱的五大人格特質測驗造成的。

從正面來看，EQ-i 有好的效標效度。EQ-i 得到和專家判斷相似的評價，而且部分預測了某種類型的人擅長某些工作情境。如果一個人是用特別正向（很好）或負向（很壞）的模式來描述自己，就會用電腦計分來彌補原本的分數。

Bar-On（2000）認為不同年紀和性別的人在 EQs 或 EQ-i 的內涵有所差異。至少到了中年，情緒智力會隨著年齡逐漸增加；但人在 40 到 50 歲之間會比青少年或老年有高一些的 EQ。男性和女性在整體 EQs 上是相似的，但男性在內省、適應能力以及壓力管理向度分數較高，而女性在人際向度分數較高。女性比男性更能夠覺察情緒、表達同理、人際關係較佳，以及表現出更多社會化的應對進退。相對來說，男性比女性有更多自我關注、更獨立、更能因應壓力（短期）、更彈性，更能夠解決問題而且也較為樂觀。也有相當的證據顯示，高 EQ-i 與較佳的心理健康有關；而低 EQ-i 與心理疾病有關。

特質情緒智力模式

英國倫敦大學的 KV Petrides 依據其建構的特質模式，發展出第二版自陳式情緒智力測量，他假設特質情緒智力或特質情緒自我效能是由特質情緒智力問卷所評估（TEIQue, Petrides, 2009a, 2009b）出來，並不是智商的分支，而這處於特質分類法裡的低階人格特質。因為它在認知能力之外，所以不可能與智商有關。再者，它是一個社會人格特質，特質型情緒智力和相關的部分被期待會與五大人格特質共享某些變異。許多情緒智力的自陳量表數據顯示，情緒智力與認知能力呈現低相關（包括 IQ），與人格特質測量則呈現高相關（Petrides *et al.*, 2007）。TEIQue 在 1990 年代末的抽樣，是根據其他模式的內容分析和情緒智力的自陳測量，只保留共用的核心層面。

總共有十五個不同卻相關的層面整合在**表 5.1** 中的 TEIQue。因素分析確認總共有四個因素，每個因素裡有三或四個層面，四個因素分別為**幸福感**、**社交能力**、**情緒性**及**自我控制**。樂觀、快樂的特質及自尊建構了幸福感因素；對他人的情緒管理、自信及社會覺察建立了社交能力因素；而構成情

緒性因素包括對自我和他人的情緒知覺、情緒表達、同理特質及建立和維持關係；情緒調節、低衝動性及壓力管理共同構成了自我控制因素。

所有 TEIQue 的題目都是七點的回應形式，從 1= 完全不同意，到 7= 完全同意，所有的題目共同產生層面和因素的分數。TEIQue 有多種版本，包含完整版和簡化版、成人、青少年及兒童版的自陳式工具（Petrides, 2009b）。成人也有完整版和簡化版是由訊息提供者對工作的 360 度評估加以完成。

TEIQue 的心理特性已由一系列研究建立起來（Petrides, 2009a, 2009b）。成人版是依據 1172 名國際樣本做出的標準化測驗。所有層面和量表的內在一致性超過 0.7 的標準，再測信度的範圍從 0.59 到 0.86。由此，TEIQue 是穩定的四因素結構。性別差異在 TEIQue 整體的特質情緒智力上微不足道。效度研究指出，在 TEIQue 顯示高情緒智力和更多的調適應性因應風格、親和與自我強化的幽默風格、面對壓力時的復原力、兒童利社會行為、多國語成人的低語言焦慮、音樂的長期訓練、芭蕾舞者較佳的能力以及實驗性情感喚起歷程的敏感度有關；相對的，在 TEIQue 顯示低情緒智力者，則和較少的適應性因應風格、侵略和弄巧成拙的幽默風格、失功能和憂鬱、人格障礙、逃學以及在學行為問題有關。如同 EQ-i，TEIQue 有限的增加效度被批評，因此雖與五大人格特質高度相關，卻只有有限的預測價值（Mayer et al., 2008; Roberts et al., 2008）。

運用在職場上的情緒智力模式

EQ-i 和 TEIQue 是特質型情緒智力的評估工具，廣泛地運用在各種脈絡中的情緒能力調查表（Emotional Competency Inventory, ECI, Boyatzis et al., 1999; Wolff & Hay Group, 2005）則是一個自陳式的情緒智力評估工具，特別用在職業情境中。ECI 是根據 Goleman 的情緒智力模式，也是他先前兩本暢銷書的主題（Goleman, 1995, 1998）。ECI 目前是第二版（Wolff & Hay Group, 2005），有自陳式和同事評定兩種版本，由美國凱斯西儲大學的組

織心理學家 Richard Boyatzis 教授一起合作所發展出來的。此調查表的目的是去評估情緒智力能力在商場企業中傑出表現的重要性。

ECI 分為**自我覺察、自我管理、社會覺察和關係經營技巧**。ECI 第二版的主要量表和子量表列於**表 5.1**。自我覺察是知道個人內在狀態、喜好、資源及直覺，包含的能力有情緒自我覺察、正確自我評估及自信。自我管理是指能管理自我內在狀態、衝動及資源，能力有情緒自我控制、開放、適應力、成就導向、積極及樂觀。社會覺察為人們如何掌控人際關係，以及覺察他人的感受、需求和關心，包含的能力有同理心、組織意識及服務導向。關係經營技巧則是擅於營造他人友善的回應，包含的能力有成就他人、激勵型領導、改變的催化、影響、衝突管理及團隊工作。所有 ECI 的題目都是簡短陳述、六點的回應形式，從 1 ＝決不，5 ＝始終如此，到 6 ＝不知道，題目若是勾選「不知道」，該題就會從量表分數中刪除，而若超過 25% 都是如此回答，整份量表不計分。ECI 是個 360 度的評估工具，提供個人情緒智力有效的評估，需要目標人物和 4 到 5 位熟悉工作表現的同事來進行評定。

可得的證據顯示，ECI 第二版是從超過 4000 名管理者中任意抽樣所發展出來的，有相對不錯的心理測量特性（Wolff & Hay Group, 2005）。經由他人評估，所有 ECI 量表的內部一致性信度的平均數達到可接受的 0.7 標準，但受測者自我評定的部分，平均信度只有 0.6， ECI 的再測信度也是一樣。這說明了 ECI 的自我評定部分並非充分可靠，但經由他人評定的部分則顯示出良好的信度。然而以驗證性因素分析發展 ECI 的結果尚未發表，因此不清楚 ECI 的因素架構為何。關於建構效度，如同 EQ-i 和 TEIQue，ECI 與認知能力的測驗相關很低，增加效度也有限。與五大人格特質有很高的相關，尤其是外向和謹慎。關於效標效度，ECI 的分數可預測許多職場上的工作表現，例如業務員、消防員、商業領導者，甚至是壘球教練輸贏球的記錄。

選才和員工發展不可或缺的工具

Genos 情緒智力調查表（Genos EI, Gignac, 2008; Palmer *et al.*, 2009），

如同 ECI，是一種特質情緒智力的自陳式測量或觀察者評定，特別適於職場上作為選才和員工發展的工具。Genos EI 修訂自斯威本大學情緒智力測驗（Swinburne University Emotional Intelligence Test, SUEIT），兩個工具都是由 Con Stough、Benjamin Palmer 和 Gilles Gignac 所發展出來的。Genos EI 不主張評估情緒智力，取而代之的是評估一個人將 70 種情緒智力運用在工作行為上的頻率，而 70 種情緒智力可概念化成 7 種概念類別：**情緒的自我覺察**是知覺和了解個人情緒的技巧；**情緒表現**是有效表現個人情緒的技巧；**覺察他人的情緒**是知覺和了解工作同事情緒的能力；**情緒推理**是在做決定時運用情緒訊息；**自我情緒管理**是指自我調整的技巧；**處理他人情緒**是正向地影響工作同事情緒的能力；**自我情緒控制**是控制自己強烈情緒的能力。Genos EI 的 70 題都是簡短陳述，採取五點的回應形式，從 1= 幾乎沒有，到 5= 幾乎總是，題目包含正向和負向情緒。正向情緒包含滿意、熱情、樂觀、興奮、投入以及動機；負向情緒包含焦慮、生氣、壓力、煩惱、挫折、沮喪以及不耐煩。受測者完成線上的 Genos EI 後，可從自陳和觀察者報告兩個版本得到回饋，並提供未來可發展的優勢和機會，以及自我發展的相關建議和好處。目前已發展出 31 題和 14 題兩個簡化版的 Genos EI。

　　Genos EI 量表的內部一致性信度、再測信度都在可接受的0.7標準以上。在 4000 名自陳和 6000 名評估者報告中，驗證性因素分析的結果確認出七個因素結構的效度，以及在量表因素分析確認出有單一基本的潛在因素。Genos EI 的效標效度，只和醫藥銷售員的表現，以及女性管理者轉型領導的分數有關。

情緒智力測量工具的優點和缺點

　　特質型和能力型的情緒智力測驗各有優缺點，有些特別值得一提（Roberts *et al.*, 2008; Zeidner *et al.*, 2008）。能力型的情緒智力評估工具，主要優點是**試圖評估出受測者處理情緒訊息能力的範圍**，此與智力測驗相似，從測驗所得到的分數，與智商有中度相關。長期來說，當情緒智力可以

如能力測驗般被評估時，就可以納入智力模式的階層中（Carroll, 1993）。

　　能力型測驗的限制在於，決定情緒智力測驗題目的正確答案，並不像智商測驗設定通過標準般直接，所採用的判斷方法都有問題，因為正確答案是經由測驗作者或專家小組認定和標準化樣本中多數人的來背書。第二個問題，能力型測驗非常狹窄的定義情緒智力，尤其是特定的能力型測驗，而且也無法評估情緒智力結構中的關鍵部分。第三個問題，完整的能力型情緒智力測驗非常冗長，因此在某些情境脈絡中不太實用。更深入的問題是，當完整的能力型情緒智力測驗運用在職場中的選才與發展時，缺乏表面效度（可靠性）。

　　特質型情緒智力測驗克服了能力型測驗的一些問題，採用了較廣泛的定義，好處是容易建立、執行及計分，而且在職場中有好的表面效度（這或許可以解釋它的擴散性）。大部分良好的特質型情緒智力測驗，有較佳的信度、階層和效標效度。

　　特質型情緒智力測驗的主要問題是建構效度和增加效度不佳。建構效度和智商沒有高度相關，因此可能無法用特定的情緒智力能力來評估一般智商，但這之間的相關對情緒智力測驗的建構效度是必要的。增加效度部分，許多特質情緒智力測驗與五大人格特質測驗有高度相關，但在預測某些結果上不如五大人格特質，例如：個人幸福感，以及社會、成就和職業的適應，這是因為情緒智力測驗量表的命名與五大人格特質的測量有大幅度重疊，例如情緒智力測驗量表的自信和壓力管理與五大人格特質的外向和神經質。所以有些特質情緒智力量表如同老酒裝新瓶。

　　無論是能力型或特質型的情緒智力測量都有相同的問題：**它們對於什麼是真正的情緒智力缺乏共識**，對於要如何廣泛地定義情緒智力，以及情緒智力為一般智商還是人格特質仍有爭論，因此特質型與情緒型智力測量的相關非常低。這裡的假設是：情緒智力具有內隱的知識與技能，可用能力測驗和自陳題目來評估；然而情緒智力可能包含潛意識的訊息處理歷程，並非建構在情緒智力目前的模式中，也無法用目前的測量工具來評估（Fiori,

2009），包括在某些情況下高度選擇的正向樂觀偏誤（positive optimistic bias），也包括對他人更有創意、彈性的使用情緒訊息。我們都知道有交際手腕的人，可以優雅又機智的處理複雜的情緒情境，而且完全感覺不到使用了什麼技巧、或他們如何做和做些什麼。評估情緒智力的工具可以開啟內隱知識，但情緒智力的研究領域缺乏成熟的心理測驗發展程序，例如以項目反應理論來發展情緒智力測驗（Embretson & Reise, 2000）。

正面來說，特質取向和能力取向都同意情緒智力是重要且可被測量的多層次構念，測量工具應該是可信和有效的。情緒智力測驗上的分數被同意以有意義的方式與其他心理構念連結，包含認知能力和人格特質。另外一個共識為情緒智力具有適應力，因此測驗所產生的分數與個人、社會、學業及職業脈絡中正向調適有關。

情緒能力的發展

Zeidner 等人（2009）的情緒智力投資模式見**圖 5.3**，此模式依據三個互動歷程進行概念化：

1. 基因決定和生理基礎的氣質。
2. 情緒能力的規則學習。
3. 自我覺察、情緒的策略性調適。

投資模式的第一層（水平），假定嬰兒的氣質（例如情緒性、社會性等等）是生理基礎和基因所決定，這提供了情緒智力接續發展的平台。比起自在氣質的嬰兒，彆扭氣質的嬰兒在發展情緒智力中會遇到更多挑戰。有一些證據指出情緒智力具有遺傳性，Vernon 等人（2008）就基因角色之於情緒智力的發展，進行了一個家庭研究和一個雙胞胎研究，並以 TEIQue 來評估特質情緒智力。他們發現所有特質情緒智力的遺傳範圍是從 0.32 到 0.42。這個模式的第二層假定與父母或照顧者的依附關係，以及與同儕或他人的互

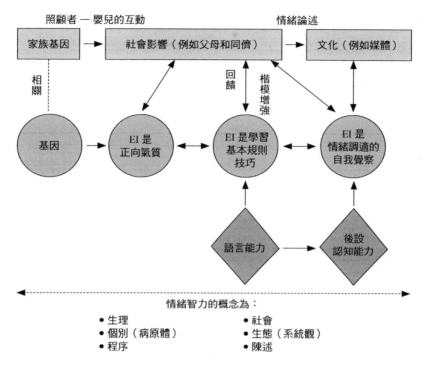

照顧者 — 嬰兒的互動

情緒論述

| 家族基因 | → | 社會影響（例如父母和同儕） | → | 文化（例如媒體） |

相關

回饋　楷模增強

基因 → EI 是正向氣質 ↔ EI 是學習基本規則技巧 ↔ EI 是情緒調適的自我覺察

語言能力 → 後設認知能力

情緒智力的概念為：

- 生理
- 個別（病原體）
- 程序
- 社會
- 生態（系統觀）
- 陳述

圖 5.3　情緒智力投資模式

資料來源：來　自　Moshe Zeidner, Gerald Matthews & Richard D. Roberts, *What we know about emo-tional intelligence. How it affects learning, work, relationships, and our mental health*, Figure 5.1 (p.145), copyright © 2009 Massachusetts Institute of Technology，由 MIT Press 許可。

動中，透過楷模和增強的歷程，我們可學習辨認、理解及處理自我和他人情緒的規則。安全依附和正常發展的語言皆可催化這個歷程，而不安全依附或語言發展遲緩則抑制了這個歷程。第三層假定透過父母、老師、同儕與其他人的教導，以及媒體傳播和其他文化的影響，我們可以發展自我覺察、對自我和他人情緒的策略性調適。情緒智力和角色楷模可以指導和催化這個歷程。當人從嬰兒期到成人期逐漸成熟後，情緒智力會從以生理因素為主，漸進式的轉換到以社會因素為主。

　　情緒能力發展的研究增進了對成人情緒智力發展歷程的洞察。從嬰兒期

到成人期逐漸發展出來的情緒調適技巧、情緒表達技巧，以及關係間情緒收放的技巧列於**表 5.2**（Saarni, 1999, 2000; Saarni *et al.*, 2008）。

開始分辨情緒

在生命早期，嬰兒會發展出基本的自我安撫技巧，例如來回搖擺或吃東西來調整他們的情緒；他們也建立出調整專注力的技巧，讓自己和照顧者可以在充滿壓力的情境中，協調出具體行動來舒緩情緒。在這樣的情況下，他們依賴照顧者提供情緒支持。在出生第一年，嬰兒在自我掌控和他人掌控下，逐漸使用非語言的情緒表達來回應各種刺激。剛出生的嬰兒會以持續的專注來表達他們感興趣的東西，厭惡臭味和不好的氣息。他們會用微笑反映愉悅的感受，出生四週後也可回應人類的聲音；四個月大時若要表示出傷心和生氣，就會把磨牙玩具移開；九個月大時會以臉部表情反映分離的害怕。嬰兒在生命中的第一年會逐漸有區辨正、負向情緒的能力。一旦兒童具有足夠的認知能力了解客體恆定（object constancy），就能建立輪流玩遊戲的能力，例如躲貓貓。出生第一年最後會出現社會參照（social referencing），兒童從他們的照顧者身上學習到如何在特定情境表達最合適的情緒。

可怕的兩歲

在生命的第二年，幼兒對個人情緒回應覺察逐漸增加。當父母對幼兒的自主和向外探索設限時，他們會呈現出暴躁不安的樣子，此通常稱為「可怕的兩歲」（terrible twos）。第二年的嬰兒，在情緒狀態的口語表達能力有所增加，還包含了自我意識和自我評估的情緒表達，例如羞愧、自豪或羞怯，他們的認知技能足以使他們開始去思考他人眼中的自己。在人際關係裡，對他人的預期感受會逐漸增加。他們也會出現基本的同理和利他行為。

學齡前兒童

2 到 5 歲的學齡前兒童，會使用越來越多的語言來調節情緒。他們使用

表 5.2　情緒能力的發展

年齡	規範	表達	處理情緒
嬰兒期 0-1 歲	• 自我安撫 • 調整專注力以產生適合的行為 • 在壓力下依賴照顧者提供鷹架	• 在自我掌控和他人掌控下，增加對刺激的非語言情緒表達	• 逐漸區辨他人表達的情緒 • 輪流遊戲（躲貓貓） • 社會參照
幼兒期 1-2 歲	• 增加個人情緒回應的覺察 • 當父母對自主需求設限時，會有易怒的狀況	• 增加對情緒狀態的語言表達 • 增加自我意識和自我評價的情緒表達，例如羞愧、驕傲或羞怯	• 面對他人的預期感受 • 基本同理心 • 利他行為
學齡前期 2-5 歲	• 使用語言（「自我對話」和「與他人對話」）來調整情緒	• 在遊戲或逗弄中，假裝表達某些情緒	• 增加對他人情緒的洞察 • 覺察自己錯誤的情緒表達會誤導他人
幼稚園 5-7 歲	• 調整自我意識方面的情緒，例如尷尬 • 從照顧者的情緒調節方式中增加自主性	• 在同儕面前表現得很「酷」	• 增加社交技巧的使用來處理自我和他人情緒 • 理解雙方同意的情緒腳本
兒童中期 7-10 歲	• 傾向跳脫照顧者，自主的調整自己的情緒 • 如果兒童在情境中有更多的自我掌控，就可以用隔離的策略處理情緒	• 增加情緒表達來調整人際關係	• 覺察對於一個人可以有多重情緒 • 在多重脈絡中使用自我和他人的相關情緒訊息，以建立和維持友誼
前青少年期 10-13 歲	• 有效的辨認和使用多重策略，以自動化地調適情緒和管理壓力	• 對親密朋友的真實情緒表達和在其他人面前展現的情緒表達之間做出區分	• 增加對社會角色和情緒腳本的理解，以建立和維持友誼
青少年期 13 歲以上	• 增加情緒循環的覺察（關於生氣的罪惡感） • 增加情緒複雜策略的使用，以自動化地調整情緒 • 自我調整策略包含更多道德規範	• 自我展現策略被使用於印象管理	• 覺察互惠和互利之情緒性自我揭露的重要性，以建立和維持友誼

資料來源：依據 Sarrni, C., Campos, J., Cameras, L., & Witherington, D. (2008). Principles of emotion and emotional competence. In W. Damon & R. Lerner (Eds). *Child and adolescent development* (pp. 361-405). New York: Wiley; and Saarni, C. (2000). Emotional competence. In R. Bar-On & J. Parker (Eds), *The handbook of emotional intelligence* (pp. 75-76). San Francisco, CA. Jossey-Bass.

「內在語言」和「與他人對話」來調整自己的情感經驗。兒童越來越會假裝表達某些情緒，好在遊戲中捉弄或逗弄彼此。在情緒覺察增加的階段，可以藉著錯誤的情緒表達來誤導他人。更多複雜的同理和利他行為也同樣在學齡前發展。

幼稚園期

5 到 7 歲的幼稚園兒童逐漸增加在自我意識方面的情緒調整，例如尷尬，也從照顧者的情緒調整方式中逐漸獨立與自主。這個年齡的兒童會在其他同儕面前表現出「酷」（cool）的情緒，也懂得使用更多的社交技巧處理自己和他人的情緒。這個時期的兒童會建立經由雙方同意的情緒腳本，及在此腳本中各自的角色。

兒童中期

如同之前一樣，7 到 10 歲的兒童偏好自主地調整個人情緒狀態，而非依循照顧者的方式。如果兒童在情境能掌控更多自我情緒，就可使用「隔離」的策略來管理情緒。多一些情緒表達可以調整關係裡的親密和疏離。兒童會發現自己對同一個人有多重的、衝突的情緒，例如他們可以對喜歡的人生氣。他們在多重脈絡裡運用自我和他人相關的情緒訊息和記憶，建立和維持友誼。

青春前期

介於 10 到 13 歲青春前期的兒童，能有效使用多重的策略，自動化調整情緒和管理壓力。他們能區別出在親密朋友前的真實情緒和在其他人面前表現的情緒。他們會發展出對社會角色地位和情緒腳本更精細的理解，以建立和維持友誼。

青春期

13 到 20 歲的青少年時期，對複雜的情緒循環覺察有所增加。舉例來說，

生氣時有罪惡感，或對害怕感到羞恥。在青少年時期，會使用越來越多的複雜策略，以自動化地調整情緒。這些自我調整的策略涵蓋了道德規範、對錯的信念。然而，隨著道德的觀點，自我展現（self-presentation）的策略會逐漸用在印象管理上。青少年逐漸覺察互利和互惠等情緒性自我揭露的重要性，並用來建立和維持友誼。

安全依附是主要核心

　　情緒能力的發展始於家庭脈絡。與父母（或照顧者）有安全依附的兒童可發展出情緒能力。如果父母給予兒童足夠的安全、保護與生理照顧，且能回應兒童的需求，兒童就可發展出安全的情緒依附。兒童學習到父母可作為探索這個世界的安全基礎。John Bowlby（1988）提出依附理論，主張依附行為有先天的程序，也是物種生存所必須，是人類在六個月到 3 歲之間，面臨危險時所引發產生的。當兒童遇到危險，會尋找和靠近他們的照顧者；當兒童找到了照顧者，他們又會再次回到探索的活動中。這個循環每次重複，當兒童警覺到威脅，對滿意、安全及保護的依附需求就會啟動。重複數次之後，同位照顧者在這段威脅時間內回應兒童對靠近、安慰及安全的需求，兒童就建立了內在依附關係的工作模式。內在工作模式是認知關係圖，以早期的依附經驗作為日後親密關係的樣板，內在工作模式讓人們預測自己和重要他人在關係中的行為。母子關係的實徵研究顯示，親子依附可分成四個不同的類型（Cassidy & Shaver, 2008）；成人期親密關係的研究中確認，這四個相關類型在生命循環中持續，重要的成人關係也可被分入這四個相等的類型裡。有證據指出這些依附類型會呈現出家庭的特性（Carr, 2006），這四個依附理論的摘要如**圖 5.4**。

　　有安全依附的兒童和婚姻伴侶，回應父母或伴侶就如同他們探索世界那樣有安全的基礎。父母或伴侶在這樣的關係裡，會切合或者是回應兒童與伴侶的需求。安全依附關係的家庭具有調適性，而且家庭成員的連結也充滿彈性。安全依附模式和自主相關，其他三個依附類型則與沒安全感有關。焦

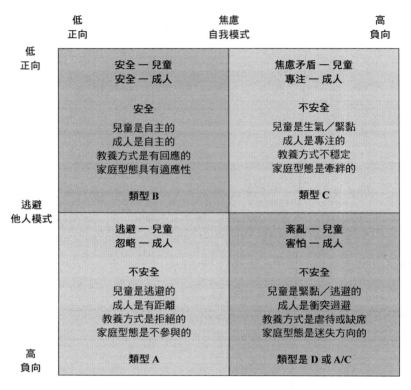

圖 5.4　兒童與成人的依附型態特質

慮依附的兒童會在父母離開後，尋求與他們的連結，但無法從中得到安慰，他們會哭鬧或發脾氣。此依附類型的婚姻伴侶會過度親密，但無法滿意。家族特性中若有焦慮依附關係則傾向彼此糾纏，成員之間的界限模糊。

　　迴避型依附的兒童在分離之後會拒絕再與父母接觸，因為他們感到憂鬱。這種依附類型的婚姻伴侶之間會有距離感而且容易對彼此不滿。逃避關係特質的家庭傾向抽離和不參與，成員間有無法滲透的界線。紊亂型依附的兒童在分離之後會出現焦慮和逃避，紊亂依附的兒童普遍與虐待、忽略、早期父母缺席、失落或喪親者有關，婚姻和家庭關係則是採取衝突迴避、迷失方向、交互攀附，以及憂鬱。**安全依附是面對逆境時復原力的核心特質**，也

是我們強調的重點。

為什麼有些兒童無法面對逆境？

有些兒童在面對逆境時會產生情緒復原力，有些則不會（Golestein & Brooks, 2006）。缺乏重要依附他人、照顧者網絡及同儕團體的支持時，那些沒有情緒復原力的兒童會暴露在重覆的挑戰、壓力、困難及問題情境；相對來說，兒童能面對困難挑戰、擴展因應的能力，同時也有重要依附他人、照顧者網路與同儕團體的支持，就會在逆境的經驗中不斷茁壯，產生更好的復原力，也會有更好的情緒智力發展。

 情緒智力的神經生物學

在腦傷病人之錯誤決策的研究中，透過受試者複雜的社會判斷了解情緒智力的神經生物學基礎。愛荷華大學的 Antonio Damasio 教授研究了腹內側前額葉皮層雙側病變（bilateral lesions of the ventromedial pre-frontal cortex）患者的錯誤決定（Damasio, 1994; Bechara *et al.*, 2000）。臨床觀察發現過去適應良好的病人，在智商方面並無出現惡化情形，但計劃相關工作活動的能力和人際關係出現惡化，他們的行為導致很多失去，包含失去經濟、社會地位及友誼。Damasio 依據臨床觀察進行一系列的實驗，對神經病變組和智商相似但無腦傷組，比較兩者的決策任務表現，結果顯示表現差異在於腹內側前額葉皮層的功能。

這些實驗裡的決策，使用了愛荷華賭博任務（Iowa Gambling Task）做評估，要求參與者從四組牌（ABCD）中任選一組卡片，盡可能贏錢。如果他們選擇從 A 與 B 組牌中選出贏牌，每張可得到 100 美元；如果選到輸牌，則會輸掉 350 美元。相對來說，如果他們從 C 與 D 組牌中選出贏牌，每張可以得到 50 美元；如果選到輸牌，每張會輸掉 250 美元。他們不會得知遊戲規則，也不會被告知有一百個機會可以從這四組牌中的任何一組去抽牌。

在無腦傷的控制組中發現，運用 C 與 D 組牌是最佳策略，雖然每張贏牌後只得到 50 美元相對來說比較少，但輸牌損失也不大（只有 250 美元）；腹內側前額葉皮層有病變的參與者，從 A 與 B 組牌中抽取大多數的牌，每張贏牌相對會獲得較多的 100 美元，但他們無法學到這些短暫獲利會因為每張輸牌須付 350 美元而剛好抵銷。有腹內側前額葉皮層病變的人，在玩賭博遊戲時的決策模式相似於日常生活的決策模式，他們的決策以短期獲利為主，沒有考慮到更多重要的長期損失，特別是在長期損失的情境不明確，和需要直覺或預感的情境時。

在賭博任務實驗中，抽牌前會先測量膚電反應（skin conductance responses, SCR），膚電反應是因為生理激發而產生「預期」的心理或者「直覺」的反應指標。無腦傷的控制組在實驗歷程中有較多預期的膚電反應，他們從風險高的牌組 A 與 B 組牌抽牌時，比從 C 與 D 組牌抽牌，會產生較多的膚電反應，因此當控制組越熟悉四組牌，他們越能以「直覺」來做決策，以避免風險高的 A 與 B 組牌。相對來說，腹內側前額葉皮層病變的病人無法產生預期的膚電反應，因此他們不會以直覺做決策。這個結果指出，在危機訊息不足的複雜情境中，有效能的決策受到預期情緒反應的影響。

人們只有在完全覺察時，才能決定是否用直覺來做決策。如同上述，在賭博任務研究裡，每抽完 10 張牌，就會要求參與者陳述從四組牌中抽牌的給付和獲利之相關信念，結果顯示控制組的參與者事先覺察到 A 與 B 組牌是比較有風險，從這些組牌裡抽牌就會表現出較大的膚電反應，之後會偏好較安全的 C 與 D 組牌；相對來說，有腹內側前額葉皮層病變的病人，即使完全覺察 A 與 B 組牌是比較有風險的，但沒有出現預期的膚電反應，也仍然偏好這些組牌。這些結果顯示，在複雜情境裡，有效能的決定受到潛意識中預期情緒反應的引導。

Damasio（1994）指出腹內側前額葉皮層是神經網絡的一部分，包含感覺器官（sensory sense organs）、杏仁核、軀體感受（somatosensory）和腦島皮質（insular cortices）的神經元突出。在 Damasio 和其團隊一系列的研究中，

比較了三組不同腦傷病人團體的反應，確認 (1) 內側前額葉皮層的雙側病變；(2) 杏仁核雙側病變；以及 (3) 軀體感受或腦島皮質的右側病變，這三個核心的損害會導致無法產生膚電反應，也就是無法學習到如何在賭博任務上做出安全的決策。杏仁核雙側病變、軀體感受及腦島皮質的右側病變，會導致錯誤判斷臉部表情所傳達出來的情緒強度。在巨大聲響（非制約刺激，UCS）伴隨藍色螢幕顯示（制約刺激，CS）後，藍色螢幕單獨出現，杏仁核雙側病變的患者無法發展出制約的情緒反應（SCRs）。當想到快樂、難過、害怕或引起憤怒情緒的情境記憶時，軀體感受和腦島皮質右側病變患者無法重新體驗情緒。

從這些研究結果初步結論，決策功能受損是因為受損的杏仁核無法發展制約情緒反應的能力，以致於無法告訴我們制約刺激的情緒意涵；另一個原因是軀體／腦島皮質層無法記憶和特定事件有關的情緒；此外，決策功能受損的原因之一就是大腦中前額葉皮層無法抑制個人主觀認為必須抑制的反應，因此他們對於較遙遠或象徵性的高階指令制約有困難。

近期有越來越多研究建立在 Damasio 的研究之上。Krueger 等人（2009）研究頭部有局部受傷的越南退伍軍人發現，在 MSCEIT 測驗顯示，大腦中前額葉皮層上的缺損阻礙了情緒訊息的理解和管理；大腦背外側前額葉皮層的缺損，降低了對情緒訊息的知覺和統整。Reis 等人（2007）運用功能性磁振造影（fMRI）研究 16 位成人，當解決了 MSCEIT 左側前極和左前顳區塊的問題後，大腦區塊就會活化。在二百個 fMRI 研究的後設分析中，Van Overwalle（2009）發現情緒判斷和正負向情緒經驗，活化了中前額葉皮質的背側、腹部及上層區域。

形成性經驗和創傷會損害神經網絡運作。Joseph LeDoix（1996）提出有關杏仁核可以獨立操作前額葉的說法，儲存在杏仁核中的情緒記憶可以不透過前額葉引導決策。例如聽覺皮層被切除的老鼠，學習到對音調（CS）的害怕是因過去音調曾伴隨著電擊（UCS）出現。LeDoux 認為海馬迴（hippocampus）對於**真實的記憶**有利，而杏仁核對於**事件的情緒記憶**有利：

　　海馬迴允許我們記得在那一間樓進行大學考試，但杏仁核讓我們記得考試的焦慮。**在緊急狀況或壓力情境下，我們的知覺與反應不是由海馬迴掌控，而是杏仁核。**

　　從進化的觀點來看，人類大腦較低的區域，結構像早期的甲殼綱，例如爬蟲類；大腦上一層是邊緣系統（limbic system），像早期的哺乳動物；再往上一個層次是薄的哺乳類皮質（mammalian cortex），如同高等哺乳類的腦部；大腦的最高層級巨大新皮質（huge neocortex），只有人類有。杏仁核是邊緣系統的一部分，當我們回應緊急狀況或出現喚起先前情緒緊張事件的線索時，我們的反應就像早期哺乳類一樣。腹內側前額葉皮層（ventromedial prefrontal cortex）是人類大腦獨特的一部分，這個結構，讓我們評估如何去處理情緒狀態。

　　這個事實有好處，也有壞處。在緊急狀況或想起過去緊張的情緒經驗時，我們的反應會比哺乳動物更為進化。正面而論，在全新的情境中微小的訊號可喚起杏仁核對過去相似訊號的緊急事件，啟動緊急情緒記憶，並在不透過額葉或意識的情況下做出緊急反應，如此可使我們免於受傷。舉例來說，車子擋風玻璃上出現視線非常邊緣的閃爍光線，駕駛會立刻轉向後面的路，以避免撞到車子，但在此之前不會特別去評估利弊。負面而論，一些儲存在杏仁核的記憶或許會引發非常不適當的緊張反應。舉例來說，一位年輕的父親告訴我第一次聞到太太的母乳時，會產生莫名其妙的緊張和憤怒，他無法追溯出有關的記憶，但之後從他年長的手足那得知，他小時候因為母親生病而被迫中斷吸食母乳，接下來不管是自己拿奶瓶或被用奶瓶吸食母乳時都有困難。與妻子有非常正向的關係、對孩子盡心盡力，這名年輕父親的憤怒與緊張經驗顯然不太合理；然而，在杏仁核裡的記憶是母乳與母親的消失聯結在一起，取而代之的是裝有母乳的奶瓶，但聞起來是帶有憤怒緊張經驗的母乳。這樣的情緒記憶太特別了，所以與前額葉無關。擁有高度情緒智力的人比較有可能發現這些反應形式，而且在人際互動中會加以預測、避免或調整。在心理治療中，人們會學著辨識和調整這些反應形式。

　　一般智力的研究指出，高智商的人在解決問題時大腦活動較少，但更有效率（Neubauer & Fink, 2009a）。因此高情緒智力者需要較少的大腦活動來解決情緒問題，如腦電波活動（EEG）所顯示（Jausovec & Jausovec, 2005; Jausovec *et al.*, 2001）。功能性磁振造影也提出證據，正如 Damasio 所界定的特定大腦區域對情緒處理有益（腹內側前額葉皮層、杏仁核及腦島皮質）。Killgore 和 Yurgelun-Todd（2007）進行的功能性磁振造影研究，掃描了十六個健康青少年對「恐懼臉部」的知覺，Bar-On 的 EQ-i 分數與 Damasio 界定有利於情緒處理和其他邊緣區域的特定區域活動有顯著負相關，這個結果主張，藉由 EQ-i 所評估的情緒智力，與腹內側前額葉皮層、杏仁核及腦島皮質之情緒刺激的神經處理效能有關。

 ## 情緒智力的 Q&A

　　近期研究解答了許多情緒智力的批判性問題，例如：情緒智力的特質型評估與能力型評估關係為何？它們與智力之間的關係為何？與五大人格特質的關係又是如何？情緒智力與某些重要的標準，如工作表現，相關有多強？為了提供這些問題確切的答案，一些後設分析整合了包含數千個案例的研究結果（Harms & Credé, 2010; Joseph & Newman, 2010; Schutte *et al.*, 2007; Trentacosta & Fine, 2010; Van Rooy & Viswesvaran, 2004; Van Rooy *et al.*, 2005）。除了其他特殊面向，這些廣泛的研究結果如下（Joseph & Newman, 2010）：

特質型評估與能力型評估關係為何？

　　情緒智力的特質型自陳報告與能力表現導向評估相關性小（0.26），這是因為情緒智力的能力型測驗是評估最大表現，特質型測驗是評估典型表現。特質型評估對情緒智力的定義比能力型評估更為廣泛。

特質型評估、能力型評估與智力、五大人格之間的關係如何？

相對於情緒智力的特質型評估，情緒智力的能力型表現導向評估，與 IQ 和其他認知能力的評估有較高的關係（相關 = 0.11 與 0.25）。相反地，比起能力型評估，特質型評估與五大人格特質有較高的相關（0.13-0.29 與 0.29-0.53）。這指出能力型評估測量出了部分的一般智能；而特質型評估則測量出了人格的一部分。

情緒智力和工作表現的關係如何？

整體來說，比起能力型評估，情緒智力的特質型評估與工作表現有較高的相關（0.18 與 0.47）。無論是情緒智力的特質型和能力型評估，工作需要高度情緒的人，比工作僅需要些微情緒的人有更高的相關（0.24-0.59 與 0.01-0.43），在這樣的脈絡下，「**情緒勞務**」（emotional labor）是指能辨認和管理自我與他人情緒上的需求。這個發現指出，高度的情緒智力對需要與同事、顧客、案主有複雜互動關係的銷售員、團隊領導者及諮商員有利；相對來說，科學家、技工及工廠員工等較少情緒需求的工作，高度的情緒智力對這些職業的人沒有特別的益處。

在工作表現上，情緒智力比智商重要嗎？

整體來說，如 Goleman 在暢銷書《EQ》一書中所闡述的，情緒智力的特質型評估與工作表現的相關，並不會高於認知能力評估與工作表現的相關，例如智商（相關 = 0.18-0.47 與 0.44）。再者，有高度情緒需求工作的勞工，情緒智力的特質型和能力型評估，與工作表現的相關，不會遠高於五大人格特質與工作表現的相關。

在工作表現上，情緒智力比五大人格特質重要嗎？

整體而言，比起五大人格特質中的任何一個特質，能力型和特質型的情緒智力評估都與工作表現有更高的相關（0.18-0.47 與 0.06-0.21）。再者，比起五大人格特質中任何一個特質，能力型和特質型的情緒智力都與高度情緒需求的工作表現有更高度的相關（0.24-0.59 與 0.09-0.20）。

情緒智力和五大人格特質如何影響工作表現？

Joseph 和 Newman（2010）的後設分析支持**圖 5.5** 中的模式。Mayer 等人（2008）提出影響工作表現的三向度情緒智力模式：情緒調整、理解與知覺。許多立即性的工作表現受到情緒調整的影響，就是感受與表達正、負向情緒的控制能力；然而，情緒調整的先決條件是知覺和理解自我與他人的情緒。情緒智力影響工作表現，而情緒智力的三個向度（調整、理解及知覺），會

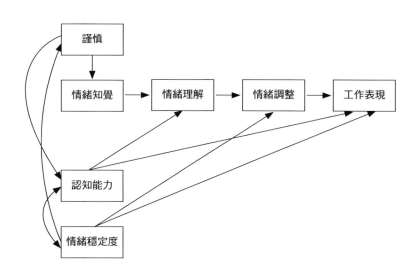

圖 5.5　情緒智力和工作表現的串聯模式

資料來源：摘　自　Jospeh, D., & Newman, D. (2010). Emotional intelligence: An integrative meta-analysis and cascading model. *Journal of Applied Psychology*, 95, 54-58 (figure 1, p. 56). 美國心理學會許可。

受到智商或認知能力，以及五大人格特質中的謹慎和情緒穩定度（或者是低神經質）影響。謹慎影響情緒知覺，具有這種特質的人，在偵測個人情緒和控制衝動上較為擅長。認知能力影響情緒理解，而聰明的人較能了解複雜的情緒。情緒穩定度影響情緒的調整，情緒較為穩定的人，擁有較高的情緒自我調整能力。這個模式中也提出**認知能力**、**謹慎**與**情緒穩定度**直接影響工作表現，以及情緒智力的各個層面。Joseph 和 Newman（2010）的串聯模式嘗試整合了情緒智力、認知能力及個人特質影響工作表現的理論和實證發現。

有效能的領導者情緒智力較高？

Harms 和 Credé（2010）針對六十二個獨立樣本的後設分析中，發現情緒智力與轉型領導、其他生產型領導行為有顯著相關。比起情緒智力的能力型評估，特質型評估與領導力有較高的相關。

情緒智力會影響幸福感嗎？

情緒智力的能力型評估，例如 MSCEIT，並非總是與主觀幸福感評估之間有顯著相關（e.g., Zeidner & Olnick-Shemesh, 2010）。相對來說，情緒智力的特質型評估，在多數研究中發現和主觀幸福感是相關的，即使在排除了五大人格特質的影響之後（e.g., Petrides *et al.*, 2007）。

情緒智力會影響身心健康嗎？

Schutte 等人（2007）在超過七千個案例的後設分析裡發現，較高的情緒智力與較佳的健康有關。情緒智力和心理健康（相關＝ 0.29）、生理健康（相關＝ 0.22）以及身心健康如慢性疲勞等（相關＝ 0.31）有相關。特質型情緒智力與心理健康的相關高於能力型情緒智力。

情緒智力會影響到兒童適應嗎？

Trentacosta 和 Fine（2010）進行了一個包含超過 5000 位兒童的 63 篇研

究後設分析，使用了像 DANVA 的情緒智力特定能力評估，他們發現情緒智力與社交能力有些許相關（0.22），與內外在行為問題也有小幅度的關係（0.17）。

能力型的情緒智力會影響到同儕、家庭及婚姻關係的品質嗎？

情緒提供我們社交本質的重要訊息，使用這些訊息調整自己與他人的情緒狀態可提升我們人際關係的品質，因此情緒智力和社會功能的關聯是可被期待的。在一個完整的回顧研究中，Mayer 等人（2008）提出特定能力型情緒智力的分數和 MSCEIT 的分數、前導 MEIS 之分數，與許多的社會關係功能指標有關，包含小孩和成人的社交能力、較好的家庭關係。Casey 等人（2010）認為過了青少年期之後，如果伴侶雙方都具有高度的情緒智力，則會有較滿意的關係，或許是因為高度情緒智力的人也會選擇高度情緒智力的伴侶，高度情緒智力的人較能知覺和理解自我與他人的情緒，使用這些訊息來提升人際關係和解決人際關係問題，以及調整個人情緒，進而促進關係滿意度。

提升情緒智力

提升校園和職場情緒智力的課程大幅度增加（Bar-On *et al.*, 2007），這些課程是否有效，目前仍處於發展初階。

提升校園中的情緒智力

社交和情緒學習的研究（social and emotional learning, SEL）在兒童與成人教育的領域中有急速成長的趨勢，特別是情緒智力的提升（Zins *et al.*, 2007）。SEL 著重在情緒智力技能的教導，在 SEL 課程裡：兒童和青少年學習辨認和監控個人與他人的情緒；他們學習認識情緒及理解情緒如何影響思考和行為；學習處理個人情緒和衝動的技巧，因此對感覺有較佳的掌控；

他們學習溝通的技巧、自信、角色取替及同理心，所以他們可以有效的與人溝通，有自己的觀點同時也維護個人權益。許多 SEL 課程也教導問題解決、決策及衝突解決的技巧，這些課程的有效性也獲得一些支持。針對超過 30 萬名兒童、317 篇 SEL 課程研究的 3 項後設分析裡，Payton 等人（2008）認為 SEL 課程在學校和課後的系統裡，無論對有行為問題、情緒問題的青少年，以及來自於美國郊區、市中心或鄉村之不同種族的學生都是有效的。SEL 課程除了促進情緒技巧、社交技巧及學業表現的進步之外，也促進行為和情緒問題的改善。

提升職場的情緒智力

自從 Goleman 出版了情緒智力的書籍後，訓練課程大幅度增加，目標在提升職場的情緒智力，為工作組織帶來利益。這些課程很少屬有實證研究，因此近來對於這些課程是否有效所知有限（Jordan *et al.*, 2007, 2009）。組織 EQ 研究協會（Consortium for Re-search on Emotional Intelligence in Organizations）發展出促進職場情緒智力的最佳實務規則手冊（Cherniss *et al.*, 1998），這份手冊對訓練和文獻做了詳盡的回顧。確認有效工作表現的情緒能力，並評估組織需求，並確認發展出來的能力與組織文化一致，這些能力包含知覺、理解、使用及處理情緒的各種技巧。在評估員工工作需要的情緒智力能力上，為了將抗拒和防衛心降至最低，必須在安全和支持性的環境下進行個別評估，並給予員工回饋；允許員工決定自己是否要參與情緒智力訓練，請他們設定個人目標；鼓勵員工參與訓練和組織的發展性活動；將訓練目標連結在員工的個人價值觀上，以增加他們改變的動機；告知員工社交和情緒能力是可以精進的，而且能帶來員工想要的結果，促進正向、切實的員工期待；評估員工是否已準備好接受訓練，若還沒有就把焦點放在準備上；強化訓練者和員工間的正向關係，鼓勵自我引導式的學習；建立清楚的目標；制定較小、可控制的步驟以邁向更大的目標；使用即時或錄音帶的模式，呈現情緒智力該如何使用在工作情境裡；使用積極且實證的方法，幫助

員工學習情緒智力能力；提供練習新技巧的機會，並給予技巧獲得和目標的達成的定期回饋；鼓勵員工在訓練課程中組成互相支持的學習團體；促進洞察，幫助員工認識自己的想法、感受及情緒是如何影響自己和他人；讓員工了解失誤和錯誤並非是失敗，而是精煉情緒智力技能的機會；鼓勵工作上情緒智力技能的使用；發展支持學習新技巧的文化；除了情緒智力技能的測量，也使用員工訓練前後的評量與定期追蹤、工作表現測驗以及職業適應指標，例如曠職，來評估情緒智力的發展課程的有效性。

提升你自己的情緒智力

認知行為理論領域的實證研究發現，自我監控、自我調整、溝通及問題解決技巧的訓練，通常都包含在提升情緒智力的課程之中（Carr, 2009a）。

自我監控

自我監控，可提升某些情境的情緒覺察以及伴隨而來的思想信念。自我監控像是持續撰寫心情轉換事件的「情緒日記」，包含以下欄位：

1. 改變情緒的行動（Activity）。
2. 改變情緒的信念（Beliefs）。
3. 在十點量表中，心情改變的結果（Consequence）。

回顧此類型的日記，可以讓我們看到自己的信念或對事件的詮釋，會如何改變負向心情。

自我調整

認知行為的傳統學說已建立了調節壓力、焦慮及憤怒的規則。我們能夠開始覺察憂鬱、焦慮及憤怒發生的典型情境，以及我們對於這些情境所抱持的信念，並藉著自我監控練習去處理。

對於憂鬱，我們應該避免處在有壓力的情境中；如果這不可能，我們可以聚焦在這個情境中比較沒有壓力的那一面；如果還是不可能，則請教他人如何在壓力下可以表現得較輕鬆。自信的關鍵是在疑慮的情境中正確、不帶情緒的述說自己的偏好，以不責怪的「我陳述」說出自己的感覺及想法。舉例來說，「我試著準時完成這份報告，但你的進度卻慢了。我很擔心我們無法在期限內完成，未來我會比較傾向，你的部分在我們說好的時間前交給我。」有了這些策略，我們要挑戰帶來低落情緒的悲觀和完美主義信念，尋找更多證據支持樂觀的替代方法，讓每個情境更有意義。悲觀信念，可藉由上列所強調的部分來做自我監控練習，我們也可藉由提升活動的層次來減少憂鬱，包含投入規律的活動、規劃做些刺激和愉悅的事，也可以和能夠提供社會支持的親密朋友及家庭成員定期聚會。

對於焦慮而言，自我調整的關鍵是挑戰具有威脅性的信念，透過自我監控進行辨識，並且找出較無威脅的方式來詮釋這些壓力情境。我們也可主動到令人害怕的情境中，持續停留到焦慮減少，藉以訓練自己的勇氣；但有一點非常重要，不要在焦慮仍持續增加時就離開威脅性的情境。迎接這些挑戰時，應該尋求好友和家人的支持，並一起慶祝成功。我們可藉由練習因應的技巧，準備好面對這些挑戰，例如放鬆練習、聆聽平靜的音樂等。

對於憤怒而言，運用自我監控了解什麼情境會引發你的憤怒，然後盡量避免；如果不可能，則聚焦在這個情境中比較沒有壓力的那一面；如果還是不可能，則請教他人如何在壓力下可以表現得較輕鬆。如果你開始覺得憤怒，生理和心理上都先退後一步，降低被誘發的程度，讓自己可以更有效的思考，**因為當我們身心被憤怒、恐懼及興奮高度激發時，我們無法有效率地思考**。然後嘗試傾聽、了解及同理對方的觀點，這包含使用稍後所強調的溝通技巧。當這麼做的時候，你會發現沒有理由委屈；如果有，也會有更多解決委屈的建設性方法。通常這會牽涉到之後論述的問題解決技巧。

溝通

對於同理他人、了解他人的顧慮以及解決人際問題，溝通技巧是不可或缺的。為了訓練和強化這些技巧，先規劃具體的時間和地點，開創一個運用溝通技巧的對話，而且盡量在不會令人分心的地方。一次只討論一個主題和問題，公平輪流地做簡短發言，告訴其他人，你想要知道他們在特定議題或情境上的觀點，然後仔細聆聽他人的觀點。如果他們的論點不那麼清楚，請他們多說一些細節，然後簡短的摘述你所聽見的並確認你的摘述是精確的。如果你的摘述不正確，傾聽他們的回饋，再重複摘述和確認，直到你能夠正確理解他人的論點。透過這個過程，嘗試不帶任何價值判斷地傾聽他人的說話內容，並正確記得他人所說的。當你在聆聽時，放下你個人的意見和情緒。應避免將負向意念套在他人身上（負向讀心）來構成你的回應、自我防衛、打斷或攻擊他人。**當你確實了解他人在情境中的想法，而且能從他人的觀點來看待情境時，你就做到了同理。**

當你能同理他人的立場，就可以請他們聆聽你對此事的回應。決定你想開始說的，再確認你確實已被了解。有一點很實用，就是試著將你的論述用「我陳述」的方式說出來，舉例來說，「我對於今天稍早發生在你我之間的事情感到困惑」。說話時，不要帶有任何攻擊或責備他人的語氣，而且不生悶氣。當你可以確認他人正確理解你時，給予他人一個回應的空間。

經過一段清楚的溝通後，我們可以理解和同理他人。當我們可以區分相同的立場和不同意見時，就為人際問題解決鋪好了路。

問題解決

每當我們和他人一起合作解決問題、達成目標或完成任務時，我們需要使用溝通技巧來達成雙向的理解或同理。然而，我們同樣也需要人際問題解決技巧來發展和執行有效的連結行動計畫。首先規劃一個不會讓人分心的時間和地點。將一個很大的模糊問題拆解成許多具體的小問題；再使用可解決的詞語來定義它們；之後蒐集許多問題解決的方法，但不評論它們；在選

擇最佳行動方向前，檢視每個方法的利弊或成本效益；最後去執行一個行動計畫並規劃一段回顧的時間。如果你達成事先預設的目標，請評估計畫的有效性；如果問題仍然沒有解決，重複這個過程以了解為何解決之道無效。為了排除障礙，與問題解決有清楚的聯結，請告訴一起合作的夥伴，真正讓你感覺到沮喪和挫折的是問題，而不是人的關係。理解自己對於問題的責任，然後找到解決方式。直到你腦力激盪完所有的選項之後，再去探索所有可能解決方式的利與弊。解決問題之後，就慶祝成功吧！

 相關的心理構念

情緒智力與許多其他心理構念相關，例如自我強度（ego strength）（Block & Block, 1980）、建構式思考（Epstein, 1998）、堅毅性（Kobasa, 1979）以及統合感（Antonovsky, 1993）。然而，還有許多其他與情緒智力相關的心理構念值得提出，包括實用智力（Wagner, 2000）、泛自閉症障礙（Volkmar *et al.*, 2005）、五大人格特質中的對經驗的開放（McCrae & Cosat, 2008）、心理動力治療文獻中所提的心理感受性（McCallum & Piper, 1997, 2000）、生理心理研究裡的述情障礙（Taylor & Bagby, 2000），以及情緒創造力（Averill, 2000, 2009; Averill & Nunley, 1992）。

實用智力：解決生活中的問題

傳統智力測驗評估口語、數字及視覺問題的分析與記憶技巧。相對於學業智力由傳統智力測驗來評估，實用智力是應用分析和記憶的技巧去解決家庭、工作及休閒情境的日常生活問題。人們運用實用智力適應目前的社會環境、改變或形成目前的社會環境，或者是選擇一個能更容易適應的社會環境（Sternberg & Grigorenko, 2000; Wagner, 2000）。實用智力包含問題辨識、用可解決的詞語來定義問題、形成問題的心智表徵、形成問題解決策略、分配執行問題解決策略的資源、監控這些策略的執行，以及評估解決之道的有

效性。具有良好效度的實用智力評估工具是 Sternberg 的三元能力測驗
（Triarchic Abilities Test）（Sternberg, 1993）。學術智力適用於解決定義清
楚但只有單一正確答案的問題（像做數學問題）；實用智力則適用於解決界
定不明確的問題，而且還需要多元的解決方法時，例如該為誤用藥物的朋友
做些什麼，或使用地圖有效地規劃一條路徑。一般而言，實用智力是指**理解
能力、有常識**與**街頭智慧**。

　　傳統智力測驗評估學術智力時，學術智力會隨著年齡下降；實用智力
（像情緒智力）則不會，而且在智商相似的狀況下，成人階段中後期通常會
比青少年或青壯年有更高的實用智力。當學術智力衰退後，中老年人會使用
實用智力加以彌補。實用智力是內隱知識，也就是程序性知識（知道如何做
某事），程序性知識用來解決日常生活中的問題，以達成個人目標，而這些
個人目標很少被明確地教導或口語化，但會隨著日常生活中解決問題的經驗
累積而成。實用智力和情緒智力有中度相關，兩者皆需要解決複雜的人際問
題。根據 Sternberg（1993），成功的智力是結合分析性的創造力和實用智力，
以解決日常生活的挑戰。

泛自閉症障礙

　　泛自閉症障礙的人（autistic-spectrum disorder，甚至是那些有高智商的
人）無法辨識和處理他人情緒的訊息，也無法用適當的情緒來回應。低情緒
智力與泛自閉症障礙特質之間有相似的概念。泛自閉症障礙有不同的狀況，
包含光譜尾端的高功能亞斯伯格症狀（Asperger's syndrome），和光譜相對
另一端的自閉症。泛自閉症障礙的主要特質是社會發展、語言及行為方面異
常（Volkmar *et al.*, 2005）。社會發展的異常首先出現在嬰兒期，包含缺乏
眼神訊號接觸、使用社會或情緒手勢、社會關係的互惠，無法將父母視為安
全基礎的依附、缺乏同理，以及不太喜歡與他人分享正向情緒，例如驕傲、
愉悅。語言發展通常都會比較延遲且有多種異常，泛自閉症障礙者較少投入
社交或情緒主題的連續對話，語言使用上較少創意。泛自閉症障礙者的行為

部分,皆為刻板的重複模式而且會封閉在有限的興趣裡;但對維持規律和相同性有強烈的欲望,拒絕改變且不在意對他人的影響,也不會想像或假裝。泛自閉症障礙者在智力測驗中,分析智力會被獨立出來。大約有75%的自閉症患者智商低於70,但亞斯伯格症的智商則會落入或超越正常值之上。遺傳、懷孕、產期或體質等因素都在泛自閉症障礙的病因學範圍中,但不包括社會因素。因此,目前急待研究情緒智力與泛自閉症障礙之間的關係。

對經驗的開放

對經驗的開放是五大人格特質模式中的一個因素(第二章中已描述過),和情緒智力有理論性的相似(McCrae & Costa, 2008)。對經驗的開放有六個層面:對幻想的開放、對美學的開放、對新奇感的開放、對新穎行動的開放、對新想法的開放性,對不同價值觀的開放。如所預期的,對經驗的開放與情緒智力有中度正相關。重要的研究問題是:情緒智力的人格特質模式是否真的可以評估對經驗的開放度。

述情障礙:難以辨認和描述情緒

述情障礙(alexithymia)1973年由心理分析家Sifneos所發表。述情障礙一詞源自希臘文,a指缺乏,lexis等於文字,thymos則等於情緒。Sifneos在自己心理動力治療的實務中觀察到,許多會抱怨身心狀況的病人,通常較難辨認和描述自己的情緒。此外,他們較少有幻想經驗且有外在導向的認知型態。1940年代,臨床工作者與有高血壓、腸炎疾病、飲食障礙、創傷後壓力症候群及藥物濫用問題的病人一起工作時,也得到類似的觀察(Taylor & Bagby, 2000)。近來測量這個構念最穩定的是Toronto述情障礙量表(Toronto Alexithymia Scale, TAS),可以評估三個不同的向度:辨識情緒困難、描述情緒困難及外在導向思考(Bagby *et al.*, 1994)。有具體的證據指出,述情障礙與低情緒智力、對經驗的開放皆有強烈相關(Taylor & Bagby, 2000; Taylor *et al.*, 2000)。如預期,TAS整體分數與Bar-On的EQ-i總量表、各子量表的分

數之間呈現約 -0.7 的顯著負相關。

心理感受性

　　心理感受性（psychological mindedness）是指能了解更多特定經驗中引發的認知、情感或行為因素。心理感受性高的人不會對他們的經驗尋求當下外在環境或生理因素方面的解釋，但能接受複雜的心理解釋（McCallum & Piper, 1997）。在許多層面上，心理感受性與述情障礙是相對的。心理感受評估歷程（Psychological Mindedness Assessment Procedure, PMAP）是最具權威的評估方式之一，受測者先觀賞兩個治療師與個案的模擬互動，再解釋個案的問題為何，最後以受測者的解釋做為評估心理感受程度的證據（例如：心理決定論、內心衝突、防衛機制的使用）。心理感受評估歷程有良好的內在評分者信度，而且可預期心理治療的投入狀況和結果（McCallum & Piper, 2000）。然而，心理感受性也有缺點，雖然發現它與較好行為適應有關，但也與較大的個人壓力有關。心理感受性高者比較聰明，但比別人悲觀，因為他們的內在允許自己看見複雜的世界。舉例來說，他們明白愛的愉悅同時伴隨著失去的風險，年輕的優勢也內含了衰老後的脆弱。

情緒創造力

　　James Averill 認為具有情緒創意的人能夠擁有新奇、有效以及真實的情緒經驗（Averill, 2000, 2009; Averill & Nunley, 1992），有別於傳統和典型的情緒回應。表達經驗狀態以及與他人清楚地溝通感受都是有效的情緒回應。情緒回應是相當真實的，因它具有獨特性，源於自我，也來自社會期待。情緒創造力有三個層次或轉化：首先，在新穎的脈絡中真實和有效的表達一般情緒；接著，一般情緒可以被雕塑和精煉，以滿足個別或團體的需求；最後，個人或許可以發展新的情緒回應方法。情緒創造力調查（Emotional Creativity Inventory, ECI）（Averill, 1999）共有 30 題，用於評估情緒創造力的個別差異，包括回應的情境準備、情緒新奇性、效率及真實性的情緒準備度。ECI 有好

的信度與效度，與自尊、五大人格特質中的開放性特質皆有正相關，與述情障礙負相關，與外向和神經質則無關係。

　　情緒創造力的模式發展自 Averill（1997）分析情緒行為的架構，如**圖 5.6**。Averill 認為在「情緒回應」（層次五），例如大笑或戰鬥，和「情緒狀態」（層次四），對這些回應而來的快樂或生氣，是有所區別的。特殊情境的限制會影響情緒回應。因此，一個人在快樂的情境中，例如和朋友一起喝酒、聽有趣的故事，會狂笑、大笑；但如果在工作中，則會以禮貌的微笑來回應相同的笑話。情緒回應除了行為，例如大笑或戰鬥，也包含認知元素如評價（判斷情境是有趣或威脅性）、情感要素（例如伴隨笑或戰鬥的短暫感受）以及生理回饋。雖然是相同的情緒狀態，但不同的限制會產生不同的回應。情緒狀態由「情緒症狀」（層次三）所決定，當某種初始情境發生（在玩笑之後、簡短大笑結束之後或生理激發逐漸增加），與某種結束情境（例如被告知一個笑話或感受到生理激發逐漸下降）相符合，此情緒就會用來總結情緒。

　　情緒症狀是用原始語言的抽象名詞加以辨認的情緒狀態，它們以認知基模編碼出來的社會性角色，具體指出了伴隨特定情緒的行為和經驗模式，例如快樂或憤怒。**情緒的角色意味著特權、限制、義務以及了解需求**。例如：一個男人知道對學齡前的兒童展現父愛，雖有擁抱和親吻的特權，但不是與他們有性行為；有義務去滿足兒童照顧和管教的需求，而且必須要完成為人父母所該做的事。情緒症狀、社會角色及基模的細節可由原有的情緒理論加以詮釋，而原有的理論是植基於通俗信念和文化所決定的規則。因此，所有的情緒都來自社會結構，但特定情緒症狀的**體驗程度受到「情緒特質」**（層次二）的決定，例如外向或隨和。這樣的特質在特殊情緒症狀內會限制經驗的範圍，例如高度外向特質的人或許會有較多高度快樂的能力。情緒特質由生理系統（例如遺傳天賦）和社會系統（例如特定社會團體或文化的社會化歷程）決定，而這些生理和社會系統限制了個人表現情緒特質的範圍。

　　在某些情境中，會省略這個模式中的層次。例如突然的情境（例如在

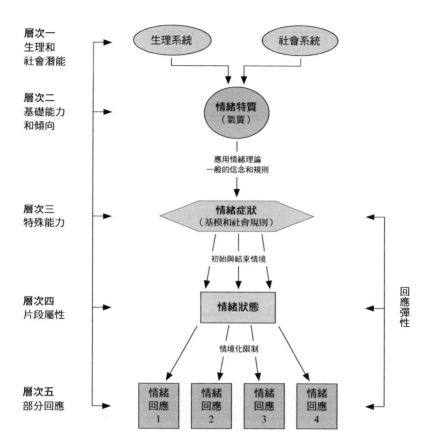

圖 5.6　情緒行為的分析架構

資料來源：摘自 Averill, J.(1997). The emotions: An integrative approach. In R. Hogan, J. Johnson & S. Briggs (Eds.), *Handbook of personality psychology* (p. 522). New York: Academic Press; Averill, J.(2002). Emotional creativity: Towards spiritualizing the passions. In C. Snyder & S. Lopez (Eds.), *Handbook of positive psychology* (p. 174). New York: Oxford University Press.

冰上滑倒）或許會立即引發害怕的反應（尖叫），但害怕的情緒狀態可能在會先被跳過，直到我們知覺到行為和生理出現害怕反應，才會出現害怕的情緒狀態。此分析的型態是由美國心理學家 William James〔（1842-1910）1890〕和丹麥醫生 Carl Lange（1934-1900）在 James-Lange 的情緒理論中所假定。先前假設，影響的路徑應是從層次一向下至層次五；在某些情境影響

的路徑則會轉到其他方向，就是**圖 5.6** 中所指的回應彈性。舉例來說，我們的情緒回應（例如失控的大笑），可以提升我們的情緒狀態（快樂），並讓我們重新評估快樂的情緒症狀。

　　情緒引導目標有三個部分：鼓動（instigation）、目標物（target）及目的（objective）（Averill, 1997）。鼓動是指經過個人評估後誘發的情境，目標物是經由情緒指引所想要接近的人或物，目的則是情緒的目標。舉例來說，如果 Gráinne 覺得與 Diarmuid 是恩愛的，那是因為 Diarmuid 給了她稱讚；鼓動是感受到稱讚，目標物是 Diarmuid，目的是傳遞情感和加深親密度。除了病理的狀況之外，例如廣泛性焦慮、憂鬱或躁症，幾乎所有情緒都有一個它們想要引發的目標，而不同的情緒和不同的目標有關，例如，建立和維持愛與情感的依附關係，喪慟和哀傷打破了依附的界線，生氣與焦慮則帶來威脅等。

　　與情緒有關的生理回應可使有機體產生與情緒相關的行動，無論這些行動是否有確實執行（Averill, 1997），例如增加與憤怒有關的心血管輸出量（cardiac output）使有機體準備戰鬥。每種情緒類別的生理回應模式不同，因為不同的情緒類別需要不同行動的生理準備，例如性刺激、害怕以及難過等，每種不同的生理回應模式可因應有機體準備複製、逃脫及追悼。在情緒廣泛的類別裡，對於不同生理回應的模式有少數證據指出，憤怒和忌妒的生理回應模式是有區分的。

　　然而，生理的改變並非與全部的情緒有關，而且對於情緒來說也沒有必要。例如長期的情緒，愛與希望，或許沒有牽涉到明顯的生理回應，但短期情緒，例如欲望與興奮，通常都清楚地與生理的明顯改變有關。

　　特殊、先天及一般的臉部表情都已經被確認出來，但這些並非必然與愉悅、驚訝、哀傷、憤怒、厭惡及恐懼這些基本情緒有關，這個假設由 Charles Darwin〔（1809-1882）1872-1998〕和 Eibl-Eibesfeldt（1975）所提出，兩者都記錄了許多文化中的臉部表情，而這些表情的意義則由文化所決定（Averill, 1997）。

特定神經生理剖面是否與不同的情緒有關還有待研究（Gross, 1999）。初步證據顯示，一些神經網絡和特定情緒的類別有關，而許多是涉及杏仁核的。

情緒智力與相關構念的未來方向

根據前面描述的，可以很清楚的是，在這些構念與情緒智力之間的研究上，需要更進一步地建立情緒智力構念的一致和區別效度。

 每個人都能處理好情緒

提升情緒智力的策略摘要呈現在**表 5.3** 中，這些都可以整合到實務工作中。

 情緒智力到底有沒有用？

情緒智力的新領域中有許多爭議。有些是對情緒智力整體概念的批判，例如 Locke（2005）認為這個概念是無效的，因為它並非是智商的一種形式、定義太過廣泛，而且沒有明確的意義。目前至少有兩個方向認為情緒智力是有效的構念，一則認為情緒智力是一組能力，另一則認為是情緒智力是一組人格特質。其次未解決的爭論是哪些倫理與道德的行為應被納入情緒智力，以及情緒智力是否不同於道德特質、倫理行為以及有爭議的社會規範（Zeidner *et al.*, 2008）。從理論的觀點來看，情緒智力的界定應該包含道德行為以及抵制社會規範所帶來的壓力，如取消奴隸制度、種族隔離及納粹主義？另一方面來說，這是不是否認自戀、權謀主義、精神疾患運用了良好的情緒智力技巧來理解他人情緒的死穴，再以非倫理的方式使用技巧操作他人？儘管有這些爭論，情緒智力的研究發現，運用在教育、組織、臨床介入方案上的發展不可忽視，而這也是為何情緒智力的概念如此重要的理由。

 總結

　　情緒智力會引起大眾興趣，源自 1990 年代 Daniel Goleman 的暢銷書《EQ》。在學術研究裡，情緒智力普遍被認為是一組處理情緒訊息的能力或一組人格特質。兩種取向都有優缺點，而兩種取向的支持者都同意情緒智力測驗的分數和其他心理構念應該有所相關，包含智商、人格特質，以及個人、社會、學業及職業領域中的正向適應。在 Zeidner 的情緒智力投資模式中，依據三個歷程的互動來加以概念化：

1. 基因決定與生理基礎的氣質。
2. 情緒能力的規則學習。
3. 自我覺察、情緒的策略性調適。

　　兒童期情緒能力成長的研究建議，情緒智力的發展即為嬰兒期到成人期逐漸發展的情緒調整技巧、表達情緒的技巧以及管理關係的技巧。與照顧者安全依附的早期發展，對後來情緒能力的發展是重要的。兒童期的壓力會影響情緒能力的發展。在壓力中有依附對象提供社會支持的兒童，面對逆境會有較強的復原力。Antonio Damasio 的研究中確認了可能有利於情緒智力的神經網絡，也就是當需要複雜的社會判斷時，腦傷病人常會發生錯誤。這些神經網絡包含杏仁核、前額葉皮質區、軀體感受、腦島皮質，以及感覺器官的神經突觸。

　　近期研究指出，情緒智力的特質型評估與能力型評估相關非常小。情緒智力的能力型評估與智商有關，而情緒智力的特質型評估與五大人格特質有關。情緒智力的特質型評估與工作表現的相關，高於能力型評估與工作表現的相關；但兩個形式都與高度情緒需求的工作表現有高相關。情緒智力的特質型和能力型評估與工作表現的相關，並沒有高於智商與工作表現的相關，但高於五大人格特質與工作表現的相關。Joseph 和 Newman 的串聯模式整合了理論架構，以及情緒智力、認知能力、人格特質對工作表現影響的

實證發現，提出情緒智力的三個層面（調整、理解及知覺）會影響工作表現，這些層面也受到智商、謹慎，與情緒穩定度的影響。

研究顯示，特質型情緒智力與幸福感有關，但幸福感與能力型情緒智力則沒有相關。情緒智力與較佳的健康和良好的關係有關。在校園中，社交和情緒學習的介入方案研究建議，這樣的課程可以提升兒童和青少年的情緒智力。在職場中，提升情緒智力的訓練課程大幅增加，對於這樣課程的有效性只有少數的實證證據，因為很少有實際的評估。認知行為治療領域的實證結果主張，自我監控、自我調整、溝通和問題解決的訓練，通常會包含在提升情緒智力的課程裡。

情緒智力概念與許多其他心理構念相關，例如自我強度、建構式思考、堅毅性、實用智力、泛自閉症障礙、對經驗的開放、心理感受性、述情障礙以及情緒創造力。這些構念和情緒智力之間的關係需要進一步研究情緒智力構念的效度。仍有許多持續的爭議在於：情緒智力構念的效度、情緒智力的最佳概念化是能力或特質，以及哪些倫理與道德行為應該被納入情緒智力的構念。

表 5.3　提升情緒智力的策略

方向	策略
自我監控	● 書寫情緒日記，並陳述改變情緒的行動（A）、改變情緒的信念（B）、在十點量表上中心情緒改變的結果（C）。
自我調整	● 關於憂鬱，避免處在壓力的情境，聚焦於困難情境中沒有壓力的部分，挑戰讓你有壓力的人、挑戰悲觀和完美主義思考、積極與尋求支持。 ● 關於焦慮，挑戰威脅性的思考，藉由進入威脅性的情境來訓練勇氣，並使用減少焦慮的因應策略。 ● 關於憤怒，避免高度刺激的情境，聚焦在困難情境中比較沒有壓力的部分，要求引發刺激的人降低刺激給予、後退，以及練習同理。
溝通	● 傾聽時，不帶任何判斷的傾聽。 ● 放下你個人意見和不帶有情緒。 ● 摘述你所聽見他人所說的。 ● 確認你的摘述是正確的。 ● 當說話時，決定你想要表達的點。 ● 有邏輯的組織它們。 ● 說清楚。 ● 確認你被理解了。 ● 陳述你的意見，不攻擊、不責罵及不生氣。 ● 重複必須的部分。
問題解決	● 將模糊的大問題拆解成小的具體問題。 ● 用可解決的名詞來界定 ● 聚焦在問題上，而非人。 ● 蒐集可能的解決方案。 ● 當蒐集所有解決方案後，一一檢視其利弊。 ● 選擇最佳解決方案。 ● 執行解決方案。 ● 回顧過程。 ● 有需要就再重複。 ● 慶祝成功。
協助兒童發展情緒智力	● 對嬰幼兒生理和情緒照顧、掌控及智力刺激需求的理解，穩定且預期性地滿足他們，以形成安全依附。 ● 幫助兒童理解自己的情緒，討論和了解特定情境如何導致他們某種思考方式，因此感受到特殊的情緒。 ● 幫助兒童學習自我調整，示範如何運用避免激發、注意力分散、幽默、自我對話放鬆規則以及其他的因應策略，並讚美他們在威脅或挫折情境下能自我安撫和自我調整。 ● 幫助兒童建立輪流對話和同理的技巧來理解他人的情緒，同時討論這些特別情境如何導致他人的特定情緒。 ● 幫助兒童學習合作的問題解決的技巧，示範和邀請他們參與相關的問題解決。

問題與討論

個人發展

1. 描述過去幾個月內發生的某個情境，你成功地辨認和處理個人或他人的情緒。

2. 你曾經辨認過自己或其他人的什麼情緒？

3. 你使用何種技巧來處理自己的情緒？

4. 你使用何種技巧來處理其他人的情緒？

5. 描述過去幾個月內所發生的某個情境，是你應該能夠辨認和處理自己和其他人的情緒，但卻沒有成功。

6. 就自己和其他人來說，什麼樣的情緒是很難辨認的？

7. 你喜歡何種管理情緒的技巧？

8. 你如何發展這些技巧？

9. 採取這些步驟，你的代價和收穫是什麼？

10. 採取一些步驟，再藉由第一章中的幸福量表前、後測幸福感的改變。

進一步研究

1. 設計和執行研究來測試這個假設：在情緒智力和快樂之間有顯著相關。有哪些情緒智力的層面可作為快樂的最大變數？

2. 透過 PsycINFO 的搜尋「情緒智力」這個詞語，包含過去數年來已發表的文獻。確認你感興趣且可複製和延伸的研究。重複執行。

Chapter 6

天賦、創造力及智慧

學習目標

- 依天賦三環模式、多元智力以及 WICS 模式來定義天賦。
- 描述一些資優兒童早期的天賦表現、天賦的基因和環境因素、資優兒童的家庭背景、心理適應,以及天賦的神經生物學的相關發現。
- 創造力系統模式和創造力投資理論。
- 創意作品、有創意的人、創造歷程及創造性環境的重要發現。
- 理解智慧的不同概念模式,包含智慧是人格和認知發展的最終階段、智慧猶如專家知識系統,以及智慧的平衡理論。
- 天賦、創造力以及智慧的心理學實務應用。
- 確認能促進天賦、創造力和智慧理解的問題。

　　兒童期的天賦、成人期的創造力及晚年的智慧，是心理家研究人生中多樣傑出成就後所下的標語。天賦、創意和智慧不只是傳統 IQ 測驗所評估的高層次分析智力，例如資優兒童不僅非常聰穎，他們也有傑出的天賦，甚至可能在學齡前訓練不多就能將樂器演奏得非常好，或能解出複雜的數學（Pfeiffer, 2008; Sternberg & Davidson, 2005）。有創意的成人也不只是比較聰明（Kaufman & Sternberg, 2010），他們還會開闢新天地，透過科學發現或創造出藝術品來打破傳統規範。聰明的人，如聖賢所羅門，以冷靜的態度、深層的理解、廣博的經驗及深度的同情，對高度複雜的社會兩難作出例外的判斷（Sternberg & Jordan, 2005）。天賦、創意及智慧都能引導我們或他人到正面結果的個人優勢。

天賦

　　天賦源自 Francis Galton 爵士（1822-1911）發表於 1869 年的《遺傳天賦》（*Hereditary Genius*）——他針對名人家庭進行追溯調查。其次就是 Lewis Terman（1877-1956）對資優兒童進行了三十五年的長期研究（Terman & Ogden, 1959）。Galton 發現這些家庭中的成員都有卓越的表現，因此認為天賦很明顯是遺傳；然而天賦到底來自先天或後天環境，爭論不休。有些人認為資優兒童是密集訓練下的產物，所以才有專業的表現（Ericsson *et al.*, 2006），另外有些人則認為天賦是天生的（Vinkhuyzen *et al.*, 2009）。證據指出，資優兒童在訓練前就展現出卓越的天賦，但之後主動大量的練習更可以讓他們駕馭天賦，因此環境因素會使天賦更加卓越。

　　在第二個天賦研究中，Terman 使用史丹福—比奈（Standford-Binet）智力測驗，篩選超過 1000 位智商高於 140 的兒童，並追蹤他們超過三十五年（Terman & Ogden, 1959）。Terman 發現這群高智商的兒童也比一般人身體健康、行為適應良好及道德發展健全，由此可知天賦與良好的整體適應有關。近期研究指出，即便採用更令人信服的定義，但天賦與良好的整體適應

是否有關尚未獲得支持。舉例來說，Morelock 和 Feldman（1997）發現智商150 以上的兒童在學校不易發展良好的習慣或維持同儕關係。他們在情緒上的壓力來自於情緒發展尚未成熟到足以應對時，就先明瞭更高深的道德和存在的問題。

什麼是天賦

在許多早期的天賦研究裡，兒童如果被認為是資優生，依據 Terman 的概念，他們的智商通常在 140 以上；而追蹤研究發現，這樣的資優生長大成人後，生產力並沒有特別突出。或許是高智商並不代表有創造力和優於他人的動機，由此許多視覺藝術家、音樂家以及其他方面的專才，儘管智商在 140 以下，仍在專業領域中表現出高度資優。這些觀察使得天賦有著更多元廣泛的定義，例如 Renzulli（1986, 2005）的天賦三環模式、Gardner（2006）的多元智力模式，以及 Sternberg（2003）提出智慧（wisdom）、智力（intelligence）、創造力（creativity）及綜合能力（synthesised）模式（WICS）。以上代表一些較具影響力的理論，而且研究持續急速擴增中（Horowitz *et al.,* 2009; Sternberg & Davidson, 2005）。

傑出的能力、創造力和投入

美國康乃狄克大學的 Joseph Renzulli 教授（1986, 2005），以三環模式界定天賦：

1. 由智商測驗或特定能力傾向測驗測量出傑出的一般能力，例如數學能力、音樂或雕塑天賦。
2. 高度創造力。
3. 以高度投入和動機來發展天賦領域的技巧。

Renzulli 對於天賦的定義部分建立在智商的階層模式上，這個模式是根據 Charles Spearman（1863-1945）和 Louis Thurstone（1887-1955）的研究。

Spearman（1927）檢驗不同型態的能力測驗的相關，他發現在一般智商之下有個單一因素，稱為「g」。在這之後不久，Thurstone（1938）使用更廣泛的測驗和不同的因素分析，卻無法找出 g，反而找到了七個獨立因素，他稱為基本心智能力，包括口語理解、文字流暢、數學技能、空間能力、知覺速度、歸納以及記憶。雖然 Spearman 和 Thurston 嘗試將這兩個不同的智商模式整合成智商發展階層模式，也就是最頂層是 g 或 g 向度，在這些頂層之下還有更多代表著特定能力的因素（Carroll, 1993）。

Renzulli（1986）認天賦是資優兒童在 g 或一般智商能力上獲得高分，也可能在 g 以下某個因素獲得高分，或者兩者都得到高分；並且有創造力，忠於任務和高度動機。

Renzulli 稍後發展的天賦理論中，假設樂觀、勇氣、特定主題或符合規範的愛、對人類關懷的敏銳度、生理和心理能量，以及願景或命運等重要的共同認知因素，都是強化和發展天賦的認知特質（Renzulli & Reed, 2008）。

多元智力

哈佛大學的 Howard Gardner 教授（1983, 1999, 2004, 2006）跟隨 Thurstone 的想法，認為智力不是單一架構，更確切地說，是多元智力。資優不是指所有能力都非常好，而是多元智力中其中一項特別傑出。

Gardner 最初的理論中確認出 7 種智力：語言、邏輯—數學、空間、音樂、肢體動覺、人際以及內省。「語言智力」意指口語和書寫上的產出與理解，也就是具有澄清、說服及解釋的能力，對語言中細微音調差異的敏感度；擁有數字能力，可以操作抽象的符號系統和探索假設間的邏輯關係是「邏輯—數學」的核心要素，這些對於數學、邏輯和科學是重要的；「空間能力」指對視覺空間關係的知覺和轉換能力，對建築和視覺藝術來說很重要；對於節奏、音調、才華敏感是「音樂智力」的關鍵；「肢體動覺」意指對身體律動的敏感和掌控，對運動和舞蹈是重要的；對他人意圖和期望敏感，而且能用

自己希望的方式影響他人，是「人際智力」的重要因素；「內省智力」指的是了解個人心理的優勢和劣勢，這對個人決定來說是重要的。在後期發展中，Gardner 提出自然智力（naturalistic intelligence）和存在智力（existential intelligence），「自然智力」是了解自然環境的生態模式，「存在智力」是能處理關於生命、死亡及終極真實等問題的特別能力。

每一個多元智力都有不同的發展過程，包含個體性或系統性。每種形式的智力都被編成獨特的符號系統，例如：字母、數字、音樂樂譜。每種智力形式都與其獨特的核心運作有關，可用經驗任務（experimental tasks）加以分析，或透過心理測驗評估這些核心運作的個別差異。每種智力也可由腦部缺損的狀況來辨識不同的功能，舉 Phineas Gage（1823-1860）的案例來說，他的前額葉被鐵棒穿過（Macmillan, 1986），前額葉皮質受傷導致人際智力受損，但其他智力不受損。每種智力的形式也會經由不同的特殊案例而確認出來，例如 Freud 在內省智力是個奇才，Gandhi 擅長人際智力的領域，Darwin 則屬於自然智力的領域。依據 Gardner 的說法，天賦代表在某種智力中有傑出能力。

智慧、智力、創造力的綜合體

美國塔夫斯大學的 Robert Sternberg 教授假設，從天賦的展現中可看出，智慧、智力及創造力對成功智力的發展是必須的（Sternberg, 2003）。此觀點建構在他的 WICS 模式中，WICS 是智慧、智力、創造力及綜合能力的單字縮寫所組成，指出資優者充滿創意地運用智力完成事情，以智慧辨識出如何才能對社會有顯著正向的影響。這個模式建立在 Sternberg 的智力、創造力及智慧的理論上，稍後會有更仔細的描述。Sternberg（2009a）的智力三元論（triarchic theory）是運用分析、創意及實用的能力（三種不同形式的智力），藉由運用優勢和補足劣勢，達成個人在社會文化中的生活目標，並能選擇、形塑與適應環境。

在 Sternberg 和 Lubart（1999）的創造力投資理論中，有創意的人會「買

低賣高」，也是說他們會選擇「購買」和發展少數人感興趣的新點子，然後說服自己所屬的社會或知識社群（intellectual community）去「購買」或適應這些想法。分析、創意及實用智力對於創造力是有幫助的。創意智力被用來產生新的想法，分析智力則能測試這些想法，實用智力是將這些想法轉化為實用的能力。在 Sternberg（2009b）的智慧平衡理論（balance theory of wisdom）中，智慧是智力和創造力的應用，藉由價值調節，達到共善（common good），智慧包含平衡人際、內省及長短期外在興趣，對新環境的選擇達到平衡，甚至適應或改造既有的環境。Sternberg（2003）WICS 模式的核心論點，即天賦是智慧、智力及創造力的綜合體。

資優兒童的研究發現

近期在天賦研究上相關的結論，包含早期的天賦展現、天賦的基因和環境因素、資優兒童的家庭背景和心理適應、天賦的大腦歷程，以及資優兒童的成人期創造力。

早期的天賦展現

專家（savants）和奇才（在某個領域有天賦，但智商卻在一般之下）非常早就展現出特定領域的純熟技能，例如 4 歲之前或許在沒有任何指導就能非常流暢的閱讀、或玩樂器玩得非常出色、或為了趣味解決複雜的數學問題。專家技巧被發現與泛自閉症特質有高度相關（Wallace, 2008），「專家」有別於那些在許多學業或非學業活動上表現非常好（但並不傑出）的高智商（大約 130-140）兒童。

天賦的基因和環境因素

天賦發展的問題一方面關注在遺傳或本質的因素上，另一方面則是環境或訓練的影響。不斷觀察各個家族中的優秀能力後，得出天賦部分是遺傳的，近來基因研究同樣也支持這觀點。Vinkhuyzen 等人（2009）探究 1685

名青少年和年輕雙胞胎在音樂、藝術、寫作、語言、西洋棋、數學、運動、記憶以及知識上的天賦，他們發現以遺傳來評估天賦，大約介於 0.5 到 0.9 之間。Haworth 等人（2009）透過 11000 名來自澳洲、荷蘭、英國及美國 6 到 71 歲的雙胞胎資料發現，高度認知能力的遺傳是 0.5。

　　所有資優的兒童都會努力鍛鍊他們的才能。若要在特別領域達到專精專才，例如棋藝、音樂，至少都有一萬小時以上（從 3 到 17 歲，每天將近二小時）的訓練（Ericsson & Charness, 1994）。這個觀察對「專家—表現」的假設相當重要，意味著天賦大部分是環境決定和密集訓練的結果（Ericsson *et al.,* 2007）。然而，資優兒童能高頻率的練習是因為擁有天賦，並非因為早熟；也就是，資優兒童或許有高度動機鍛鍊遺傳的天賦，而大量練習。

　　從此充分的證據可以合理地結論：**天賦是與生俱來且不斷培養的結果**（Thompson & Oehlert, 2010）。

家庭背景

　　資優兒童的家庭背景通常是正向且有益的（Winner, 2000）。資優兒童因高企圖心的父母而達到高層次的表現，會變得與人疏離、充滿怨恨及憂鬱，這樣的想法並沒有得到資優兒童實證性研究的支持。大部分資優兒童與父母之間呈現正向關係，資優兒童多數成長在以兒童為中心的家庭，父母是努力工作和高度成就的身教楷模，會提供富有知性和藝術氣息的環境，啟發孩子高度自主，期待他們高度卓越。無論資優兒童是否引發了這些父母的行為，或這類型的教養型態可以培養出我們所不知道的天賦，家庭完善撫育或高度激勵的資優兒童，比處於家庭較少提供支持的資優兒童來說，整體表現出較佳的適應，而且更能持續使用他們的天賦。

心理調適

　　在精神病理學的流行病學研究中，針對資優和非資優的青少年進行後設分析，Martin 等人（2010）發現與那些非資優的同儕相比，資優青少年的

焦慮明顯較低（*d*=0.72），但在憂鬱或自殺觀念上並沒有差異。Martin 等人無法比較出資優和非資優青少年在躁鬱症或注意力缺損過動症的比率。這些結果並不支持資優兒童會有極端的行為問題，研究是建立在個案研究和非控制性資優個體的世代調查上。

大腦歷程：異於常人或有效使用？

天賦的神經生物學研究受到兩個廣義假設的引導（Hoppe & Stojnovic, 2009）：「神經資源假設」提出資優者的大腦結構或功能異於非資優者，而「神經效能假設」認為資優者比其他人能更加有效的使用他們的大腦。

支持神經資源假設者提出充分的證據，指出智商與頭的圓周長（*r*=0.2）、大腦容量（*r*=0.4）有正相關，因此認為較大的大腦質量對於較佳的智力有所助益（Vernon *et al.*, 2000）。再者，資優兒童和具有藝術、音樂和數學天賦的成人，加強發展了大腦中天賦的特定區域（Hoppe & Stojnovic, 2009）。舉例來說，Magurie 等人（2000）發現記得許多駕駛路線的計程車司機老手，海馬迴後端（posterior hippo-campi）──也就是儲存環境空間表徵的位置，明顯大於一般的計程車司機。開計程車的時間與海馬迴後端有正相關。

支持神經效率假設者，藉由腦電波記錄發現，高智商或有特定天賦的人在專精領域中解決問題時所使用的大腦活動量，少於那些低智商或沒有特別天賦的人（Neubauer & Fink, 2009a, 2009b），這已被解釋成重要神經效率的象徵。

似乎可以合理的結論，資優者大腦的發展有部分來自基因，也有部分來自經常的練習；而在專業的表現上，他們的大腦功能比那些非資優者更為有效能。

兒童時期的天賦和成人期的創造力

神童長大之後會變成有創造力的成人，這個想法並未獲得研究支持

（Winner, 2000）。多數資優兒童長大之後成為某個領域中適應良好的專家，只有少數資優兒童能夠成為有創意的成人，進而在他們的領域中有改革性的貢獻。這並不令人意外，因為在兒童時期，只要遵守該領域中的規則和慣例，就可以用很少的努力達成高標準；到了成人則必須要用很多的努力來打破和轉化該領域的慣例與規則，才能產生創意。從兒童期到成人期的轉化是相當困難的，這種轉換形式像是從主要的聚斂思考轉換到擴散思考（Feist, 1999）。其他可能的原因還有有創意的成人人格特質與資優兒童的特質有些不同。基本上，資優兒童較為服從，而且來自支持穩定的家庭；相對來說，有創意的成人則難以掌控，通常還有童年創傷和不幸的歷史，使他們傾向挑戰傳統規則和慣例（Simonton, 2009），這也是為什麼有創意的成人中躁鬱症比率特別高的原因（Barrantes-Vidal, 2004）。

創造力

創造力是一種歷程，是一個人在特定環境脈絡（或團體）中製造出新奇且實用的成品。這樣的定義在創意者（或團體）、創意產品、創意歷程以及孕育創意的環境之間做出了區分。早期創造力研究的主要貢獻來自於心理分析、完形心理和心理測量。Freud（1908）強調非理性的歷程思考是創造力的重要核心，將藝術、科學及其他領域中的創意作品，以社會可接受的方式來表達不被接受的潛意識、侵略和力量，或愛的性趨力。著名的完形心理學家 Max Wertheimer〔（1880-1943）1945）〕，著重在轉換、主題背景翻轉（figure-ground reversal）以及創意思考歷程的延遲結束。在心理測量的傳統中，J. P. Guildford〔（1897-1987）1950, 1967〕的智力模式結構區分出聚斂（convergent）和擴散（divergent）思考，並發展出評估聚斂思考的智力測驗和評估擴散思考的創意測驗。他認為擴散思考能力是一種特質，在人群中呈現常態分配，並假定在此特質測驗得分高者，就是有創意的人。1950 年Guilford 在美國心理學會演講，這個定義因此廣為接受，開創了創意心理學

的當代科學研究。

創造力的主要理論

　　有許多和創造力相關的理論（Kaufman & Sternberg, 2010）。在正向心理學領域中，Csikszentmihalyi（1996, 1999）的創造力系統模式特別重要，因為他是此領域的創始者，同樣也會概述 Sternberg 和 Lubart（1999）的創造力投資理論，因為 Sternberg 在現代心理取向的智力、天賦、創造力以及智慧上扮演主導的角色。

創造力系統模式

　　Csikszentmihalyi（1996, 1999）假設創造力是一個系統，而非個體的歷程，包含了三個不同系統的互動：(1) **個人**（person）的天賦、人格特質和動機；(2) 由符號系統、規則、技巧、慣例以及典範所組成的**領域**（domain）；(3) 由相同領域工作中的人（藝術家、科學家、評論家、雜誌作者）所組成的**學門**（field），他們的活動受限於相同的規則和慣例。因此，創意的歷程介於某個學門中帶有原創想法的創意個人，與接受該想法有矛盾的觀眾之間。**圖 6.1** 可見創意的發生，一組規則和慣例必須從領域轉換到個人，個人必須在這個領域中創造出新奇的變化。產生新奇變化的動機來自有天賦的個人回應競爭者的張力或該學門內的批判，也可能來自該學門中規律工作要求低與高能力之間的差距。這個新奇的變化會被學門選擇納入領域之中，同時如果被該學門的社群接納時，也會透過時間加以傳遞。這有點類似進化。**創意，就是想法要能被社會環境接納，並隨著時間傳遞。**

　　個人的創意作品、領域及學門是三個更廣系統中的一部分。首先，在個人歷史背景和個人屬性的脈絡中，產生個人創意作品；第二，產生作品（例如科學或藝術的延伸）的領域被嵌入更廣的文化中；第三，學門裡有創意的成員，也是廣泛社會中的成員。依據 Csikszentmihalyi 的理論，特定文化、領域、學門、社會及個人屬性或許都可以增進創造力。

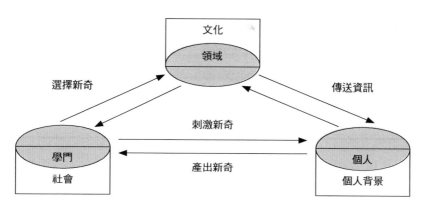

圖 6.1　創造力系統模式

註：創造力的發生，一組規則必須從領域傳送到個人；然後，個人在領域裡，受到學門的刺激而產出
　　新奇變化；這些變化再經由學門作出選擇，進入領域。

資料來源：摘　自　Csikszentmihalyi, M. (1999). Implications of a systems perspective for the study of
　　creativity. In R. Sternberg (Ed.). *Handbook of creativity* (p. 315). Cambridge: Cambridge
　　University Press.

促進創造力的文化

　　促進創造力的文化，資訊是精確保存的，而非模稜兩可的口耳相傳，
同時也是所有人都可以接觸到，而非只是少數人知道的祕密。文化中各個領
域之間的差異越大，例如宗教、科學及藝術，而且連結越是鬆散，新的想法
就越有可能被接受；因為改革所帶來的改變只會發生在某些文化的部分裡。
越能容納多元文化價值的文化，越有可能發生創意改革。

促進創造力的領域

　　提供清楚而正確的符號系統來記錄資訊的領域，可以促進更多的改革，
因為這樣的領域較容易將新的想法整合到既有的知識基礎中。緊密的組織與
整合的領域很難接受改革，也很難產生創造力；而鬆散結構的領域也是如
此，因為改革並不容易被發現。組織良好的領域或許會產生創造力，但當這
個領域（例如宗教、政治或科學）屬於文化核心、與文化各個部分緊密連接，

以及只有少數的菁英份子可接近時，領域內要產生創造力就會更加困難，例如中世紀的宗教或二十世紀後半的生物科學；相反地，若領域並非文化核心，和文化的其他部分只是鬆散的連結，而且能對多數人開放，改革和創意可能就會蓬勃發展，例如二十世紀後半的流行音樂。

促進創造力的社會

比起那些將所有能量耗在生存上的社會，有較豐富的生理和心理能量的社會，更能產生創造力。比起承諾於慣例和維持現狀者，社會價值的改變和商業經濟的革新，更有可能培養創造力。有外在威脅或內在衝突的社會可以促進創造力。

促進創造力的學門

如果這個學門中的執行者可以在社會上獲得經濟資源或地位，就能促進創造力。一個學門過度依賴宗教、政治及經濟價值觀的判斷時，則無法促進創造力。一個學門非常獨立在社會其他領域之外，且和它們少有連結時，創造力也無法蓬勃發展。

促進創造力的家庭生活

個人成長的家庭若是將多餘的能量和資源投入好奇和創造力，比起那些對許多事務有興趣但全耗費在生存上的家庭更有創意。重視學習的家庭，就能孕育出創造力。透過布置校園、良師益友、組織藝術或運動娛樂，家庭可以引導兒童進入某個領域或學門，如此更能產生創造力。當個人在被忽視的家庭成長，但企圖突破現狀，或者是遇到災難或創傷，當倍受支持並能努力堅持時，也可能產生創造力。傳統社會要強化創造力，就要促進多樣化發展性經驗以減少限制。

促進創造力的個性

有益於創造力的個人屬性，包括有特定的天賦或才能、在領域中工作

的內在動機、發展良好的擴散性思考技巧、對經驗的開放度、彈性以及非傳統傾向。要做出有創意的貢獻，個人必須內化領域的規則和學門的觀點，並對這些部分感到不滿意，才能產出多樣化的想法。創造力的核心是**能辨識和掌握好的新想法，拋棄沒有用的想法**。Csikszentmihalyi（1996）透過個案研究與上述研究，支持了創造力系統觀的許多假設。

創造力投資理論

依據 Sternberg 和 Lubart（1999）的創造力投資理論，當他們「買低賣高」許多想法時，個人就會對領域做出有創意的貢獻。是指他們會「買」或採用那些較不流行或不普遍、無發展卻有成長潛力的想法，在這些想法上投資並發展成創意產品，再「賣」給他們領域的人。創意個體的獨特性格就是堅持發展一組新的想法，就算該領域抗拒或拒絕接受這些新的發展。

依據投資理論，創造力需要六個要素的彙整：首先，這牽涉到智力能力，要以創新的方式來看見問題，辨識問題是否值得追究，並有能力向他人賣出想法；第二，需要對某個領域有足夠知識，但又不能多到被過去的陋習給癱瘓了；第三，創造力需要新穎地思考有效的問題解決方法，也需要整體思考（整體）和部分思考（細節）；第四，創造力需要對風險敏銳的個人特質（特別是買低和賣高）、堅持克服阻礙（忍受這個領域對新想法的抗拒）、自我效能，以及能忍受不確定和模糊（Furnham & Ribchester, 1995）；第五，創造力需要在此領域工作的內在動機；第六，創造力需要一個能鼓勵貢獻創意的支持環境。

Sternberg 和 Lubart（1999）的創造力投資理論，為個人選擇革新的區域提供了更細緻的過程，也彌補了 Csikszentmihalyi（1999）廣泛架構中所缺少的細節，但這兩個理論都缺乏創意產出歷程的時間序列。

創意作品：人 × 過程 × 環境

創造力的當代研究為創意作品、人、歷程及環境帶來曙光（Hennessey

& Amabile, 2010; Kaufman & Sternberg, 2010）：創意產品的研究關注在如何
評估創意產出和這些產出之間的關聯性；創意者的研究放在特質上，包含將
創意概念化為特質，以及智力、個人特質、創意形式等與創造力之間的關係；
在創意歷程中，研究者探索認知、情感和神經生理因素在創造力中扮演的角
色；環境因素的研究則關注家庭、工作團體及文化在孕育創造力上的角色。
創意作品、人類、歷程以及環境的相關發現如下。

創意作品

　　創意作品是什麼？藝術和科學名作，是唯一有創意的產物嗎？為了回
答這些問題，大C、小c、迷你c及專業c區分了創造力之間的差異（Kaufman
& Beghetto, 2009）。「大C」或卓越的創造力會產生優秀的創意產品，如
Albert Einstein（1879-1955）的相對論或 Leonardo da Vinci（1452-1519）的
蒙那麗莎的微笑。傳統上，大C的創意作品會由該領域的專家判斷，例如
同領域中的其他藝術家或科學家，這些作品一般來自創意天才。大C創造
力的研究多使用歷史個案研究法。相對來說，「小c」或每日的創造力則是
在日常工作或休閒中產生創意的解決方式或結果，例如在工作上發展新的系
統，或為你的朋友畫圖。小c或每天的創造力作品可藉由 Amabile（1982）
的「創意評估技術」（creative assessment technique）來測量，這個歷程的參
與者被邀請產出創意作品，並由李克特量表以等級序列和比率的方式評估創
意和其他向度，例如對材料、細節和複雜度的嶄新運用。「迷你c」的創意
作品是對學習歷程中經驗或事件的個人意義性詮釋，例如發現一種即興演奏
吉他方式不錯，或為特定工作編寫電腦程式。迷你c的創意作品是特定領域
的新手在變成專家之前所產出的。迷你c的創意作品由微觀設計
（microgenetic method）進行研究，將參與者展現迷你c創造力時錄影起來，
之後和研究者一起回顧影帶，並請他們解釋他們在這個過程中的經驗和決策
的過程（Siegler, 2006）。迷你c創造力的研究幫助我們理解創造力早期的
發展階段。「專業c」的創意作品是超越小c創造力發展的專家所產出的。

根據棋藝、運動、藝術及科學等領域的專家表現研究顯示，從新手到創意專家需要花大約十年的時間（Ericsson *et al.*, 2006）。然而，部分發展大 C 作品的專業歷程和對大 C 作品的評估，通常是創作者過世後才會出現。專業 c 的創意作品並非全都是有能力、有技巧的創意專家所為。Csikszentmihalyi（1996, 1999）創造力系統模式和 Sternberg 和 Lubart（1999）的投資理論可應用到專業 c 和大 C 創造力，但無法應用到小 c 或迷你 c 創造力。

有創意的人

對創意者特質的研究主要在創意個體的普遍特質，包含擴散思考、智力、多樣人格特質、精神病理學、基因因素以及內在動機。

擴散思考與創造力

擴散思考是創意者的重要特質。Guilford（1967）認為創意能力是他智力模式結構中的一組技巧，並發展出擴散思考技巧測驗來評估。聚斂思考測驗的題目，只有一個正確的答案（例如 2+2 等於多少？），擴散思考測驗的題目則需要各個項目的評分，例如流暢度（對數字的回應）、原創性、類別運用的彈性，以及在細節上答案的精緻程度。Ellis Torrance（1915-2003）和他人藉由發展智力測驗中創意思考測驗的模式和形式，持續研究，結果呈現出個體在擴散思考上的差異通常會呈現常態分配。Torrance（1974）的創意思考測驗（Test of Creative Four Thinking）是這個領域使用最普遍的心理測驗研究工具，包含四個人或動物形象的子測驗，評估對圖畫的擴散性思考，以及七個子測驗評估對文字的擴散性思考。例如圖畫結構的子測驗，會要求受試者會使用基本圖形來做出創意圖像；又如在特殊運用的子測驗中，要求受試者盡可能對各式各樣的主題進行奇特的思考。Torrance 的測驗與其他相似的測驗比較，有良好的信度和中度的預測效標效度（predictive criterion validity）。舉例來說，Kim（2008a）在包含 5000 位參與者 17 篇的後設分析發現，擴散思考的分數和創意成就分數的相關，高於智商測驗和創

意成就之間的相關（0.21 比 0.16）；而且 Torrance 的創意思考測驗預測創意成就，比其他擴散性思考測驗的預測力佳。兒童或青少年的擴散思考測驗分數與成人時期的創意產出相關性小，或許是因為大 C 或專業 c 的創造力發生在成人時期的特定領域裡，例如科學或藝術的分支，要能有創意的貢獻，必須兼具擴散思考的特質及該領域的密集訓練。擴散思考評估的創意相當穩定，但在小學後期會有一個衰退——「四年級時的衰退」（the fourth grade slump）。擴散思考測驗是評估最大表現的測驗，評估個人能力的上限；已發展出來的許多父母、老師以及同儕的創造力評定量表，用以評估典型表現，在 Kaufman 等人（2008）研究中已被描述，這些評定量表補充了創造力最大表現評估的結果。

智力與創造力

基本的智力程度是為了能投入創意活動，一開始的假設是基本創造力與智商是相關但彼此獨立的能力組合。在支持此假設的部分，馬信行（2009）在包含數百個參與者的 110 篇研究之後設分析資料裡發現，創造力與認知能力（包含智商）之關係有些微的效果值（0.3）。

人格與創造力

馬信行（2009）的後設分析支持了創意人格或創意人格輪廓特性促進了創造的歷程。這個人格特質包括經驗開放度、外向、神祕主義、情緒敏感度、精神病理學特質以及創傷後適應困難。在等級順序中，馬信行發現介於五大人格特質與創造力之間的各個效果值：對經驗的開放（0.71）、外向（0.3）、神經質／情緒穩定度（0.26）、謹慎（0.23）以及隨和（0.15）。因此**對經驗的開放、外向**是五大人格特質中與創造力有最強烈相關的；同樣的與創造力有強烈相關的是神祕主義（0.67）和情緒敏感度（0.65）。神祕主義是指將奇特經驗詮釋為神祕事件、宗教或超自然。情緒敏感度是指描述一個人的情緒感受、同理他人情緒的經驗以及反應情緒知覺的能力，而此能

力為情緒智力的一個部分。創造力與心理病理學特質測量的高分有強烈相關（0.5），也與有創傷後經驗的歷史有高相關（0.45），這支持了「瘋狂天才」（mad genius）的概念。

創造力的基因

某些人的創造力受到了精神分裂症和躁鬱症相關心理特質的基因影響（Barrantes-Vidal, 2004）。基因導致精神分裂症和躁鬱症的病因，在許多有創意的人或家人身上都可以發現。像精神分裂和躁鬱症表現出來的精神分裂特性（schizotypy）和認知去抑制（cognitive disinhibition）的心理特質都可以產生創造力，而這些心理特質可能會受到多重基因影響。精神分裂特性傾向奇特的知覺經驗、魔幻的信念、雜亂的思考、內向性以及衝動不一致（impulsive non-conformity）（Claridge *et al.,* 1996）。近期基因研究開始確認一些和創造力有關的基因，例如 Kéri（2009）發現基因 *neuregulin* 1 與高智商且高學業表現者的創造力有關；最高的創意成就和創意思考的分數，也與 T/T 基因和過去有精神疾病風險者有關。

動機和創造力

在馬信行（2009）的後設分析裡發現，內在動機與創造力的相關性支持 Csikszentmihalyi（1996, 1999）、Sternberg 與 Lubart（1999）理論的假設：創意者工作內在動機的重要性。內在動機，是自我決定理論的一個部分，指因為活動本身而投入的意願，是因為活動本身非常有挑戰、有趣而且享受的，而不是為了達成其他目的。相對來說，外在動機藉由投入活動而達到一些外在目標，例如收到社會或經濟的酬賞、避免被制裁或獲得回饋。外在動機因素，例如提供回饋、酬賞、被制裁等，會使個人從任務中分心或減少對自主的知覺，阻礙創造力的發展；然而，其他形式的外在動機像是能提升知覺能力的任務相關回饋和任務投入，都可以促進創造力。當進行一個主要的創意突破之前，或者確定一個創意突破後的細節，任務相關的回饋是有用的

外在動機因素。在某領域中將創作品帶入人群且被注意到的歷程，例如創意被肯定，這樣的外在動機也是很重要的因素。因此就像一個「動機─工作」的循環（motivation-work cycle）：內在動機在剛開始或創意洞察時期都是重要的；但激發性的外在動機，例如任務相關回饋或預期的肯定，則對關鍵時期的前後是重要的。

創意歷程

創意歷程的部分，研究者探索認知、情感及神經生理學因素在創造力上扮演的角色。

認知和創造力

頂尖創意者的個案研究為創意歷程階段的認知工作注入曙光（Poicastro & Gardner, 1999），這些研究包括自然學家 Charles Darwin（1809-1882）、全才 Jean Piaget（1896-1980）（Gruber & Wallace, 1999）、物理學家 Albert Einstein（1879-1955）、精神分析學家 Sigmund Freud（1856-1939）、政治運動家 Mohandas Gandhi（1869-1948）、畫家 Pablo Picasso（1881-1973）、音樂作曲家 Igor Stravinski（1882-1971）、詩人 T. S. Eilot（1888-1965）、舞蹈家 Martha Graham（1894-1991）（Gardner, 1983, 2004）；哲學家 John Stuart Mill（1806-1873）、控制論（cybernetics）創始者 Norbert Weiner（1894-1964）、作家 George Bernard Shaw（1856-1950），以及科學家 Michael Faraday（1791-1867）的一生（Howe, 1999）。根據完形心理學家早期的構想，創造歷程是遵循著一系列的階段，包括**準備**（preparation）、**醞釀**（incubation）、**洞察**（insight）及**驗證**（verification）。例如個案研究的基礎，Csikszentmihalyi（1999）認為創意貢獻來自個人先內化領域的規則和學門的意見，然後對某些部分產生不滿，接著引發各種不同的新想法。創造力主要是對如何解決特定問題出現突然的洞察，鉅細靡遺地探求冗長而困難的問題和解決方式，對問題的每個層面多元細微地洞察，以及有一段在認知潛意識裡醞釀問題解決發生的過程。許多創意者在開始之前就對作品的完成有預感。大部分的作品是經由本

身的價值和精煉成品的直覺而獲得到公認。稍早所提到在馬信行（2009）的後設分析裡，比起重新形成問題、評估解決方法，用新的方式定義一個問題（發生在於洞察階段）與創造力有更強烈的關係（發生在驗證階段）（0.9 比 0.4）。

Simonton（2000, 2009）記錄了成人期大 C 創造力的時間模式。有創意的成人在各自的領域中受訓數年以得到專精的知識。約莫十年的學徒訓練或沉浸之後，他們會做出創意的貢獻，通常不會只是單一作品而是相互聯結的事業網絡。**創意產出是曲線的，循著迴轉 J 形狀的功能。大多數的創意者，通常是在最佳的產出點上產出最好的作品。**

情緒和創造力

研究情緒在創造力中的角色顯示，正向情感與較佳的創造力有關。Baas 等人（2008）在超過 7000 位參與者的 66 篇後設分析裡發現，比起中立的心情，正向心情產出較多的小 c 創造力。可以產生創造力的是積極的正向心情狀態，例如：快樂，而非消極的正向心情狀態，例如：放鬆。負向、消極的心情，例如傷心，與創造力無關；但負向的積極心情，例如憤怒，則與較低的認知彈性（創造力的一個層面）相關。然而，Hennessey 和 Amabile（2010）回顧一系列研究，創造力不只與正向情感有關，同樣也和負向情緒有關。他們提出正向心情代表安全，所以能促進遊戲玩樂，進而拓展擴散思考；相對地，負向心情是有危險或事情不對勁，驅使我們努力去工作，以找到有創意的解決方法來處理這些事情。

神經生理學和創造力

透過腦電波（EEG）、正子斷層造影（PET）及功能性磁振造影（fMRI）探究利於創造力的大腦歷程。這些記錄在實驗參與者完成擴散思考任務或其他小 c 的連續創意任務時，都不用花上幾分鐘的時間。超過 5000 位參與者的 88 篇後設研究中，Mihov 等人（2010）發現右撇子的人右半腦主導創意思考（$r=0.43$）。這些結果指出，對定義清楚的擴散性思考任務來說，右半

腦有利於創意解答的產出，也為大 C 創造力的準備、醞釀、洞察及驗證之複雜認知歷程的神經生理學基礎投入曙光。

創造力的腦電波研究指出，創意者在創造力的洞察階段皮質活化程度低，在休息時則有較高的皮質活化（Martindale, 1999）。在這些研究裡，低皮質活化由 EEG alpha 狀態中的時間比例顯示，高比例的 alpha 活動和低皮質活化相關。在創造力洞察的低皮質活化時期，注意力是分散的、思想互為聯結，而且有大量的心理表徵被活化（Runco & Sakamoto, 1999）。

近期的許多神經生理學研究嘗試了解與創造力相關的大腦特定精細結構。值得一提的是 Takeuchi 等人（2010a, 2010b）所做的 2 篇日本研究。Takeuchi 等人（2010a）使用可監測與擴散思考有關的白質神經纖維束（white matter tracts）的掃描系統（擴散張量影像）進行大腦圖像研究，他們發現擴散思考與白質神經纖維束或雙前額葉皮質（bilateral prefrontal cortices）、胼胝體（corpus callosum）、兩側基底核（bilateral basal ganglia）、雙顳頂接點（bilateral temporo-parietal junction）及右頂葉頂下葉（right inferior parietal lobule）有關。因此他們認為，連結較遠的大腦區域和構成不同認知功能的許多白質神經纖維束，若能加以整合則有利於創造力。這些結果指出，創造力和不同大腦區域的概念整合有關，而且創造力由不同認知功能支持，特別是額葉的部分。為了探究在大腦皮質下擴散思考與灰質神經纖維束（grey matter mor-phology）的關係，Takeuchi 等人（2010b）使用特殊的方式——體素測量（voxel-based morphometry）進行功能性磁振造影研究，辨別大腦皮質下的灰質神經纖維束。他們發現擴散思考分數與多巴胺系統相關區域的灰質有關，包括右背側前額葉皮質（right dorsolateral prefrontal cortex）、雙側紋狀體（bilateral striata）以及在解剖叢集（anatomical cluster）裡的領域，包括黑質（substantia nigra）、腹側被蓋區（tegmental ventral area）以及環腦導水管灰質（periaqueductal gray）。他們做出結論，創造力部分受到多巴胺系統影響。這些結果清楚地指出，我們對創造力神經生理學的認識處在早期的發展階段，不能很確定創造力只發生在右腦。因為創造力的神經生理學遠比

此複雜得多。

促進創意的環境

環境因素的研究關注家庭、工作團體以及文化在養成創造力上的角色。有關研究發現呈現如下。

家庭

高度創意者的家庭通常也會支持為創意而努力（Feldman, 1999）。然而，在高度創意者的家族史中多發現有兒童時期的喪親、創傷經驗（如嚴重疾病）、天災、經濟不佳或嚴重親職衝突的經驗（Simonton, 2009）。或許是失落、創傷及災難會支持一個人將生命貢獻給創意，支持性家庭環境開創一個有利的脈絡，讓創意者追求他們的目標。這些觀察和結論建立在大 C 創造力的個案研究裡。然而，家庭環境較無法促進小 c 創造力；很多小 c 的創意方式是在工作環境裡被催化的。

工作團隊

結論性的證據指出，某些工作環境的特性可以催化小 c 創造力和職業脈絡裡的革新。在超過 50000 位參與者的 104 篇後設分析裡，Hulsheger 等人（2009）發現一些工作團隊的特性與創造力、革新有強烈相關，這些特質包含團隊目標的願景和承諾（0.49）、團隊中對革新的支持（0.47）、團隊內好的外在組織網絡（0.47）、團隊中卓越表現的共享（0.41），團隊內部有好的溝通（0.35）、對工作團隊的凝聚力和承諾（0.30）、團隊成員工作目標的互相依賴（0.27）、較大的團隊規模（0.17）、團隊成員多樣化的技巧和專業（0.15）、團隊中的信任和參與決策（0.14）。這些結果顯示，在創意工作團隊裡，對團隊目標的承諾和個別成員的目標皆要靠其他成員共同去達成。創意團隊是贊同和實際支持革新的，並共享卓越的工作表現。創意團隊通常比創意少的團隊大，因為包含不同專業背景和技巧的成員；此外，多樣性創意團隊具有凝聚力，處於互信和共享決策的氛圍。創意團隊成員之間，甚至團隊與較遠的組織性網絡之間都有良好的溝通。

文化

　　個人主義－集體主義是創造力在文化上主要的探討面向。個人主義者文化認為個人需求在團體之上，集體主義者則認為團體目標在個人抱負之上。個人主義者文化提倡小 c 創造力，例如美國或英國；而集體主義者文化則提倡順從，例如中國和韓國（e.g., Ng, 2003）。

訓練

　　小 c 創造力可藉由訓練提升。為了解校園或工作上的創造力訓練是否有效，Scott 等人（2004）進行了 70 篇研究的後設分析，他們發現整體效果值 ＝ 0.68，因此指出創造力訓練促進了擴散性思考、創意問題解決及創意工作表現。有效課程聚焦在創造力核心的認知技巧發展，而非發展創意相關動機、人格特質或人際技巧。這些課程基於一致的創造歷程的理論模式、在訓練中使用真實的個案研究（real-world case studies），以及藉由設計良好的練習來積極學習。「創意問題解決方案」是有效創造力訓練課程的好例子（Treffinger *et al.*, 2006），共有六個步驟：

1. 發現混亂：確認這是有挑戰的情境。
2. 找出資料：尋找與這個情境有關的事實。
3. 發現問題：與混亂有關的許多問題被確認，形成主要問題的有用架構。
4. 發現想法：腦力激盪出主要問題的解決方法。
5. 找出解決方法：確認主要問題的最佳解決方法。
6. 接受：努力接受解決方法，包括參與的人、行動的計畫，到同意執行方案。

智慧

　　在西方文化裡，天賦一般和兒童時期相關，創造力和成人時期相關，智慧則與生命中、後期有關。智慧的內隱理論和外顯理論不同（Bluck & Glück, 2005）。智慧的內隱理論取向目的在了解智慧本質的通俗概念，也就

是心理學家運用研究找出一般人所認為的智慧；相對來說，由心理學家所發
展的智慧理論被歸類於外顯理論取向。在智慧的內隱理論研究中，參與者被
要求去評估描述聰明者特質的文字種類，然後運用多元向度評量技術
（multidimensional scaling tech-niques）將這些字分類到各向度裡（e.g., Clayton
& Birren, 1980），這些研究結果讓我們清楚了解到智慧與卓越（excellence）
有關，但與其他概念不同，例如社交智力、成熟及創造力。智慧的內隱理論
認為智慧的觀點包含優異的認知能力、洞察力、直覺及樂於回應某些議題。
智慧通常包含對他人真誠的同情和有能力聆聽求助者。智者用複雜的方式結合
以上特質，適度的表達真實世界的問題（Bluck & Glück, 2005）。

　　相對於智慧內隱理論的聚斂，許多智慧的外顯理論（Sternberg &
Jordan, 2005）定義智慧為人格發展的階段（Basseches, 1984; Riegel, 1973）
或需要人格和認知歷程的高層次技巧發展（Baltes & Smith, 2008; Sternberg,
2009b）。

智慧是人格發展的最後階段

　　Erik Erikson（1902-1994），是二戰前逃出納粹德國的猶太籍心理分析
學家，在他人格發展的生命週期模式裡，已提出智慧的議題（Erikson et al.,
1986; McAdams & de StAubin, 1998）。在這個模式裡，將生命週期分成一系
列階段，每個階段都有需要被解決的挑戰或危機。如果順利度過了，個人優
勢或美德就會形成；但如果無法度過，個人就會產生障礙或成為弱點。前一
個階段的困境如果成功解決，可以使接下來面對的困境更容易處理。Erikson
的模式如**表 6.1** 所示，下列是這個理論的主要假設摘要。

信任與不信任

　　在生命的前十八個月，需要解決的心理社會困境是信任與不信任。如
果父母以可預期且敏銳的方式回應嬰兒的需求，嬰兒會發展出信任感，之後
會養成面對災難仍抱有希望的能力，如同相信大人一般，相信困難的挑戰可

表 6.1　Erikson 的心理社會階段模式

階段	困境和主要歷程	美德和正向自我描述	病理學和負向自我描述
嬰兒期 0-18 月	信任與不信任 和照顧者的互動	希望 我可以達成希望	分離 我不相信他人
幼兒期 18 月-3 歲	自主與羞恥、懷疑 模仿	意願 我可以掌控事情	強迫 我重複一個行動以消除自己製造的混亂，我懷疑自己無法掌控事件，但為此想法感到羞愧
學齡前 3-6 歲	主動與罪惡 確認	目的 我可以計畫和達成目標	禁止 我無法計畫或達到目標，所以不行動
兒童中期 7-11 歲	勤勉與自卑 教育	能力 我可以使用技能來達成目標	惰性 我沒有技能，所以不嘗試
青少年 12-20 歲	認同與角色混淆 角色試驗	忠誠 我真實的面對自己的價值觀	混亂 我不知道自己的角色或價值觀
青壯年 21-34 歲	親密與疏離 和同儕的互動	愛 我可以和他人親近	排他性 我沒有時間給別人，所以把他們拒之於外
中年期 34-60 歲	生產與停滯 人境適配和創造力	關心 我可以讓這個世界更好	拒絕 我不在乎他人的未來，只在乎自己的未來
老年 60 歲以上	統整與絕望 內省	智慧 我可以對生命承諾，我接受自己、父母和我的生活，但我知道我將會死亡	絕望 我對自己的脆弱和失敗反感

資料來源：摘自 Erikson, E. (1959). *Identity and the life cycle.* New York: International Universities Press. Copyright © 1980 by W. W. Norton & Company, Inc. Copyright © 1959 by international Universities Press, Inc. 由 W. W. Norton & Company, Inc. 許可使用。

以解決。如果孩子沒有感覺到父母是安全的基礎，之後在探索這個世界時會不信任他人，而且強化了「這個世界是有威脅性」的觀點。這或許會導致兒童在後續幾年採取疏離的態度，難於建立和維持同儕關係。

自主與羞愧、懷疑

幼兒階段（十八個月到3歲）主要的心理社會困境是自主與羞愧、懷疑。
這個階段的兒童，會發覺自己的獨立，努力建立個人動力感（a sense of
personal agency），以及將個人意志嵌入這個世界。當然，有時候可能，但
有些時候父母會禁止他們去做這樣的事情。慢慢地，他們就會從「可怕的兩
歲」（terrible twos）進入有秩序的「學齡年紀」，如果父母耐心地提供孩子
去精熟任務和規則的架構，就會開始發展自主。對自己有耐心的兒童長大成
人後，都有信心自己克服生活中的挑戰。若父母對孩子的任性無法有耐心，
只想掌控而且多批評和羞辱時，兒童會發展出自我懷疑的感受與羞愧。父母
缺乏耐心和經常批評，兒童會將其內化，之後變成過度批評自己的成人，對
自我能力缺乏信心。某些極端狀況下可能會導致過度投入解決問題的強迫性
需求，讓自己拼命解開自己造成的混亂，並應對失敗帶來的羞恥感。

主動與罪惡

學前期（3到6歲）主要的心理社會困境是主動與罪惡。當兒童學前期
發展出自主感，他們會將注意轉向外在的自然和社會世界，主動探究這個世
界的規律，並據此建立認知地圖。兒童會發現家裡和學校，有哪些是允許、
有哪些是不允許的；也會詢問許多關於這個世界如何運作的問題。兒童會進
行多樣的實驗和探究，例如點燃火柴、拆解玩具，或扮演醫生、護士。當兒
童學會將探索之需求轉化為合宜社會的行動程序，就會度過主動與罪惡的困
境；也就是父母要能同理兒童的好奇，但以溫暖和清楚的方式建立兒童體驗
的相關限制。能度過主動與罪惡困境階段的兒童，成人後會為目標和願景去
行動。父母如果無法同理兒童對好奇心的需求，並想減少兒童過多的嘗試，
這些兒童長大成人後就會不願探索未接觸過的事情，因為這樣的好奇心帶來
罪惡感。

勤勉與自卑

兒童中期（6 到 12 歲）主要心理社會困境為勤勉與自卑。建立信任、自主和主動後，兒童需要發展技能和投入有意義的工作裡。勤勉的動機隨著內在獎勵學習新技能而產生，以及開放給兒童許多有獎勵的任務和工作。因為願意專精於父母、老師及同儕所重視的技能，兒童進入新技能、能力感及自我效能的發展階段。失敗、被嘲笑或覺得羞辱的孩子會發展出自卑感，並且在成人階段缺乏實踐動機。

認同與角色混淆

建立明確認同感──也就是「我是誰」，是青少年主要的關注議題。青少年達成認同感前會先暫停許多角色的探索，以避免漫無目標的問題，像是認同混淆。他們對職業、社會、政治與宗教觀會建立牢固的承諾，即 Erikson 所指忠誠的美德，而且通常能在成人時期擁有較好的心理社會調節能力。

親密與疏離

離開青少年階段之後主要的心理社會困境，是與他人之間發展親密關係或疏離。人們無法在疏離下體驗親密。難以建立親密感通常來自沒有以正向的方法度過早期發展階段的困境，而產生不信任、羞愧、懷疑、罪惡、自卑及角色混淆的經驗。

生產與停滯

中年困境是生產與停滯。人們選擇與形成符合他們需求、天賦的家庭和工作環境，就能變得較有生產力而度過困境。生產力包括生殖、工作力或藝術的創造力，有產出力的人努力使世界變得更好以利下一代。若尚未選擇與形塑符合需求和天賦的環境，就會產生過大的壓力，變得耗竭、憂鬱，或者是一方面憤世嫉俗、另一方面貪婪和自戀。

統整與絕望

　　成人晚期的困境面是統整與絕望，個人統整感來自接納生活中的事件——好和壞，然後用一種不畏懼面對死亡的方式，將其整合在個人故事中。那些逃避內省歷程，或發現無法接受生活中的事件，又或者是將前述的整合演變成絕望感的人，會否認個人過去的失敗和目前的弱點。

　　在一個連貫的生活故事裡整合失敗、失望、衝突、日漸增加的無力以及弱點，非常具有挑戰性。解決這個困境在於統整出智慧而非絕望。因此，如果他們在早先就已經發展出希望、意志、目的、能力、忠誠、愛及關懷的美德，並順利度過早期階段的心理社會困境，就會發展出智慧。對於 Erikson 來說，**智慧是接納自我、父母及生活並不完美**。智慧是在沒有任何遺憾下接納個人所有的成就和失敗，接納我們的父母已盡力做到最好，雖然不完美，但值得被愛，接納我們已經盡己所能過最好的生活，接納不可避免的死亡。

　　人生的發展研究顯示，人確實面臨了 Erikson 理論所提的心理社會困境，依每個階段是否順利度過來發展美德或缺陷（Vaillant, 1977; Whitbourne *et al.*, 2009）。然而，度過這些心理社會困境的方式比理論所建議的更多樣化，而且各個階段的界線模糊不清，還有人們可在生活早期就進入就後期的階段，或是後期人生又回到過去的階段。

　　遵循著 Erikson 的傳統，美國佛羅里達州立大學的 Monika Ardelt 教授（2004）解釋智慧是人格發展的更高階段，包括認知、反思與情感之人格特性的統整。在認知層面，智慧包含對真實的承諾、理解生活、了解人類本質的正負向，以及對人生的模糊和不確定有所覺察。在反思層面，智慧採取多元觀點且避免針對他人的感受或情境狀況給予投射性的責罵。在情感層面，智慧是指對他人的同情。Ardelt（2003）依此定義發展出智慧三維自陳評量（three-dimensional self-report mea-sure of wisdom），她使用 120 位 58 到 82 歲成人的檔案資料，在 Berkeley 追蹤長達四十年，評估所定義的智慧與其

他向度的關聯（Ardelt, 2004）。她發現成人早期的社會支持可預測四十年後的智慧發展。再者，有智慧的長者以心靈成長來因應 1930 年代的經濟大蕭條，他們認為**智慧就是面臨災難時努力向上的能力**。在生命晚期，比起健康、財富或生理和社會環境，智慧可以更強烈地預測老年生活滿意度。雖然智慧與任何生活品質指標沒有關聯（除了健康外），但有智慧的人不管在什麼環境對生活都能感到滿意。

對 Ardelt 和 Erikson 來說，智慧是人格發展的最後階段。在此智商並沒有太多用處，雖然發展人格可能需要些微智力。另外有觀點認為智慧是認知和智商發展的最後階段，以複雜的問題解決能力為特徵，這將在下面討論。

智慧是認知發展的最終階段

瑞士發展心理學家 Jean Piaget（1896-1980）提出從出生至青少年間有四個認知發展階段（Piaget, 1976）。在發展心理學裡，Piaget 的理論激發了許多研究，並有足夠的研究顯示，認知能力會依照 Piaget 所提出的階段獲得，雖然各個階段的界線比他所認為的更模糊，階段間移動的時機也會受到脈絡和任務相關（task-related）因素的影響（Chen & Siegler, 2000）。Riegel（1973）提出通過 Piaget 四個認知發展階段之後的青少年晚期，他們會進入辯證運思期（dialectical operations）。Basseches（1984）探索成人期問題解決的辯證思考發現，廣泛運用辯證思考去解決人類的複雜問題，是概念化智慧的一種方式。辯證思考將在簡短摘要 Piaget 的發展階段之後加以說明。

感覺動作期

依據 Piaget，兒童會經歷四個主要階段來發展成人思考技巧。第一個階段是感覺動作期（sensorimotor period），從出生到大約 2 歲。問題解決和知識獲得建立在物件操作和嘗試錯誤的學習上。這個階段的主要成就是「因果感知基模」和「物體恆存概念」的發展，也就是事實是物體會獨立於我們知覺之外永恆存在。

前運思期

Piaget 理論的第二個發展階段是前運思期（preoperational period）。在這個階段，兒童從把感知基模當成主要的問題解決工具，到形成對外在世界的內在表徵。使用內在表徵世界的能力來解決問題，完成許多重要成就，包含增加使用複雜語言、參與假扮或象徵遊戲、區分表象與真實、有能力推論他人的想法。前運思期的推理大部分是直覺，兒童從一個特例聯結到另一個特例，而非從一般狀況來推論特例。舉例來說，前運思期的兒童會說「我很累了，所以現在一定是晚上了」，而非「天色漸漸暗了，所以一定是晚上時間」。前運思期兒童在解決問題時，會受到事情知覺程度的影響，而非是記得些什麼。前運思階段的主要限制為無法採取他人的視覺觀點、很難一致性地重述故事（自我中心語言）、相信沒生命的物體可以像人一樣思考和感受（萬物有靈論），而且沒有能力同時將問題聚焦在一個以上的面向，例如若將液體從短、寬的杯子倒進高、窄的杯子裡，前運思期兒童或許會說現後者的液體比較多，因為它比較高，並沒有參酌第二個杯子其實比較窄。Piaget 指出同時考慮到兩個面向是「質量守恆」的能力。

具體運思期

具體運思期（conservation of quantity）介於 5 到 7 歲，更大到 12 歲，基本成就之一就是質量守恆。具體運思期是 Piaget 的第三個發展階段，這個時期兒童發展物件分類、物件序列化、參與有規則管理的遊戲、能了解他人地理位置的觀點，以及能使用加減乘除運算。這些能力牽涉到使用邏輯來解決具體問題（非直覺）。

形式運思期

在大約 12 歲時，兒童開始使用邏輯來解決抽象問題。形式運思期（formal operational stage）的基本特色是，兒童可以發展「關於什麼是真的」假設，並制定計畫測試這些假設，這是 Piaget 的第四個，也是最後一個發展

階段，有許多成就在這個階段發生。青少年可以操作兩個或以上的邏輯類別，例如規劃一趟旅程。能推斷與時間相關的改變，因此青少年可以預測十年間他與父母關係的變化。能預測行動的邏輯結果，因此可以預測某些生涯選擇所需的課程。青少年可以檢測邏輯的不一致性，例如父母親的言行不一。形式運思期的最終成就是相對性思考的能力。青少年可以看見自己與父母的行為受到情境因素的影響。

Piaget 的發展理論部分受到實證性研究支持，但明顯的差異是在兒童思考技能的「額葉」發展，有些兒童發展精緻化思考比 Piaget 所提出的更早（Chen & Siegler, 2000），也有相當多的證據顯示在成人時期會認知發展到更高的階段：辯證運思期。

辯證運思期

合併形式運思期的特殊成就，這個階段的特色思考有許多限制。正如自我中心的學前兒童無法採取他人觀點，因為他們無法理解與自己不同的位置。青少年不能理解他人不同的（而且較無邏輯）的哲學立場，這個認知自我中心讓青少年沒有能力解決邏輯衝突和矛盾的人際問題。Riegel（1973）提出形式運思期的限制，可以在辯證運思期階段發展辯證思考來加以克服。

辯證思考包含時間和空間的推理。在空間中不同觀點的問題辯證推理，體認到不同的人會對正確或真實持有不同的信念，因為每個人有不同的觀點、位置背景以及社會脈絡。當辯證思考發生並納入不同時間點的考量時，人們的想法發展是「論點－反論點－綜合」永無止盡的歷程。因此一個看起來很正確和真實的想法，對後來新的證據和思路來說可能是錯的，最後，新舊的想法會綜合成一個看起來正確和真實的想法。從這個觀點而論，智慧包含解決複雜問題的辯證思考之應用。

專家知識的智慧

德國馬克思普朗克人類發展研究中心（Max Planck Institute for Human

Development）的 Paul Baltes（1939-2006）和他的同事曾是研究智慧的全球領導（Baltes & Smith, 2008; Baltes & Staudinger, 2000; Kunzmann & Baltes, 2005; Mickler & Staudinger, 2008）。Baltes 認為智慧包括人格與認知歷程，並將智慧定義為聯結心智與美德的生活實用學之專家知識系統。這個系統是對生活意義的知識和判斷，促進個人生活追求卓越，同時也關心個人幸福感和公共利益。這個觀點認為智慧是連接心智美德實用學的專家知識系統，關注了解、計畫與經營美好的生活。智慧涵蓋人類發展的各種複雜與多樣化的知識；也涵蓋人類多樣的生理、心理、社會、文化、物理及靈性脈絡，以及在複雜的生活事件中，個人知識和專業判斷的限制。

Baltes 的團隊發展出五個標準評估智慧判斷或行為的品質（Baltes & Smith, 2008）。首先，智慧需要有關人類發展的陳述性知識（declarative knowledge）和人類情境的脈絡本質。第二，智慧是個人有充足的程序知識（procedural knowledge）執行特定技能和例行公事，例如人際問題或衝突解決的複雜決策。第三，智慧涉及人生的脈絡性，是對生命中許多主題和脈絡的欣賞，例如自我、家庭、同儕團體、學校、職場、社區、社會及文化，甚至是這些主題與脈絡在人生中的多樣與互相關係。第四，智慧是能帶有包容地去欣賞個人和社會服務公共利益時，在價值和生活優先次序的相對性。最後，智慧需要體認和處理不確定性，以及容忍模糊（Furnham & Ribchester, 1995），如解決任何問題時，我們每個人都有機會接近過去和現在不完整的資訊、未來的不確定以及有限的處理資訊能力，因此解決問題的策略必須考慮到這些不確定因素。

在智慧的研究中，Baltes 給予研究參與者一個兩難的困境，請他們解決並說出決策的過程，例如：「一個人如果接到想自殺朋友的電話時，他應該考慮到什麼和做什麼？」或者是「如果人們理解到他們無法實現生活中的願望，他們應該思考或做什麼？」，這些「想－說」的答案，用根據上述智慧的五大分類之七點量表來記錄（使用評估手冊）（Mickler & Staudinger, 2008）。每個分類都有五分以上的會被解釋為智慧的象徵；除此之外，參與

者會被要求完成一系列能力和人格測驗，以及生命史調查問卷。Baltes 有一些獨特研究的發現（Baltes & Staudinger, 2000; Baltes & Smith, 2008）。**圖 6.2**結合了分析智力（analytical intelligence）和人格的變項，例如社交智力和認知風格共同解釋了 15% 的智慧變異，生活經驗變項也是如此。分析智力由 IQ 測驗評估，人格特質由傳統人格問卷評估，都解釋了 2% 的變異。比較上述個人與團體在智慧任務上表現的研究，智慧較高層次的表現發生在團體的情境中，因為團體決策前都會先諮詢成員，由此可知，智慧可藉由合作性的諮詢加以催化。決策時，**若透過適當的提醒，可以使人們做出有智慧的判斷**。與智慧相關的高層次知識很罕見。智慧多半會出現在成人早期，很少人能超越這個階段的智慧程度，除非他們接觸的生活事件或專業訓練足以增長智慧。

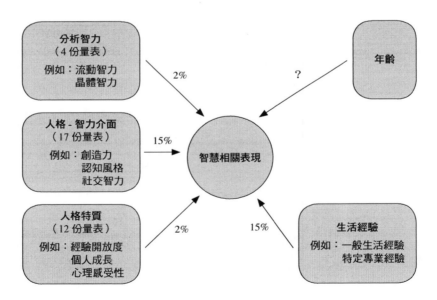

圖 6.2　預測成人智慧相關表現的因素

資料來源：摘自 Baltes, P., & Staudinger, U. (2000). Wisdom: A metaheuistic (pragmatic) to orchestrate mind and virtue towards excellence. *American Psychologist*, 55, 122-136 (p. 130). 美國心理學會許可 .

平衡的智慧

　　Sternberg（2009b）的智慧平衡理論來自智力三元論，因此簡短說明智力三元論如下。

智力三元論

　　Sternberg（2009a）的智力三元論（triarchic theory of intelligence）強調有效適應環境和成功運用智慧，包括實用智力、分析智力和創意智力。「分析智力」（analytical intelligence）是由引導智力行為的訊息處理能力所組成，「實用智力」（practical intelligence）是在個人技能和外在環境間創造最佳配對的能力，「創意智力」（creative intelli-gence）是運用經驗處理新奇或不熟悉的資訊。

分析智力

　　分析智力是由三組訊息處理要素所組成，即知識獲得要素、表現要素及後設要素。「知識獲得要素」包含選擇性編碼（從一組新的資訊中選擇重要的）、選擇性結合（將片段的新資訊組成有意義的整體）及選擇性比較（將新想法和已知的想法連結在一起）。「表現要素」包含問題元素編碼、比較個人所有的與其他可能的解決方案、以充分理由證明個人解決方案、執行解決方案。「後設要素」牽涉到使用知識獲得要素和表現要素，包含辨別問題、用可解決的語詞定義問題、形成問題的心智表徵、形成問題解決策略、分配資源以執行問題解決的策略、監控策略的執行，以及評估解決方案的有效性。

實用智力

　　分析智力對於解決定義清楚而且有單一正確答案的問題是有用的（像做數學問題），實用智力則對於解決定義模糊、解決方案多元的問題有用，例如應該為誤用藥物的朋友做些什麼，或使用地圖有效規劃路線。實用智力是分析智力的應用，用來解決日常問題。人們使用實用智力來適應目前所處的社會環境、改變或形塑成可以適應的社會環境，或選擇新的社會環境，使分

析能力和環境適應問題之間更適配。實用智力的一個重要層面是內隱知識，內隱知識屬於程序性知識（知道如何做某事），用來解決日常性的問題，達成直覺性的價值目標，此外，內隱知識也是在特定環境中所累積的經驗。

創意智力

　　創意智力指運用經驗找出方法解決新奇或不熟悉的問題，並將這些方法快速自動化的能力，因此可以空出認知容量處理更多新資訊。

智慧平衡理論

　　Sternberg（2009b）的智慧平衡理論來自智力三元論。依據平衡理論，智慧是應用實用智力和所需的內隱知識，目的在以公共利益的方式解決問題。公共利益的目標是由倫理價值所形成，這些價值需要正確或有益的資訊。這個模式見**圖 6.3**。

平衡興趣與多種衝突

　　智慧是以達到多重興趣平衡的方式，運用內隱知識以解決問題。多重興趣如：

1. 內省興趣（例如個人期望）。
2. 人際興趣（例如促進與他人良好關係可能涉及的問題情境）。
3. 外在興趣（藉由解決問題，讓好事可以多發生在每個人身上）。

　　智慧也涉及運用內隱知識解決問題，以達到環境脈絡裡各種型態回應的平衡。這些回應包含：

1. 適應目前的社會環境。
2. 形塑目前的社會環境，讓適應發生。
3. 選擇一個新的社會環境，讓分析智力和待解決的問題之間有較佳的適配，以達適應。

　　根據 Sternberg 平衡理論，智慧是運用實用智力平衡個人興趣與問題、

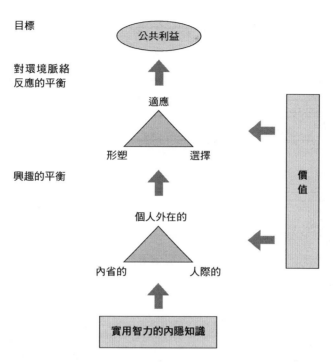

圖 6.3　Sternberg 的智慧平衡理論

資料來源：摘　自 Sternberg, R. (2000). Intelligence and wisdom. In R. Sternberg (Ed.), *Handbook of Intelligence* (p. 638). Cambridge, UK: Cambridge University Press.

社群，達成所有人的公共利益。智慧是解決多重互斥興趣的複雜問題的判斷或建議，包含遵循或適應環境、形塑更容易適應的環境，以及選擇一個能符合自己技能和興趣的新環境。

智慧和內隱知識

　　智慧運用了無法教導的內隱知識。內隱知識需要透過個人經驗，有可能是藉由楷模但不是正式的課程來形成。因此依據 Sternberg 的理論，雖然智慧不能直接教導，但人們可藉由成為某位專精解決複雜問題專家的學徒，而變得有智慧。事實上，像臨床心理學家、醫師及其他專家都透過這種方式

獲得智慧，他們經歷臨床督導的實習，觀察他們的督導如何解決複雜的問題，然後以類似的方式去嘗試，之後得到回饋。因為內隱知識和實用智力有特定的脈絡，因此人們是在有限的領域上發展智慧，而且在我們文化中的個人智慧，對其他文化來說不代表就不是智慧。智慧要解決沒有單一正確答案、複雜的問題，因此人們需要經歷 Piaget 所強調的智力發展階段，以及達到上述新皮亞傑主義（neo-Piagetian）提到的辯證思考階段（Riegel, 1973）。

為什麼有些人比較聰明？

依據平衡理論，智慧產生個別差異有很多原因。人們或許會在解決問題達到公共利益的目標承諾上有差異，或許對於什麼是好或正確的價值上有所差異，也或許人們在平衡多重興趣（內省、人際與個體外）和多重反應（適應、形塑與選擇環境）的能力上有所差異。人們或許在內隱知識的程度和層面的廣度上有所差異。智慧判斷的平衡歷程中，所有因素的差異可能是許多先前因素的結果，例如年齡、經驗、人格，以及實用創意和分析智力的影響。

在校園中教導智慧

基於智慧平衡理論，Sternberg（2001）發展出教導智慧的課程。他的課程整合了下列的基本原則：

1. 成為智慧判斷的角色楷模。
2. 請學生了解睿智決策的真實生活案例。
3. 鼓勵和獎賞學生做出有智慧的判斷。
4. 探究只專注於紙本學習和考試、職涯成功的想法，還不夠成就一個令人滿意的生活。
5. 展示明智、平衡的決策可使生活滿意。
6. 解釋相互依賴的用處，水漲船高的想法。
7. 在任何實踐的課程中，展示方法和目標一樣重要。

8. 幫助學生辨識自己的興趣、他人的興趣和機構的興趣，並在做判斷時能平衡它們。

9. 幫助學生了解適應、形塑以及選擇環境，並學習如何達到三者平衡。

10. 幫助學生形成個人價值，和理解公共利益，讓他們知道如何使用這些做出睿智的決定。

11. 展示從多元觀點了解事情，也讓學生理解在壓力中只能看見事情的單一面向。

 ## 發現天賦、創造力和智慧

這章所涵蓋一系列的實務應用，部分摘述於**表 6.2** 中，部分則詳述於下。

天賦

在兒童與青少年臨床心理學中，當父母問到如何栽培資優兒童時，天賦的研究發現：為了協助資優兒童避免適應上的問題，需要提供他們合宜環境的主流學校教育，和滿足特殊能力的額外教育。除此之外，他們需要接觸相似天賦的同儕團體。在家時，他們需要空間、時間和支持，讓他們發揮最大的特殊天賦。另外在臨床實務上，當我們給予晤談中的個案回家作業時，應該試著設計能讓個案使用優勢和天賦的任務，因為這樣他們更有可能完成任務。

創造力

創造力的發展包含一組可實際運用的歷程（Nickerson, 1999）。首先，提供自己一個**有許多選擇機會的環境**，在許多機會中去選擇一個領域或領域中有創意的部分。如果要為特定問題找到創意的解決方式，你需要一個無干擾環境，探索問題內在的眾多架構。你可以設定一個想要達到的目標，然後每天執行。在不被打斷的時間裡工作，然後寫下你達成些什麼。謹慎管理你

的時間。營造一個激發你創意的空間。多做些你喜歡的事，少做些你討厭的事。

　　第二，**創造一個願景**，你想要去哪裡、你想要解決什麼問題、你想要創造何種的藝術。如果你無法很精確，可以使用隱喻、情緒語言，以及模糊或有詩意的語言。當你感受到這個願景，聆聽你的內在直覺。

　　第三，**發展基本技能進入這個領域**，這些技巧可能是語言學、數學、音樂、藝術或體育。

　　第四個歷程是**沉浸在這個領域中**，專精所有關於這個特殊領域的知識，心中再現此領域的知識。從簡單表徵開始，長期目標在於增加精緻度。

　　第五個歷程是**創造一個鼓勵好奇和探索的脈絡**，包括練習敏銳的觀察、擴大注意外在世界相關的想法，以及讓自己用更廣的角度看事情。更廣的角度是指拋棄一般假設、規則及理所當然的慣例，甚至可以質疑正統。你需要像個兒童，新喜且好奇於事情為何如此，不然它們還會如何。每天嘗試注意三件會讓你驚喜的事情，並寫下來；也嘗試用自己詮釋世界的方式每天讓其他人驚喜，並寫下來。

　　第六個歷程是**激勵自己對創造力的熱情**，包括對任務真正感到興趣、聚焦在正在執行的任務上並完成它，以滿足個人，而非被這個工作的酬賞分心。接受讚美與酬賞以維持對任務的聚焦；但如果你的注意力持續在酬賞時，這份工作的熱忱將會降低而且減少創造力。為他人所設定的工作目標不利於創造力，但將他人的目標容納在個人未來的願景中則有利創造力。

　　第七個歷程是**做最好的自己**，而不是去打擊競爭者。如果你的目標是訂在比過去做得更好，而非是比他人更好，比較容易產出原創性的想法。

　　第八個歷程是**建立冒險的習慣**。當你產出可能性的想法或試探性的解決方案時，不管阻礙如何，不要太早下判斷和拒絕它們。新想法可能被高估，特別是需要冒險時；但如果你不冒險，就會順應慣例而無法產生原創。

　　第九個歷程是**培養樂觀信念**，增進創造力。若認為創意潛能全都是遺傳所決定，將會阻礙你的創意。有良好證據顯示，動機、承諾與堅持，和基

因一樣重要。

第十個歷程是**發展打破僵局的策略**。從主要目標退到次要目標，再從次要目標開始分析方法／目標，列出問題的所有屬性或潛在解決方案，再用不同方式結合，考量類似的問題，將問題以隱喻的表徵處理，將問題以視覺、聽覺及口語表徵方式來思考，考量極端案例（小或大），運用消除法、替代法、結合、修正、重新安排等要素重新思考解決方式。如果你仍然處於僵局中，將問題放到一旁，做些其他事情，例如睡覺、散步，讓自己可以沉澱思考，之後再重新整理問題。

第十一個，最後歷程是**要有耐心**。創意和原創性需要時間。大量的努力和產出，最創意的作品就會出現在你最多產的時候。

智慧

人生的價值是將失敗、失望、衝突、與日俱增的無力感及脆弱，整合到連貫的生命故事，而非只是挑選出非常勝利的傳奇故事。換言之是，對成就和失敗開放，接納我們的父母已經做到最好，雖然並非完美，但值得被愛；接納我們盡己所能的將生活過到最好，接納死亡的必然性、特別是當我們接近和度過中年後。

當推論一些問題時，基於個人的觀點、區域和社會脈絡，不同的人對什麼是對的或正確的有不同的信念，以及一個人隨著時間產生不同的想法，對於「論點—反論點—綜合」是永無止境的歷程。因此或許在某個時間點是絕對真實和正確的想法，之後就可以用新的證據來推翻；或者新舊想法會綜合成完全新的、看起來正確真實的想法。

欣賞許多主題和生活脈絡，例如自我、家庭、同儕團體、學校、工作場所、社區、社會及文化，以及欣賞人生中這些主題的多樣性和關聯性。辨別每個人有不同的生活優先順序考量。欣賞正在解決的問題，因為我們每個人都有機會經歷過去和現在的不完整資訊、對未來的不確定，以及訊息處理

能力的限制。雖然我們的判斷總是不完美且有限制，但應該一直開放和修正。

　　當在複雜情境下做判斷時，謹慎地平衡個人擁有的興趣和牽涉到的問題和社群，達成所有人的公共利益。有些人會遵照或適應環境，有些人則會採取某些措施形塑對他們來說比較容易適應的環境，以及選擇較符合他們的技巧和興趣的新環境。

 ## 無法簡單定義傑出表現嗎？

　　在天賦的領域中，爭論在於天生才能與密集練習的相對重要性（Sternberg & Davidson, 2005）。一些研究主張資優兒童的天賦是密集謹慎練習的產物；而有些人主張資優兒童的天賦是與生俱來的。有證據顯示，多數資優兒童在練習前，就表現出優秀的天賦，但之後被鼓勵去大量的練習，專精他們的天賦。

　　在創造力領域，關於創造力是在特定領域還是一般特質（Kaufman & Sternberg, 2010）。特定領域的支持者認為，創意者的獨特天賦、能力、才能、人格以及動機，是依循他們在特定領域中的發展史，大量的特定訓練，以及有利的社會脈絡，這個創造力不能轉換到另一個領域。著名的創意巨匠之個案研究證據支持這個觀點，如 Darwin 和 Freud。另一方面，提倡創造力是適用多重領域的一般特質者，研究顯示在各領域有創意的人在擴散思考的心理測驗得分高，在人格特質的測驗也有高得分，例如對經驗的開放。或許是創意需要某種程度上的分享或一般特性，也需要一些特定領域的天賦和訓練。可能大 C 創造力和專業 c 創造力是特定領域，小 c 創造力和迷你 c 創造力都是一般特質。

　　在智慧研究的領域，主要爭論在於智慧是人格發展的最後階段，還是專家知識系統（Ardelt, 2004）。

總結

透過心理學家研究，兒童期的天賦、成人期的創造力，以及晚年的智慧，是人生中卓越成就的三個歷程。Renzulli 提出天賦需要傑出的一般能力，創造力是特定領域中的高度能力，以及發展該領域技能的高度動機。Gardner 認為智力不是單一，而是許多不同的形式，包含語言、邏輯—數學、空間、音樂、肢體動覺、人際及內省。天賦，通常是其中一項表現卓越。Sternberg 的觀點是綜合智慧、智力及創造力，是發展天賦所必須的。在天賦的研究中發現，基因在天賦發展中扮演重要角色，但大量的練習也可以提升他們的表現。資優兒童通常在以兒童為中心的家庭中長大，父母是努力工作、高成就的楷模，家庭提供知性和藝術性刺激的環境、讓兒童高度的自主，並期待他們高度卓越。相較於其他非資優同儕來說，年輕資優者焦慮層次較低，但資優生與非資優生在憂鬱比率和自殺概念構成上並無差異。資優者因為基因或經常性的練習，大腦以專家展現的方式發展，因此，他們的大腦功能比非資優的相似者更有效能。多數資優兒童長大之後，變成在他們的領域中調適良好的成功專家，但並非創意天才。

創造力是一個歷程，透過一個人在特定環境脈絡中產出新奇且實用的作品。Csikzentmihalyi 主張創造力是有系統的歷程，創意個體沉浸在一個領域中，發展出原創想法，並將其呈現給此領域中的實際工作者。創造力發生在某些領域和文化、學門和社會中，以及個人屬性可能的偏好中。依據Sternberg 和 Lubart 的創造力投資理論，創意者「買低賣高」，也就是他們會「買」較無發展性且不流行、不熟悉，但卻具有成長潛能的想法，投資和發展它們，並讓在這領域中的人「購買」它們。創造力研究聚焦在創意作品、歷程、人們以及環境。在創意作品區分的研究，已劃分為卓越和日常的產出，或者是大 C 和小 c 的創意力。除此之外，迷你 c 和專業 c 的創造力也被區分，創意學習和創意專業活動之作品也被加以區分。創意者的研究發現，他們擁有的特質如下：內在動機、擴散思考、中高但非特殊的智力、對經驗

開放、外向、神祕主義、情緒敏感度、心理病理學特質，以及有創傷後問題。某些人的創意力受到基因影響，可能來自精神分裂和躁鬱症的心理特質。創造力歷程受到正向情感，而且廣泛地依循一系列階段，如準備、醞釀、洞察及驗證。儘管大的覺察通常奠基於多元小覺察之上，但主要創意的貢獻大多數發生在沉浸於該領域大約十年之後。在創造力的洞察階段，右腦較為活化，許多大腦區域進行多樣創造力認知階段，但這並非專在「右腦」的現象。家庭、工作團隊和文化的特定型態催化了創意力。高度創意者的家庭，一般而言支持他們在創意上所做的努力，但對非常有創意的人而言，在他們的家族史通常會發現失落和創傷經驗。創意工作團隊有各式各樣的會員，支持革新，致力於團隊目標和卓越，他們也具有凝聚力和良好的溝通，共享決策。有效的創造力訓練課程，聚焦在創意力核心的認知技巧發展，而非發展動機、人格特質或人際技巧。個人主義的文化倡導創造力，而集體主義文化倡導順從。

　　一般人所持智慧的內隱知識，包含特殊程度的同情、認知能力、洞察力、直覺，以及願意對議題謹慎反省。外顯理論視智慧為人格，或需要人格和認知歷程的高度技能發展。Baltes 視智慧為專家知識系統，關注連結心智和美德的生活實用學。Sternberg 認為智慧是智力和創造力的應用，透過價值觀調節，以達到公共利益，包括內省、人際以及長短期的外在興趣之平衡，而且會在選擇新環境、適應或形塑目前環境之間達到平衡。

表 6.2　發現天賦、創造力和智慧

方向	策略
幫助資優兒童	● 給予資優兒童主流學校教育的合宜課程，以及滿足他們獨特能力的額外教育。 ● 安排資優兒童進入有相似天賦的同儕團體。 ● 在家支持他們特殊的天賦發展。
聚焦優勢	● 設計能運用優勢和天賦的回家作業，提高個案去做的機會。
培養個人創意	● 提供自己一個環境，是有很多機會去選擇一個領域或領域中具有創意的部分。 ● 每天自我設定一個問題，並用有趣的方式解決。 ● 每天營造一個不被干擾的環境，以探索問題內在的多種結構。 ● 在不被打斷的時間裡工作，然後寫下你做到些什麼。 ● 創造一個願景，你想要解決什麼問題或你希望創造何種藝術。 ● 在創造直覺願景時，如果你無法非常精準，可使用隱喻、情緒語言，以及模糊或具有詩意的語言。 ● 發展基本技能來進入此領域（語言、數學、音樂、藝術或運動） ● 專精所有相關特定領域的知識，好讓它們可以在心中重現。 ● 擴展你對內、外在世界注意力的廣度，拋棄常用的假設、規則及理所當然的慣例。 ● 質疑正統，欣喜好奇事情為何會如此。 ● 聚焦在正在做的工作並完成它，以滿足自己，而非外在酬賞。 ● 盡自己的全力於工作上，而非為了打擊競爭者。 ● 當你有一些想法或試驗性解決方案時，就去冒個險，無論有何阻礙。 ● 樂觀可以增加你的創意表現。 ● 當你處於僵局，從主要目標退後到次目標，然後再從次目標向前。 ● 當你處於僵局，列出問題和潛在解決方案的所有屬性，然後以不同方式重新結合；思考極端值（小或大）；使用刪除、替代、結合、修正或重新安排等要素，重新思考解決方式。 ● 當你處於僵局，思考一個類似的問題，以隱喻的表徵處理，將問題以視覺、聽覺及口語表徵方式來思考。 ● 當你處於僵局，將問題放到一旁，做些其他的事，讓自己沉澱思考，再重新整理問題。 ● 努力產出創意，你最有創意的作品將會出現在你最多產的時候。
做出睿智判斷	● 面對複雜的問題時，記得我們每個人都有機會碰到過去和現在不完整的資訊、未來的不確定性，以及受到資訊處理能力的限制；因此我們的判斷總是不完美而有限的，應該一直開放修正。 ● 當試解決複雜的問題時，了解不同的人對正確和真實的不同信念是根據所屬區域和社會脈絡，也要記得人們的想法會隨時間而不同。 ● 複雜的問題需要考量許多主題和生活脈絡，例如自己、家庭、同儕團體、學校、工作場所、社區、社會和文化，以及這些在人生階段的多樣性和關聯性。 ● 判斷複雜問題時，平衡你個人的興趣以及牽涉到的問題、社群，以達所有人的公共利益，並預期這樣的決策可以讓某些人符合或適應環境，某些人能形塑環境，某些人則選擇適合他們技能和興趣的新環境。 ● 晚年你可回顧和一連串生命故事中的失敗、沮喪、衝突、與日俱增的無力感，以及脆弱，而不是只選擇極勝利的傳奇故事。

問題與討論

個人發展

1. 描述過去幾個月來，你成功找到了創意的方式解決難題或做出睿智的判斷。

2. 你用了什麼方法來處理？

3. 描述過去幾個月來對你來說是嚴峻的狀況，但你找了有創意的方式來解決難題或做出睿智的判斷，但並沒有成功。

4. 你必須要有什麼樣的技巧，才能夠找到創意的方式解決難題或做出睿智的判斷？

5. 你現在可以採取什麼方法來建立這些技巧？

6. 採取這些方法，有什麼代價和收穫？

7. 採取一些方法，並評估對你的幸福感的影響，可以利用第一章的幸福量表做前後測的比較。

進一步研究

1. 設計和執行一個研究去測試創造力和智力之間有顯著相關，但在快樂與創造力或智力之間沒有顯著相關。

2. 透過 PsycINFO 的搜尋「天賦」、「創造力」及「智慧」等詞語，包含過去數年來已發表的文獻。確認你感興趣且可複製和延伸的研究。重複執行。

Chapter 7

正向自我

　　我們認為理所當然的我，其實不見得如此（Baumeister, 1997, 2010）。中世紀時人們的自我認同與社交地位、職業及家庭背景有關，而且人們不會想去改變。人們的自我認同很大程度取決於他們在社會中的地位，因此許多現代人的主要議題——個人發展，當時在某種意義上也不會產生。人們學習專業，許多人被家族安排婚姻。在西方猶太－基督教的社會中，基督教的價值和信念引導了大部分的人，他們信仰上帝，相信上帝會引領他們進入良善和無罪的生命，獲得來世的救贖。他們相信統治者，並相信如果他們完成社會中的責任，統治者就會保護和赦免他們。不過，這些約束並未對個人發展或個人成長的差異造成太大的影響。現代早期階段（1500-1800）開始對人和個體的特殊差異上產生興趣，自傳寫作和關注人們生活經驗間不同的細節開始興起。此後開始聚焦在人的內在生命，並相信透過藝術、文化、禪思及詩，可以對人類內在有更深層的了解，藉此提升滿足感，這時又剛好遇到對於宗教、君王制及相關價值信念的質疑。人們開始質疑自己所信仰的上帝、君主及自我價值觀。民主也開始取代君王制，人們選擇他們想要的領導者，而不再以上帝之名任命擔綱。十九世紀初期，透過 Sigmund Freud（1856-1939）的理論，潛意識的想法開始普及，除了延伸「內在自我」的概念，也闡明了實現自覺（self-knowledge）和個人發展是具有挑戰性的工作。生命週期理論，如 Erik Erikson（1902-1994）提出在生命週期發展的過渡點上，人們開始質疑生自己的生活方式，產生認同危機，遂而選擇改變生活的方式（Erikson, 1959）（相同內容在前一章中已討論）。此認同危機意味著自我從社會和宗教脈絡中分離出來，這樣的想法也被地域、社會與職業的流動所激盪，且財富增加逐漸讓人有更多的自由去選擇不同的生活方式。科學革命使科技日益增進，也助益了財富和流動。儘管「自我」的現代概念已經被解放，但也意味著需要付出代價，因為逐漸難以相信超自然秩序或社會秩序，於是人們被迫從別處尋找價值。大多數人於是轉向自我或親密的個人關係去尋找價值來源。關係的主題將於第八章中說明，而目前主要討論「自我」。過去的「自我」，一般被認為是自私，帶有輕蔑的味道；而在現代心理學中，

卻有很多關注自我（self-focused）的正向名詞，特別像自覺、自尊，自我效能、自我評價，以及自我節制（self-regulation）。這些術語中，有許多與正向心理學有關。

 ## 自我的複雜面貌

客體自我（self-as-object）、主體自我（self-as-subject）或代理自我（agent）之間的區別，一直是心理學文獻中探討的主題，William James（1842-1910）在開創性的作品《心理學原理》（*Principles of Psychology*）（James, 1890）中首次提出。自我的兩種觀點見**表 7.1**（Robins *et al.*, 2008）。客體自我的結構由社會心理學、認知心理學、行為心理學及敘事心理學所組成，例如自我概念、自我基模、自我是習得技能的組合（self as a set of learned skills）、敘事的自我（self as narrative），語言建構自我（self as constructed in language）、社會建構自我（self as a socially constructed），以及文化的既定現象（culturally determined phenomenon）。在傳統的發展，代理自我是理論的核心，強調自我的生物學基礎，認為自我是意識的代理人，具有感知、學習、交流及適應環境的能力。代理自我同時支持精神分析的概念，認為自我會被驅使去追求衝突性目標，例如攻擊性的自我保護（self-preser-vation），生殖繁衍（sexual self-reproduction），以及社會合作（social co-operation）。相對的，追求理想我或可能我隱含著兩個面向的自我研究，特別是在自我評價和自我節制上，已經凸顯出正向心理學中重要的優勢。

以客體自我的觀點來說，高自尊和高自我效能的信念有助於個人優勢與復原力（Bandura, 1997; Maddux, 2009; Mruk, 2006）。當我們正向評價自我時，我們就能擁有較佳的健康和幸福（高自尊），並且相信自己未來在追求的事業上能夠成功（高自我效能）。有效地因應生活挑戰，並使用適應性防衛機制來處理心靈內的衝突是代理自我的觀點。當我們使用某些因應策略處理生活挑戰，使用某些防衛機制去處理由衝突、性、攻擊及社會動機而引

表 7.1　自我的兩種觀點

主體自我／代理自我	客體自我
自我覺察	自我表述
主動的我	接受的我
意識我	自我概念
意識狀態集合的自我	自我基模
自我是知覺者	自我是知覺客體
自我是適應環境的生物有機體	在社會與文化中社會建構的自我
有學習能力的自我	自我為習得技能的組合
自我是發言者	語言建構的自我
主觀經驗	自我敘事和自傳式記憶
達成（衝突性）目標的自我	追求理想我和可能我
自我節制	自我評價信念
為因應策略和防衛機制的使用者	自我基模與自我效能

資料來源：摘　自　Robins, R., Tracy, J. & Trzesniewski, K. (2008). Naturalising the self. In O. John, R. Robins, & L. Pervin (Eds.), *Handbook of personality: Theory and research* (Third Edition, pp. 421-447). New York: Guilford Press.

發的焦慮時，我們就會有更好的健康和幸福（Parker & Wood, 2008）。這些議題將在本章中詳盡敘述說明。

 自尊

William James（1890）解釋自尊是一種自我價值感，從實際成功到自命不凡（pretensions）的比率。自命不凡是指我們對潛在成功的估算，而此來自於我們的價值觀、目標及抱負。這個定義意味著**自我價值感來自於比較我們是如何，以及我們嚮往未來如何**。現代心理學一致認為，自尊不是單一結構，

它是有階層的組織。整體的自尊是基於對自我價值的一般判斷,而自尊的次型態是基於不同脈絡中自我價值的評估,例如在家庭、學校、工作環境、休閒環境或同儕團體(Mruk, 2006)。

測量自尊

測量自尊有許多種方法(Heatherton & Wyland, 2003),例如多維自尊自陳式問卷(Multidimensional Self-report Self-esteem Questionnaires)評估自尊的許多面向。設計良好且具信效度之評量的是 O'Brien 和 Epstein(1988)的成人多維自尊問卷(Multidimensional Self-Esteem Inventory for Adults)和 Battle(2002)的兒童與青少年的跨文化自尊問卷(Culture Free Self-Esteem Inventories for Children and Adolescents)。O'Brien 和 Epstein(1988)的成人多維自尊問卷是全面性的,可以在整體自尊、能力、可愛、討喜、個人權力、自制、道德的自我審核、身體外觀、身體機能,以及防禦性自尊強化的項目上評分。Battle(2002)的兒童與青少年跨文化自尊問卷則是在整體或一般性自尊、父母或家庭的自尊、學業自尊,以及社交自尊等面向獲得分數,同時也包含檢測防衛性回應的說謊量表。

以篩選為目的的單維自尊評量包括:Rosenberg(1979)的自尊問卷(Self-Esteem Inventory)、Nugent 和 Thomas(1993)的自尊評定量表(Self-Esteem Rating Scale)以及 Coopersmith(1981)的成人與青少年之自尊問卷(Self-Esteem Inventories for adults and children)。

自我概念問卷主要測量自我感知(self-perception),有些研究人員用此做為自尊的指標。Piers-Harris 的兒童自我概念評量(Piers-Harris Children's Self-Concept Scale)(Piers & Herzberg, 2002)與田納西自我概念評量(Tennessee Self-Concept Scales)(Fitts & Warren, 1996)是用來評估成人和兒童自我概念的有效測量。

在實驗研究中,自尊狀態評量(State Self-Esteem Scale)主要聚焦在自尊變化的情境因素上(Heatherton & Polivy, 1991)。此量表共有 20 題,會

產生一個整體分數，以及在表現、社交與外觀狀態等的自尊指標分數。

自尊的發展

　　回顧當代自尊的相關知識可歸納出許多自我評價的相關信念（Baumeister, 1997; Harter, 2008; Kernis, 2006; Mruk, 2006）。對於孩童的優點與限制都能接納的父母，同時也會設有清楚明確但可達到的高標準，以支持孩童發展高自尊。高自尊與父母穩定的權威型態有關，會在環境中給予兒童溫暖和尊重，並與兒童討論良好行為的標準和規則。相對的，父母若是易變、放任、嚴格專制、排斥或辱罵，孩童容易產生低自尊。**父母的榜樣和角色模範深深影響自尊的發展**，而且比口頭的指導影響更大。父母能以積極解決問題的因應風格面對生活中的一起挑戰，則更有可能以身教來協助孩子發展高自尊。迴避型教養因應風格與孩童的低自尊發展相關。另外，自尊也被廣泛的社交因素影響，特別是社經地位；高社經地位與高自尊有關，而貧窮與低自尊有關。

　　隨著時間來看，自尊是相對穩定的。整合了 59 篇研究後設分析中，黃瓊蓉（2010）發現自尊在兒童到青少年的前十年間會逐漸緩慢的增加，但是超過 30 歲之後就很少有變化，大部分改變發生在青少年最初的十年間。**自尊的穩定性有部分來自於人們處理自我訊息的方式**。當人們正在處理特別有關自我評價的訊息時，似乎就會受到一些動機的影響，如自我強化、保持穩定的自我觀，以及獲得他人贊同（Robins *et al.*, 2008）。面對和自我有關的新訊息時，高自尊者會用偏誤的自我強化來處理，以符合自我正向的觀點和希望獲得他人贊同。相對地，低自尊者則選擇性地加強負向自我評價的新訊息。

自尊的相關因素

　　高自尊與低自尊者的特質受許多因素影響（Baumeister, 1997; Bednar & Peterson, 1995; Brown, 1998; Mruk, 2006; Robins *et al.*, 2008; Swann *et al.*,

2007）。高自尊與個人、社會、教育及職業的良好適應有關，也與以下面向有關，包括正向情感、個人自主、兩性融合（androgyny）、內控、較佳的自覺、能設定合適的目標、實現個人的承諾、高成就、合宜地因應批評或負向回饋、良好的壓力管理、低度批評自我和批評他人、擁有影響他人的權利與技能、以道德行事，以及被他人接受與認可等有關；相對地，低自尊與較差的個人、社交、教育和職業適應有關，也與許多的心理健康問題有關，包含憂鬱、焦慮、藥物濫用、飲食疾患、難以創造與維持穩定關係、較差的壓力管理、在壓力下免疫系統功能較差，以及自殺。高自尊者著重在強化自己的看法，並尋求機會脫穎而出；如果他們在實驗任務中接收到負向回饋，他們會堅持一段時間後再放棄會失敗的任務。然而，低自尊者關注在自我保護、避免失敗、避免被屈辱或否決；即使實驗任務失敗，還是會繼續堅持到成功為止。**高自尊者會藉由發揮本身的優勢，尋求能脫穎而出的機會，以強化自我觀點；而低自尊者會找出自己的缺點，讓自己可以修復到適當的狀態，而且盡可能避免失敗。**

有爭議的是自尊所帶來的好處。有些人認為高自尊者的自我評價和自我價值都較高，因此也會認為自己在個人、社會及職業上的適應都較為良好（Swann *et al.*, 2007）。其他的爭論則指出這些好處是高自尊的起因，而非高自尊帶來的影響（Baumeister *et al.*, 2003）。在現有證據的回顧中，Baumeister 等人（2003）歸納出自尊有兩項好處：**提升幸福感，也能讓人更加主動。**許多被認為是自尊帶來的好處，事實上有可能是自尊的起因。舉例來說，實驗研究並未顯示增加自尊會有更好的工作或學業表現，但好的學業和職業表現卻提升了自尊。

自尊的性別差異

為了確認自尊在特定領域上的性別差異，Gentile 等人（2010）針對超過 32000 位參與者的 115 篇後設分析中發現，男性在外表、運動、個人自尊上的得分明顯高於女性；相對的，女性在行為、倫理或道德方面的自尊得分

則高於男性。男性與女性在學業、社會接受或家庭相關的自尊皆有差異。

防衛性自尊

有些人認為高自尊就像是在防衛負向社會評價一般。O'Brien 和 Epstein（1988）的成人多維自尊問卷中包含評估防衛性自尊（defensive self-esteem）強化的子量表。防衛性高自尊的特徵為吹牛和批評他人，而且對他人的批評極端敏感，常以不適當的攻擊回應他人的批評。這些狀況和伴有憂鬱、焦慮及社交退縮的低自尊者有些不同，但仍然可以反映出潛在的低自我價值感。

圖 7.1 中 Mruk（1999, 2006）的自尊兩因子模型提供一個理解防衛性自尊的架構。在此模式中的兩軸，一為「能力」，是完成任務的技能；另一為「價值」，是價值的情感經驗和價值的認知判斷。在這個模式裡面，有高能力和高價值的人會有高自尊；低自尊、負向及憂鬱，則與低能力和低價值有關。

根據此理論，有兩種類型的防衛性自尊。具有此兩種類型防衛性自尊的人，在許多脈絡下的行為會類似高自尊者。然而，當他們的弱點受到挑戰時，他們的表現卻不符合高自尊者的方式。第一類型的防衛性自尊與「**低能力和高價值**」相關，這類型的人由於無能和不適感，所以對於批評會極端敏感。當他們感到自己的能力被挑戰時，為了抵抗與不適感有關的焦慮，就會產生吹噓的防衛表現，過度使用了防衛機制；或者他們會批評與責怪他人，此則為防衛性取代，是以自編自導（self-directed）的方式批判他人。自我中心（self-centred）的人有著中等程度的第一類型防衛性自尊，而極端第一類型防衛性自尊者與自戀型人格障礙有關。

第二類型的防衛性自尊與「**高能力和低價值**」有關。此類型的人對自己的價值受到批判極端敏感，因為他們隱藏著無價值感。當他們感覺自己的價值受到挑戰時，為了對抗與低價值感有關的焦慮，就會埋首於工作，進而創造卓越的成就，以昇華（sublimation）的方式作為防衛。透過超越預期的

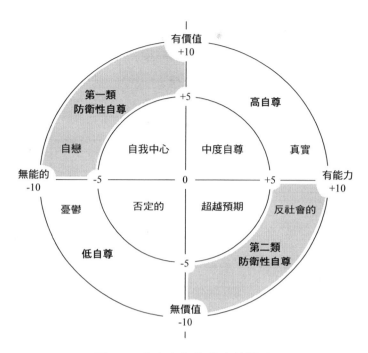

圖 7.1　能力與價值的自尊模式

資料來源：摘自 Mruk, C. (1999). *Self-esteem* (Second Edition, pp. 164-165). New York: Springer.

成就，以工作狂的行為彌補低價值感。另外，他們可能會以霸凌或不當攻擊的方式回應有關價值感的批評和威脅。

提升自尊

William James（1890）所定義的自尊是對未來期望達成的比例，而就提升自尊的策略來說，Chris Mruk（2006）提出的「自尊的能力和價值模式」，包含：技能訓練、環境改變、認知療法，以及利用轉換（transitions）來提升自尊。技能訓練可增進能力，包括訓練問題解決技能、社交技巧、自我肯定技巧、學業技能，以及工作相關技能，而這些視「能力」的狀況而定。由貧窮、弱勢、環境改變（如職業再訓練、職業安置），或者是社交處境不利

所造成的低價值感者，都很適合提升自尊。儘管已有實際的成就，來自於不切實際的高度期望所致的低價值感，可以用認知療法來挑戰這些過高的標準。低自尊者以認知偏見過濾掉不符合負向自我評價的正向回饋，所以認知治療協助人們重新調整這個過濾機制（Swann, 1997）。只有將技能用於挑戰不切實際的高標準，以及重新獲得被篩去的正向回饋，人們才會接受正向確定的回饋、體認新學到的問題解決技能和社交技能所帶來的成就價值、利用生涯轉換點來激發提升自尊的潛能（如轉換工作）、重新安置，或者是創造一個生命週期發展的轉換，例如大學畢業。

越來越多證據說明了自尊提升方案的效果，特別是對年輕的族群。在一份 116 篇研究的後設分析中，Haney 和 Durlak（1998）發現兒童和成人的自尊提升方案有中度的效果（0.57）；也同時發現，治療性的方案比預防性的方案更為有效，特別是如果方案是基於明確的理論基礎。Durlak 等人（2010）的另一項後設分析指出，與控制組相較，參與「課後個人和社會發展方案」的兒童和成人，自尊都有顯著的增加，而且在學業成就、社交行為以及學校人際關係也都有進步。此有效的方案教導年輕人確認個人與社交技能，並在連貫的脈絡中使用主動的學習技術，並聚焦於特定的目標。現在已經有一些證據具體說明提升成人自尊的介入效果，在一份綜合 113 篇研究的後設分析中，Spence 等人（2005）發現，參與生理運動方案會提升些許自尊（d=0.23），但自尊的大量提升，是發生於體適能有明顯改變的人，如同參加運動和生命週期改變方案的結果。

自尊與整體自我價值評估有關，而自我效能（接著會詳細說明）則與特定能力的具體評價有關。

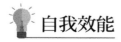 自我效能

史丹福大學任教的 Albert Bandura 教授是自我效能理論的鼻祖。自我效能是社會認知理論下的一組概念（Bandura, 1997, 2008; Maddux, 2009）。知

覺自我效能（perceived self-efficacy）是在某個特定領域，**我們以自己擁有
的能力去組織和執行任務，最後有效率地達成特定目標之信念**。效能信念引
導著我們大部分的生活，因為我們通常會追求某個行為方針，是因為相信這
會帶來想要的結果；我們很少會用可能會失敗的想法激勵行為。根據
Bandura 的說法，在任何領域，效能信念（或對我們能力的判斷）的運作視
我們對行動結果或效果的期望而定。如果我們期望成功，並達成想要的結
果，爾後此行動就會被當成激勵；如果我們期望不成功，此行動就像是一種
抑制（disincentive）。這些效能信念和某些結果的預期決定了我們的表現行
為，而此也可能導致某些成果。舉例來說，假使我判斷自己能在每小時 25
英里風速的環遊比賽中，駕船行駛 14 英尺，這就是一個自我效能的信念。
結束勞累的比賽上岸後，預期會身心愉悅，而且還能贏得帆船比賽，其他競
爭者也會因為這場勝利而對我有社會認同，這種自我滿足是生理的、社交的
及自我評價的正向結果預期。帆船環遊的行動本身就是一種表現，這跟依循
成功表現模式的結果有所不同。這個理論如**圖 7.2** 所示，在任何領域，效能
信念的運作有不同的程度、強度與概括性。

　　這些信念會引導我們預期自己行為表現的結果，我們會對生理性和社
會性的結果有所期待，也會連帶影響我們評估自己是好或壞，這種預期會沿
著一組正向到負向的連續體變化。表現並非總是影響結果，舉例來說，在許
多工作（例如，在愛爾蘭的公職服務）接收到的酬薪程度並非依工作表現而

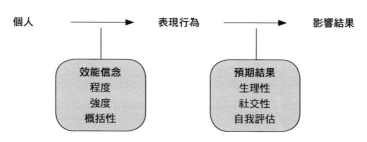

圖 7.2　自我效能信念與預期結果之間的關係

資料來源：摘自 Bandura, A. (1997). *Self-efficacy* (p. 22). New York: Freeman.

定；然而，表現與結果有關，效能信念預測某些領域的期望和實際的結果，包含學業與職業的表現，還有控制的習慣，如飲食、藥物使用、對醫療制度依賴及焦慮管理。

　　自我效能和自尊有差異。自尊與個人價值的判斷有關，自我效能則與**個人能力的判斷**有關，這些是獨立的結構。自尊影響我們一般的情緒；在特定任務上成功的自我效能信念則決定了我們如何表現。

　　使用Bandura的模式，知覺自我效能、行為與外在環境之間是互惠關係。對特定的預測行為，最好以特定領域的自我效能測量加以評估，通常是單項題的百分點（100-point）評定量表。比起一般自我概念或自尊的測量，以特定領域方式評估自我效能信念，更能有效預測行為（Bandura, 1997）。

測量自我效能

　　在特定的狀況下，我們能多有效率的使用自己的技能──這個信念是知覺自我效能測量的指標。自我效能的測量會按照不同特定領域的定義而不同（Bandura, 1997），例如，對抗性病的自我保護能力或在暴風雨中航行的效能信念。不同的領域使用了不同的測量，皆為單項題的百分點量表。

自我效能的來源

　　自我效能信念由 4 種資訊來源建構：

1. 掌握的經驗。
2. 替代性經驗。
3. 社交遊說。
4. 生理和情緒狀態（Bandura, 1997）。

　　復原的自我效能（resilient self-efficacy）來自經驗的掌握，目標達成是透過毅力和克服障礙。觀察持續努力而成功的他人也會提升自我效能。假使人們說服自己可能成功，然後透過指導者給予可掌握的挑戰，自我效能信念

就會被增強。最後人們的自我效能信念會在身體狀況良好和正向情緒中追求目標而被強化。

自我效能的結果

自我效能信念的調節運作是透過認知、動機、情緒及選擇的歷程（Bandura, 1997, 2008）。在認知上，高知覺自我效能者表現出足智多謀、彈性策略，以及處理環境方面挑戰的效能。他們運用未來時間的觀點來面對自己的生活，把重點放在潛在有利的機會而非工作上，他們會想像成功的結果，並以此引導解決問題的努力方向。

在動機上，高自我效能信念者設定挑戰性目標，並預期自己的努力可以產生好結果。他們認為失敗為可控制的因素，像是努力不足、不適當的策略、或是不利的情況，而非不可控制因素，例如能力不夠。他們同時也認為障礙是可以克服的，因此持續積極地為達成目標而奮鬥。

人們將潛在威脅解釋為可處理的挑戰，減少對潛在威脅的擔憂和負向思考，這樣的效能信念可以調節情緒狀態。此外，藉由促進問題焦點的因應來改變潛在威脅環境情況，給予人們去爭取社會支持作為對抗壓力的緩衝，也可促進自我舒緩技巧的應用，像是幽默、放鬆和運動，來減少對潛在環境的威脅，這些也是以效能信念來調節情緒狀態。

自我效能信念能提高免疫系統的運作、使身體更健康、有更好的復原力來面對壓力，以及擁有更佳的心理與社會適應。在特定領域裡，例如工作、運動、體重控制、戒菸、使用酒精及心理健康問題，自我效能信念的發展確實能產生正向結果（Bandura, 1997, 2008; Maddux, 2009）。

自我效能的相關構念

有一些與自我效能相關，值得一提的構念。Julian Rotter（1966）在 1960年代提出了「控制信念」（locus of control）的構念，這是自我效能理念和樂觀解釋風格的先驅。根據 Rotter，對增強來源的期待，每個人有所不同，無

論是自己可掌握的或受外在因素的影響，如機會、命運，或是其他有力人士的行動。許多文獻皆支持，對大部分的人來說，控制信念有利於心理適應與身體健康（如 Fournier & Jeanrie, 2003; Lefcourt, 1982）。許多工具被用來發展測量控制信念，包括 Rotter（1966）的原始 I-E 量表（original I-E）和兒童控制信念量表（Locus of Control Scale for Children）（Nowicki & Strickland, 1973）。因素分析顯示控制信念是多面向的，每個信念下都有不同的因素，包括事件是否被自我、機會、命運或有力人士所控制。因此，也發展出多面向的量表，例如多面向控制信念量表（the Multidimensional Locus of Control Scale）（Levenson, 1973）及多面向健康控制信念量表（the Multidimensional Health Locus of Control Scale）（Wallston et al., 1978）。這些發展的趨勢反映研究者們想去確認特定領域的控制信念之想法和期待，這也是 Bandura（1997）自我效能理論中最極致的表現。儘管 Bandura 堅持效能信念是高度特定領域的，但一般自我效能量表已被發展用於評估掌控環境方面的整體效能期望（Sherer et al., 1982）。量表同時也被使用於評估其他控制信念系統的個別差異，例如掌控欲（desirability of control）（Burger & Cooper, 1979）。知覺控制（perceived control）的效益部分取決於掌控欲。Antonovsky（1993）則發展出生活融通感（sense of coherence）的測量，這個構念與面臨重大創傷的復原力有關，例如戰後的移民。

生活融通感量表（Sense of Coherence Scale）可評量個人對生活情境在意義性、可理解度與掌握度的知覺程度。而掌握度與其他相關的控制構念有共同的特點。Kobasa（1979）發展的堅韌性格量表（Hardiness Scale）預測在生活壓力下健康和幸福的增加與持續。量表評估的信念包含：生活情境之重要面向的掌握、面臨生活挑戰的預期，以及尋找生命意義的連續。整體而言，介入方案的目的是為了強化個人超越生理與心理困難的掌控感，而從這些實證研究證據顯示，這些介入是有效的（Thompson, 2009）。

處理和掌控生活中的挑戰有多種方法，包括內在的與環境的，這些都是心理防衛機制和因應策略的核心，接下來會加以討論。

防衛機制

　　防衛機制（defence mechanisms）與因應策略，都是在解釋我們如何從強烈的焦慮與挫折中保護自己。然而，在兩種構念與心理歸因歷程之間，卻有著極大的差異（Parker & Wood, 2008）。在傳統認知行為內發展的因應策略，解釋了我們如何有意識地處理外在要求（例如考試）超過個人資源（例如我們對教材的記憶）的情境。另一方面，在傳統精神分析內所演化而來的防衛機制，解釋了潛意識的歷程（例如壓抑）如何調節與心靈內在因素有關的負向情緒（例如痛苦的回憶或不被接受的性和攻擊衝動）。

　　防衛機制的概念由心理分析創始者 Sigmund Freud（1856-1939）帶入現代心理學中（Freud, 1896）。防衛機制的核心想法以不同的方式貫穿 Freud 各種理論的發展，也是各種潛意識的心理策略，被用來逃避、扭曲或隱藏不被接受的衝動與想法於意識之外。Freud 的女兒，Anna Freud（1895-1982）在 1936 年出版的《自我與防衛機制》（*The Ego and the Mechanisms of Defence*）中整理和延伸父親對於防衛機制的看法，書中介紹了大部分的防衛機制，以及二十世紀後半出現的其他心理分析，如**表 7.2** 所示。

　　防衛至少以三個方式概念化（Conte & Plutchik, 1995; Cramer, 2006; Valliant, 2000）。在 Freud 最早的作品中，防衛是為了排除實際創傷事件的記憶（例如性侵），避免再次歷經傷痛。Freud 之後所提出的防衛結構模式，則將防衛概念化為自我心理策略，因應不被接受的衝動（來自本我的性與衝動）和良知（或超我）的禁止之間的衝突而產生的焦慮。然而，如果有某人表現出不被接受的性或攻擊衝動，將會經驗到行為結果所帶來的焦慮，因為這違反超我的禁令。違反這些禁令會帶來和壓力相關的內在歷程（例如罪惡感）與外在歷程（例如性或攻擊衝動行為受害者的憤怒和報復）。防衛機制被用來調節或減少焦慮和其他伴隨衝突的負向情緒狀態。

　　客體關係理論（object-relations theory），自體心理學（self-psychology）以及人際心理分析傳統中對防衛有些微不同的看法。對於表現自己不被主要

表 7.2　不同成熟度的防衛機制

層次	防衛的特點	防衛	調節外在壓力和內在願望
高適應層次	在不被接受的衝動與利社會願望之間找到最佳平衡,以達到最佳滿足;以及允許衝動與願望之間衝突的意識覺察	預期	在衝突或壓力發生之前,考量這些情緒反應及其後果;並針對這些問題的情緒狀態之解決方法,探索其利弊得失。
		親和	尋求他人的社會支持,與他們討論問題;但並非要他們對問題負責或一定要減輕問題所帶來的壓力。
		利他主義	為滿足他人需要而奉獻,並從中獲得滿足(沒有過多的自我犧牲)。
		幽默	用一種挖苦或有趣的方式重新定義衝突或壓力的情境。
		自我肯定	直接但非脅迫的方式,表達與衝突有關的想法或感受。
		自我觀察	監督情況是如何導致衝突或壓力,並使用這個新的認識來修正負向情緒。
		昇華	將衝突或壓力所帶來的負向情緒轉換成社會可接受的方式表現,例如工作或運動。
		壓抑	刻意避免衝突或壓力的思考。
精神抑制(形成妥協)的層次	將不被接受的衝動排除於覺察之外	轉移	將對一個人的負向感覺轉嫁到另一個較少威脅性的人。
		解離	意識、記憶、知覺或動力行為之整合功能的損壞。
		理性作用	過度使用抽象思考或綜合歸納,以減少因衝突而產生的不安感。
		情感隔離	不接觸有關衝突、創傷或壓力描述詳細的相關感覺。
		反向作用	相對於因內在衝突而產生不可接受或不想要的行為、想法或感覺,用可接受的行為、想法或感覺加以取代。
		潛抑	從覺察中驅逐不想要的想法、情緒或願望。
		抵消	使用儀式或神奇的語言或行為,象徵性地否定或修正不被接受的衝動。
輕微形象扭曲的層次	扭曲自己和他人的形象以調節自尊	貶抑	將誇大的負面特質歸於自我或他人。
		理想化	將誇大的正向特質歸於他人。
		全能	將誇張的正向特質、特殊能力或權力歸於自我,使自我優越於他人。

（續）表 7.2　不同成熟度的防衛機制

層次	防衛的特點	防衛	調節外在壓力和內在願望
否認層次	無論是否對外在因素做錯誤歸因，都將不接受的衝動和想法排除在意識外	否認	拒絕承認對他人來說是顯而易見的痛苦情境或經驗。
		投射	將自己不接受之想法、感受與願望歸咎在他人身上。
		合理化	提供一個精緻的自利或自我辯白之解釋，掩蓋不被接受的想法、行動或衝動。
較大形象扭曲層次	關於自我或他人某部分的嚴重失真或錯誤歸因	自閉性幻想	面對情緒性壓力，以過多的白日夢或願望性思考取代問題解決或社會支持。
		投射性認同	將自己不被接受的攻擊性衝動歸於他人，再藉由對他們的攻擊性回應來引發認同。接著，再以對方的攻擊回應為理由來表現出自己不被接受的衝動攻擊。
		分裂的自我形象或他人形象	不能整合自己和他人的正向與負向特質，並視自己和他人為「都好」或「都壞」。
行動層次	行動或從行動中退縮	付諸行動	用不被接受的方式表現出衝突或壓力的情緒壓力經驗。
		冷漠退縮	不與他人互動。
		拒絕協助	再三請求幫助，但當有人願意協助時，又以拒絕幫忙的方式表達不被接受的攻擊衝動。
		被動攻擊	透過暗地裡抗拒，但表面上順從的方式，模糊地表現出對權威人士之不被接受的攻擊。
防衛失調層次	無法調節衝突相關的感受，以致於無法檢驗現實	妄想性投射	將自己不接受的思想、感情與極端的願望歸於他人。
		精神病性否認	拒絕承認對他人來說極端痛苦的情境或經驗。
		精神病性扭曲	以一種極端扭曲的方式看待現實。

資料來源：根據 American Psychiatric Association (2005). *Diagnostic and statistical manual of mental disorders (Fourth Edition, Text Revision, DSM-IV-TR)*. Defensive Functioning Scale (pp. 807-809). Washington, DC: American Psychiatric Association.

照顧者、家庭中重要他人或社會網絡所接受的部分，但又希望藉由完成他們的命令而獲得支持，防衛就是因應這兩種衝突所產生的焦慮。

　　舉例來說，一位對母親感到生氣的青少年，可能想直接表達出憤怒，但卻又害怕母親對他的反應或會有罪惡感。如果他使用被動攻擊的原始防禦機制，他可能會同意去做一些家事，但卻以做得很慢或沒有成效，用以調節與衝突有關的負向情緒。如果他使用神經質的防禦機制，他可能會將衝突的憤怒轉移到兄弟姐妹上，並與他們打架。如果他使用的是成熟的防衛機制，例如昇華，他可能會在做完家事後踢個足球，讓身體與負向情緒狀態都得以舒緩緊張。

　　這個例子顯示有些防衛機制功能較好，在 DSM-IV-TR 附錄 B（American Psychiatric Association, 2000）中的一個防衛功能量表將防衛機制分成七個層次。這個量表見 **表 7.2**，它是由 George Valliant、Mardi Horowitz、Bram Fridhandler、S. Cooper 以及 Michael Bond 所發展出來的（Perry *et al.,* 1998）。基於臨床和實驗調查，此量表說明了許多防衛機制與運作的方式。涵蓋了防衛機制非常廣博的概念，包含意識的因應機制，例如自我肯定；與潛意識的防衛機制，例如傳統定義的潛抑（repression）。從這個量表也能清楚知道，防衛使人能調節負向情緒，例如焦慮或憂鬱，來自於在不被接受的性和攻擊，與利社會願望之間的內在衝突；或者是調節外在人際壓力、威脅或創傷。不同層次的防衛用不同的方式調節運作。

　　適應層次，藉由在不被接受的衝動與利社會願望之間達成平衡，或在要求與因應資源間達成平衡等之防衛方式調節負向情緒。這個平衡能達到最大滿足。當達到平衡時，衝動與願望的衝突、需求與個人的資源，以及相關的情緒全部都在意識的層面。預期、親和、利他主義、幽默、自我肯定、自我觀察、昇華及壓抑，都是屬於適應性防衛，這些細節都會在後面詳細討論。

　　在第二層次精神抑制或形成妥協，是將不被接受的想法排除在意識外的防衛方式來調節負向情緒。當然，潛抑是防衛之原型。其他在此層次的防

衛，包含了轉移（displacement）、解離（dissociation）、理性作用（intellectualisation）、情感隔離（isolation of affect）、反向作用（reaction formation）與抵消（undoing）。

第三層次，透過貶抑（devaluation）、理想化（idealisation）或全能（omnipotence），自我或他人會輕微的形象扭曲。藉此增強或誇大自我和盟友形象的正向觀點，以及誇大他人的負向特質之防衛方式來調節自尊。這些防衛稱為「自戀」（narcissistic），因為來自典型的自戀型人格。此層次的防衛，與樂觀自我評估、正向錯覺有關，第三章有詳盡的說明。

第四層次，不被接受的衝動與利社會期望之間衝突的負向情緒，透過否認（denial）、投射（projection）或合理化（rationalisation）進行調節。

第五層次，以較大的形象扭曲來調節衝突相關的負向情緒。在此層次，分裂（splitting）是防衛的原型，將某些人們視為「完全不好」，並將所有不被接受的攻擊衝動指向他們，藉由這種方式來調節負向情緒。同時，同一團體的人們卻被視為「全部都很好」，並表現出尊敬。傳統上，這些防衛被稱為「邊緣型」（borderline），因為來自典型的邊緣性人格。

第六層次為行動，是以透過攻擊、性濫交行為或社會退縮的行為表現來調節衝突相關的負向情緒。

調節衝突相關負向情緒失敗，人們會嘗試打破與現實連結，以及陷入否認、扭曲或妄想性投影（delusional projection）。

減少衝突相關的焦慮和壓力之防衛運作的模式列於**圖 7.3**，此種圖解的模式是來自於前面所提出的內容。

適應性防衛

預期（anticipation）、親和（affiliation）、利他主義、幽默、自我肯定、自我觀察、昇華及壓抑，都是屬於適應性防衛（adaptive defences）。為了說明這些適應性防衛，在定義之後會列舉出每一個正向防衛的範例。這些防衛，如不被接受的性或攻擊衝動、來自這些衝動表達的焦慮或憂鬱，或者是

正向心理學
positive psychology

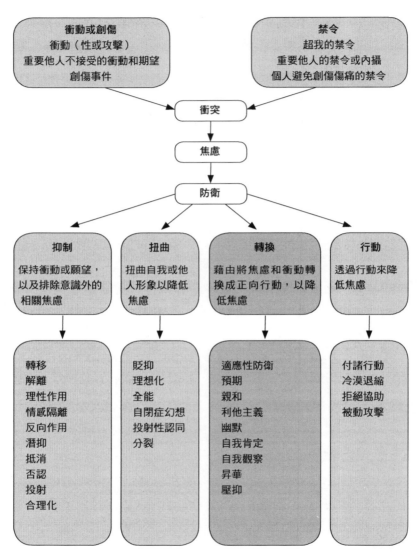

圖 7.3　衝突、焦慮與防衛機制

處理人際威脅和創傷的情緒壓力，這些都可以被轉換調節成正向的行動。正向適應性防衛能豐富我們的生活，它能讓我們雖處於惡劣環境中，卻想盡力做得更好。Valliant（2000）使用金屬轉化成黃金的隱喻來描述適應性防衛，**它容許不被接受的衝動以豐富和滋養生活的方式來表現。**

　　預期，是指在衝突或壓力發生之前，細想和經歷部分的情緒反應及後果，並探究這些情緒狀態問題的各種解答。預期包括認知計畫，以及允許自我去經歷即將發生情境的部分情感，並練習調節之。舉例來說，我在當風帆教練時，我告訴孩子們，要在一個溫和有風的日子、相對安全的小溪上練習船隻翻覆，他們因此會比較能夠調節自己的焦慮，比起在強風和沒有任何保護的溪上練習。訓練他們翻船的同時，也協助他們使用「預期」的防衛機制。

　　親和，是從他人身上尋求社會支持，並與他人討論問題，但不是將問題的責任或壓力拋給他們。舉例來說，工作勞碌了一整天的婦女，可能會使用「親和」的防衛：回家後，她打電話給親密友人，並且怒氣沖沖地談論和老闆的衝突，她希望自己在工作上的專業表現是無懈可擊的。防衛機制——親和或尋求支持，有加深友誼的傾向，就在這個意義上來說是一種轉移。社會支持被視為一種因應策略將於以下說明，在第八章中也會再次提到。

　　利他主義，是致力於滿足他人所需，但以不過度自我犧牲的方式來獲得自己的滿足感。舉例來說，一個童年受虐的婦女，可能要因應兩方面的衝突，一則對自己和自己孩子的攻擊感，另外則希望自己可以奉獻一些時間去協助暴力庇護所的孩子。

　　當幽默被視為一種防衛時，我們以挖苦或有趣的方式重新定義增加的衝突或壓力。舉例來說，在歌曲「愛麗絲的餐廳」（Alice's restaurant）中，一名警察在一個非法垃圾堆裡發現 Arlo Gutherie 的信，然後向他收取罰款；Arlo Gutherie 對於警察會有某些不被接受的憤怒，進而產生焦慮，就用說一些話來自我調節：「歐比警官，我從不說謊，我是把信丟在垃圾山『下』了。」當焦慮和攻擊轉化成幽默時，便豐富了我們。

　　自我肯定，以一種直接但非強制的方式去表現和衝突相關的想法或感

受。舉例來說，大考當前，鄰居還開吵雜的派對到凌晨四點，這種不被人際社會接受的憤怒會轉化成以非常肯定的態度要求鄰居將音樂關掉。

自我觀察，是監控情境如何引發衝突或壓力，並使用這種新的理解修正負面情緒。舉例來說，自己必須仁慈、也必須考慮周到的壓力，以及聖誕節前的購物和準備等，都可能導致不被接受的攻擊衝動。將這些記錄下來可以使一個人在未來更順利處理這些要求。

昇華，是將衝突或壓力產生的負向情緒轉為社交活動，像是工作、運動或藝術。例如在兒童保護的案件中，作為一個專家證人，被報復性的盤問後所產生的攻擊被轉換成做有氧運動，或轉化成對專家證人歷程的學術研究等都是一種昇華。昇華也是防衛機制，它讓未滿足的性渴望轉換為音樂或詩歌。

壓抑，是對衝突或壓力思考的蓄意迴避。例如和朋友在下班後喝一杯，就會有意識的擱置衝突的工作會議中衝突之相關想法與感覺。壓抑是一種防衛，與斯多葛哲學（stoicism）之自然、堅忍和追求理性的取向相關，也與英國式僵硬呆板、不苟言笑有關。

適應性防衛的相關因素

在歷經三個世代的五十年之縱貫研究裡，哈佛大學的 George Valliant 教授曾使用評定量表，從參與者訪談記錄與個人生活事件來評估出正向防衛中的利他主義、昇華、抑制、預期和幽默。他發現正向防衛的使用，與性別、教育程度、父母的社經地位及智商無關；然而，成年初期正向防衛的使用，卻可預測中年的心理功能、社會支持、主體幸福感、婚姻滿意度及收入。適應性防衛的使用與中年生活較少的失能有關，也能擁有較多的復原力去面對多重的生活壓力。

適應性防衛的發展

從一個進化的角度來看，防衛提供一個重要的自保（self-preser-vation）

功能，可以避免攻擊他人之衝動表達所造成的傷害。高適應性防衛不只滿足此種功能，也最大化在主流社會約束下的個人滿足。在生命週期上，防衛依循著一個發展的軌道：從簡單未成熟漸進到精緻複雜（Cramer, 2006）。簡單的防衛，例如生命早期的否認，孩童在無法逃離引發焦慮的情境下，為了阻擋傷害性的感覺經驗，於是選擇去睡覺。當他們在前青春期發展邏輯思維時，會發展充分的技能以因應更複雜的防衛，這些防衛有投射（責怪他人）與合理化（為表達不被接受的衝動找到虛構的解釋）。已發展抽象推理能力的青春期，複雜的防衛開始進化，如理性作用。孩童時期發生的逆境、虐待和創傷，可能危及成熟防衛的發展。然而，我們目前無法確定關於適應性防衛是何時及如何發展，或者是如何培養其發展條件的（Valliant, 2000）。

防衛評估

評定量表和自陳式報告量表已被發展用於評估適應性防衛機制。防衛機制評定量表（Defence Mechanism Rating Scales）（Perry & Kardos, 1995）是從錄音或記錄資料客觀評估防衛相當有效的工具。這份量表早期的版本在Valliant（2000）的縱貫研究已被提到，而且這些量表是 DSM-IV 防衛功能量表的先驅，列於**表 7.2**。嚴格來說，防衛無法用自陳方式測量，因為防衛的運作是於意識之外的；然而，目前已嘗試使用自陳量表來測量出潛意識防衛在意識的衍生。不過，許多類似的量表僅能測量出不良適應的防衛機制。防衛風格問卷（Defence Style Questionnaire）（Bond & Wesley, 1996）、反應評估測量（Response Evaluation Measure）（Steiner *et al.*,2001），以及防衛機制檔案（Defence Mechanisms Profile）（Johnson & Gold, 1995）是顯著的例外，因為它們包含的子量表可測量適應性防衛的意識層面及良好心理特性的自陳報告。

防衛機制評定量表

防衛機制評定量表（Defence Mechanism Rating Scales）工具包含二十

七個防衛機制在七個層次的評定：

1. 成熟防衛：親和、利他主義、預期、幽默、自我肯定、自我觀察、昇華及壓抑。
2. 強迫性防衛（obsessional defence）：隔離、理性作用及抵消。
3. 其他神經質防衛：潛抑、解離、反向作用及轉移。
4. 輕微形象扭曲的自戀防衛：全能、理想化及貶抑。
5. 否定防衛：否認、投射、合理化及幻想。
6. 較大形象扭曲的邊緣性防衛（borderline defences）：分裂與投射性認同。
7. 行動防衛：衝動行為表現、被動攻擊，以及慮病症（hypo-chondriasis）（Perry & Kardos, 1995）。

　　這個量表對於評定存在或不存在的防衛，以及根據訪問錄音或記錄區分防衛間的差異，都有明確的標準。27 項子量表皆可計算出分數，整體個人防衛功能程度的指標也可計算出來。此量表有中等的信度和良好的效標效度，並與適應功能、心理健康的量測有關。

防衛風格問卷

　　88 題的防衛風格問卷（Defence Style Questionnaire, DSQ）在防衛功能的四個風格上產生分數：不良適應之行動（33 題）、形象扭曲（15 題）、自我犧牲（8 題），以及適應（7 題；Bond & Wesley, 1996）。每種防衛風格都由特定的防衛機制所組成。「不良適應之行動風格」包含被動攻擊、投射、退化（regression）、抑制（inhibition）、投射性認同、衝動行為表現、身心症（somatisation）、退出、幻想、拒絕協助、抱怨，以及抵消。「扭曲形象風格」包含全能、貶抑、否認、分裂、原始理想化（primitive idealisation）、投射，以及隔離。「自我犧牲」風格包括假性利他（pseudoaltruism）、反向作用，以及否認。「適應風格」包含壓抑、昇華、

幽默、預期,以及親和。此份問卷也包含社會期望之反應量表,所有題目的回答皆為李克特九點量表,從 1= 強烈地不同意,到 9= 強烈地同意。4 種防衛風格屬於一個連續體,依據以下次序,從不健康到健康的功能:不良適應之行動、形象扭曲、自我犧牲,以及適應。各種樣本之有用的常模資料,包含健康的人、邊緣性人格障礙患者,以及其他精神病患族群。分量表具有可接受內部一致性和重測信度,此工具也有良好的效度。防衛機制評定量表的分量表與臨床醫師的防衛評定有關。病患組在不良適應防衛風格量表的得分,顯著高於正常對照組。因素分析的項目確認了 4 項 DSQ 的子量表結構,簡化的 DSQ 之 40 和 60 題版本皆已被發展出來(Ruuttu *et al.*, 2006; Trijsburg *et al.*, 2008)。

反應評估測量

71 項反應評估測量(71-item Response Evaluation Measure, REM-71)可評估出「適應或成熟」以及「適應不良或不成熟」兩部分的防衛因素(Steiner *et al.*, 2001)。適應性防衛包含情感隔離、壓抑、理性作用、幽默、反向作用、利他主義以及理想化。不良適應性防衛包含轉移、解離、衝動行為表現、投射、分裂、幻想、被動攻擊、抵消、潛抑、身心症、退縮、昇華、轉化作用(conversion),及全能。REM-71 的發展是為了克服某些 DSQ 的問題,因此有許多超越它的優點。REM-71 題目比 DSQ 的題目更簡要;它去除了DSQ 題目中的過度病態措辭,不使用在 DSQ 題目中牽涉結果的語詞(我做X 以達成 Y),以避免自變項和依變項的混淆;每份量表中都有一些類似的題目(3 到 4),而且題目是在整個問卷中是被隨機安排的。此 REM-71 有一個連貫的二因素結構,因素量表是穩定的,且與適應相關。青年版的REM-71 也已經發展出來(Araujo *et al.*, 2006)。

防衛機制檔案

防衛機制檔案(Defence Mechanisms Profile)是一項完成 40 題句子的

調查，在十四個子量表所產生的分數可分為四大類型：

1. 張力降低：身體結合（incorporation）、間接結合、身體排除（expulsion）及口語排除。
2. 早期防衛：否認、退縮。
3. 中度防衛：抵消、轉移、攻擊自我（turning against self）、反向作用、補償。
4. 進階防衛：替代、合理化、理性作用（Johnson & Gold, 1995）。

每個句子描述了衝突或張力喚起的情境，而每個反應選項都是依據明確的標準，且可被歸類到 14 項類別的其中之一（或者更多）。此測驗具有良好的評分者信度和再測信度，以及一些同時效度（concurrent validity）的證據。

 ## 因應策略

防衛是在潛意識中運作，而因應策略是知覺到「壓力的要求」和「可用資源」之間有所差異時，「有意識地」處理情況（Aldwin *et al.*, 2010）。有許多因應壓力模式，這些模式在複雜度和特性上皆有所不同。Rudolph Moos 修正後的因應歷程概念架構見**圖 7.4**，這是一個中度複雜且具有通則性的模式。根據此架構，個體環境系統內（顯著的社會支持與壓力）以及個人系統（例如心理、氣質和神經生物特質，與人口統計學的歸因）的因素都是相對穩定的，影響生活環境中的許多改變，例如生命階段的危機與過渡。這些因素經由認知評估和因應，以及相關神經生理的壓力和因應歷程，直接和間接地影響健康和幸福。杏仁核、前額葉皮層、交感神經系統與下丘腦 - 垂體 - 腎上腺軸的活化，有利於壓力和因應歷程（Taylor & Stanton, 2007）。在這個架構的中心位置，「因應」扮演了核心角色。雙向直接路徑指出，在壓力與因應歷程的任何階段發生相互回饋的可能性。Moos 模式的修正版納入了早期性格（dispositional）和脈絡（contextual）模式，並對壓力和因應

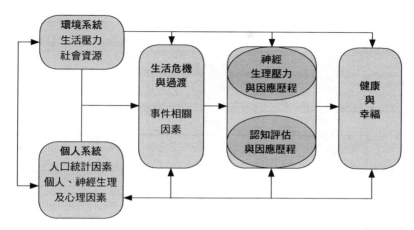

圖 7.4　因應歷程

資料來源：摘　自　Holahan, C., Moos, R., & Schaefer, J. (1996). Coping, stress, resistance, and growth: Conceptualising adaptive functioning. In M. Zeidner & N. Endler (Eds.), *Handbook of coping, Theory, research, application* (p. 27). New York: Wiley.

歷程概念化走中度複雜的例子（Holahan *et al.*, 1996）。性格模式強調穩定的個人因素決定了選擇和因應策略的效果；而在情境模式中，選擇和因應策略的效果，很大程度決定於壓力本質以及評估的方法。

在壓力與因應文獻中，已經發展了許多因應歷程的類型學（Skinner *et al.*, 2003）。一個實用的分類可以區分出問題焦點、情緒焦點及迴避型因應策略（Zeidner & Endler, 1996）。「**情緒焦點因應策略**」適合處理**非控制性**壓力的情緒狀態，例如喪親之痛。就可控制的壓力來說，例如大學聯考或面試，**直接修正壓力源的「問題焦點因應策略」**更為適當的。在某些狀況，積極的因應前，若能先隔離一段時間（time-out）重整個人資源，則「**迴避焦點的因應策略**」較為適合。這三個因應風格又可分類為功能性與功能失調的策略，如**表 7.3**。

功能性問題焦點因應策略，包含承擔解決問題的責任、尋求問題的精準訊息、尋求可靠的意見與協助、建立實際的行動計畫、單獨或在他人幫助下執行計劃、延遲投入競爭活動來持續聚焦，以及對於個人解決問題的能力

表 7.3　功能性與功能失調的因應策略

類型	目標	功能性	功能失調
問題焦點	解決問題	● 承擔接受解決問題的責任 ● 尋求問題精準的訊息 ● 尋求可靠的意見與協助 ● 建立實際的行動計畫 ● 依計畫執行 ● 延遲競爭活動 ● 對個人解決問題的能力保持樂觀	● 承擔較少解決問題的責任 ● 尋求不精準的訊息 ● 尋求令人質疑的建議 ● 建立不實際的計畫 ● 無法依計畫執行 ● 拖延 ● 對個人解決問題的能力保持悲觀
情緒焦點	心情調節	● 創造與維持社會支持與同理心友誼 ● 尋求有意義的精神支持 ● 宣洩與情緒的歷程 ● 重新框視與認知重構 ● 以幽默的方式看待壓力 ● 規律放鬆 ● 運動	● 製造與維持破壞性關係 ● 尋求無意義的精神支持 ● 多餘的想法 ● 長期否認 ● 太認真看待壓力 ● 藥物與酒精濫用 ● 攻擊
迴避焦點	避免壓力	● 從精神上暫時脫離問題 ● 短暫投入可分散注意的活動 ● 短暫投入分散注意的關係	● 從精神上長期脫離問題源 ● 長期投入在分散注意的活動 ● 長期投入分散注意的關係

資料來源：根據 Zeidner, M., & Endler, N. (1996). *Handbook of coping. Theory, research, applications.* New York: Wiley.

保持樂觀。樂觀在第三章已討論過。創造力和智慧的性格優勢對於問題焦點因應很重要，第二章也討論過。創造力視為一種能力也已於第六章討論過，它也在第二章被提到，外向和謹慎的人格特質傾向於使用問題焦點因應策略。

　　功能失調問題焦點因應策略，包含承擔較少解決問題的責任、尋求不精準或無關的訊息、從不適切的來源（例如算命）尋求支持與建議、建立不實際的計畫，例如中樂透、不遵循問題解決的計畫、拖延，以及對於個人解決問題的能力保持悲觀。

　　當壓力是不可控制的，適合使用情緒焦點因應策略，特別是可以傾訴

深層感受的情感和信念，例如創造和維持社會支持性友誼。發展這個因應策略的關鍵是基於安全依附和同理他人能力的內在工作模式（Cassidy & Shaver, 2008）。在第五章討論過依附關係與情緒智力發展的關係，第八章將會再提及其與家庭生命週期的關係。與尋求社會支持相關的情緒焦點因應策略是宣洩（catharsis），是緊繃情緒之口語表達的過程，也是在一個傾訴關係脈絡下，融入情緒化思考和記憶的過程。尋求有意義的精神支持是另一種情緒焦點因應策略。重新框視、認知重構，以及從幽默的角度看壓力，都是情緒焦點因應策略，目標是以不同的方式來看待情境，以減少壓力。重新框視或認知重構的發生於宣洩歷程的一部分或宣洩之外。刻意地運用規律放鬆和運動來調節心情，是另一項功能性情緒焦點因應策略。支持、宣洩、重新框視、幽默、放鬆及運動都是促進壓力源改變的因應策略；當然，它們亦可調節壓力之負面情緒狀態。

功能失調的情緒焦點因應策略，包含製造破壞性而非支持性的關係、尋求對個人無意義的精神支持、處於長期的否認狀態而非宣洩、多餘的想法而非建設性的重新框視、太把自我當一回事而非以幽默看待壓力、濫用藥物和酒精而非運用規律放鬆，以及投入攻擊而非運動。功能失調的因應策略可能產生短期的紓緩，但就長期而言效果有限，而且也沒有解決壓力相關的問題。

壓力情境的心理隔離，是投入分散注意的短期活動和關係，皆屬功能性迴避型因應策略。離開辦公室時，關閉與工作有關的壓力思考，等待醫療手術的過程中聽音樂，還有在銀行經理訪視前，去超市排隊並與人簡單交談等類似此種因應策略的例子都是。若迴避型因應策略被當成長期的壓力管理方法，則會變成功能失調的因應策略。

評估因應

各種類型的因應測量已發展出成人版和青少年版（Skinner *et al.*, 2003; Sveinbjornsdottir & Thorsteinsson, 2008）。下列的測量工具具有中度至良好的

心理測量屬性：因應方式問卷（Ways of Coping Questionnaire, WCQ）（Folkman & Lazarus, 1988）、功能層面的因應量表（Functional Dimension of Coping Scale, FDCS）（Ferguson & Cox, 1997）、壓力情境的因應調查（Coping Inventory for Stressful Situations, CISS）（Endler & Parker, 1999）、問題的因應取向量表（Coping Orientation to Problems Experienced Scale, COPE）（Carver *et al.*,1989）、因應反應調查（Coping Responses Inventory, CRI）（Moos, 1993a, 1993b），青少年問題經驗因應取向（Adolescent Coping Orientation for Problem Experiences, A-COPE）（Patterson & McCubbin, 1987），以及青少年因應量表（Adolescent Coping Scale, ACS）（Frydenberg & Lewis, 1993）。區別是一方面為一般因應風格的性格或特質測量，另一方面是使用在特定情境之因應策略的情境或狀態測量（Parker & Wood, 2008）。下列所描述的量表會說明所屬在哪個類別，全部的工具，包括子量表，目的是為了測量出問題焦點因應策略、情緒焦點因應策略與迴避型因應策略。

因應方式問卷

WCQ 是廣泛運用在壓力與因應的研究領域，以及測量特殊情境因應風格。此問卷在八個因應層面測得分數：計畫性問題解決、對抗性因應（confrontative coping）、疏遠、自我控制、尋求社會支持、接受責任、逃脫－迴避，以及正向重新評估（Folkman & Lazarus, 1988）。每個題項的回答皆根據前週的實際壓力經驗，為李克特四點量表。

功能層面的因應量表

FDCS 能測量特殊情境的因應風格。為了完成 FDCS，參與者首先對壓力情況或事件加以命名，然後具體描述他們做了什麼以因應此壓力的歷程（Ferguson & Cox, 1997）。他們對 16 種陳述評定其因應反應的功能。這些 16 種陳述涵蓋了 4 種因應功能，這四個子量表的分數可以被計算出來，評估包括趨近（approach）、迴避、重新評估及情緒調節的因應功能。此量表共有 16 題，涵蓋 4 種因素結構，也已經被複製到許多研究裡。

壓力情境的因應調查

CISS 是測量性格，測得的層面包括，任務取向因應、情緒取向因應，以及分散注意和社會性轉移的迴避型因應（Endler & Parker, 1999）。每個題項，受試者在李克特五點量表上評估自己使用特殊方法因應困難、壓力或紛亂情況的頻率，此工具是一個穩定的因素結構。

問題的因應取向量表

COPE 測量性格型的因應風格。15 項子量表分別測量：積極因應、計畫、抑制競爭活動（suppression of competing activities）、約束（restraint coping）、尋求工具性支持，尋求情緒性支持、正向詮釋和成長、接受、信仰、聚焦和情緒宣洩、否認、行為逃脫、精神逃脫，對壓力源的幽默化，以及物質濫用（Carver *et al.*,1989）。已發展出一個更簡化和完成的版本（R-COPE），包含的五大穩定因素（Zuckerman & Gagne, 2003）分別為自我協助、趨近、調適（accommodation）、迴避及自我懲罰。

因應反應調查

這組問卷測量因應風格的性格類型，分別在 8 種因應層面獲得分數：邏輯分析、問題解決、正向重新評價、尋求指導與支持、認知迴避、接受或放棄、尋求替代酬賞以及情緒釋放（Moos, 1993a, 1993b）。它有成人和青少年版，使用因應策略的實際版，以及偏好因應策略的理想版。

青少年因應問題經驗取向

此為青少年版的因應風格性格類型，共有十二個層面：舒適感（ventilating feeling）、轉移、培養自立與樂觀、發展社會支持、解決家庭問題、迴避問題、尋求精神支持、投資於親密友人、尋求專業支持、參與較嚴謹的活動、幽默，及放鬆（Patterson & McCubbin, 1987）。

青少年因應量表

　　ACS 測量因應風格的一般性格，以及測量特定情境特殊因應策略的不同版本（Frydenberg & Lewis, 1993）。此工具為三組群聚的十八個因應量表，包括問題焦點因應、參照他人的因應，以及無成效的因應。問題焦點為因應策略，包含聚焦在問題解決、娛樂、尋求放鬆性的轉移、投資時間在親密友人身上、尋求歸屬、認真工作與成就，以及聚焦在正向的層面上。參照他人的因應策略，包括尋求社會支持、尋求精神支持、尋求專業協助，以及投入社交行動。無成效的策略是擔憂、一廂情願的想法、不因應、忽略問題、減低張力，保持自我，以及自責。

特定因應策略

　　相較於將問題解決視為重點的問題焦點因應策略，社會支持、宣洩及哭泣則是正向情緒焦點因應策略，接下來也會簡要呈現其他情緒焦點因應策略，特別是信仰和靈性、靜坐冥想、放鬆、運動、重新框視、發現好處以及幽默。最後探討的是分散注意力，分散注意力是一種迴避型的因應策略。

問題解決

　　面對可控制的生活挑戰和壓力，已經找到問題解決的方法，增進生理與心理健康，並提升個人幸福感（Aldwin *et al.*, 2010）；此外，訓練問題解決的技能顯示可增進心理適應（D'Zurilla & Nezu, 2006）。在包含 2895 位參與者的 31 篇研究之後設分析中，Malouff 等人（2007）發現，問題解決治療是顯著有效的，比起不治療（*d*=1.37）、一般治療（*d*=0.54）及安慰劑介入（*d*=0.54）來說。

　　問題解決能力和風格可以用 Paul Heppner（1988）的問題解決調查（Problem-Solving Inventory）評估，此為該領域最廣泛採用的工具之一。一系列研究提供了良好的證據說明，此工具所測量的問題解決評估和更好的心理健康、更好的心理和社會適應、低度的憂鬱與絕望、在危險群中較低的自

殺率、低度的物質濫用，以及較少的懲罰教養方式有關（Heppner & Lee, 2009）。

問題解決技巧是問題焦點因應策略的核心，有一套定義明確的步驟（D'Zurilla & Nezu, 2006）。問題解決包含將模糊的大問題分解成許多較小的具體問題，然後用可解決的方式劃定界線。接著，產生多種可能的解決方法，但不判斷其優劣，因為重點在產生許多潛在的解決方案，以擴大可能性。第三步驟是檢驗每一個解決方案的利弊或成本效益，再挑選最好的一個付諸行動。第四步驟是實施行動計畫。最後，計畫的成效透過預設目標來加以評估。假使問題仍未解決，在了解為何計畫無效的情況下，繼續重複以上步驟。

社會支持

從一個進化的角度來看，群體生活其實賦予了人類許多好處。它可以讓我們在面對更強大的動物時能保護自我，並且提供一個生存任務分工的脈絡，例如打獵、採集及養育孩童。然而，群體生活也賦予了一些非預期性的利益。社會關係的質與量強烈地影響我們的健康，在較大的社會支持網絡，或在成員網絡工作較強的社會聯結中，人們會擁有較佳的生理與心理健康、較少的疾病與憂鬱，也能較快從身體疾病與心理問題中復原，而且有較低的死亡風險（Dickerson & Zoccola, 2009; Taylor, 2007）。

透過文獻可以區分出「感知性的社會支持」（perceived social support）和「接收性的社會支持」（received social support）（Pierce et al., 1996）。感知性的社會支持是，當未來是有需要時，期待別人能提供情緒或工具的援助；接收性的社會支持是指在支持關係的脈絡和社會網絡中，過去所接受到的大量支持。支持性關係是二元的社交聯結，即當需要時人們可以從中獲得情緒或工具的協助；而統整個人所有的支持性關係，則構成了社會網絡。

測量感知性的社會支持，包含完整版和簡化版的社會支持問卷（Social Support Questionnaire）（Sarason et al., 1983; Sarason et al., 1987）、感知性

的社會支持多維量表（Multidimensional Scale of Perceived Social Support）
（Dahlem *et al.*, 1991）。感知性的社會支持與外向是正相關，與神經質為負
相關。能高度感知社會支持的人們有鮮明的個人特色（Pierce *et al.*,
1996），他們建構好的情境讓壓力較少發生，也能建立有效的因應技巧，更
能尋求網絡成員的協助。這些特徵很可能來自成人的早期安全依附結果。諷
刺的是，高度知感社會支持的人們，因為自信與有效的因應技巧，反而較少
動用到社交支持網絡的需求。

　　個人支持性關係的品質可用工具來評估，例如支持性關係品質問卷
（Quality of Supportive Relationships Inventory）（Pierce *et al.*, 1991），是測
量但非確認社交支持的結構。與感知性的社交支持相較，支持性關係的品質
與較少獨處之間有更密切的相關。就婚姻伴侶而言，婚姻關係中的支持品質
能讓人經歷挑戰性生活事件時（例如壓力）較為堅強，且較能獲得有效協
助。在嬰幼兒和兒童時期獲得照顧者安全依附的人們，到成人時期較能創造
和維持高品質的支持性關係。

　　在社會網絡中，比起使用隔離方式，針對目標個體的介入較能增進感
知性的社交支持和支持性關係的品質。這類的介入包含婚姻與家庭治療、兒
童多元系統治療、建立家庭與社交網絡，以及聚焦個人、家庭與廣泛的多元
預防方案（Carr, 2009a, 2009b）。

宣洩

　　面臨創傷或超過所能因應的挑戰時，我們會嘗試將這些隔絕在心靈之
外，或守住祕密不讓他人知道，但我們的健康其實已經受損了。兒童時期受
虐、成人受害者、家破人亡，或者沒有述說這些事件記憶的人們，健康狀況
較差，經常到醫院求診，而且常生病（Nyklicek *et al.*, 2004）。

　　有許多方式可以述說這樣的記憶，有效方法包含：記住創傷，將它保留
在意識中，當情緒滿溢（affect-laden）時，容忍相關的焦慮；以自己在這世界
上的整體觀來掩蓋回憶（Briere & Scott, 2006; Niederhoffer & Pennebaker, 2009;

Nyklicek *et al.*, 2004; Stanton *et al.*, 2009）。這個因應機制包含持續暴露在創傷記憶，藉由圖像的方式講述創傷故事，允許再次經歷事件。傳統上，在互信的關係中講述事件進而從創傷獲得解脫的過程，稱為宣洩。Stanton 等人（2000）指出這個過程如同情緒取向的因應，並建立量表來評估這個結構，包含評估情緒歷程與情緒表達的子量表。使用此量表的研究顯示，情緒取向因應增進了對壓力源的調適，包含不孕症、性侵受害及乳癌患者。

美國德州大學奧斯汀分校的 James Pennebaker 教授，二十餘年來不斷致力於創傷記憶寫作影響的科學研究（Niederhoffer & Pennebaker, 2009）。在這些研究中，他常邀請來自不同群體的個人（學生、災難倖存者、不同類型創傷的受害者、近期被裁員的人）來參與此寫作體驗。這些包含連續四天參訪實驗室和 15 分鐘內的個人寫作。通常是隨機指派到創傷寫作組和控制組，要求控制組寫下除了創傷以外的某些事情，通常是他們在過去 24 小時之內所做過的瑣碎細節。創傷寫作組的人則被要求以詳實但不拘泥的方式，連續寫下關於創傷的總總。同時，他們也被指示去寫出關於創傷和無法挽回的事件中最深層的想法和情緒。

每六個月追蹤和比較創傷寫作組和控制組參與者的健康情況，從這些蒐集的研究結果顯示，相較於書寫瑣碎主題的人們，寫出自己創傷的人們，有較好的免疫系統功能，健康狀態較佳，也比較少去看醫師。

因此我們應該經常書寫目前所面臨的難題。寫作時我們不必顧慮文法、拼音或風格，而是連續的寫出來。我們應寫出情境的客觀事實和對這些事實最深的想法與感受；也應該在隱私的地點，不分心地專注寫作。寫作應僅屬於自己，不是給知己或朋友欣賞；因為只有當我們是自己唯一的觀眾時，我們才能全然誠實地面對。書寫這些難題之後，我們可能會感到傷心或悲觀；但就長期而言，這個練習對健康有益。

如何書寫創傷，或如何述說和複述創傷故事？當杏仁核儲存較多的情緒滿溢記憶時，儲存在海馬迴的情緒承載就相對減少了。因此當線索引發事件相關的記憶時，我們可以選擇海馬迴中的記憶版本。這個假設帶來一個觀

點,認為宣洩可以幫助情緒滿溢的記憶繞道而行;然而,這並未消除儲存在杏仁核的情緒滿溢記憶,還是有可能繼續被故事線索所引發。未來迫切需要驗證這個假設。

哭泣

強烈的實證支持顯示,哭泣能獲得立即性的情緒舒緩,且在某些情況可以短期降低緊張感,但並不適用全部的情況(Rottenberg *et al.*, 2008)。哭泣如果是發生在自然狀況中(而非在實驗室中)、有效的社會支持中、可解決的壓力事件,能舒適地表達情緒而不會尷尬,而且不是處在憂鬱或焦慮的狀況中,哭泣是有益的。在其他情況下,哭泣會令人感到有壓力,在述情障礙(alexithymia)得分高的人們,在理解情緒上同樣也有困難,往往也不會從哭泣中受惠(述情障礙在第五章中有討論過)。哭泣對大多數的人們來說短期有利,但約有三分之一的人並不受益。10 位哭過的人裡,大約會有 1 位感覺更糟。一個不太受支持但流行的說法是,「受傷後哭泣能帶來長期更好的心理適應和身體健康」(Vingerhoets & Cornelius, 2001)。這並非指哭泣對我們不好或對長期正向影響有限,而是缺乏相關研究的說明。哭泣傾向的個別差異可以測量出來,例如成人哭泣調查(Adult Crying Inventory)(Vingerhoets & Cornelius, 2001),這些差異與文化、性別、年齡、社會化及人格有關,兒童、女性與那些社會中認為可以哭泣的人更容易哭泣。人們在某些特質分數較高也比較容易哭泣,如神經質、外向與同情心。哭泣傾向也會跟著生理與心理健康的改變而不同,舉例來說,人們容易哭泣的時候,可能是疲倦、懷孕、月經前、憂鬱或受挫時。情境的因素和哭泣傾向的整體程度都會影響哭泣。依據主宰哭泣情緒行為表現的文化常模,其他傾向也可能抑制或激發哭泣。哭泣對他人有強烈影響,可能引發同情或譴責,也可能反過來再影響哭泣的行為。

信仰

在第一章時已提過，快樂與投入宗教活動之間有中度相關（Myers *et al.*, 2008）。宗教因應評估工具（Religions Coping Assessment Instrument, RCOPE）是一個廣泛使用的測量，用於調查影響幸福的宗教因應策略（Pargament *et al.*, 2000），它包含十七個子量表，評估正向和負向的宗教因應策略。正向的宗教因應策略包含善意的宗教重新詮釋（benevolent religious reappraisal，例如視自己的狀況為上帝的安排）、從牧師或教會團體尋找支持（例如從教會成員那裡尋求愛和關懷），以及合作的宗教因應（例如主與我同在）。負向的宗教因應策略包含惡魔的重新評估（demonic reappraisal，例如我相信魔鬼對我的狀況負有全責），上帝懲罰的重新評估（例如主因為我的罪而懲罰我），以及精神上的不滿（例如我不知道上帝是否已經拋棄了我），包含超過 13,000 位參與者的 49 篇研究之後設分析，Ano 和 Vasconcelles（2005）發現，正向宗教因應策略與正向適應有關，而較差的適應與負向的宗教因應策略的使用有關。

冥想靜坐

無論我們正面對一個巨大無法掌控的壓力，例如喪親之痛，或是每天揮之不去的困擾與生活挑戰，因應的方式之一就是聚焦在其他某些事上面，而非反覆思索壓力，雖然並未否認壓力的存在，但積極的從中解脫。這個歷程即是將東方神祕的平靜方式——冥想靜坐，加以西化調適，例如 Jon Kabat-Zinn（1990, 2005）的正念減壓、超自然冥想靜坐，以及 Herbert Benson（1975）的放鬆反應。這些技巧，包含每天設定一段不受干擾的時間並安靜的坐下。然後，在這期間接受各種可能進入意識的想法（正向與負向），聚焦於此時此刻或者是固定的刺激，例如呼吸或祈禱文，簡單觀察而非壓抑出入的想法。在正念冥想靜坐中，我們採取一個觀察者的角色檢視過去的想法，進而體認到我們不是自己的想法，但是可以自由的觀察它；我們也會認清想法不是事實，所以不需要真的接受它。

大量的科學證據顯示，冥想靜坐無論對健康的人、生理或心理健康不佳者的心理幸福感，都有短期和長期的正向影響（Bohlmeijer *et al.*, 2010; Chiesa & Serretti, 2009; Murphy & Donovan, 1999; Shapiro, 2009）。就短期而言，它會降低心理喚起，保持一個正向的心理狀態。就長期而言，則會有較好的健康狀態。短期生理改變，包含降低心率與呼吸頻率、減少膚電反應、減少皮質醇（cortisol）濃度，以及電腦電圖中 α 波速率增加。長期來看，冥想靜坐可以強化心理功能，包含認知功能、創造力、同理心、快樂、樂觀以及惻隱之心。長期而言，冥想靜坐也可以協助個體對情境（例如高血壓和慢性疼痛）和心理狀況（例如焦慮與憂鬱）的掌控。在一個針對慢性憂鬱者的正念方案之實驗控制研究中，實施正念冥想靜坐的人，復發率大約是沒有冥想靜坐者的一半（Segal *et al.*, 2002）。

放鬆

肌肉放鬆練習、呼吸練習、視覺化練習、自我暗示，以及生理回饋全部都顯示出能有效地減少生理喚起，帶來身心的放鬆（Davis *et al.*, 2008; Madders, 1997）。然而，各種放鬆的步驟都有可能用來處理壓力反應，特別是無法控制的壓力。在 27 篇研究的後設分析中，Manzoni 等人（2008）發現放鬆訓練可以顯著降低焦慮者的焦慮情形（d=0.51）。放鬆的程序對焦慮管理、病痛、原發性高血壓以及其他壓力反應，皆有正向效果（Sarafino, 2008），例如放鬆、呼吸與視覺化練習，見**表 7.4**。

運動

一系列後設分析指出，運動無論是對有無臨床問題的人，都有明顯正向的好處。針對 105 篇研究的後設分析中，Reed 和 Buck（2009）發現，規律的有氧運動能產生正向的影響。這個後設分析中，最佳的計畫包括一天30 至 35 分鐘，持續 10 至 12 週，每週三至五天。在 56 篇研究的後設分析中，Gillison 等人（2009）發現，運動計畫增進康復中人們的生活品質。在包含

表 7.4　放鬆練習

每日練習，幾個星期後，就能建立充分的技能去應用這些練習，擺脫身體緊張。

- 每天預留 20 分鐘做放鬆運動。
- 每天在同一個地點和同一個時間實施。
- 開始之前，撇開所有分心的事（關燈、關收音機等），並且鬆開身上比較緊的衣物（如皮帶、領帶或鞋子）。
- 躺在床上或橫臥在舒適的椅子上，輕閉雙眼。
- 每一個練習重複兩次。
- 練習中如果你的父母正協助你，請他們以平靜放鬆、安詳的口吻說話。

範圍	練習內容
手部	緊握你的拳頭，再慢慢地放鬆打開。注意手部緊張到放鬆的改變，並讓此改變持續下去，進一步持續著，讓你手部的肌肉越來越放鬆。
手臂	在肘部彎曲你的手臂，並以手碰肩膀，然後使他們回到休息狀態。注意手臂從緊張到放鬆的改變，讓此改變持續下去，進一步持續著，讓你手臂肌肉越來越放鬆。
肩膀	提起你的肩膀碰到耳朵，然後使它們回到休息狀態。注意肩膀從緊張到放鬆的改變，讓此改變持續下去，進一步持續著，讓你肩膀肌肉越來越放鬆。
腿部	腳趾向下點，然後使它們回到休息狀態。注意前腿從緊張到放鬆的改變，讓此改變持續下去，進一步持續著，讓你前腿肌肉越來越放鬆。注意你的後腿從緊張到放鬆的改變，讓此改變持續下去，進一步持續著，讓你的後腿肌肉越來越放鬆。
腹部	一個深呼吸並停留三秒，當你做這個動作時，你的腹部肌肉會緊繃，然後慢慢吐氣。注意你腹部肌肉從緊張到放鬆的改變，讓此改變持續下去，進一步持續著，讓你的腹部肌肉越來越放鬆。
臉部	密合用力咬緊你的牙齒，然後放鬆。注意你下巴肌肉從緊張到放鬆的改變，讓此改變持續下去，進一步持續著，讓你下巴的肌肉越來越放鬆。
全身	現在你已經完成肌肉運動了，可以檢查身體的每一個部分應是放鬆的。想想你的手，並讓它再放鬆一點。想想你的手臂，並讓它再放鬆一點。想想你的肩膀，並讓它再放鬆一點。想想想你的腿部，並讓它再放鬆一點。想想你的腹部，並讓它再放鬆一點。想想你的臉部，並讓它再放鬆一點。
呼吸	吸氣…1…2…3…慢慢吐氣…1…2…3…4…5…6…再反覆一次 吸氣…1…2…3…慢慢吐氣…1…2…3…4…5…6…再反覆一次 吸氣…1…2…3…慢慢吐氣…1…2…3…4…5…6…
視覺化	想像你躺在一個美麗的沙灘上，並感受到陽光灑在身上的溫暖，在你的腦海中創造出金色沙灘與暖陽的畫面。 當陽光照耀在你的身上，你感覺到越來越放鬆…… 天空是如此地清晰，蔚藍。抬頭可以看見一小朵白色雲朵正在遠處飄著，它飄走時，你感覺到越來越放鬆…… 當陽光溫暖了你，你感覺到越來越放鬆… 當雲朵飄走時，你感覺到越來越放鬆… （等待 30 秒） 當你準備好打開雙眼時，也準備好放鬆和平靜地面對今天。

將近 3000 位個案的 58 篇研究之後設分析中，Rethorst 等人（2009）發現，運動能減少個人在憂鬱方面的症狀，效果量（d=0.8）與心理治療的效果一樣，且運動計畫的中斷率與心理治療也一樣。最後，在 49 篇研究的後設分析裡，Wipfli 等人（2008）發現生理運動計畫顯著減緩人們焦慮症的症狀（d=0.48）。

每天規律運動有長期和短期的好處（Lox *et al.*, 2006）。短期運動促使腦內啡釋放，這些在大腦中產生類似嗎啡的化學物質釋放時，會引起幸福的感覺。長期則會增加與運動有關的幸福感，這是因為規律運動可以減少憂鬱和焦慮、增加工作的速度與精確度、增進自我概念、促進健康，以及帶來較佳的心血管功能。規律的運動也可控制和預防隨著年齡增加的體重。成年期若長期規律的運動，會減少心血管疾病和癌症的風險，而且還能長壽。此外，規律運動的人們也會和其他人一起運動，因此在整體主觀幸福感上會獲得額外社會支持所帶來的好處。

理想的運動計畫是每週運動 3 小時，分成五次進行。每次先從暖身開始，主要的肌肉得以展開，一些強度與耐力練習是必須的，例如伏地挺身或上拉運動。每次運動的中間階段應包含有氧運動、耗氧量的身體活動。緩和階段應包含施力較少的運動，像是散步。我們要盡可能去遵循運動計畫的設計，假如我們訂定了清楚的目標，設定好方便的時間就近運動，就應保持運動進展的記錄，並安排獎勵自己、家人和同儕團體，去堅持達成運動計畫和目標。

重新框視

我們試圖以重新框視（reframing，或重新評估、重新檢視）的方式走出舊的架構，在替代的參照架構脈絡中重新看待生活問題，以減少對這些問題的負面情緒影響，或更容易找出解決方案。這個想法是生活並沒有給我們挑戰，而是我們構成、評估或解釋出來的，其導致的壓力是許多心理學理論和心理治療取向的重點，特別是 Lazarus 和 Folkman（1984）的壓力與因應理

論、Beck（1976）的認知理論以及家庭治療（Carr, 2006）。為了說明重新框視的歷程，想像一下你正走在街上，而你的朋友從對街走過來，卻沒有和你打招呼。你想像他大概不喜歡你了，因為他最近可能聽到一些關於你說過或做過什麼的不實謠言。這樣評估情境的方式可能使你沮喪，並發誓不再與他接觸；但你也可以重新框視同樣的情境，想像他那時一定心裡有其他事，而且正在想很多事所以沒注意到你；因此，過去打招呼並主動問候他是比較好的。假使你經由這個方式，又獲得他正向回應，這會使你感覺比較好，同時也間接強化你們之間的友誼。問題的初次定義是悲觀，但再次定義卻轉變為樂觀。在第三章裡面我們提到，用樂觀去定義會比用悲觀去定義更有益於心理幸福感。悲觀定義，特別是將失敗歸因於自己的人，大多與憂鬱相關。相對地，焦慮通常與悲觀描述潛在威脅的模糊情境有關，例如傳染病、受傷或社會窘境。管理憤怒障礙的人通常會視社會模糊情境為一個立即和潛在的人際威脅，舉例來說，一個人以威脅的態度問你為什麼在看他們，或平淡地問你是什麼意思，這是因為他們定義那是一種威脅。我們大部分的人很容易以防衛的方式回應這樣的敵意，因為我們定義這樣的情境是一種威脅（非常真實），但有些人們會使用幽默的天賦去因應壓力情境。因應策略將在之後討論。

另一種重新框視的型態是「發現好處」（benefit-finding）（Davis & Nolen-Hoeksema, 2009; Dunn *et al.*, 2009; Lechner *et al.*, 2009）。在一個 87 篇研究的後設分析裡，Helgeson 等人（2006）發現，遭遇戰爭創傷、自然災害、疾病與其他逆境的人們，若能運用發現好處的方式，則會擁有更多的幸福（d=0.22）。當人們以此方法因應這個逆境時，他們會重新框視一個困難或挑戰情境，以此方式強調逆境帶給他們的正向好處，通常重新框視會在逆境事件發生後一些時間（月或年）才產生。舉例來說，喪親者、新生兒病患的母親、心臟病發作後的倖存者，以及其他疾病或逆境的倖存者之研究皆顯示，以發現好處來因應的人指出這些逆境事件帶給他們的好處，大致可分為三個類別：增進個人發展、建構全新的生活態度，以及增進家人和親密朋友

的關係。第九章將會討論創傷後成長的概念。

　　神經影像學研究顯示，在一個網絡區域中，增加與經歷情感意義有關的活化（內側前額葉和前顳皮層）、降低情緒反應有關的杏仁核活化，皆是有益的（McRae *et al.*, 2010）。

幽默

　　加拿大滑鐵盧大學的 Herbert Lefcourt 教授與加拿大西安大略大學的 Rod Martin（2007）在一系列廣泛研究中得到結論：幽默是一個特別有效的因應策略（Lefcourt, 2001）。傾向看待情境中有趣的部分（而非惱人的一面），以及有能力以幽默來轉換困難的情境，可以分別藉由情境幽默回應問卷（Situational Humour Response Questionnaire）與因應幽默量表（Coping Humour Scale）加以評估（Lefcourt, 2001）。在這些測量獲得較高分者顯示出較少的壓力相關症狀，例如壓力生活事件所帶來的憂鬱。幽默發現能使病患在疾病與手術中得到緩和，甚至急救甦醒；也發現當幽默使用在因應壓力情境時，免疫系統功能也會變好。然而，大眾媒體宣傳關於幽默對健康和長壽有顯著的影響，並沒有證據可以證實。不過，藉由笑聲提升我們的幸福感，或從立即的社會網絡增加社會支持（幽默容易獲得他人的社會支持），幽默確實可以協助我們因應壓力。然而，並非所有的幽默風格皆是有益的因應策略，假如幽默能切中自己和他人的心理需求，則能增進幸福和關係的品質；也有人使用攻擊性的幽默「貶抑」（put-down）他人，或以自嘲（self-deprecation）的幽默滿足別人，短期間可能是有利益的；但就長期來看，經常使用這些幽默風格，對幸福與關係上卻是負向的影響。

分散注意力

　　對某些人來說，分散注意力（而不是監視）是一個有效的因應策略。從成人與兒童研究的證據顯示，分散注意力對某些人處理痛苦的醫療過程和因應痛苦的醫療狀況，是一種有效短期的因應策略（Katz *et al.*, 1996）。德

國約翰內斯古騰堡大學（Joohannes Gutenburg University）任教的 Heinz
Krohne（1996）已經發展出工具測量「不確定的容忍」和「喚起（arousal）
的容忍」，透過因素分析證實這兩個結構是垂直關係（orthogonal）。他在
一系列健康心理學和實驗室的研究顯示，對喚起無法容忍，但對不確定可以
容忍的人，可以有效的使用分散注意力的策略處理壓力情境；相反的，對喚
起可以容忍，但對不確定無法容忍的人，無論對即將發生之壓力的客觀性與
如何因應的主觀性，皆希望能獲得預先的相關訊息。

　　當人們經常會使用分散注意力或逃避的策略因應威脅性的訊息，則此
被視為潛抑（repressive）。使用潛抑式因應策略的人被定義為低焦慮特質
（儘管有高度心理喚起），在防衛性的自我誇大反應風格之社會期待指標測
驗上得分較高（Myers, 2010）。一個使用潛抑式因應策略的三十年研究回
顧中，Myers（2010）結論出，迴避型因應策略可以讓人在情緒壓力中獲得
短期的舒緩；另一個重要的證據則指出，就長期而言，這些策略與較差的健
康有關，包括抑制免疫功能、心血管疾病及癌症。Derakshan 等人（2007）
指出，使用潛抑式因應策略的人自然（非意識地）會先警覺地回應威脅性刺
激並有高度的生理喚起；之後再有意識地使用迴避型策略，例如分散注意
力、否認威脅性刺激所產生的焦慮。

 ## 運用「自我」來獲得快樂

　　提升優勢和幸福感的自我協助策略摘要如**表 7.5**，這些可整合於臨床實
務。

 ## 對於「自我」的困惑

　　這裡談到了許多這個領域中的爭議，第一個問題就是「自我」（self）
的效度。假如我們提出自我是人格的核心，是否意味著我們無法公開地面對

所有的邏輯困境，像 Rene Descartes（1596-1650）區分物質身體和非物質靈魂的問題，以及由後者驅動前者之問題（即使在非物質無法影響物質的定義下）？很大部分是我們重新定義了這個問題，但現代實證心理學家只用簡單的方式看待。他們定義出自我的許多部分，研究自我的縱貫發展、生理—心理—社會的相關因素，留下二元未解的問題。

就自尊和自我效能部分來說，爭議在於它們是獨立不同的構念，因為自我效能測驗的預測遠遠精準了許多；然而也有另一個論點是，自我評價（self-evaluative）信念可能具有階層性，由頂端整體的自我價值到底層的特殊效能信念所組成。

就防衛機制和因應風格部分來說，爭議點是這些都是十分獨特的現象，因應策略是有意識的、詳盡思考後使用的及在特殊情境中的；而防衛機制卻是無意識、自動使用及跨情境的。因應策略和防衛機制仍有許多重疊，但對此仍無法清楚的說明。因此，有些論點認為所有的自我調節歷程都是連續的，包括我們有意識覺察的程度、我們謹慎運用的程度，以及在特殊情境中使用或跨情境中穩定特質使用的程度。也許我們應該在概念化防衛機制與因應策略時，嘗試發展出一個整合的架構。

 總結

從上個世紀以來，因為超自然或社會秩序的信仰逐漸變得困難，人們被迫到別處尋找價值。許多轉而從自我去尋求價值，這也變成現代西方心理學所重視的焦點，也是正向心理學的重要議題。關注自我（self-focused）與正向心理學的有關的部分，包含「自我評價」（基於自尊與自我效能），以及透過使用因應策略和防衛機制的「自我調節」（self-regulation）。自我評估的理論和實驗範圍著重於「客觀自我」；自我調節的研究著強調「主觀自我」。自我評價研究顯示，高自尊和高自我效能信念歸因於個人優勢與復原力。自我效能和自尊不同，自尊和整體個人價值的判斷有關；自我效能是對

個人特殊能力的判斷。養成自尊的家庭脈絡是父母接受孩子的優勢與限制，並設定明確但可達成的高標準，同時支持孩子們去努力完成。自我效能信念也是在一個類似的家庭環境中被培育出來，但自我效能比自我價值信念更為具體，因此特殊型態的專長經驗、替代經驗、社會期待的特殊任務表現，以及正向的生理和情緒狀態下執行這些特殊任務等狀況下，自我效能更容易發展出來。自我調節的研究顯示，當某些因應策略被用來處理生活挑戰，以及某些防衛機制用於處理性、攻擊和社會動機衝突的焦慮，就會擁有較好的健康和幸福感。情緒焦點因應策略，例如培養社會支持以因應像喪親這樣無法控制的壓力。對於可控制的壓力，問題焦點因應策略是較為適合的方式；在某些狀況下像是必須先隔離一段時間再去重整個人資源時，則迴避型因應例如分散注意力可能比較適合。三個因應風格中最有區隔性的是功能性與功能失調的策略。因應策略在認知行為的傳統中被發展成是有意識解釋情境的狀況，如外在層面（例如考試）索取個人資源（例如檢驗對教材的記憶）。防衛機制的概念在傳統的精神分析裡演變，用來解釋潛意識（例如潛抑）如何調節不被接受的衝動（從個人的性或侵略性要求）和意識的禁制（或超我）之間衝突的焦慮。DSM-IV-TR 的附錄 B 裡面（American Psychiatric Association, 2000），防衛功能量表可呈現出防衛機制的七個層次。不同層次的防衛會以不同的方式調節焦慮。防衛在適應層次調節焦慮的方法，是藉由不被接受的衝動和利社會之間達到一個平衡，讓這個平衡有最大化滿足感的可能。預期、親和、利他主義、幽默、自我肯定、自我觀察、昇華及壓抑都是適應性防衛。在生命週期中，防衛依循著越趨複雜的軌跡發展；然而，我們目前還無法確定適應性防衛是何時發展、又是如何發展的，也無法確定培育適應性防衛的條件是什麼。

正向心理學
positive psychology

表 7.5　「運用自我」提升優勢和幸福感的相關策略

方向	策略
在兒童時期培養自尊	● 接受孩子的優點與缺點。 ● 在他們擅長的領域中，設定明確但可達成的標準。 ● 支持孩子達成這些標準。 ● 採取一致信賴的教養方式，溫暖和尊重地對待孩子，並讓他們固定參與家事，形塑良好的品性。 ● 對孩子做良好的示範，在面對生活挑戰時，使用積極解決問題的因應方式。
提升自尊	● 找出你的低自尊領域。 ● 在低能力方面獲取技巧訓練（例如解決問題技巧、社交技巧、學業技巧或工作相關技巧）。
提升自我效能	● 在一個特定領域設定目標，跟隨著一系列可達成的目標，確保可掌握性。 ● 當你達成目標時，充分了解這次成功的經驗，並促進下一個類似目標的達成。 ● 觀察其他跟你類似的人，他們是如何持續的努力而成功達到目標。 ● 安排社交網絡中的重要成員，或知道你卓越目標的指導者，說服你在可掌控的目標上成功。 ● 當你處於生心理狀況良好又有正向的情緒時，好好去追求目標。
防衛	● 發展和使用適應性防衛，例如預期、親和、利他主義、幽默、自我肯定、自我觀察、昇華以及壓抑。
因應	● 發展並使用功能性因應策略，例如問題解決、社會支持、精神支持、宣洩、重新框視、幽默、例行性放鬆、運動以及分散注意力。

問題與討論

個人發展

1. 討論過去幾個月裡,你成功因應了哪些外在壓力或內在衝突。

2. 當時你使用了什麼因應策略或防衛機制?

3. 描述過去幾個月裡妥善因應外在壓力或內在衝突非常重要,但是你卻失敗了。

4. 你想要使用什麼因應策略和防衛,讓你可以處理得更好?

5. 你可以採取什麼方法發展這些因應策略和防衛機制?

6. 採取這些方法的代價和收穫為何?

7. 採取一些方法,並用第一章裡幸福量表的前、後測評估對幸福感的影響。

進一步研究

1. 建立一個假設:快樂與一個或多個功能性因應策略或適應性防衛機制有顯著相關,並設計和建立一個研究來測試這些假設。

2. 在 PsycINFO 中使用「自尊」、「自我效能」、「因應策略」與「防衛機制」加上「幸福」等名詞,搜尋過去數十年發表過的研究。確認一個你有興趣的研究,且可複製和延伸。重複執行。

Chapter 8

正向的關係

學習目標

- 家庭生命週期的階段和任務。
- 友誼、利他主義、同理、信任與背叛、寬恕與補償、感恩等相關的發現。
- 結婚和婚姻滿意度的相關心理社會因素。
- 描述最佳的親職角色、祖父母角色，也能了解完善的托兒所、幼稚園、小學和同儕團體。
- 增進青少年自主與復原力的因子。
- 中年生命重新評估和晚年生命挑戰的關鍵心理因素。
- 家庭生命週期中的離婚、再婚及相關任務。
- 依附理論和人際行為。
- 以經驗為主的基本婚姻和家庭系統模式的評估。
- 家庭生命週期研究在臨床上的應用，以及婚姻和家庭系統如何提升快樂。
- 了解正向家庭關係與幸福感的研究問題。

關係，特別是家庭關係，是正向心理學所關心的議題，也是這章討論的重點（Diener & Diener McGavran, 2008; Sheridan & Burt, 2009）。對正向關係的發展來說，家庭生命週期是一個很實用的架構（McGoldrick *et al.*, 2011）。家庭是一個很獨特的社會系統，成員之間有著生理、法律、情感、地域和歷史上的連結關係。與其他社會系統比起來，進入家庭系統是透過出生、領養、養育或結婚，而成員的離開只能透過死亡，要切割家庭的關係是不可能的。當成員彼此間能承擔某些特定任務的角色，例如食物與居住的供給，這個關係就成為家庭中最基本和不可取代的關係。然而，當單親、離婚、分居和再婚成為再平常不過的事時，對家庭窄化、傳統的定義就不再適用了（Walsh, 2002）。

家庭生命週期

傳統家庭的結構有所限制，矛盾的是，家庭生命週期是基於傳統核心家庭的準則和其衍生的家庭形式（McGoldrick *et al.*, 2011），如**表 8.1**，主要闡明每個家庭發展階段要完成的發展性任務。

離家

家庭生命週期的第一階段，即藉由完成學業、發展家庭以外的關係及開始一個新的生涯從原生家庭中區隔出來，在此階段的情緒轉換歷程就是要接受情緒上和經濟上的責任。發展家庭以外的關係，年輕人必須兼顧友誼、同理和利他主義、信任和背叛、補償和原諒、感恩，而這些議題都是正向心理學所關心的，也都會在以下輪流討論。

友誼

親密的友誼是健康與幸福的重要來源（Antonucci *et al.*, 2010），人們會選擇特質、專長和價值上與自己相似的朋友（Swann, 1983），而這些穩定、

表 8.1　家庭生命週期階段

階段	情緒轉換過程	發展進程的任務
離家	接納自己在情緒和經濟上的責任	• 從原生家庭中區分出自己，並與父母發展出人對成人的關係。 • 發展親密的同儕關係。 • 開始一個新的生涯，並朝向經濟獨立。 • 在社群與社會中建立自我。
伴侶形成	付諸於一個新的系統	• 選擇配偶並決定形成長期關係。 • 基於真實狀況而非互相投射，發展出一個彼此相處的方式。 • 隨同原生家庭和同儕伙伴關係，再次調整伴侶關係。
有幼童的家庭	接受一個新的成員進入系統	• 適應從伴侶系統中挪出給孩子的空間。 • 重新安排配偶間對於孩子養育、經濟、務的責任。 • 重新調整原生家庭的角色，包括父母、祖父母角色。 • 重新調整家庭與社群、社會的關係，以容納一個新的家庭結構。
有青少年的家庭	增加家庭界線的彈性，以容納青少年逐漸成長獨立和祖父母逐漸年邁	• 調適親子關係，讓青少年更能自主。 • 調適家庭關係中夫妻彼此的責任，以照顧逐漸年邁的父母。 • 重新調整家庭與社群、社會的關係，以容納青少年自主與父母年邁。
孩子離開、邁入人生中期	接受許多退出的形式，並進入新的家庭系統	• 再度適應伴侶關係。 • 重視伴侶的中年議題、新的興趣與投射之可能。 • 父母與孩子協調出成人與成人的關係。 • 適應家庭圈中的姻親和孫兒、孫女。 • 面對伴侶逐漸年邁父母之死亡和傷殘。 • 重新調整家庭與社群、社會的關係，以容納一個新的家庭結構和關係。
父母進入中晚年	接受一個新世代的角色	• 當生理狀況走下坡時，維持伴侶的功能和共同興趣，並探索新的家庭和社會角色。 • 在維持家庭上，適應孩子逐漸成為主要的角色。 • 挪出空間給用生命累積智慧和經驗的配偶。 • 支持長輩在老化的限制下盡量能獨立生活。 • 重新調整家庭與社群、社會的關係，以容納一個新的家庭結構和關係。
父母進入晚年生活	接受老化的限制和死亡的事實，以及生命週期的完成	• 面對失去配偶、手足以及同儕好友。 • 透過生命回顧與整合，為死亡做準備。 • 適應親子照顧角色的對調。 • 重新調整一個家庭與社群、社會的關係，以容納家庭關係的改變。

資料來源：McGoldrick, M., Carter, B., & Garcia-Preto, N. (2011). *The expanded family life cycle. Individual, family and social perspectives* (Fourth Edition). Boston: Allyn & Bacon (pp. 16-17).

支持性和令人滿意的友誼關係是透過許多歷史、個人和環境的因素所決定。
成人依附類型在友誼的形成上非常重要，而這根源於他們小時候的依附經
驗；比起焦慮依附類型的成人，安全依附類型的成人傾向發展更好的同儕關
係（Lopez, 2009）。另外，個人特質的外向性、一致性和情緒穩定皆能促進
友誼的發展（Ozer & Benet-Martínez, 2006），利於友誼發展的環境可以讓人
們遇到類似特質、專長和價值的人，而這些環境跟教育、工作、休閒娛樂或
家庭活動有關。

利他主義和同理

　　同理和利他主義對友誼的形成與維持相當重要（de Waal, 2008）。如果
我們的目標是增加他人的福祉，就會激發利他的行為。利他的動機是意圖改
善他人狀況，而非為了自己，這種利他動機跟自我本位的動機截然不同，即
便可能都是有益的行為，利他的動機在很多情況下是由同理心所喚起，也就
是當我們看見別人陷入壓力或需要幫忙時，就會有這種情緒反應的機制，這
種情緒的反應跟同情、憐憫、柔軟心是一樣的。C. Daniel Batson 教授和他的
團隊在一系列嚴謹的設計實驗中發現，利他的助人行為是一種被同理情緒喚
起的反應，而非自我本位動機的結果。以下說明 3 種自我本位動機的類型
（Batson *et al.,* 2009）：

1. 幫助他人是為了減少看到他人陷入壓力的反感。
2. 幫助他人是因為如果不這麼做會導致罪惡感、羞恥感或社會懲罰。
3. 幫助他人是為了獲得獎勵、榮耀、自豪或個人快樂。

　　當我們看見他人在壓力中或需要幫助時，會經歷情緒性同理，這可能
是因為擁有利他的人格特質（Oliner & Oliner, 1988）、透過社會化而擁有利
他的價值（Staub, 1974）、有道德發展的進階階段（Kohlberg, 1976）。利他
人格的主要特色就是隨和（五大人格特質模式已於第二章說明），擁有利他
的人格者在隨和的項目上分數較高，且隨和具有遺傳性，也是社會化和早期

生命經驗的結果。若人們在安全依附的關係中成長，他們的父母會提供溫暖和支持的家庭環境，扮演利他行為的角色楷模，因此他們也比較容易發展出利他人格（Eisenberg *et al.*, 2006），其他發展利社會人格的因素，包括成長在高道德標準的家庭、父母期待孩子能夠助人、家中有非常清楚的規矩；再者，獎懲應該是對錯分明、堅持但能充分解釋的而非只是處罰，此皆對孩子的教養有益。

Schulman（2002）認為我們應透過培養孩子的同理、道德情感和道德規範來發展孩子的利他觀念。同理是請孩子去反思自己行為對別人的影響，以道德情感鼓勵利他表現則是在溫暖、支持和親密的親子關係中提供清楚的規則與獎懲，培養道德的規範在於和孩子討論何種道德規範能創造更美好的世界，以及如何在生活中實踐。

信任與背叛

信任與背叛在親密關係中是影響幸福的重要因素，在信任的親密關係中會感受到較多的幸福感。在相關研究中，信任感被區分成「一般信任」（generalised trust）與「關係信任」（relational trust）（Jones *et al.*, 1997），一般信任是指一般我們對於他人社交動機的期待，關係信任是指在親密關係中我們對信任的期待。

Rotter（1967）的信任量表（Trust Scale）中測出一般信任度高的人，會期待他人的行為大多是正直的。研究中發現，一般信任度高者較能被信賴、較有道德感、主觀幸福感高、被異性認為比較有吸引力，且也讓人較想與之成為親密好友（Rotter, 1980）。一般信任感高較易受騙上當；一般信任感低則跟與人疏離，與低社經地位有關。

關係信任度高的人期待關係緊密的人行為正直，例如手足、親密伴侶、朋友或同事（Holmes & Rempel, 1989）。就定義來說，關係信任包括在親密關係中能冒著被拒絕和背叛的危險；期待另一半是可預期的、依賴的且永遠忠誠。關係信任的時間發展與比例視對另一半的依附狀況或愛的程度。關係

信任度高的人有比較好的個人適應與關係發展。

背叛即破壞關係信任，這在親密關係的脈絡相當平凡且常發生（Jones et al., 1997）。在背叛行為或被背叛的相關敘事研究中發現，人們的背叛行為雖是意圖的，但也含有瞬間或一時的因素，例如生氣、憂鬱、為了免於一時的損害或極度的興奮時；相反地，遭背叛的受害者對待背叛者的行為是意圖且穩定的，例如傾向吝嗇或缺乏原則。人際背叛量表（Interpersonal Betrayal Scale）評估背叛他人的一般傾向是說謊、不守承諾或其他欺騙行為（Jones et al., 1997）；與值得信賴的人比較，人際背叛量表分數較高者，通常較年輕、接受較少的教育、童年比較不快樂、剛結婚不久或離婚者、比較少社會支持，且有較多的心理問題或疾病；相反地，分數顯示為值得信賴者在各方面有較好的適應，且有較好的自我控制、主觀幸福感、責任、容忍度、心理感受性。

寬恕與補償

背叛破壞了信任，身心都帶有敵意的舉動幾乎常常發生在友誼或情侶之中，例如朋友的食言，或婚外情中對另一半的欺騙。就某些案例來說，這些過錯（transgressions）行為會遭到報復或懲罰，但懲罰結果也可能引發相互輪流的報復，懲罰和報復的螺旋循環在關係即將毀滅時達到最高點，而寬恕和補償對於抑制這樣的循環是很重要的（McCullough et al., 2009; Worthington, 2005）。當犯錯者願意承認自己錯誤時，寬恕就是個人的利社會回應，我們會因為寬恕而說：「我承認你的過錯傷害了我，但我不想訴諸報復，因為我原諒你。」也因為寬恕而停止了爭辯。寬恕不等同於法律赦免，因為寬恕是維繫關係的個人反應，而非法律過程的結果。寬恕不同於赦免或評斷傷害者，也不是合理化或辯稱過錯是情有可原，更不是去否認過錯的嚴重性或遺忘錯誤的發生，因為這些藉口都無法說明錯誤的理由。補償是犯錯者因為做錯事而懺悔、承認且對傷害進行補償的行為。因為補償，我們會說：「我承認我傷害了你，我也感到很抱歉，我會為自己的過錯進行補償。」對於過錯所造

成的傷害，寬恕和補償是修復關係的重要方法。

談到寬恕和補償的阻礙與好處（Exline & Baumeister, 2000），怨恨持續越久會感受到越多的心理負擔；當我們原諒他人時，反而負擔的感覺就消失了。寬恕也引發犯錯者某部分的懺悔，也會增進心理和生理的幸福感，更可以深化與犯錯者的關係。雖然寬恕帶來好處，仍有一些阻礙寬恕的因素，像我們可能覺得寬恕是弱者的象徵，而且這可能導致更多錯誤的發生。當我們原諒了他人，我們像是放棄了自己的定位而成為被欺凌的受害者，喪失引發犯錯者罪惡感的權利，也失去了表達和經驗該有的憤怒。

補償也有它的好處，當我們為了自己錯誤的行為做出補償時，可以減少罪惡感，也可以讓被背叛的人更願意寬恕我們的行為。補償和懺悔可以增進生理與心理的幸福感；然而也有一些因素阻礙了補償行為，補償需要了解做錯事情後應負的責任，經驗承認之後的罪惡感與羞恥，並接受處罰。極端的過錯行為，例如家庭暴力或虐待兒童，這都涉及了法律的制裁。

寬恕與補償需要我們放下驕傲變得謙卑，謙卑讓我們看見自己其實並沒有比別人更好或更壞，寬恕與補償也需要我們能同理他人的處境（錯誤者或受害者），並從他們的觀點來了解情況。若要更能寬恕或補償，放下驕傲，讓自己謙卑與同理是必要的。

寬恕的特質與狀態測量已發展出來（McCullough *et al.*, 2000a, 2009; Thompson & Snyder, 2003），特質測量評估的是寬容他人的一般性格，狀態測量是評估在某些特定狀況下寬恕的程度。有研究發現人們隨著年紀的增長越來越能寬恕，道德發展層次越高的人也越能表現寬恕（McCullough *et al.*, 2000b, 2009）。容易展現寬恕的人人格特質較穩定、隨和、宗教上較虔誠，而且較不自戀（Raskin & Hall, 1979）。有助於寬恕的情況，例如這項傷害不是故意的、較不嚴重的、較少危險的、較少負面結果，或犯錯者願意道歉，以上這些都減少了受害者的負面情緒，因此也較容易對犯錯者產生同理而寬恕之。在親密關係內，如果關係是彼此滿意的、高度承諾的、心靈相犀的，就比較容易原諒對方。

寬恕會有較高的心理和生理幸福感、較滿意的婚姻、較少的犯罪，且對喪親、喪友的狀況比較能適應（McCullough *et al.*, 2000b, 2009; Oyen *et al.*, 2001）。較能寬恕別人的人較少生理與心理疾病，實驗室的研究也支持了寬恕與幸福之間的關聯。Witvliet 等人（2001）的實驗研究發現，比起在心中演練寬恕的受試者，心中演練不寬恕的受試者更容易激發心跳、血壓與膚電（汗液分泌）的數值，也就是採取不寬恕的受試者在生理反應上顯示較有壓力，由此證明寬恕能強化心理與生理幸福感。Friedman 等人（1986）發現在目標是提升放鬆、寬恕和生活平衡的課程中，心臟病復發的生存者若能學會寬恕的態度就能夠緩和病情。

寬恕在個別治療或婚姻治療中扮演一個很重要的角色，在個別治療中，童年的未竟事務、被父母或照顧者虐待或者是面對其他人做了傷害的事，寬恕都可以協助他們從未竟事務中解脫或原諒這些傷害過他們的人（Malcolm & Greenberg, 2000），這些治療包括使用完形治療的空椅技術，讓當事者與加害人進行想像的對話，這樣的對話接納了受害者對加害者的憤怒和傷心的強烈情緒，對傷害事件造成的未盡人際需求會釋懷，也會對加害者產生同理，遂而對自己與加害者產生新的概念結構。對互相傷害的伴侶，婚姻治療會激發寬恕與補償以打破毀滅性的重複傷害模式（Coop-Gordon *et al.*, 2000）；不同於個別治療，婚姻治療的對話是超乎想像的，通常伴侶都會先經驗互相傷害，剛開始兩個人會有強烈的憤怒和悲傷，之後就會放棄這些未被滿足的人際需求，藉此也創造了一個脈絡去了解互相傷害發生的歷史、情境、關係和個人因素之細節，這樣的探索允許伴侶逐漸發展對彼此的同理，找到一個新的方式概念化彼此和他們繼續延續的關係，正向心理學關於寬恕培養的介入將於第九章中詳述。

感恩

關係中的感恩出現在當我們理解到自己是利社會行為的接收者，懂得感恩的人較隨和、情緒穩定、非唯物論、自信且較不神經質（McCullough *et al.*, 2001; Watkins *et al.*, 2009），感恩對健康也很有幫助，Emmons 和他的同事們在一系列感恩的介入課程研究中發現，感恩可以增加幸福感（Emmons & McCullough, 2004），例如每天以日記記錄感恩事件的人會比記錄壓力或其他事件的人，更能促進健康與主主觀幸福感。已發展出評估狀態與感恩的測量，這也被用來了解感恩在關係中的角色（Emmons *et al.*, 2003; Watkins *et al.*, 2009）。

伴侶形成

從**表 8.1** 可看出伴侶形成是家庭生命週期模式的第二階段，主要的任務在選擇一個伴侶並決定一段長期關係。這對伴侶會面臨的挑戰即如何能真實地相處和住在一起，這個階段會重新建構原生家庭的關係和同儕間的關係，而非只停留在理想性的投射。**表 8.2** 是一份簡短的婚姻滿意度測量，婚姻這個名詞是指傳統的婚姻或長期的同居關係。在傳統理論的生命週期階段中（e.g. Adams, 1986），婚姻被概念化為兩個家庭與兩個傳統的結合，而非兩個個體的結合，而這個過程分成四個階段，第一階段著重在對互動有利的外在條件上，從外在的吸引力到與自己具有相似的人格、興趣、智慧或者其他價值觀相似的行為。第二階段，透過自我揭露的過程比較彼此認同的價值觀，如果在這個階段能夠彼此產生更深層的吸引，關係就會維持下去。第三階段是角色適性的探索和互相同理的程度，一旦發展了連結的角色和互相同理，要分開就會變得困難，關係就會更緊密；如果互相吸引的深度是足夠的，即使分開的阻礙強大，關係仍會被鞏固。第四階段是決定長期的適性與承諾，如果一個正向的決定可以滿足以上二者，就有可能結婚或長期同居；當兩個人決定在一起後，就會積極的結合兩個各自的原生家庭，設定一些階段去整合這兩個家庭的傳統以產生新的傳統，例如規範、價值觀、規則、角色及一些例行事務。

二十一世紀前十年的研究顯示，這些結構可以解釋某些家庭的發展，但無法解釋所有的長期關係（Sassler, 2010）。西方工業社會中單身的人逐

表 8.2　堪薩斯婚姻滿意度量表

以下三個問題，請圈出最符合你對婚姻看法的答案，謝謝。

	極端不滿意	非常不滿意	有些不滿意	還好	有些滿意	非常滿意	極端滿意
1. 你對自己的婚姻有多滿意？	1	2	3	4	5	6	7
2. 你對自己的配偶有多滿意？	1	2	3	4	5	6	7
3. 你對自己與配偶之間的關係有多滿意？	1	2	3	4	5	6	7

資料來源：摘自 Schumm, W. R., Paff-Bergen, L. A., Hatch, R. C., Obiorah, F. C., Copeland, J. M., Meens, L. D., & Bugaighis, M. A. (1986).Concurrent and discriminant validity of the Kansas Marital Satisfaction Scale. *Journal of Marriage & the Family*, 48, 381-387. John Wiley & Sons Ltd. 允許使用。

漸增加，同居的人比結婚的人多，分居或離婚後再婚的人也變多了，或者也有許多長期承諾但分居在不同地方的關係，同樣的，男性和女性的同性戀者亦漸漸形成長期的穩定關係（Biblarz & Savci, 2010）。

　　伴侶形成與婚姻都需要一系列重要關係的發展：婚姻關係、親屬關係、親子關係，而這些都與快樂和幸福有關。

　　形成長期的承諾關係有很多因素，歷史上人們結婚有許多是為了經濟或有了孩子；但在現代西方工業化社會，人們結合是因為在浪漫中感受到彼此相愛，而愛正是正向心理學中核心的主題（Hendrick & Hendrick, 2009）。

觀察愛情的各種可能性

　　有很多浪漫的理論（Sternberg & Weis, 2006），包括成人依附理論、神經生理與進化觀點，以及 Sternberg 的雙重理論（duplex theory）。

成人依附理論

　　此理論的開創者為英國的 John Bowlby（1907-1990），他認為最初的親

子關係會被概念化為一個依附系統（Bowlby, 1988）。美國加州大學的 Philip Shaver 教授提出浪漫的關係也可以被視為一個依附系統，這樣的依附系統在親子關係和情侶關係都是有益的（Shaver & Mikulincer, 2006）。根據依附理論，當父母或伴侶能夠理解和回應孩子或另一半的需求時，安全的依附就會發展；相反地，不安全的依附會發生在父母或伴侶無法回應孩子或另一半的需求時（依附理論第五章中已詳細討論，並與情緒智力的發展連結）。親密關係經驗的調查問卷（The Experiences in Close Relationships Inventory）是成人依附型態很重要的測量，也整合了許多有效的自陳調查（Brennan *et al.*, 1998），這個調查有測量人際迴避和焦慮的子量表，如果具有安全的成人依附型態者，則在這兩項子量表分數就會很低，此領域的研究指出有安全浪漫依附型態的成人也具有維持滿意關係的特質，例如信任、承諾、親密度、支持、情緒表達、管理衝突的能力及寬容（Feeney, 2008）。Shaver 也提出成人的浪漫關係不只是跟「依附系統」有關，也跟提供伴侶同理性支持的「性和照顧（caregiving）的動機系統」有關（Shaver & Mikulincer, 2006），當人們感到安全受威脅，就會激發依附系統；當人們感受到有人需要關心，就會激發照顧系統；而性的系統讓伴侶投入生命的繁衍，Shaver 提到這三個系統是與生俱來且在人種不斷適應環境下持續進化的。

神經生理理論

　　美國羅格斯紐澤西州立大學的 Helen Fisher 教授（2006）對於浪漫的愛有不同的分析，她認為有三個不同的神經生理系統是驅動性（sex）的基礎，吸引和依附的過程是用來發展與維持愛的關係，睪固酮水平（testosterone level）跟性的驅動有關，下視丘（hypothalamus）和杏仁核是和這個驅動有關的兩個大腦結構，而被心儀的對象吸引和多巴胺（dopamine）大腦回饋路徑中的活動有關。依附、互相照顧和伴侶關係的過程，與在腹蒼白球（ventral pallidum）中伏隔核（nucleus accumbens）和加壓素（vasopressin）活動中的催產素（oxytocin）活動有關。根據Fisher，每一個大腦系統滿足不同的功能，

「性驅動」促使人們與一些潛在的伴侶們發生性關係;「吸引系統」促使人們聚焦在心儀的伴侶,並希望共同延續子孫,男性會被可以延續子孫的女性吸引,女性則被有資源能支持自己和下一代的男性吸引;「依附系統」則促使人們維持長期的關係足以養育他們的子孫。

雙重理論

　　耶魯大學的 Robert Sternberg 教授(2006)發展了雙重理論說明愛情關係與不同型態的愛,雙重理論包含了他早期的三角理論和愛情故事理論(love as a story)。在三角理論中 Sternberg 提出每種形式的愛都是不同的親密(intimacy)、熱情(passion)與承諾(commitment)的組合;完美的愛是高度的親密、熱情與承諾。著迷的愛(infatuated love)只有高度的熱情;友誼則只有高度的親密;空洞的愛通常只有高度的承諾;浪漫的愛包括高度的親密和熱情,但沒有承諾;變動的愛(fatuous love)有高度的熱情和承諾;同伴的愛(companionate love)有高度的親密和承諾。在愛情故事理論中,Sternberg 發展了 26 種愛情故事來描述三角理論中不同類型的愛,有些在分類中很受歡迎的愛情故事,像愛是一趟旅行;愛情的關係就像是花園,需要時時關心與注意;愛情像是一個民主制度,彼此擁有相同的權利;愛情像是一段歷史,記錄了共同走過的重要事件。Sternberg(1998a, 1998b)的三角愛情問卷(Triangular Love Scale)評估親密、熱情與承諾;愛情故事問卷(Love Stories Scale)評估個人愛情敘事。在 Sternberg 一系列的研究(2006)中發現親密、熱情與承諾的量表得分與關係滿意度有關,同時也發現,這三個選項分數相似的伴侶也更滿意他們之間的關係。

測量不同類型的愛

　　Sternberg 提出許多類型的愛,相繼也發展了許多測驗用來評估不同類型的愛,例如 Lee(1973)提 6 種類型的愛:情欲之愛(eros)、遊戲之愛(ludus)、友誼之愛(storge)、現實之愛(pragama)、依附之愛(mania),以及利他之愛(agape),這 6 種型態的愛可以透過愛情態度量表(Love Attitude Scale)測得(Hendrick & Hendrick, 1986; Hendrick *et al.*, 1998)。

Rubin（1970）認為浪漫的愛是由依附（attachment）、關照（caring）和親密（intimacy）所組成，而愛與喜歡可以透過 Rubin 所設計的愛與喜歡量表（Loving and Liking Scales）測得。Fehr（1986）將這些量表作因素分析後發現，愛與喜歡量表似乎是同伴的愛（companionate love）的一部分（相對於熱情的愛）。Hatfield 和 Sprecher（1986）發展熱情之愛量表（Passionate Love Scale）評估與他人在一起的渴望程度，無論這種渴望是否為一種交換，熱情的愛與性吸引、強烈的情緒有關。

婚姻

　　一對伴侶在關係發展的早期階段，主要任務就是基於對方的優點、缺點、特質發展出長期共同生活的模式，而非靠初期互相吸引的理想化或投射來維持住關係。在第一章裡我們提到婚姻跟幸福有關，許多快樂的人都是已婚的，婚姻讓許多人更快樂，例如社會支持、伴侶、父母、子孫等社會角色。然而，婚姻帶來的快樂並不穩定，橫斷研究顯示已婚的人比單身的人快樂（e.g., Proulx et al., 2007），縱貫研究顯示快樂在結婚之後開始增加，但婚後五年開始下降（eg., Lucas & Clark, 2006; Soons et al., 2009）。

　　從整體的人生來看，婚姻滿意度變化非常大。Anderson 等人（2010）使用「群體軌跡模型」（group-based trajectory model）分析美國 706 對伴侶，最後確認了出 5 種軌道模式，如**圖 8.1** 可以看出約有三分之二的人（第四組和第五組）顯示高度且穩定的婚姻幸福感，第三條曲線則呈現下降再恢復的狀況（第三組），第二條線顯示低的婚姻滿意（第二組），第一條線不但婚姻滿意低而且持續下降（第一組）。高度穩定的婚姻滿意者較少婚姻問題，也願意花更多的時間分享，過去研究顯示出有許多因素影響婚姻滿意度。

婚姻滿意度

　　以下列出與婚姻滿意度相關的因素（Conger et al., 2010; Fincham & Beach, 2010; Gottman & Notarius, 2002; Newman & Newman, 2008）：

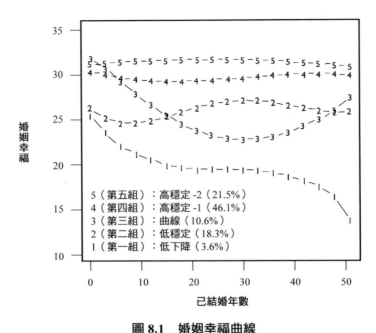

圖 8.1　婚姻幸福曲線

資料來源：摘自 Anderson, J., Van Ryzin, M., &Doherty, W. J. (2010). Developmental trajectories of marital
happiness in continuously married individuals: A group based modeling approach. *Journal of
Family Psychology*, 24, 587-596(Figure 1, p. 591) 美國心理學會許可。

1. 有較高的教育程度。

2. 高社經地位。

3. 配偶間有相同的興趣、智慧及人格特質。

4. 性關係的融洽。

5. 女性晚婚。

與婚姻滿意有關的確實機制目前仍無法完全掌握，但有一些又似是而非，例
如高教育水準和高社經地位可以讓婚姻更滿意，因為這些人被認為有較佳的
問題解決技巧和較少長期的生活壓力。雖然異性相吸是一種文化信念，研究
結果顯示伴侶間的相似性才是跟婚姻滿意度有關的因素，可能是相似的人較

容易理解彼此且分享興趣。許多調查發現，性關係的融洽比性行為的次數與婚姻滿意度更有關係。

　　研究穩定婚姻關係中快樂夫妻的信念系統和互動模式顯示，他們有以下特質（Carr, 2006; Casey *et al.*, 2010; Fincham *et al.*, 2007; Gottman & Notarius, 2002; Gurman, 2008; Ozer & Benet-Martínez, 2006）：

1. 尊重。
2. 接納。
3. 承諾。
4. 靈性。
5. 對正向行為的性格歸因。
6. 正向的互動多於負向。
7. 聚焦在特殊議題上的衝突。
8. 快速的修復破裂關係與寬恕。
9. 兼顧男女不同的對話方式。
10. 表達親密和權力。
11. 情緒智力、情緒穩定、和諧性。

　　快樂的伴侶會將對方的正向行為傾向做性格歸因而非情境歸因，例如「她幫助我是因為她是很好的人，而不是因為她剛好有時間」。一對快樂的伴侶，彼此正向和負向關係的轉換比率為 5：1（Gottman, 1993），因為即使是再快樂的伴侶也會有衝突，而這個衝突可以被五次的正向互動平衡掉。快樂的伴侶產生爭執時，他們會聚焦在特定議題上的爭執，而不是全面的批判或侮辱對方。這種行為是快樂伴侶尊重態度的反應，當衝突發生，快樂的伴侶會很快的修復他們破裂的關係。當傷害發生，雖然有一方受傷，但他會選擇寬恕以避免長期無溝通、生氣或阻礙的發生（Fincham *et al.*, 2007）。在異性溝通上，男人傳達以任務為焦點的訊息，進而解決任務的相關問題，女人傾向在對話中建立和維繫關係。在互相溝通的過程中，快樂的伴侶會找出方

法協調不同的溝通方式，如此會增加心理的親密度而非只是妥協。男性在這樣的關係中努力透過對話建立與維繫關係，女性則接納這樣的改變。處於高壓的配偶所面臨的重要議題有兩部分，其一為對溝通和親密的困難、歧見，另一為關係中權力平衡或角色結構（Gurman, 2008）。關於親密，**通常男性需要較大的心理距離，女性則堅持心理上的親密**。關於權力，男性希望保有傳統角色的優勢與權力，女性則希望落實平等主義。快樂的伴侶，需要適當地滿足關係中的親密與權力，若仍感覺這些需求受到威脅，則要有能力協調和修正關係。這反映出「忠誠」是將關係的長期發展放在個人考量之前（Fincham *et al.*, 2007）。婚姻穩定跟宗教或靈性的歸屬有關，一對情侶若能認定他們的關係是在一個更為廣大的宗教、靈性或傳統的脈絡中時，就比較能擁有穩定的婚姻（Fincham *et al.*, 2007），情緒智力、情緒穩定及隨和是跟婚姻滿意度有關的人格特質（Casey *et al.*, 2010; Ozer & Benet-Martínez, 2006），這可能因為具有高情緒智力、穩定、隨和的人會選擇類似特質的伴侶，也可能因為有情緒智力高、穩定、隨和的人具備覺察和了解自己和另一半的情緒，能強化關係和解決關係中的問題，並且能調整自己的情緒以產生關係滿意度的最大值。

婚姻的型態

Fitzpatrick（1988）和Gottman（1993）在量表調查和觀察的研究中發現，穩定滿意的婚姻型態有 3 種，分別為傳統型、超越性別型（androgynous）及迴避型，特色摘錄於**表 8.3**。傳統型的伴侶採取傳統的性別角色和生活型態，在衝突管理採取低調抑制的（low-key）方式；超越性別型的伴侶會努力創造平等的角色，在衝突解決上通常採用激烈的方法；迴避型的伴侶採用傳統性別角色，過著平等的生活但避免衝突；另外 Gottman（1993）還提出兩種不穩定型的伴侶，包括衝突型與脫離型（disengaged），前者忙於衝突卻找不出解決的方法，後者則花很多時間在避免衝突。

Gottman 發現穩定型態的伴侶，解決衝突的過程中正、負向語言交流的

比例是 5：1；而不穩定型態的伴侶在衝突時所表達的正、負語言比例則接近 1：1，Gottman 和 Fitzpatrick 主要的任務就是強調穩定的婚姻關係其實有很多種模式，同時提醒伴侶應該用解決的角度面對衝突而非避免它。負向互動若沒有五次的正向互動平衡抵消，則會具有破壞性。負向互動可能是平衡親密與自主和維持長期吸引力的有利角色。

有幼童的家庭

家庭生命週期模式的第三階段，伴侶主要的任務就是在關係中調整角色，創造一些空間給孩子，而伴侶的雙親要建立祖父母的角色。孩子到了兒童中期時會發展同儕關係，整個家庭必須開始安排進托兒所、幼稚園，以及社區學校入學等，這些議題更多細節討論如下。在托兒所階段必須安排養育、經濟、家務等責任的分工，西方工業國家研究顯示，男女是不公平的，男性在外面的給薪工作比女性多，女性則處理較多的家務和照顧孩子，即便是男性在外面的工作比較多，他們所擁有的休閒時間還是比女性多（Bianchi & Milkie, 2010）。

親職角色

父母親角色的轉換跟婚姻滿意度的顯著下降有關，Twenge 等人（2003）綜合九十七個研究的後設分析發現，比起沒有當父母的夫妻，有當父母的夫妻婚姻滿意度較低（d= -0.19），雖然差距微幅，但養育孩子的付出是龐大的，以致於促進夫妻關係的時間和機會就會減少。發展正向的親職角色是夫妻要建立滿足孩子需求的日常生活模式：

1. 安全。
2. 照顧。
3. 掌控。
4. 智力上刺激。

表 8.3　五種伴侶類型表

穩定度	類型	特質
穩定	傳統型伴侶	• 適應傳統的性別角色。 • 家庭目標優先於個別目標。 • 有固定的生活計畫。 • 在家中共同分享生活空間。 • 對於正面情緒及負面情緒會經過調整後再表達。 • 除了主要的議題，會盡量避免衝突。 • 會努力化解衝突並嘗試解決它。 • 衝突解決的開始會先聆聽和同理對方。
	超越性別型的伴侶	• 適應不分男女的平等主義角色。 • 個人目標優先於家庭目標。 • 混亂的生活計畫。 • 在家裡有各自獨立的生活空間。 • 皆表達高程度的正向情緒與負向情緒。 • 投入於許多議題的持續協調。 • 在衝突的開始，彼此不同意但會嘗試說服對方。
	迴避型伴侶	• 適應傳統的性別角色。 • 在家中有各自獨立的生活空間。 • 避免所有的衝突。 • 很少衝突解決技巧。 • 當衝突發生時，伴侶會互相陳述他們的理由，但不會說服或妥協。 • 與他們的觀點和價值比起來，特殊衝突的差異是不重要的。
不穩定	衝突型伴侶	• 投入衝突而不試著有建設性地解決它。 • 不斷抱怨、猜測，互動中帶有防衛。 • 高度的負面情緒表達且較少正向情緒。 • 攻擊—撤退（attack-withdraw）的互動模式。
	脫離型伴侶	• 衝突，但很少解決衝突。 • 互動的方式多為短暫的責罵、猜測和防衛。 • 表現極低的負向情緒，且幾乎沒有正向情緒。 • 彼此為撤退—撤退的互動模式。

資料來源：根據 Gottman, J. (1993). The roles of conflict engagement, escalation and avoidance in marital interaction: A longitudinal view of five types of couples. *Journal of Consulting and Clinical Psychology*, 61, 6-15; Fitzpatrick, M. (1988). *Between husbands and wives: Communication in marriage*. Newbury Park, CA: Sage.

建立這些規律是複雜的過程（Carr, 2006），安全的規律包含保護孩子免於意外，例如不要對孩子不告而別、父母在教養孩子時必須發展管理挫折和憤怒的技巧，也要提供孩子在食物、居住、依附、同理和了解上的安全；此外，父母也要提供情緒上的支持以滿足孩子的需求。設定清楚的規範和限制，督導孩子遵守這些期望，對規範的遵守與違反提供獎懲，以滿足孩子對掌控的需求。若期待孩子表現出良好的情緒與智能發展時，必須提供孩子大量的親子遊戲和溝通。

當父母理解孩子在安全、安全感、心理上的照顧需求，而且也能回應和滿足這些需求時，孩子就可以發展出安全的情緒性依附（Cassidy & Shaver, 2008），當這點出現，孩子就會知道父母是他們探索世界的安全依靠。若父母無法掌握和回應孩子的需求，孩子會發展出不安全的依附，可能在日後的生活中盡力去形成安全的親密關係。

廣泛回顧親職相關的文獻指出，結合兩個直角「溫暖或接納」、「掌控」區分而成的親職風格，分別發展出對孩子不同的教養方式（Darling & Steinberg, 1993），如**圖 8.2**。權威型（authoritative）父母採取溫暖接納的兒童中心取向，再加上適度的掌控，即允許孩子負起適齡的責任，提供一個最有利的脈絡以發展孩子成為自主、自信的個體，這類型父母養育出來的孩子會使用權威的風格學習有效的衝突管理，包括在友善協調的脈絡中考慮他人的觀點，而這一系列的技能有助於適齡道德行為、有效率的問題解決、良好同儕關係、社會支持系統網絡之利社會發展（Eisenberg *et al.*, 2006）。獨裁型（authoritarian）父母的孩子是溫暖和接納的，但父母掌控的部分會導致孩子發展成較不主動的害羞成人，父母的規範風格教導他們無條件的服從是面對人際差異或解決問題最好的方法。寬容型（permissive）父母的孩子同樣是溫暖和接納的，但缺乏規範，在未來的生活較無法貫徹一項計畫，也缺乏掌控的能力。當孩子感受到較少的溫暖和接納，嚴厲、較少或不一致的督促都會讓孩子有適應上的問題。親職滿意量表見**表 8.4**。

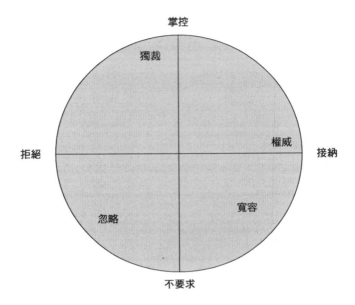

圖 8.2　親職的模式

資料來源：根　據 Darling, N., & Steinberg, L. (1993). Parenting styles as context: An integrative model. *Psychological Bulletin*, 113, 487-496.

表 8.4　堪薩斯親職滿意度量表

以下三個問題，請圈出最符合你看法的答案，謝謝。

	極端不滿意	非常不滿意	有些不滿意	還好	有些滿意	非常不滿意	極端不滿意
1. 你對孩子或孩子的行為有多滿意？	1	2	3	4	5	6	7
2. 你對自己的父、母親角色有多滿意？	1	2	3	4	5	6	7
3. 你對自己與孩子的關係有多滿意？	1	2	3	4	5	6	7

資料來源：摘自 James, D. E., Schumm, W. R., Kennedy, C. E., Grigsby, C. C., Shectman, K. L., & Nichols, C. W. (1985). Characteristics of the Kansas Parental Satisfaction Scale among two samples of married parents. *Psychological Reports,* 57, 163-169.

祖父、母角色

除了發展父母親的角色和滿足孩子需求的日常生活模式，接下來這個階段的任務就是發展正向的祖父、母角色和重新組合家庭關係。更廣義的觀點來說，Thiele 和 Whelan（2006）認為祖父母的角色具有意義且被肯定，因為這個角色符合繁衍後代的需求，祖父母有很多不同的方式去展現他們的角色，不同的類型包括 Neugarten 和 Weinstein（1964）定義出 5 種類型的祖父母角色，第一種是形式上的角色，他們不負責養育和照顧孫子，但很愛自己的孫子，在情感上付出很多；第二種是尋求娛樂型（fun-seeking）的角色，祖父母就像孫子的玩伴一樣；第三種是疏遠型的角色，他們很少跟孫子聯絡；第四種是代理人的角色，祖父母就像孫子的父母，因此母親可以在外工作；最後一種是代表智慧長者的祖父母，他們通常在大家庭裡，擔任家族長或母系社會的大家長角色。當祖父母的角色是支持父母與孩子的，這對家庭的復原力有很大的貢獻；如果他們的角色是增加了對父母與孩子的要求，就會帶來適應上的問題。

托兒所

家庭中若有小孩可能會送到托兒所，當孩子與父母發展了良好的安全依附且有正向的互動時，他們到托兒所會學習得更好，但不要太早將他們送到在托兒所，也不要在托兒所待上太長的時間（三至五十四個月之間，每週不超過 30 小時），而且托兒所要能提供高品質的照顧（Lamb & Ahnert, 2006; Vandell, 2004）。高品質的托兒照顧包括孩子與托兒所員工的關係良好；托兒所員工有責任滿足孩子的安全、照顧、掌控和智力刺激的需求；孩子能在托兒所的系統下發展良好的同儕關係；師生比率低；一個安全、夠大、設備良好的環境。比起在環境較差的托兒所裡，在設備完善且高品質的托兒所裡，孩子會表現出較好的認知、語言和社會發展。如果家長無法完全滿足孩子的需求，高品質的托兒所也可以協助孩子建立入學前的相關準備，也可

以緩衝那些家庭環境的危險因子，例如貧窮或父母養育不佳。當然托兒所也有它的缺點，如果在三至五十四個月中，每週安置超過 30 小時，孩子比較容易發展出攻擊行為。

學前

許多家庭會把小孩送到幼稚園就讀。學前安置對於弱勢的孩子來說特別重要，社會弱勢或體重過輕的孩子的學前早期介入教育方案，對孩子的心理社會適應、認知發展、就學率皆具有長期的效果（Carr, 2002）。有效的早期介入方案是孩子非常早就投入方案中，有效的方案除了學前安置外，還包括長期支持性與教育性的家庭訪視。給孩子刺激、父母的訓練與支持、增進安全依附的親子會談等都是特別好的學前方案。最後，有效的方案要一直延伸到上小學。當中很重要的因素就是家長與幼稚園員工之間有良好的互動關係，孩子與家長也必須接觸一些正向角色楷模，透過他們的例子和成功的經驗顯示出學校教育的價值。最後，一個成功關鍵的教導方法包含計畫行動、執行和回顧表現（計畫－執行－回顧）。成功學前方案的基礎，也就是此方案中有良好成果的孩子具備 4 項生活技能：第一為發展出目標導向和有計畫性的取向解決學校和社會問題，第二為發展教育和職場志向，第三是發展個人行為的責任感，第四是發展出對他人的責任。

學校

正向心理學的創始人 Martin Seligman 在澳洲的吉隆文理學校（Geelong Grammar School）運用完整的學校方案來促進個人最佳化的發展（Seligman et al., 2009），在這個正向心理學學校方案中，學生學會辨認自己的特徵優勢且增加這些優勢在日常生活中的使用，特徵優勢在第二章已討論過。吉隆文理學校的學生也會學習以更樂觀的思考因應每天的挑戰，此外他們也學習系統問題解決的技巧、創意腦力激盪、決策、放鬆及自信。

過去的研究顯示特殊型態的學校特別有助於正向兒童發展、學業成就和利社會發展。Rutter 等人（1979）在中學發展研究中發現，中學環境中的

一些特色對學生的行為、出席率都有正面的影響，而這些特色是獨立於孩子和家庭的特質外的，這些特色包括：

1. 校長對全體員工有堅定的權威領導。
2. 老師對班級有權威的管理，包括對成功高期待、清楚的規則、按照年級規律的給予適當作業。
3. 在課程規劃、促進團結的學校管理上，全體員工以參與的方式做決策。
4. 給學生機會參與學校的運作，可以培養學生對學校的忠誠度。
5. 重視課業與其他學科間的平衡，例如體育。
6. 教師能示範好的行為。
7. 教師經常欣賞、獎賞和鼓勵學業及非學業的良好表現。
8. 在智力能力較好和能力較差的學生中找到平衡的教學方式。
9. 有吸引力的、舒適的和愉悅的學校環境。

小學與中學的連續研究都支持與延伸了 Rutter 最先的發現，以下的特性也跟高就學率有關：給學生清晰的目標、創造對成功的期待、清楚且易解說的教材、有充足的說明讓學生可以完成任務、呈現清楚的資訊、對達成目標提供額外的協助、提供回饋。這種形式的教學方法需要調整班級的大小，而這個班級的大小也一直跟學生成績有關（Sylva, 1994）。

學校滿意度是學生對整體學校經驗的正向判斷，評估的量表如 Huebner 的兒童多面向生活滿意量表（Multidimensional Life Satisfaction Scale for Children, 1994），學校滿意度跟學生正向調適和教師正向班級經營有關。提到學生的適應，學校滿意度高與希望感、內在動機、內控歸因、學業自我效能、學業表現、自尊、社交能力、參與課外活動及心理調適有關（Huebner et al., 2009）。學校滿意度低跟適應困難有關，包括學業成績低落、心理問題、物質濫用及輟學。落實班級經營可以提升學校滿意度，包括運用課程培養學生的選擇與自主，設定跟學生學業志向有關的目標、設立和採用清楚的

規則和可預期的教室規範、鼓勵學生適當的行為、促進教室內正向同儕互動，以及鼓勵課外活動，例如運動。

同儕關係

　　孩童和青少年的同儕關係對生命中各階段的幸福與適應都很重要（Rubin *et al.*, 2009）。兒童與青少年的同儕關係是一個學習如何創造與維持關係的脈絡中形成，透過成為他人社會支持的來源，可增加生命前二十年的幸福感。發展心理學說明了同儕關係如何形成和發展的因素，在生命剛開始的五年，隨著與他人互動的機會增加和語言的發展，與其他孩子互動的機會也會增加，合作性遊戲讓孩子對其他孩子的觀點漸漸產生同理性的理解，特別是在兒童中期時。競爭行為（通常是身體或語言的攻擊或開玩笑）是同儕互動中很重要的部分，特別是在男孩之間，這可以讓他們在同儕團體階級中建立一個位置。不同性別的孩子在遊戲時會採取 6 種不同方式：女生會比較多合作性遊戲，會聚焦在關係上；男生則比較競爭性，會聚焦在活動上；男生喜歡在大團體中遊戲，女生則喜歡跟情感較親密的好友形成小團體。隔離性別的遊戲在兒童中期是很普遍的，到了青少年，花在與同儕相處的時間則日漸增多，但同儕的團體中就包含了男生和女生。於是有愛情或無愛情的友誼就開始發展，在青少年的同儕團體裡，受歡迎的階層開始發展。

　　在同儕中受歡迎的孩子，特質是樂於助人、友善、體貼以及在遊戲中能遵守規則，他們也比一般的孩子更聰明、外表也更具吸引力，他們會正確的詮釋社交狀況，且使用適當的社交技巧融入同儕團體活動，受歡迎的孩子在參與同儕活動時是非常有效率的，剛開始他們會先在旁邊看，慢慢地接近團體的活動，再小心地選擇適當的時機融入團體。溫暖、幽默感及對社會線索敏感，是擅長社交的孩子的特質。

　　從容大方的孩子，若跟父母建立了安全的依附關係，也比較容易發展良好的同儕關係，這可能是因為他們能調整自己的情緒狀態以符合同儕們的需要，也因為他們跟父母相處的經驗，提供了與同儕互動的實用認知模式；

那些能發展良好同儕關係的孩子，父母創造了機會讓他們跟同儕互動，並且在過程中運用權威式父母的角色，主動協助孩子發展社交技巧。

有青少年的家庭

生命週期模式的第四階段，是孩子進入青少年期後，親子關係需要重新排列，使青少年可以發展更多的自主；但祖父母的照顧及老化問題同時也會發生，對家庭生命週期來說這是相當複雜且具有挑戰的階段，特別對父母而言，因為同時要調整家庭關係，好適應青少年逐漸獨立和祖父母逐漸帶來的負擔。

青少年期是一個過渡階段

青少年期是個人從兒童發展到成人的過渡時期（Collins & Steinberg, 2006; Jackson & Goossens, 2006）。這是一個生理、心理及社會發展快速的時期，在這段時期，青少年跟父母協商逐漸增加自主的空間，如果青少年與父母的關係是良好的、個人有協商的天賦與技巧，而且處在一個支持的社會網絡，協商就顯得較容易。到處都是對青少年的誤解。包括在這個階段親子衝突是正常的，但根據流行病理學的研究顯示，每五個家庭中就會有一個家庭經歷一些親子衝突，但每二十個親子衝突經驗中只有一個是非常激烈的，不同於傳統上認為青少年就是對抗保守父母的價值觀。但流行病理學的研究指出，在許多家庭中，青少年與父母的爭吵都是一些平常的議題，像雜亂不堪、音樂、衣著及門禁時間，這些議題很少和價值或倫理有關。另一個傳統上對青少年時期的看法就是，同儕關係品質的提升會使得親子關係越來越糟，但依附主題的相關研究顯示並非如此，對父母的安全依附跟與同儕的安全依附其實是呈現相關的，青少年時期的混亂並非常態，儘管這與一般的想法相反。許多的調查研究顯示，年紀較大的青少年認為若已互相承諾的情侶擁有婚前性行為可以接受的，但若跟很多不同人發生婚前性行為則不能接受。

青少年時期的復原力

　　對某些人來說，青少年是一個充滿風險的時期（Jackson & Goossens, 2006），在生命的第二個十年，有很多的機會造成心理問題，正向心理學所關心的是去確認這些復原力（resilience）佳的青少年之特質為何，並了解這些特質如何幫助青少年過渡到成人，儘管在過程中遇到風險和逆境。這些關於復原力的因子被摘述在**表 8.5**（Davis & Nolen-Hoeksema, 2009; Davydov *et al.*, 2010; Masten *et al.*, 2009; Rutter, 2006），如果青少年彈性運用問題焦點、情緒焦點及迴避型的因應策略，就能降低壓力帶來的負面影響，因此在面對壓力或創傷就會有比較好的適應（這些因應策略在第七章已說明），跟復原力有關的因應策略包括正向的重新評價（re-appraisal）或重新框視（reframing）壓力情境、看見壓力或創傷事件中好的一面、以實際的方式計畫未來、以同理心發展社會支持性關係、使用智慧或獨特的天賦（例如音樂或運動）創造社會支持網絡和避免不適當的網絡、脫離不適當的照顧者與同儕團體，以及對靈性或宗教的應對。高度的自尊、樂觀解釋風格、對自己生命能自己掌控的信念、對壓力能掌握的信念等都跟復原力有關（自尊和自我效能在第七章討論過，樂觀則是在第三章討論過），復原力也跟很多的人格特質有關，包括從容大方、情緒穩定、外向、自覺性、隨和及對經驗的開放度（這些特質在第二章提過），這些經驗與特質使人們在壓力或創傷中只有低度的生理心理社會（psychophysiological）反應，而且很快就能從中復原。這些特質的發展來自於穩定和支持性的家庭系統，若能持續與家人保持良好關係將有助於復原力的強化。在逆境中能有良好適應的家庭特質包括安全依附、權威型父母、父親的投入，且並無早期分離、失落、壓力或父母健康問題的發生。當青少年來自高社經團體、有好的同儕和家庭社會支持網絡、學校能提供支持性且具挑戰性的環境，就會有較好的生活壓力適應。選擇和創造一個正向社會網絡（透過正向學校經驗、好的友誼、或在運動、藝術的天賦表現）可以停止創傷或逆境的負向連鎖反應，或開啟個人發展和復原力的正向連鎖反應。

表 8.5　青少年復原力的相關因素

方向	因素
因應技能	• 彈性使用問題焦點、情緒焦點及迴避型的因應策略。 • 正向重新評價和找到好處（benefit-finding）的技巧。 • 計劃能力。 • 同理的能力。 • 幽默感。 • 脫離不適當的照顧者與同儕團體。 • 尋找或創造社會支持網絡。 • 使用獨特天賦（例如音樂或運動）去創造社會支持網絡，以及避免不適當的網絡。 • 靈性或宗教因應。
自我評價信念	• 高自尊。 • 樂觀解釋風格。 • 內在歸因信念。 • 任務相關自我效能。
心理特質	• 能力高或獨特天賦。 • 放鬆的氣質。 • 穩定、外向、謹慎、隨和及對經驗的開放。 • 對於壓力低反應。 • 從壓力中快速復原。
家庭因素	• 家庭穩定和支持。 • 安全依附。 • 權威型親職。 • 父親的投入。 • 無早期分離、失落及家庭壓力。 • 無父母健康問題或犯罪問題。
社區因素	• 好的社會支持網絡（包含大家庭、利社會同儕關係、投入宗教組織活動）。 • 高社經地位。 • 正向教育經驗。

資料來源：根據 Masten, A., Cutuli, J., Herbers, J., & Reed, M. (2009). Resilience and development. In S. Lopez & C. R. Snyder (Eds.), *Oxford handbook of positive psychology* (Second Edition, pp. 117-132). Rutter, M. (2006). The promotion of resilience in the face of adversity. In A. Clarke-Stewart & J. Dunn (Eds.), *Families count: Effects on child and adolescent development*. The Jacobs Foundation series on adolescence (pp. 26-52). New York: Cambridge University Press. Davydov, D., Stewart, R., Ritchie, K., & Chaudieu, I. (2010). Resilience and mental health. *Clinical Psychology Review*, 30, 479-495. Davis, C. G., & Nolen-Hoekesema, S. (2009). Making sense of loss, perceiving benefits, and posttraumatic growth. In S. J. Lopez & C. R. Synder (Eds.), *Oxford handbook of positive psychology* (Second Edition, pp. 641-649). New York: Oxford University Press.

祖父母的照護

　　隨著人類壽命越來越長，照顧年邁雙親的責任變成中年男女的普遍責任（Connidis, 2010），而這樣的責任剛好和撫育青少年並協助他們順利進入成年階段同時發生，因此並不意外有這樣雙重責任的人會被稱為「三明治世代」（sandwich generation）。無庸置疑地這個世代處在人生中最有挑戰性的時段，親友的社會支持和短暫的日常生活照護（custodial care）是處理這些問題最重要的因應來源。正向心理學其中一個目標，就是協助三明治世代勇於承擔撫養青少年並同時扶持父母所帶來的挑戰。

出發

　　家庭生命週期的第五個階段，是年輕成年子女離開父母的原生家庭。對年輕人和他們的父母來說，這是發展去階級關係脈絡非常正向的過程；成年子女離家是父母的挑戰，也是機會，父母有機會重新評估自己的生活、再投入婚姻關係，以及歡慶家庭的擴大（如果他們的子女結婚或生小孩）。另外，也會面臨處理原生家庭中成員殘疾或死亡的問題。

重新評估中年的生活

　　當青少年長大後離家，父母就會有機會重新評估中年的生活，思考生活中的優先性、婚姻關係以及生涯志向。這個階段可能從上個生命週期階段就開始了，必須面對相當大衝擊的家庭空窗期。正如青少年叛逆的概念並沒有被以社區為主的研究結果所支持，普遍認為的中年危機其實是較少見的現象（McAdams & Cox, 2010）。縱貫研究顯示許多男性與女性在他們 40 多歲的時候變得更能自我反省，且會重新評估自己在家庭中和職場世界的角色。對男性而言，在價值觀上會有一些改變，認為家庭生活比工作更重要一些，然而這些價值觀的改變很少到需要承擔危機的地步。

　　Gould（1978）在一個大規模臨床與非臨床的人口研究指出，原生家庭

中習得的假設與信念系統會在成年過程中受到挑戰，直到中年時才能找到解決方法，Gould 的發現見**表 8.6**。兒童期的假設給予兒童安全感，包括全能的思想、能萬能保護我們的父母、對父母觀點的絕對性、對分離憤怒的防衛。成人的意識會根據自己的信念與價值創造人生，而這些已不同於孩童時代的信念與價值，從孩童到成人的觀點是逐漸改變的，已被 Gould 量化成圖表於重要的研究中。

在青少年晚期，如果青少年從家庭中釋放出來，父母的觀點必須被評估，父母的保護者角色必須重新評估，對青少年性行為和身體的命令也會受到挑戰，這個衝突介於「維持兒童期的角色」和「嘗試出新的角色」之間。當我們 20 歲以後，會發現在職場中「人生是公平的，只要遵守規範就會成功」等信念被挑戰；在關係之中，「父母可以補足我們的不足」、「我們也

表 8.6　挑戰錯誤的假設（成人版）

階段	錯誤假設	信念系統
青少年晚期	我一直總是屬於父母且相信他們的世界	• 如果我再獨立一些的話，會變成一場災難。 • 我只能從父母的假設中看到世界。 • 只有他們能保證我的安全。 • 他們是我唯一的家人。 • 我不擁有自己的身軀。
二十世代	照他們的方式去做就會有結果，而且可以指引我突破難關	• 如果我遵守規則，將會獲得酬賞。 • 這是做這些事唯一正確的方法。 • 合理、承諾和努力總是可以勝過其他因素。 • 我的夥伴可以為我做這些我無法勝任的事（例如用愛治癒我）。
三十世代	生活是簡單、可控制的，對我來說沒有明顯存在的對立脅迫	• 理智上能理解的，情感上也能理解。 • 我不像父母採用那些我不喜歡的方式。 • 我可以看清楚週遭事物的真理。 • 我可以真實地定義和處理這些安全上的威脅。
四十世代	我的內在沒有邪惡、世界上沒有死亡，災難和險惡將被逐出	• 工作和與他人的關係讓我免於死亡和危險。 • 沒有任何生命是超越這個家庭的。 • 我是無罪的。

資料來源：根 據 Gould, R. (1978). *Transformations: Growth and change in adult life*. New York: Simon and Schuster.

可以補足父母的不足」之信念也被挑戰；「愛可以療癒個人的缺陷」的想法也會在這個階段被放棄，例如一個很會說話的伴侶無法補足另一個較安靜的伴侶，一個會照顧他人的伴侶也無法補足另一伴的依賴需求。當這些假設已經被挑戰時，一個人即在建構一個不同於原生家庭的新家庭。

二十世代被挑戰的價值跟外在世界有關。到了三十世代，對於內在自我或我們與自己的關係的假設會受到挑戰，會了解到一個人能更有智慧的知道一些事情，像和伴侶的爭吵可以用耐心的溝通來解決，且需要情緒知能去修通溝通的過程。三十世代的人能了解自己有很多伴侶不喜歡的特質，例如可能無法平等對待孩子，必須確認這個模式是否繼續跨世代出現。我們必須接納伴侶的進步與成長，**事實上也不可能因為我們了解了對方一年前的觀點，就可以知道對方今天的看法**。中年時有很多來自安全的威脅，包括婚姻和職場。婚姻中所知覺到的威脅通常來自投射而非真實的威脅。三十世代會假設被伴侶被虐待或視為理所當然是真正的威脅，而非他們自己童年被父母或重要他人所對待方式的投射，因此精準地確認和處理這些威脅的想法是中年時期的一大挑戰。

40 歲時，有關「安全」的錯覺再度被挑戰。對男性而言，普遍的錯誤想法是「如果我有所成就，就不會再被任何事威脅」；就女性而言，最廣泛的認知則是「如果沒有被男性保護，就會不安全」。當這些錯覺受到挑戰，男性或女性都會從生涯或婚姻的卑屈角色中產生自覺。在婚姻中，夫妻必須挑戰「除了婚姻以外，沒有別的生活」的信念，這可能導致伴侶分離或繼續同居，如果繼續同居，代表這個信念增進了他們的婚姻關係。中年時會重新評價「我們沒有錯」這種想法，因為這通常是之前孩童時期對抗特定情緒標籤的防衛，例如不好的、無法接受的情緒。

檢視我們如何為情緒經驗貼上標籤，而不是繼續嘗試否認，例如：

1. 生氣不需被貼上有破壞性。
2. 愉悅不需被貼上不負責任。

3. 喜歡感官享受不需被貼上罪惡。

4. 不好的想法不需被貼上是惡意行為。

5. 不滿意不需被貼上貪婪。

6. 愛不需被貼上脆弱。

7. 顧好自己不需被貼上為自私。

當這些自我的層面重新再標示而不是被否認時，就能整合到自我意識，是一個釋放和增加心靈能量的過程。就 Gould（1978）來說，成人會在中年後期意識到並產生一個想法：「**我擁有自己，我不是他們的。**」而這種自我擁有的感覺會賦予生命意義。

晚年生活

　　家庭生命週期模式的倒數第二個階段和最後一個階段，家人開始關心父母身體走下坡及死亡（Connidis, 2010; Stroebe *et al.*, 2001）。就正面而言，這些生命週期階段提供逐漸老邁的父母一個機會重新檢視生命中所做的一切，祖父母獲得子孫的照顧與關注，並享受單純的快樂；子孫從長輩的智慧與經驗中學習。生命的最後階段仍有許多困難的挑戰，包括失落，失落在這個脈絡裡是指逐漸老邁的父母親，青春、健康、活力、資源以及生命最終逝去。當年邁殘疾降低了父母自我照顧的能力，家庭中另一個平行的議題就是照顧父母的歷程。在生命週期的這個階段，正向心理學所關心的兩個議題即為成功的老化（successful ageing）與重視失落和復原（loss and restoration）的議題。

成功的老化

　　Margaret Baltes 教授和他的同事在德國柏林自由大學（Free Uni-versity of Berlin）發展選擇、最佳化和補償模式（the selection, opti-mization, and compensation model）用來說明成功老化（Baltes & Cars-tensen, 2003），這

個模式認為成功老化的人會努力聚焦在生活中他們覺得重要的面向，且協助他們發展這些面向的最佳資源與協助，最後運用成功來補償這些為了適應老化帶來生理、心理與社會經濟上的限制。很多研究顯示適應較佳的老年人會謹慎選擇有限但對他們來說重要的目標，而這些目標會對生命產生目的，然後他們使用策略和方法去彌補生理機能的衰退、殘疾、心理限制（如記憶問題），以及社會經濟限制（如經濟狀況限制了他們能選擇的目標）。Boyle 等人（2010）的七年縱貫研究，對於住在芝加哥的 900 多名老人實施生命目標問卷調查（a purpose in life inventory），獲得高分者為那些阿茲海默疾病低風險、輕度認知損傷的人，因此他們也有較好的生活品質。

失落與復原

Margaret Stroebe 教授在荷蘭烏特勒支大學（Utrecht University）提出圖 **8.3** 的「失落因應的雙向歷程模式」（dual-process model of coping with loss）（Hansson & Stroebe, 2007; Stroebe & Schut, 2001）。這個模式著重喪親或喪

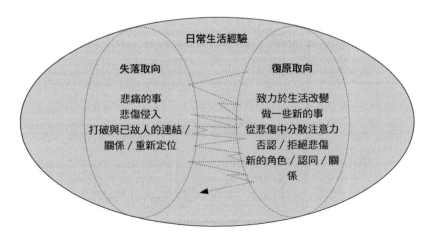

圖 8.3　失落因應的雙向歷程模式

資料來源：Stroebe, M., & Schut, H. (2001). Models of coping with bereavement: A review. In M. Stroebe, R. Hansson, W. Stroebe, & H. Schut (Eds.), *Handbook of bereavement research: Consequences, coping, and care* (pp. 375-403)(Figure 17.1, p. 396). Washington, DC: American Psychological Association.

友要承擔失落取向（loss-orientated）和復原取向（restoration-orientated）的壓力源，也就是家庭成員會擺盪在因應失落情緒所帶來的影響（失落取向因應）及因應於發展新的規則、角色與關係（復原取向因應）之間。失落取向因應包括：經歷失落的情緒、逐漸接受失落和接受抗拒復原的歷程，在此階段會產生複雜的情緒，像是驚嚇、否認、渴望、洞察、悲傷、生氣、焦慮、罪惡及接受；復原取向因應包括：在避免進入失落因應的同時，建立失落後新的生活型態。當父母親過世，孩子在家庭中變成長者的角色，這個家庭中重大的改變需要承擔很多挑戰，但也產生了很多的可能與機會。失落後的適應包括含擺盪在面對和逃避於失落、復原的壓力，家庭成員必須足夠投入，允許自己哀悼失落與生命的復原；但他們也必須偶而暫緩處理這兩種的壓力以避免過度負荷。證明悲傷中失落和復原取向因應的角色，是正向心理學的重要議題。

　　失落和悲傷有很多廣泛的錯誤觀念不被嚴謹的心理學研究所支持（Wortman & Silver, 2001）。相對於一般的概念，面對家庭成員的失去，其實大部分人並不會陷入輕度憂鬱，也不會有嚴重的延宕悲傷，如「沒有感到悲傷」的現象，或沒有經過許多早期失落理論中所提到的悲傷階段（stages of grief）。

　　隨著失落而有強烈初始負向情緒的人在長期適應上較差，而擁有正向情緒的人則會有較佳的長期適應，因此，相對於一般概念，積極的初始悲傷輔導工作（grief work）並非是件好事，尤其是針對負面情緒經驗。除了複雜、慢性的負向悲傷反應案例，悲傷輔導對於失落的適應並沒有幫助（Carr, 2009a），因此，喪親或喪友之後，其實大部分的人不需要悲傷輔導。

　　考慮到家庭生命週期模式是基於一夫一妻制的假設，處理其他型態的生命週期模式仍值得注意，特別是分居、離婚或再婚的情況。

分居、離婚、再婚

離婚不再被視為家庭生命週期的脫軌，而是真實少數家庭一種規範的過渡（Amato, 2010; Fine & Harvey, 2006）。透過分居、離婚和再婚，家庭發生轉變，而這可被概念化為一系列的階段。McGoldrick 等人（2011）的家庭生命週期額外階段模式包括分居、離婚與再婚，列於**表 8.7**，這個模式概述了不同階段必須完成的任務，若此階段未完成階段性任務，將會導致下一個階段的適應問題，因此若完成每個階段的任務將可順利進入下一個階段。

決定離婚

第一個階段決定離婚，接受自己在失敗婚姻中的一部分是核心任務，很多脈絡因素導致離婚，包括年齡、社經地位、工作職位、教育程度、父母婚姻狀態、婚前同居、先前婚姻狀態、先前親職狀態、道德觀相似度、婚姻的和諧或衝突，以及忠誠度（Amato, 2010）。如果一對夫妻是在 20 歲以後結婚的、有較高的社經地位、有較高的教育水準、皆有工作、成長於父母沒有分開的家庭；如果他們婚前沒有同居、之前沒有結過婚或沒有小孩，又有相似的道德價值背景，皆沒有婚姻衝突或不忠誠的歷史，就比較少有分居或離婚的情況。相反的，離婚在低社經地位且低教育程度的失業者族群較為普遍，父母離過婚或 20 歲以前結婚的人也較可能離婚。離婚也較為普遍在有小孩、之前有過婚姻、不同的道德觀，以及有過婚姻衝突、家庭暴力、不忠誠歷史等情況。經濟的資源與較高的社經地位、教育水準和工作職位有關；心理的資源與成熟度有關；關係的資源則與婚姻和諧、忠誠有關；沒有離婚的父母提供了婚姻穩定的模式，先前的婚姻與孩子的壓力以及道德觀的差異為這些因素與離婚之間的關聯提供了可能的解釋。這些不同的因素與離婚的關係是中弱度的穩定，因為仍有許多人雖然身陷在這些因素中，卻沒有離婚。

表 8.7　家庭生命週期的額外階段

時期	階段	情緒過渡歷程	發展任務
離婚	決定離婚	接受伴侶間的問題無法解決	● 接受自己在婚姻失敗中的部分。
	計畫分居	所有家庭成員的生活安排	● 合作發展一個孩子監護、探望和經濟的計畫。 ● 處理大家庭成員對於分居的反應。
	分居和離婚	承諾持續合作的親職角色和對孩子的經濟支持、開始脫離對伴侶的依附	● 感傷失去了完整的家庭。 ● 處理分居的疑問,以及承諾離婚。 ● 適應親子和父母關係的改變。 ● 持續與伴侶的大家庭保持聯絡。
離婚後家庭	建立單親監護或無監護的家庭	對分開後的兩個家庭投入合作的親職角色和對孩子的經濟支持	● 對於監護、往返及經濟維持彈性,以避免透過孩子產生衝突。 ● 確認父母與孩子之間維持穩固的關係。 ● 處理改變的經濟狀況。 ● 重新建立同儕關係和社會網絡。
再婚	進入一個新的關係	從離婚的情緒和第一次婚姻失敗中復原	● 對新婚姻發展承諾。
	計畫一個新的婚姻和家庭	接受形成新家庭的關注、對新家庭安排的複雜度和時間保持耐心	● 處理孩子對原生和繼親父母的忠誠衝突。 ● 在新家庭關係的脈絡中,安排與前任伴侶的持續合作之經濟和親職關係。
	形成新家庭	阻斷對之前伴侶的依附、放棄完整家庭的理想並接受新家庭的模式	● 重新安排家庭關係,以允許新成員的加入。 ● 分享記憶和過去的歷史以容納所有新的成員。 ● 在新關係的脈絡中,持續與前任伴侶合作的經濟和親職關係。

資料來源:摘自McGoldrick, M., Carter, B., & Garcia-Preto, N.(2011). *The expanded family life cycle. Individual, family and social perspectives* (Fourth Edition). Boston: Allyn & Bacon (pp. 320-321).

分居

　　生命週期模式的第二個階段是計畫分居。如果要有良好的適應，就必須在小孩監護、探視、經濟和原生家庭對夫妻決定分居反應上的處理，有合作性的計畫。第三階段是分居和離婚，這階段的主要任務是悲傷一個完整家庭的失去、適應親子和父母關係的改變、預防婚姻衝突阻礙親職合作，以及處理對分居的懷疑。

　　離婚帶來的多種生活改變，影響了親職幸福感，這些改變由許多個人和脈絡因素居中調整（Amato, 2010）。離婚導致有監護權一方的父母體驗到生命中的重大改變，包括重新安排居住、經濟能力不利、社會網絡改變後的孤獨、面臨照顧孩子與出外工作的沉重負荷與角色張力，沒有監護（non-custodial）一方的父母，除了角色張力之外，也會經歷這些改變。離婚配偶在分居後的居住安排、經濟狀況、社會網絡和角色需求等改變導致身心健康損耗，然而大部分的人在分居兩年內健康問題會有所改善，比較好的離婚後適應狀況發生在配偶雙方都感受到之前婚姻的壓力（可能因為離婚而感到解脫），以及先提出離婚的伴侶身上。

離婚後的期間

　　離婚的生命週期模式第四階段是離婚後，伴侶間要維持對監護、往返溝通和經濟的彈性，不將衝突延伸到小孩身上，安排他們經濟狀況的改變，保有與孩子的關係，以及重新建立同儕關係。居住改變的壓力與張力、經濟困難、角色改變和離婚後隨之發生的身心困難，使父母妥協在合作滿足孩子安全、照顧、掌控、教育以及孩子對父母兩方關係的需求上（Amato, 2010; Fine & Harvey, 2006）。父母的分居和離婚對孩子來說是主要的生活壓力源，也會導致長期或短期的適應反應（Amato, 2010; Fine & Harvey, 2006），在離婚後的兩年內，大部分的孩子會產生一些適應問題，兩年後大部分的孩子可以適應新的家庭結構，但離婚後孩子的適應問題還是有性別之差，男生比較多品行或外顯行為問題，女生經驗較多情緒或內在的行為問題，但男生和

女生都會有教育問題，以及在家庭、學校和同儕間有關係障礙。在先前父母經常衝突的家庭，父母離婚後小孩適應較佳（Amato, 2010），這可能是因為藉由離婚，孩子脫離了每天處於父母衝突的狀態。

新的關係

建立新的關係發生在離婚生命週期模式的第五階段，在這個階段，當事者會真正從先前的婚姻情感中分離出來，並建立對新婚姻的承諾。第六階段是計畫一個新的婚姻，這需要處理孩子內在忠誠度的衝突，包含親生和繼親父母，並計畫繼續與前配偶維持經濟和親職上的合作關係。最後階段，建立新的家庭是核心的議題，主要任務是家庭內再結盟的關係（re-aligning）涵納新的成員，並在分享過去的記憶與歷史中整合新的成員。

繼親家庭（step-families）視形成的情況而有些獨特性（Pryor, 2008; Sweeney, 2010）。就正向面來說，繼親家庭的研究發現他們在溝通上顯得較為開放，比較願意處理衝突，比較務實而較少浪漫，在孩子照顧與家務事上的分擔較平等且互相尊重；就負面而言，與先前完整的家庭比較，繼親家庭凝聚力較弱，且令人感到較大的壓力。平均來說，繼親親子關係比原生親子關係有較多的衝突，特別是繼親父親與女兒的關係上，這可能是因為女兒認為繼父侵入了原先的母女關係。

再婚後孩子的適應跟年齡、性別和對新婚父母的滿意度有關（Hetherington & Stanley-Hagan, 2002）。當有監護權一方的父母在小孩幼小、青春晚期或成人前期再婚時，通常孩子都會適應良好，所有的孩子都會抗拒繼親父母的加入，尤其在孩子10幾歲時（10到15歲）抗拒最大，離婚的大人若帶著處於兒童中期或青少年前期的孩子，最好是等到孩子16至18歲後再結婚，如此新建立的關係才能得以持續。相較於男孩，父母再婚對女孩更具破壞性。父母新婚的關係滿意度對男孩有正向影響，但對青少年前期的女孩卻是一個危機因子。當有監護權的母親與另一半形成全新的滿意關係，男孩可以從中獲得滋養，因為滿意的婚姻關係讓繼父用溫暖、關懷的方式對

待繼子，並協助其培養運動和課業的技能，這些技能使年輕的男孩心理更健全；女孩未來如果發展一段新的滿意婚姻關係，她會覺得與已離婚母親之間親密的支持關係受到威脅，她們通常會逐漸增加行為問題和心理障礙來反應。再婚發生在孩子青少年前期時，高度的婚姻滿意與孩子良好的適應、對繼親父母的接納度有關。

家庭發展的調查中，無論是完整家庭或離婚的過渡期，強化家庭成員的幸福感是正向心理學的所重視的議題。再者，提升家庭優勢（family strengths）介入方法之發展和評估也是發展的重點，正向家庭治療將於第九章討論。

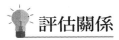 ## 評估關係

正向關係與人際行為最常運用的評量是根據完整的理論模式，包括依附理論、人際關係理論和一些家庭功能系統模式。

依附理論

依附理論假設兒童與主要照顧者相處的早期經驗會形成安全或不安全的依附（Cassidy & Shaver, 2008），當主要照顧者能理解並確實地滿足嬰兒的需求，嬰兒會發展一種內在的運作模式，視主要照顧者為安全的基礎，有自信地去探索世界。若主要照顧者沒有確實地滿足嬰兒的需求，嬰兒會發展一種內在運作模式，認為主要照顧者是不可信賴的且認為自己不安全，形成矛盾（黏著，clingy）或避免（侮辱，sully）依附的表達，或在焦慮與避免依附型態中替換的混亂型（disorganized）依附。

許多評估嬰兒依附型態的方式已發展出來（Solomon & George, 2008），嬰兒依附型態經典的評估，來自陌生人情境中的實驗室觀察（Ainsworth et al., 1978），在執行與計分上需要大量的訓練。另一個無須訓練的替代選擇是依附 Q 分類（Q-Set, Waters, 1995），是根據父母在家中的

觀察。成人依附型態的測量也有很多不同的方式（Crowell *et al.*, 2008），成人依附晤談（Adult Attachment Interview, AAI）和評分量表已被標準化（George *et al.*, 1996; Hesse, 2008）。陌生人情境的執行與評估需要大量的訓練，良好的自陳評量親密關係調查問卷（Experiences of Close Relationships Inventory）是整合了其他浪漫關係的成人依附自陳評量（Brennan *et al.*, 1998）。

人際行為環狀模式

　　人際行為環狀模式假設每個人在小時候會學會與他人互動的主要人際模式，此降低了不安全感且增加自尊，這模式可精緻化為 Harry Stack Sullivan（1892-1949）的人際精神病理學（Kiesler, 1996）。在人際行為的環狀模式內，人際互動型態可用兩維空間解釋，垂直軸是從支配到屈從，水平軸則是從冷漠敵意到友善（Wiggins & Trapnell, 1997）。從**圖 8.4** 可以看出人際空間被劃成一個八分圓，分別被定義為確信—支配（assured-dominant）、合群—外向（gregarious-extraverted）、溫暖—和善（warm-agreeable）、謙虛—率直（unassuming-ingenuous）、不確信—屈就（unassured-submissive）、冷漠—內向（aloof-introverted）、冷酷（cold-hearted）、傲慢—算計（arrogant-calculating），這些面向可以用很多工具測量（Kiesler, 1996），包括人際從屬量表（Interpersonal Adjective Scale, Wiggins, 1995）、人際問題調查（Inventory of Interper-sonal Problems, Horowitz *et al.*, 2000）、人際特質項目資料庫（Inter-national Personality Item Pool- Interpersonal Circumplex, Markey & Markey, 2009）。相關研究顯示人際行為環狀模式的支配軸和滋養軸（dominance and nurturance axes）與五大人格特質中的外向與隨和因素相符合（Wiggins & Trapnell, 1997）。人際行為的環狀模式測量被使用於測量人際優勢的發展，例如八分圓中的北—東四分之一區塊的型態（確信—支配、合群—外向、溫暖—和善），以及這些人際型態與主觀幸福感的關係。

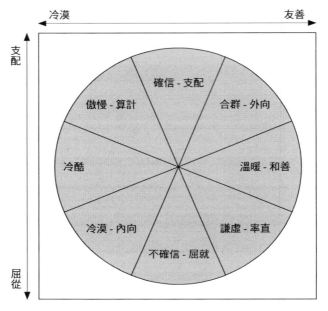

圖 8.4　人際行為環狀模式

資料來源：摘自 Wiggins, J., & Trapnell, P. (1997). Personality structure: Return of the big five. In R. Hogan, J. Johnson, & S. Briggs (Eds.), *Handbook of personality psychology* (p. 749). New York: Academic Press.

家庭系統模式

　　在家庭系統模式中，個人差異在整個家庭上被概念化成為不同的面向，多半被界定為家庭資源與能力而非缺陷與不足，McMaster 的家庭功能模式（Ryan *et al.*, 2005）是家庭系統模式的一個例子，其描述家庭有六大相關面向，包括問題解決、溝通、角色、情感回應、情感表達及行為掌控。功能性的家庭在這些過程中都能適應；但對階段性任務或生命週期過渡有困難的家庭時則顯示較差的適應水準。家庭在這些面向的狀態可以透過自陳的 McMaster 家庭評估工具（McMaster Family Assessment Device）或在 Ryan 等人（2005）所描述的 McMaster 家庭功能結構晤談（McMaster Structured Interview of Family Function-ing）、McMaster 臨 床 評 分 問 卷（McMaster

Clinical Rating Scale）了解；而系統臨床結果與例行評估（Systemic Clinical Outcome and Routine Evaluation, SCORE）（Cahill *et al.*, 2010; Fay *et al.*, in press; Stratton *et al.*, 2010）則是用來評估臨床家族治療的結果，這份量表分為簡短版和全套版，分數主要是代表家庭優勢、困難與溝通的評估，SCORE 量表 29 題的版本呈現在**表 8.8**。

表 8.8　系統臨床結果和例行評估

這一系列問題和你在某個時刻對家庭的感覺有關，我們想了解你對家庭的看法，當別人提到「你的家人」意思是指「跟你住在同一個屋子裡的人」，但我們希望你去選擇那些目前在同一個屋簷下，對你來說算是家人的人。回答每一題的方式都一樣，有 1 到 6 的評分，1 代表題目描述跟我家庭狀況非常符合，6 表示題目一點都不符合我的家庭。

	極度符合	非常符合	符合	一點符合	不符合	一點都不符合
1. 在這個家裡，對我來說很重要。	1	2	3	4	5	6
2. 家中每個人所做的事都是關心彼此的。	1	2	3	4	5	6
3. 我們是非常有組織的家庭。	1	2	3	4	5	6
4. 家人很妨礙彼此的生活。	1	2	3	4	5	6
5. 家人很享受在一起的時光。	1	2	3	4	5	6
6. 家中總是有一個人會在每件事情上被罵。	1	2	3	4	5	6
7. 家人不太說真話。	1	2	3	4	5	6
8. 如果家中有不好的事發生，我們知道可以改變它。	1	2	3	4	5	6
9. 我們發現應付每天生活上所發生的問題有困難。	1	2	3	4	5	6
10. 若家中有人生氣，我們每個人都會故意忽略他。	1	2	3	4	5	6
11. 在我們家日子真難過。	1	2	3	4	5	6
12. 家中的每個人都能被傾聽。	1	2	3	4	5	6
13. 家人願意改變對事情的看法。	1	2	3	4	5	6
14. 在我們家，可以表達自己的感覺。	1	2	3	4	5	6
15. 在家裡，大家傾向花時間看電視更甚於花時間在一起。	1	2	3	4	5	6
16. 因為我的家庭不同而被人們輕視。	1	2	3	4	5	6
17. 當家中有人難過時，會得到其他人的關照。	1	2	3	4	5	6

（續）表 8.8　系統臨床結果和例行評估

	極度符合	非常符合	符合	一點符合	不符合	一點都不符合
18. 尊重長者在我們家是重要的。	1	2	3	4	5	6
19. 在家中感覺是痛苦的。	1	2	3	4	5	6
20. 家人會互相說謊。	1	2	3	4	5	6
21. 當不好的事發生，家人會彼此責罵。	1	2	3	4	5	6
22. 和家中有關的事，通常會往不好的方向發展。	1	2	3	4	5	6
23. 在家中，我們彼此討論對我們來說重要的事。	1	2	3	4	5	6
24. 我們擅長找到新的方法去處理困難的事。	1	2	3	4	5	6
25. 家人是彼此連結的。	1	2	3	4	5	6
26. 我們彼此互相信任。	1	2	3	4	5	6
27. 當難過時，家人會用力甩上門、丟東西或發出很多噪音。	1	2	3	4	5	6
28. 我的家庭，似乎從一個危機又到另一個危機。	1	2	3	4	5	6
29. 在家中，表達不同意見是冒險的。	1	2	3	4	5	6

A. 此時，你對於家中最大的問題／挑戰有什麼想法？

B. 在 1 到 10 分的評分中，0 分代表一點都沒有問題，10 分代表非常可怕，請問這個問題有多糟？

　　現在一點問題也沒有　　1　2　3　4　5　6　7　8　9　10　　真的很可怕

C. 在 1 到 10 分的評分中，0 分是影響我不多，10 分代表完全擾亂了我的生活，請問這個問題有多糟？

　　不會影響我太多　　1　2　3　4　5　6　7　8　9　10　　完全擾亂了我的家庭生活

資料來源：摘自 Fay, D., Carr, A., O' Reilly, K., Cahill, P., Dooley, B., Guerin, S., & Stratton, P. (in press). Irish norms for the SCORE-15 and 28 from a National Telephone Survey. Journal of Family Therapy.

婚姻系統模式

　　婚姻系統模式是基於配偶彼此間願意合作創造與經驗婚姻滿意，他們也必須在情感溝通、問題解決溝通，以及角色勝任上發揮最佳的功能。婚姻滿意量表（Marital Satisfaction Inventory）修訂版是一個評估婚姻系統功能

和婚姻滿意的自陳量表（Snyder, 1997），其顯示每對配偶在以下分量表上的分數：情感溝通、角色定位、問題解決溝通、侵略、遇到危機的家族史、相處的時間、對孩子的不滿意、經濟上的歧見、養育孩子的衝突、對性的不滿意及總體的壓力。

 生命週期中提升快樂的建議

　　根據家庭生命週期研究，提升優勢與幸福的自我協助策略如**表 8.9**，這些策略可以整合於臨床實務中。

 友誼和婚姻真的能帶來快樂嗎？

　　就關係而言，正向心理學領域裡有許多爭議的議題，例如一般認為正向關係與快樂有關連，然而友誼和婚姻能帶來快樂是因為快樂的人互相選擇當朋友或結合成伴侶的結果。關於結婚帶來的好處和離婚壓力的適應，雖然現在有一些證據（第二章和本章提過），但是仍有爭議。孩子的出生跟婚姻滿意度下降有關，但對許多不孕者更是壓力的經驗。小孩與幸福之間的關係，以及生育到底是強化或降低幸福，在正向關係的研究中仍有爭論。

 總結

　　友誼、親屬關係、各種關係和婚姻都是快樂的重要來源，家庭生命週期在正向關係的發展上是一個有用的架構。家庭是獨特的社會系統，因為成員之間彼此有血緣、法律、情感、地緣、歷史上的連結；相對於其他社會系統，進入家庭可透過出生、領養、養育或婚姻，成員的離開則是透過死亡。家庭生命週期可以被概念化成一系列的階段，每一個階段都有一些任務，家庭成員必須完成這些任務才能順利到下一個階段；若無法完成任務就會產生

適應的問題。家庭發展的第一個階段和新議題就是發展情感與經濟上的獨立，以及發展家庭以外的社會網絡；在發展家庭以外的關係上，年輕的成人特別需要重視一些議題，例如友誼、同理和利他、信任和背叛、補償與寬恕，以及感恩。第二階段則是選擇一個伙伴並決定與他形成伴侶，基於對對方優點、弱點、氣質的實際認識而發展能住在一起的生活方式。第三階段的主要任務是調適自己在婚姻中的角色，準備迎接小孩。第四階段則是小孩子進入青少年的時候，親子關係必須重新調整以容許青少年發展更多的自主，同時，青少年的父母在這個時期也需要照顧自己年邁的父母。第五階段是關於年輕人離家的過渡期，這時期的任務就是父母再度只與自己的伴侶生活在一起；另外，生命中年的議題是面臨父母的殘疾與死亡，以及如果孩子結婚或生育則要調適家庭的擴大。最後兩個階段，家庭必須因應父母的年邁與接近死亡，同時也學習老人家的智慧與經驗。

透過分居、離婚和再婚，家庭發生轉變，而這可以被概念化為一系列的階段。第一個階段決定離婚，主要任務是接納婚姻失敗後只擁有自己，第二階段為計畫分居，如果要有良好的適應，對於孩子的監護、探視、經濟以及回應原生家人的反應都須採取合作的方式。第三階段是分居，主要任務在於悲傷失去完整的家庭，調適親子關係和父母關係的改變、預防婚姻衝突阻礙親職合作、持續和原生大家庭聯繫、處理家人對於分居的懷疑。第四階段為離婚後，主要的挑戰是致力於親職合作，並安排經濟支援於監護與非監護父母雙方的家眷。第五階段是建立一個新的關係，這發生於對前段婚姻真正的情感分離及對新的婚姻產生承諾。第六階段為計畫一段新的婚姻，這必須持續與前配偶維持合作的親職關係，並處理孩子對原生父母與繼親父母忠誠度的衝突，此外，適應家庭的擴大也是重要的。最後階段是建立一個新的家庭，家庭內再結盟的關係要能含納新的成員，分享過去的記憶與歷史中允許整合新的成員。

評估關係與人際行為的測量是根據許多理論的模式，例如依附理論、人際理論和一系列婚姻與家庭功能系統模式。

表 8.9　家庭生命週期研究建議的相關策略

方向	策略
過渡期的處理	● 接納生命週期中所有的過渡時期，包括得與失。 ● 使用表 5.3 的問題解決和溝通技巧，和你社會網絡中的人洽談行生命週期的過渡期。 ● 了解你能找到屬於自己的方式，感傷每個生命週期過渡中必要的失去，而這會讓你擺盪在失落導向和復原導向因應策略之間。
友誼與寬恕	● 選擇和你價值觀相似的朋友。 ● 當友誼之間的信任被破壞了，了解和犯錯者有關的憤怒與悲傷。 ● 釋懷因為犯錯者而無法滿足的人際關係需求。 ● 同理這個犯錯者。 ● 建構一個新的方式來看待自己與犯錯者。
強化婚姻滿意度	● 接納與尊重另一半原本的樣子，而不是去改變他。 ● 將正向行為歸因於內在穩定的正向性格。 ● 每天撥出一些時間聆聽另一半說話，和使用表 5.3 的溝通技巧陳述自己的經驗。 ● 嘗試在每次負向的互動後有五次的正向互動。 ● 當衝突發生後，一起使用表 5.3 的問題解決技巧來處理問題，而不是一直去挑對方的錯誤。 ● 如果在問題解決的過程中感到精神太過疲憊，使用表 7.4 的技巧讓自己隔離放鬆一下。 ● 當衝突發生，盡量快速的處理它，而不是一再拖延。 ● 一起接受某些誤會的發生，因為男性主要用對談來解決任務相關的問題，而女生主要用對談來創造與維持關係。 ● 一起接受有些部分無法達成共識，因為男性較希望保持心理距離，女性則堅持心理的親密感。 ● 一起接受有些地方無法達成共識，因為男性希望保有傳統男性角色的權力與優勢，女性則希望可以超越傳統而擁有平等的關係。
最佳的親職養育	● 協助孩子發展安全依附，透過理解他們在生理和情緒需要、被照顧需求、控制的需求，以及智力激發的需求，穩定地和預見地滿足這些需求 ● 採用權威式的親職型式，但結合高度的溫暖、適度的掌控。 ● 藉由表 5.3 的指引，協助孩子發展情緒智力。 ● 藉由表 7.3 的指引，協助孩子發展自尊。 ● 藉由表 4.2 的指引，協助孩子發展心流經驗的能力。

問題與討論

個人發展

1. 你正處於家庭生命週期中的哪個階段？

2. 你可以從本章的內容中得到哪些收穫？

3. 藉著這些新知識，你可以採取什麼方法去豐富自己的生命？

4. 採取這些方法的代價與收穫是什麼？

5. 採取其中某些方法並評估它們對你幸福的影響，藉由第一章的幸福量表做自我前、後測的評估。

進一步研究

1. 設計並執行一個研究去測試這個假設：McMaster 家庭評估工具（McMaster Family Assessment Device）和 SCORE 所評估的家庭功能面向與快樂有顯著的關聯。

2. 執行心理學資料庫（PsycINFO）搜尋過去幾年使用友誼（friendship）、婚姻（marriage）、親職（parenting）加上幸福（well-being）的關鍵字所發表的文獻。確認一個你感興趣的研究，且這個研究是可以被複製及延伸的。重複執行這個程序。

Chapter 9

正向心理治療

學習目標

- 以正向心理學為基礎的心理治療取向。
- 正向心理治療的主要特色、快樂課程的 14 項基本原則、
  幸福療法、生活品質療法、個人中心療法、焦點解決
  治療，以及正向家族治療。
- 創傷後的成長及其運用於創傷生存者的治療。
- 了解優勢基礎取向的基本原則以解決心理問題。
- 對正向心理學介入的效果提供一些證據。
- 正確評價正向心理治療的一些爭論。
- 增進幸福的正向心理學治療。
- 能確認出增進正向心理學治療效果所需要了解的問題。

　　緩和壓力是傳統心理治療取向的主要目標；相反的，正向心理學的介入聚焦在增進幸福。傳統取向的心理治療主要關心改善疾病和處理障礙相關（disability-related）的限制；相反地，正向心理學的介入目標在培養正向情緒、建立優勢、增進有意義的關係。在心理治療的脈絡中，已發展許多運用正向心理學的方法，包括正向心理治療（positive psychotherapy）、快樂課程（happiness programme）的 14 項基本原則、幸福療法（well-being therapy）、生活品質療法（quality-of-life therapy）、個人中心療法（person-centred approaches）、創傷後成長治療（post-traumatic growth therapy）、焦點解決治療（solution-focused therapy）、正向家族治療（positive family therapy），以及嚴重問題的優勢治療（strengths-based therapies）。

正向心理治療

　　正向心理治療建立在現代正向心理學運動的背景中。正向心理學開始重視研究正向情緒、個人優勢及有意義的關係的同時，正向心理治療就將這樣的知識運用在增進愉悅的生活（pleasant life）、投入的生活（engaged life）以及有意義的生活（meaningful life）中，進而提升幸福。Tayyab Rashid 和 Martin Seligman 發展了正向心理治療的十四次晤談大綱，如**表 9.1**（Rashid, 2008; Rashid & Anjum, 2008; Seligman *et al.*, 2006）。介入的策略包括：品味（savouring），目的在增加愉悅和提升愉悅的生活；鼓勵使用特徵優勢，像感恩、寬恕，以增進投入的生活；再者，增進家庭與組織內的關係，提升意義的生活。實際在臨床上的運用可以更有彈性，以符合每個個案的治療。

協助個人從問題中復原

　　在第一次正向心理治療的晤談中，個案被邀請介紹自己，述說一個自己最美好的真實生命故事；晤談結束後，請個案撰寫一個故事說明自己的特

表 9.1　正向心理治療

主題	討論議題	回家作業
缺乏正向資源使憂鬱持續	• 討論正向情緒、運用特質優勢、投入有意義的關係,以及缺乏這些資源會持續憂鬱所扮演的角色。 • 呈現正向心理治療的架構,說明治療師與個案的角色與責任。	寫一份 300 字的正向自我介紹,並利用具體的故事說明自己的特質優勢。
辨認特徵優勢	• 探究前次個案所寫的回家作業中的特質優勢。 • 回顧正向心理學介入的回應和通往快樂的三個方法(愉悅、投入及意義)。	完成優勢分類調查線上問卷,辨認特徵優勢。
培養特徵優勢和正向情緒	• 教導個案辨認自己的特定行為以培養特徵優勢。 • 討論正向情緒在幸福中的角色。 • 討論每天感恩與感謝對提升正向情緒的重要。	• 執行特徵優勢計畫(不間斷)。 • 書寫每日感恩日誌,即每天記錄三件好事的發生(不間斷)。
好與不好的記憶	• 討論好的記憶與不好的記憶在維持憂鬱症狀中的角色。 • 討論持續憤怒與痛苦對憂鬱與幸福的影響。 • 鼓勵個案表達憤怒與痛苦的情緒。	寫下三件不好的記憶,對它們的憤怒以及對持續憂鬱的影響。
寬恕	• 討論寬恕如何將憤怒與痛苦轉化成中立或正向的情緒。	寫一封寬恕的信件,描述這個傷害和相關的情緒,並誓言要原諒傷害者(如果情況適合的話),但不要將此信寄出。
感恩	• 回顧每日感恩日誌。 • 討論感恩,延長感謝之情。 • 探討好與不好的記憶在感恩中的角色。	給某人寫一封感恩的信並表達出來,而此人必須是從來沒有表達過感謝的人。
治療中期回顧	• 回顧寬恕與感恩的回家作業、祝福日誌以及特徵優勢的運用。 • 討論培養正向情緒的重要性。 • 回顧治療歷程和歷程中進步的時間點。	持續書寫祝福日誌及運用特徵優勢。
滿意取代最大	• 在快樂水車的脈絡裡討論滿意(在一些選擇中挑選一個已經夠好的)而非尋求最大值(在所有中挑選一個最好的)。 • 探索滿意取代最大的方法。	寫下一些增進滿意的方法並設計個人滿意計畫。
樂觀與希望	• 請個案多加思考失去某些重要的東西時、一個大計畫失敗時、被拒絕時。 • 接著請個案想想一扇門關閉時,另一扇門就會打開。	確認三道已關起來的門和三道即將打開的門。

（續）表 9.1　正向心理治療

主題	討論議題	回家作業
愛與依附	● 教導個案積極－建設性的回應。 ● 教導個案重新認知夥伴、朋友和家人的特徵優勢。	● 對他人闡述的正向事件給予積極與建設性的回應。 ● 安排一個時間慶祝個案的特徵優勢，以及夥伴、朋友或家人的特徵優勢。
優勢的家庭樹	討論家人優勢再認知的價值。	● 邀請家人進行優勢分類線上問卷。 ● 畫一個家庭樹，包含所有家人的特徵優勢。 ● 安排一個家庭聚會，討論每個人的特徵優勢。
品味	● 討論「品味」就如同愉悅的覺察，且可使之更持久。 ● 解釋「快樂水車」效應對於品味的限制，建議一些避免習慣和適應快樂的方法。	● 使用特別的品味技巧去計畫和進行一項愉悅的活動。
時間的禮物	● 討論如何運用特徵優勢，付出時間去服務他人而非自己。	● 花一些時間和運用特徵優勢去做一些事情，例如當孩子的家教或從事社區服務。
充實生活	● 討論整合愉悅、投入與意義的充實生活。 ● 請個案在最後一次見面前，完成正向心理治療調查（Positive Psycho-therapy Inventory）問卷和其他的測量評估。 ● 回顧治療的進展。	

資料來源：摘自 Rashid, T. (2008). Positive psychotherapy. In S. J. Lopez (Ed.), *Positive psychology: Exploring the best in people. Volume 4: Pursuing human flourishing* (pp. 188-217) Westport, CT: Praeger (pp. 200-202). Copyright© 2008 by Praeger Publishers.

徵優勢。第一次晤談也是使用治療契約確認十四次晤談中個案與治療師的角色與責任，這份契約中說明治療師會從正向心理學的重點和個案的生活情境中找出一些關鍵，協助個案發展個人資源，以朝向更完整的生活。此外，個案也會被告知必須積極投入治療，並完成治療中指派的家庭作業。

　　第一次晤談，討論**如何協助個人從憂鬱、壓力與問題中復原**，包括正向情緒的重要性，特質優勢的運用及有意義的關係，主要的焦點是個人優勢

的價值。從第一次晤談開始，治療師重新帶個案從憂鬱、疾患和失能中轉向復原力、個人資源、更新及修復的能力；但這不是去否認負面的經驗，而是阻礙個案通往幸福的壓力與束縛是可被理解、認同的，治療可以去探討缺乏正向情緒、疏於使用特質優勢、缺乏有意義的關係是如何延續憂鬱、壓力和空虛的生活；相對的，正向情緒、個人優勢及有意義的關係如何協助個人從空虛到充實的生活就會被突顯出來，這可透過研究幸福與正向情緒（第一章已提及），以及有意義的關係（第八章已提及）去了解。

辨認和培養特徵優勢

　　辨認和培養特徵優勢是正向心理治療課程第二、三、七、十、十一、十四次晤談主要的議題。第二次晤談一開始先回顧上次指派的回家作業——撰寫一個故事說明你的特質優勢，這會形成一個基礎，探究個案先前運用特質優勢的狀況以及未來如何運用這些優勢來增進幸福。第二次晤談的家庭作業是要求個案完成優勢分類調查線上問卷（網址為：http://www.viacharacter.org/），確認特徵優勢。第三次晤談的家庭作業是個案為可預見的未來，探索和訂定一個如何培養這些特徵優勢和每日規律執行的計畫，這個計畫包括更常將特徵優勢運用在工作、愛、遊戲、友誼和親職角色中，這項作業將在治療中期，即第七次晤談時檢視，並在第十四次晤談時加以結論整理。回顧是讓個案反思規律運用特徵優勢提升幸福感的影響；此外，辨認特徵優勢認也可運用在正向心理治療中強化家庭關係。在第十、十一次晤談時，會討論家庭成員的特徵優勢。家庭作業的部分，個案邀請家庭成員完成優勢分類的線上問卷，確認他們的優勢，再把所有家庭成員的優勢畫成一顆家庭樹，並在家庭聚會中討論這些優勢。

　　個案將特徵優勢當作核心特質，運用在很多情境和個人計畫中。個案渴望以新的方式運用這些優勢，並希望能帶來快樂、興奮、鼓舞，以及快速和持續的學習（Peterson & Seligman, 2004）。優勢分類調查中的 24 項特質包括創造力、好奇心、開放胸襟、熱愛學習、有見解、真切、勇敢、堅毅、熱忱、

仁慈、愛、社交智力、公平、領導能力、團隊合作、寬恕、謙遜、審慎、自我規範、對美與卓越的欣賞、感恩、希望、幽默、宗教／靈性，這些特質優勢被定義在**表 2.4**，這些優勢及影響幸福感的相關研究在第二章已討論。早期的正向心理治療方案，發展了其他確認特徵優勢的練習，包括請個案想像自己度過一個豐富和滿意的生活之後去世（Seligman *et al.*, 2006），然後會請個案思考訃告該說些什麼，並寫下一、兩頁摘要說明最想被記住的部分是什麼。

感恩與感謝

協助個案發展感恩與感謝是第三、六、七、十四次晤談的重要議題，第三次的晤談主要是討論每天感恩與感謝對於提升正向情緒的重要，也為每日感恩（daily blessings）的家庭作業鋪陳。在這項作業上，請個案開始書寫「每日感恩日誌」，記錄每天發生的三件好事，要確認這個日誌是持續下去的；第六次晤談會回顧這些日誌，運用日誌的某些部分去討論感恩與幸福；第七次和第十四次晤談會作為治療中期與最後的回顧。這些回顧的討論提供個案反思每日感恩與記錄對正向情緒所帶來的影響。第六次晤談，持續感謝（thankfulness）會帶來感恩（gratitude），是個案將優勢運用在每天的生活中。在回家作業上，請個案對一個從來沒有表達過感謝的人，寫一封感恩的信並表達出來。

感恩包括覺察和感謝生活中發生的好事，並感受這些好事所帶來的快樂，感恩的研究在第二章與第八章有討論過（Emmons & McCullough, 2004; Watkins *et al.*, 2009）。比起五大人格特質（big five personality traits），感恩與幸福有更強烈的關聯。實驗與臨床研究中發現，請人們回想或記錄生活中想感謝的事，或者邀請參與者對想感謝的人寫一封感恩的信，的確會增加了人們的幸福感。

寬恕

　　寬恕在第四、五、七、十四次晤談是重要的主題。第四次晤談特別聚焦在選擇「不寬恕」對心情的影響。在這次晤談裡，鼓勵個案表達無法寬恕的憤怒與痛苦，及其所帶來的深層憂鬱。在家庭作業，請個案寫下三件不好的記憶，並記錄和這些不好記憶有關的憤怒與痛苦，以及這些記憶對情緒持續低落的影響。第五次晤談回顧這項家庭作業時，置入一個以寬恕替代憤怒與痛苦的景象，這是寬恕如何轉化憤怒與痛苦的負向感覺趨向中立或正向的情緒之探索。家庭作業部分，個案被要求寫下一封寬恕的信，在信中描述這個傷害和相關情緒，並承諾原諒傷害者（如果適合的話），但不寄出這封信。這是一個體驗寬恕的活動，而非著重在實際的寬恕人際歷程，第七、十四次的晤談是治療期中與最後的回顧，即在探索寬恕對於幸福感的影響。

　　寬恕是個人承認傷害者的錯誤而應負起責任的利社會回應，而這個傷害也因為寬恕而逐漸消逝。寬恕不同於和解、藉口，或否認傷害的嚴重性，有關寬恕的研究已於第二章與第八章提及。寬恕是一個關於心理與生理幸福感的複雜歷程（McCullough *et al.*, 2009），美國威斯康辛大學的 Robert Enright 教授建立了寬恕療法課程（forgiveness therapy programme），這個課程不但顯著地增加希望感和自尊，同時也降低了憤怒、焦慮、悲傷，以及因憤怒所引起的心肌灌注（myocardial perfusion）（Enright & Fitzgibbons, 2000; Waltman *et al.*, 2009）。這個課程包含四個階段，讓個案面對和釋放憤怒、探索個案對於寬恕的意願、擴大看待這些傷害角度並納入歷史與環境脈絡的考量、同理傷害者的處境，以及找到這些過去傷害事件的意義。要能夠寬恕，當個案必須了解他們是被不公平的對待；選擇寬容、同情、同理傷害者，也了解到和解是在於傷害者能值得信任的狀況下。

選擇：以滿意取代最大

　　第八次晤談的重點在了解「滿意」（satisficing）策略（在一些選擇中

挑選一個夠好的）比起「最大」（maximing）策略（在所有之中挑一個最好的）有更多好處。生活中沒有任何選擇會是一種壓力；但當選擇太多時，也是另一種問題。無論選擇有多少自由度，**選擇的策略決定是幸福感增加還是壓力增加**，而主要的兩個選擇策略是「最大值」與「滿意值」（Schwartz *et al.*, 2002）。尋求「最大」者，就像是一直轉換收音機或電視的頻道直到所有的選項都被試過一次；所謂的「滿意」者，當他發現夠好（good enough）的選項時就會停止，即便沒有考慮到所有的選項。美國賓州斯沃斯摩爾學院（Swarthmore College）的 Barry Schwartz 教授研究發現，比起使用「最大」策略的人來說，使用「滿意」策略的人一發現夠好的選擇時就會停止繼續尋找，這些人較快樂、較少失望、比較少後悔、也較少向上社會比較（Schwartz *et al.*, 2002）。根據以上建議，除非有非常好的理由，「滿意」策略只是用來在眾多機會中做選擇的方法（Schwartz *et al.*, 2004）。再者，做選擇後，我們應該聚焦在選擇帶來的好處，而非對缺點感到失望，也應該降低過度期待及減少在已選擇者和其他的機會之間繼續社會比較。「最大」策略的核心問題在於，即使是已確認了最好的機會，仍會覺得只比原先所選的好一些，因此會再額外花心力去尋找更多的機會以找到最好的，但若與只花一些心力找到的「夠好」機會相比較，長期的循環就會是一種心力的浪費；因為當你找到「最好」的機會，其所比「夠好」額外增加的滿意度，會隨著適應而逐漸降低。如同第一章所提到的「快樂水車」現象，在大部分情況中，人們對正向的刺激或正向情境都會逐漸適應（Diener *et al.*, 2006），因此透過最大策略選擇的機會，額外增加的滿意度很快就會消失。因此，第八次晤談主要是討論如何達到滿意值，以及探討達到滿意值的方法，而非只是一味尋求最大值。家庭作業的部分，請個案訂定一個能讓個人滿意的計畫。

樂觀與希望

　　樂觀與希望是第九次晤談的重點，請個案回憶過去曾失去很重要的東西、一個重大計畫失敗或被拒絕的時候，並思考這些生活負向事件結果所帶

來的正向機會，這項活動主要在體驗「一扇門關上時，另一扇門就會打開」，這些經驗會讓個案用樂觀與希望的方式思考生活。家庭作業部分，個案被邀請寫下因為生活壓力事件而在人生中關閉的三道門，然後再寫下因為這些生活壓力事件而開啟的另外三道門。

第三章討論了樂觀特質、樂觀解釋風格和希望感的研究，而這些概念的形成需要對未來有好的眼光，也都與提升幸福有關（Carver *et al.*, 2009; Peterson & Steen, 2009; Rand & Cheavens, 2009）。就樂觀與希望感的特質而言，可以期待「最大」；就樂觀解釋風格，成功是歸因於內在、整體、穩定的因素，失敗則歸因於外在、特殊、易變的因素。第三章也提到過增進樂觀的課程，如賓州大學復原力方案（Penn Resiliency Programme）（Gillham *et al.*, 2008）和希望療法（hope therapy）（Snyder, 2000）都顯示能提升樂觀與幸福感。希望療法的主要目的在協助個案形成清楚的目標，了解達到目標的方法並激勵個人追求目標，重新詮釋阻礙為挑戰，且予以克服；賓州大學復原力方案是利用三個面向的解釋風格，如內在－外在、整體－特定、穩定－短暫易變，協助個案分析情緒轉換（mood-altering）成功和失敗的原因，然後個案學到對帶來負面情緒的狀況有另一種替代的解釋，並評估這些想法的外在證據；這個課程也包括溝通與壓力管理技巧的訓練。

愛與依附

愛與依附是第十次晤談的主題。**在日常生活中能以積極－建設性（active-constructive）的方式回應朋友或親人生活中的好消息，即為愛與依附**。在這次晤談裡，教導個案讓朋友、伙伴、父母和其他家人說出更多好消息，並以積極－建設性的方式回應。積極－建設性的回應包含以正向、熱情的方式回應這些好消息。家庭作業的部分，請個案至少持續一週以積極－建設性的方式回應親密朋友、伴侶或家人。

一個大型研究顯示，將正向事件告訴伴侶、父母、家人或親密朋友所增加的幸福感超越了正向事件本身帶來的幸福感（Gable *et al.*, 2004,

2006）。當說出好消息並積極－建設性地回應，例如和親密朋友和家人分享正向事件的過程，是最有效果的。如果伴侶能積極－建設性地回應另一方所提出的好消息，這份愛情關係會較穩定與滿意（Gable *et al.*, 2006），不同的反應可以從兩個面向來區分：積極－消極、建設性－破壞性。積極－建設性地回應好消息就是以上兩個面向的類型之一，積極－建設性的回應內容和方式都具正向性，例如「我今天在課堂上的口頭報告表現很好！」的消息，積極－建設性的回應就是用一個很熱情的聲調、帶著微笑且眼神看著對方說：「這真是太棒了，我們來慶祝一下吧！」消極－破壞性的回應則是平淡的口吻且不看對方地說：「噢，我正在看電視！」積極－破壞性的回應是：「那又怎樣？口頭報告又不會很難！」

品味

品味（savoring）是第十二次晤談的重要議題，品味可以覺察、強化和延宕愉悅的經驗。人們會適應和習慣愉悅的活動（快樂水車），這對品味來說是一種挑戰（Diener *et al.*, 2006）。為了避免適應或從特定的活動獲得重複的快樂，投入品味的次數不要太頻繁，而且進行的方式也最好不同（Sheldon *et al.*, in press）。第十二次晤談後的家庭作業，請個案在某一天找出一些時間享受某些事情，特別是通常很快就做完的事情（例如吃飯、洗澡、走路上課……），然後記下你是如何進行、有什麼不一樣，以及跟快速完成的感覺有何不同。

根據美國芝加哥羅耀拉大學（Loyola University）的 Fred Bryant 教授指出，品味包括銘記在心、欣賞和強化正向經驗（Bryant & Veroff, 2007）。品味增加了正向經驗的頻率、強度和時間，像是敬畏、感恩、自豪或高興。如果說因應是調節了負面情緒（第七章討論過），品味的過程則調節了正向情緒，像驚訝調節成敬畏、感謝調節成感恩、溫和調節成自豪、奢華調節成身心愉悅。品味跟心流（第四章討論過）不同，心流的當下沒有自我覺察的部分，**品味是經驗正向情緒時的後設覺察，在沒有威脅的環境下品味的過程是**

最好的，因為人們有較多的心理資源聚焦在正向感覺。品味包含融入當下的正向情緒、回憶過去的愉悅，以及預期未來的愉悅，品味又可以分為品味的經驗（像觀賞日落）、品味的過程（如敬畏於大海波濤洶湧的錯綜美麗）、品味的回應或策略（慶祝自己工作表現良好），以及藉由品味信念調查問卷（Savouring Beliefs Inventory, Bryant, 2003）評估個人享受正向經驗能力的品味信念。品味的策略包括：全神貫注於眼前的正向經驗、回憶過去的正向經驗、預期未來的正向經驗、藉由微笑或大笑的行為方式回應正向事件、正向成就的自我慶祝、與正向經驗較少的人相比較、感謝正向經驗，以及與他人分享、慶祝正向經驗，品味方式確認表（Ways of Savouring Checklist, Bryant & Veroff, 2007）可以用來評估品味策略。Quoidbach 等人（2010）在有效品味策略研究中發現，感受到經驗正向事件時，無論是聚焦在當時的片刻、回想過去或預期未來的正向事件都會增加正向情緒，告訴他人正向事件會提升生活滿意度，同時多元使用品味策略的人也會擁有較多的幸福。

時間的禮物

第十三次晤談主要為擴展、連結自己以外的關係和組織的價值與重要性。透過公民參與融入自己以外的組織會使生命更有意義（Sherrod & Lauckhardt, 2008）。請個案運用自己的特徵優勢並付出時間服務他人。回家作業為個案運用特徵優勢做一些需要付出較多時間的事，例如當孩子的家教或從事社區服務。

充實的生活

充實的生活需要有**正向情緒**（愉悅的生活）、**運用特徵優勢**（投入的生活），以及**與家人、朋友或自己外的更大組織維持有意義的關係**（意義的生活）。相反的，空虛的生活缺乏這些元素而且可能帶來憂鬱。正向心理治療最後一次晤談的重點是充實的生活，討論愉悅、投入和意義的整合，回顧治療過程中的進展，並請個案完成正向心理治療調查（Positive

Psychotherapy Inventory）和其他治療效果的工具評估。

效果與改變

一系列初步試驗的結果顯示，團體和個別正向心理治療降低了輕度到中度憂鬱症患者的憂鬱情形，而且提升了幸福感；對於健康的成人和小孩也可達到提升幸福感的效果（Rashid, 2008; Rashid & Anjum, 2008; Seligman *et al.*, 2006）。許多機制奠定了正向心理治療的效果：首先，在治療過程中，個案重新聚焦注意、記憶和期待生活中正向的部分多於負向的部分，而這是一個非常重要的過程。從進化的觀點來看，當我們將自己事先規劃自己和環境中負向的部分，所以可以修補任何損壞的部分，增加生存的可能性，也會逐漸變得正向（Baumeister *et al.*, 2001）。第二，透過聚焦在生活的正向部分，個案經驗到更加正向的情緒。根據擴展與建立理論（第一章討論過），正向情緒擴展了思考 - 行動機制並協助個人建立資源，以解決問題和強化生命力（Fredrickson, 2001）。第三，許多正向心理治療的練習，包括撰寫生活中正向的部分，有越來越多的證據支持可以增進健康與幸福（Burton & King, 2004, 2009）。第四，辨認和使用優勢增加了個案經驗心流的脈絡，這在第四章討論過，心流的經驗跟投入的生活、提升幸福有關。第五，許多正向心理治療的練習，像以建設性的方式回應他人的好消息、撰寫一封寬恕的信、建構家人優勢的家庭樹，以及付出時間加強人際關係品質都能增進幸福。最後，在正向心理治療內，溫暖、同理、真誠的治療關係也是重要的治療因子。一項嚴謹的正向心理治療研究發現，治療同盟（therapeutic alliance，指當事人對治療者的情感依附）的品質也顯著影響正向心理治療結果的差異性（Carr, 2009a）。

快樂的課程

Martin Seligman 建立現代正向心理學運動的二十年前，Michael Fordyce

表 9.2 快樂課程的基本原則

1. 更積極,保持忙碌。
2. 花更多的時間社交、與他人共享有品質的時光。
3. 在有意義的工作和娛樂上維持產值。
4. 對事情更有組織與計畫,如此每天都可以完成一、兩件重要的任務。
5. 停止擔心,因為這樣會不快樂、沒有生產力。
6. 降低你的期待與志向,設立一個可以達到的標準,如此才能經驗成功且不會經常失望。
7. 建立正向與樂觀的思考。
8. 活在當下,不要煩惱過去的傷害或未來的災難。
9. 了解自己、接受自己、喜歡自己,以及幫助自己。
10. 發展外向與社交的人格特質,花時間與喜歡的朋友在一起,並認識新朋友。
11. 做自己、不偽裝,你會吸引喜歡你的人。
12. 放下那些負向的感覺和問題,不要一直反覆思考。
13. 發展親密的浪漫關係。
14. 重視快樂,並用活力去追求它。

資料來源:根據Fordyce, M. W. (1983). A program to increase happiness: Further studies. *Journal of Counselling Psychology*, 30(4), 483-498.

(1977, 1983)就已發展出基於 14 項基本原則的快樂課程,見**表 9.2**。

　　Fordyce(1977, 1983)在一系列 7 項研究的結果顯示,這完整十四個單元的課程適用於大團體的社區大學,效果比起其他小單元的課程、各式的替代課程或其他的控制條件要來得好。14 項基本原則的課程透過二到十週的教導,要求參與者將課程所學運用在生活中,追蹤正向效果可維持一年。

 # 幸福療法

　　來自義大利波隆納大學的 Giovanni Fava 教授發展出幸福療法(well-being therapy),預防焦慮症或憂鬱症患者治療後的復發(Fava & Runin, 2003; Ruini & Fava, 2004)。幸福療法的目的在強化掌握環境、人生目標、個人成長、自主性、自我接納及正向關係。治療結果分為六個面向,由 Ryff 的心理幸福量表(Ryff's psychological well-being scales)評估,這份量表在第一章中提過(Ryff & Singer, 1996)。幸福療法的歷程包括三個階段,連續超過八次

的晤談，每個階段持續二或三次晤談。第一個階段，個案持續書寫結構式的
日誌，記錄下環境週遭的幸福事件，並在一百點量表上評估自己在這些幸福
事件的感覺。第二階段，治療聚焦在培養個案能確認和記錄阻礙幸福的負面
自動化思考，也邀請個案投入再度創造幸福事件的活動，以上思考教導
（thought catching）和漸進式作業（graded task assignment）的技巧皆來自認
知行為治療（CBT, Beck *et al.*, 1979），因此幸福療法主要在增強幸福事件
而不是終止壓力事件。最後階段，與個案討論負面自動思考如何抵消心理幸
福感的獲得，並由 Ryff 的心理幸福量表低或中等得分支持。治療的重點就
在於挑戰阻擾幸福事件發生的負向自動思考、為促進幸福的替代或生產性思
考找到證據、投入能提升幸福感的活動，以協助個案在 Ryff 的心理幸福六
大面向有更佳的功能，以下幾個例子就是 Ryff 的六大面向如何引導治療的
過程。就掌握環境來說，對於感到自己沒有能力或被生活環境困住的個案，
我們協助他們體認和運用機會去改變環境，以滿足自己的需求。就人生的目
標來說，協助失去方向的個案將自己的核心價值與生活目標表達得更清楚。
就個人成長部分來說，協助感到「卡住的」個案了解達成目標的需要，著重
在看見個人目標達成的進展，而非只是注意到目標與能力不足之間的距離。
在個人自主的面向上，自信不足的個案，為了符合他人的需求和避免衝突而
承受過大的社會壓力，在治療過程中會被邀請在社會情境中陳述自己的需求
與喜好，並依照自己的標準來行事而非尋求他人的讚賞。自我接納的部分，
完美主義或自我批判的個案被要求重新評估對自己的高度標準，並採用更實
際且可達的標準。正向關係部分，協助關係疏離或有特定關係問題的個案探
索發展關係的方法和處理關係中問題的方法。Fava 和其同事在一系列的研
究中發現，當結合了 CBT 或藥物治療，此模式取向提升了憂鬱或焦慮患者
復原後的幸福感（Ruini & Fava, 2004; Moeenizadeh & Salagame, 2010），採
用幸福療法的學校預防課程也被證實能強化健康青少年的幸福感（Ruini *et
al.*, 2007）。

生活品質療法

　　美國德州貝勒大學的 Michael Frisch 教授（2006）發展了生活品質療法，整合了認知治療實務與正向心理學。此療法將快樂視為追求 16 項生活面向的充實感，包括健康、自尊、目標與價值、錢、工作、遊戲、學習、創造力、幫助、愛、朋友、孩子、關係、家、鄰居和社群。治療初期，個案完成生活品質問卷（Quality of Life Inventory），問卷會顯示個案在這 16 項生活面向的分數並建議那些部分需要聚焦討論（Frisch, 1994），也會確認個案是否有心理疾病或特殊的生活問題。治療主要包含兩部分，其一為運用以證據為主的認知行為療法提出問題或疾病，另一為結合正向心理學增加生活中滿意度較低的面向。治療計畫可依個案的優先目標加以調整，治療的規劃也考慮個案的主要問題、需成長之處，以及相關病因、維持與保護的因子。生活品質療法的「CASIO」是一個縮寫，代表以加強生活品質為核心，提升生活滿意度的五種方式，包括環境（circumstances）、態度（attitudes）、標準（standards）、重要性（importance）和其他因子（other factors）。個案在生活中的任何領域若想提升生活滿意度時，他們會被邀請腦力激盪出更正向的方式去改變相關環境、改變對環境的態度、改變目標和個人標準、改變優先考慮的事，或者增加生活中相關領域的滿意度。生活品質治療手冊有一般增進生活滿意的介入，和經由生活品質問卷所評估出來的 16 項生活面向中特定聚焦區塊的生活滿意介入，一般大約是十五週的治療過程，生活品質問卷會每三週評估一次。治療介入有三個核心：

1. 藉由自我照顧提升個人幸福，提升個人內心的豐足。
2. 每天挪出一些有品質的時間，進行放鬆、冥想或聽柔和的音樂。
3. 用澄清、承諾現世或精神的生活目標與價值的方式，找到生活中的意義，並計畫每天做一些事達成這些目標與價值。

　　處理憂鬱、焦慮和憤怒管理的認知治療法運用在生活品質療法中，包括漸進式作業、挑戰負面自動化思考、訓練自信心。許多正向心理學的原則會列在生活品質療法之中，協助個案完成他們的目標，每個原則都有簡潔的標題和一段解釋，例如接納和喜愛自己的身體、接受自己無法改變的部分、想想別人的優點、做自己喜歡的事、擴大你的愉悅、停止附加的猜測。憂鬱成人單一讀書治療團體（Grant *et al.*, 1995）和等待肺部移植的隨機控制實驗（Rodrigue *et al.*, 2005）支持生活品質療法的效果。

個人中心療法

　　在現代正向心理學出現之前，人本心理學運動就已開始重視人類情境中正向的部分。Carl Rogers（1902-1987）發展了個人中心（person-centred）取向的心理治療（Rogers, 1951），他認為如果治療師能提供個案非指導性治療談話的正向治療同盟，就會創造一個激發個案內在動機的脈絡，朝自我實現或問題解決前進。因此，不令人意外，正向心理學的某些部分也採用了Rogers 個人中心取向的心理治療架構，例如英國的 Stephen Joseph 和 Alex Linley（2006）、美國的 Ken Sheldon（Sheldon *et al.*, 2003）。

　　Joseph 和 Linley（2006）的正向治療強調，治療效果來自治療者與個案發展的治療同盟，而非特別的治療技術。此論點有相當重要的證據支持（Carr, 2009a）。運用 Rogers 的概念，Joseph 和 Linley 認為與生俱來的有機體評價歷程（organismic valuing process）讓我們了解在邁向充實生活、追求與發揮最佳功能（optimal functioning）的目標上，什麼是最重要的。當他們達成目標，會經驗到更多的自主、能力、連結性，這也提升了他們的幸福感，而要出現這樣的個人成長，**孩子和成人需要生命中重要他人的無條件尊重**（包括父母、伴侶、治療師）；若孩子感到是有條件的對待（例如你在學校表現好，我才愛你），這將阻礙了他們的個人成長，因為他們會內化這些條件，在成長過程中依據這些內化的條件決定自己的價值，進而發生適應的

問題。就正向治療來說，內外一致且不會被內在價值觀引導的治療師，能在有同理的治療同盟中提供個案無條件尊重，也會釋放個案心中的內在價值觀，讓個案依自我內在的有機體評價歷程去追求有價值的目標，Joseph 和 Linley 認為這個就是正向治療的核心。

　　第四章討論到的自我決定理論（self-determination theory），採用了 Carl Rogers 的個人中心心理學，自我決定理論認為人本來就會朝最佳功能狀態前進，當能力、連結性、自主的需求被滿足後，內在動機就會產生；但當這些需求的滿足受到阻礙，自我動機就會降低（Deci & Ryan, 2008a）。美國密蘇里大學的 Ken Sheldon 教授和同事們（2003）認為自我決定理論可以運用在行為改變的臨床實務上，但治療師必須了解個案真正想解決的問題、對解決此問題的本質有精確的科學資訊，特別是人們為了要克服問題所做的行為改變。然後，藉由支持個案在自主、能力、和連結性上的需求，激發內在動機去改變行為，而治療師必須以尊重、不批判的方式了解問題行為在個案生命中的角色、行為改變的目標，以及對這些目標的承諾與矛盾、符合個案價值目標的達成方法、維持現狀和改變行為的利弊得失，以及人們解決問題的本質的知識。基於個案對問題所延伸的相關議題，治療師以專業知識提供行為改變的選擇和行為改變的基本理由（例如戒菸成功的人通常在完全戒菸之前，戒了好幾次而又復發）。近來尚未有評估這部分所提到的個人中心取向治療的效果研究，但漸漸有很多實證證據支持個人中心經驗性心理治療（person-centred experiential psycho-therapy）的效果（Elliot *et al.*, 2004）。

 創傷後成長療法

　　走過創傷的人描述他們的正向改變是從因應這些痛苦和遭遇開始（Prati & Pietrantoni, 2009），包含對個人優勢更有感覺、覺察新的可能、增進關係、更珍惜和更有意義地看待生命經驗，以及靈性的增加。Prati 和 Pietrantoni

（2009）在 7000 多位參與者的 103 篇研究之後設研究中發現，很多變項跟創傷後成長有關，例如宗教因應（$r=0.38$）、重新評估因應（$r=0.36$）、社會支持（$r=0.26$）、樂觀（$r=0.23$）、靈性（$r=0.23$）、接納性因應（$r=0.17$）。美國北卡羅萊納州立大學教授 Lawrence Calhoun 和 Richard Tedeschi（1999）發展一種心理治療的方法，目在是提升創傷後的成長，他們假設當人們所想**像的世界被創傷經驗粉碎後，他們在認知與態度上會變得更積極，因此提升了創傷後的成長。**這個歷程包含了重新回憶創傷和創傷的感覺，反思創傷對生命的影響、期待未來，及對生命建構一個新的、更有復原力的假設。改變的產生來自於深層感受創傷（而非只是智能上的理解），而創傷後成長也是一個深層的轉化歷程。治療師的角色是去創造一個安全、支持性的情感脈絡，讓個案可以回憶、再次感受情緒、反思，進而逐漸的改變對自己與這個世界的觀點。這包含建立一個治療同盟、尊重和耐心的聆聽個案重複敘述他們的創傷和世界，接納個案整體已存在的或靈性的參考架構（而非挑戰它），尊重和支持（非挑戰）個案正向的認知偏誤和幻想（第三章討論過），聆聽和歸類這些創傷後成長的主題，將它詮釋為努力因應創傷的結果。創傷後的成長也來自於聆聽其他創傷後生存成長的經驗述說，這是在團體脈絡中提供創傷作業（trauma work）的基本理由，因為書寫練習幫助個案發展個人創傷後的敘事，這也促進了個案創傷後成長。近來尚未出現評估創傷後成長療法的研究結果。

 焦點解決治療

焦點解決治療由美國密爾瓦基短期家庭治療中心（Milwaukee Brief Family Therapy Center）的 Steve de Shazer（1940-2005）、Insoo Kim Berg 等人所建立，剛開始也是依循著家族治療傳統演進（de Shazer *et al.*, 2007）。以正向希望感的觀點關心問題解決，尊重個案解決－建構（solution-building）的資源，焦點解決治療的基礎是簡單優雅的治療觀點，也就是聚焦在個案產出（clientgenerated）的解決方法而非問題；焦點解決治療的目標是辨別出那些少數正向的例外情形，即問題本來應該發生但沒有發生時，例如有睡眠問題的個案會被要求記錄那些睡得很好的時候，然後採取特殊的步驟增加這些情況再發生。「奇蹟問句」用在設定治療的整體目標和方向：「如果有一天晚上奇蹟發生了，你睡得著了而且問題也解決了，你如何知道的？那會有什麼不一樣？如果你沒有說，X 會靠什麼線索知道呢？」讓目標達成的景象越具體和越視覺化。這個情況的進展與更多的例外情況、更好問題的發生有關。如果無法具體標示出問題與例外發生的時間，就會要求個案對這些變化在 1 到 10 分之間做出具體的評量。舉例來說，在量表的 1 到 10 分中，如果問題解決了，10 分的感覺是什麼？你現在的感覺有多好？在這次晤談與下次晤談間，評量問句（scaling question）可以反映進步的程度；也可以用例外問句問，例如：「你如何解釋過去與現在之間發生的進步？真正的不同是什麼？」。在焦點解決治療中，常常使用讚美、觀察和行為的技巧，讚美是帶有同理地陳述個案的正向部分，通常能加強與個案的合作或使意願低的個案有所改變；在觀察工作中，邀請個案觀察因應問題成功的情況、問題的例外、預防惡化的因子，以及他們是否有預設例外的發生；行為工作則是請個案根據「做什麼會產生效果？」再次創造出例外。

包括 1400 多位進行三到五次晤談的個案研究指出，焦點治療跟其他治療方式一樣有效、比控制組效果好、約 60% 有好的治療效果（Kim, 2008a; Stams *et al.*, 2006）。焦點解決治療在傳統的家族治療中演進，它跟正向心理學與正向心理治療不同，但啟發了正向心理學和正向心理治療去重視個人的資源與復原力。

正向家族治療

正向家族治療由美國加州大學聖塔芭芭拉分校的 Collie 和 Jane Conoley 教授所建立（2009），這個取向結合了家族治療的想法與實務（Carr, 2006）

和正向心理學。除了運用傳統家族治療，正向家族治療是以家庭為治療的基本單位，而非個人。在這個架構中，個人的心理問題被放在家庭脈絡中了解，因為家庭關係對問題的發展與維持有一定的貢獻，也受其影響；然而家庭關係與家族成員的個人優勢是解決個人心理問題的重要資源，這也是正向家族治療主要關心的，所有的家庭成員都要納入治療的過程。如同其他家族治療法，個別邀請家庭成員提供自己的觀點，也尊重不同的觀點，治療師依序同理每個家人。治療師用平衡的方式與每個家人建立同盟關係，所以家庭成員會感覺到治療師採取的是中立公正的立場。晤談中，治療師每隔一段時間就摘要、點出家庭成員中相似和相異的觀點。每次晤談結束，治療師會休息一下並準備好總結這次的晤談。他們也會請家庭成員準備好完成工作，是治療師會基於每次晤談中所得到的資料提出問題解決方法，這些摘要與說明都會在每次晤談的最後呈現給家族成員。正向家族治療和其他家族治療的不同在於一開始就著重在家庭成員的目標（而非問題）、對未來的期待（而非過去）、個人的優勢（而非限制）、腦力激盪（而非缺點），以及復原力（而非脆弱）。邀請成員分享觀點時，把這些觀點摘要下來並請成員完成這些任務。正向家族治療的目的在澄清家庭想要的是什麼，以及該用什麼方法完成，來提升家庭幸福感。治療師花很多時間與家庭成員討論如何使未來更好，而非過去如何導致問題的發展。所有的「過去」只會在某些時刻被感興趣，就是當它能提供家庭關於家庭優勢、問題的例外、如何達成未來目標等正向資訊的時候。在治療過程中，治療師請家庭成員投入在制定規範上，促進家人間正向、支持及合作的互動，並打斷負向、非預期的競爭或責罵。治療師經常運用正向重新框視（positive reframing）和正向再標籤（positive relabelling）處理家庭成員的歸因與互動，即便看來顯然是中立、負向的行為也盡可能將好的一面歸在家庭成員身上。正向家族治療也使用焦點解決治療的技術（上一個部分討論過），包括使用奇蹟問句設定目標、確認例外、促進更多的例外發生。請正向家族治療的家庭在晤談與晤談間完成任務，這些任務可滿足每個不同家庭的需求。所有任務都運用了正向心理學和家族治療的文獻，包括投入正向

家庭的習慣，像睡前說故事、用餐時互相分享；在家庭聚會中表達感恩；透過對好消息的積極－建設反應來增加家庭內的親密感；利用傾聽、正向溝通技巧來處理家庭衝突；透過與家庭外的人建立社會支持網絡。其他任務包括請父母聚焦在「抓住孩子表現良好的那一刻」，成為一個因應挑戰和決策的正向楷模、藉由辨識與標籤情緒的方式來協助孩子發展情緒智力、藉由負向到正向思考的轉換機制或好處發現來處理負向情緒，以及透過角色轉換發展同理的能力。

Kauffman 和 Silberman（2009）整合了婚姻治療與正向心理學，著重在伴侶的問題與正向情緒、關係優勢之間的平衡。正向心理學的介入運用了這個取向，像是請伴侶互相寫感恩信、藉著回憶之前的寬恕經驗來原諒最近造成的傷害、接納伴侶稱讚怨恨的人來釋懷、以積極－建設性來回應伴侶的好消息、每天晚上記錄關係中發生的三件好事以及彼此是如何讓它發生的、讓另一半了解如果事情都一直發展得很好，未來的關係會如何、每週挪出時間一起品味生活中的愉悅、找出伴侶最佳的三個優勢，並且彼此告知這些優勢如何增進彼此的關係。

婚姻與家族傳統取向對成人、兒童為焦點的一系列問題治療，有嚴謹的證據支持治療效果（Carr, 2009a; 2009c）；但正向伴侶和家族治療之效果至今仍未付之闕如。婚姻和家族關係的正向心理學，正向伴侶和家族治療的實務應用，已於第一章、第八章討論過。

嚴重問題的優勢基礎治療

航向幸福課程（voyages to well-being programme）是針對從心理問題中復原的人，優勢模式（strengths model）是幫助慢性嚴重精神狀況的人復原，美好生活模式（good lives model）用在治療性犯罪者上，三者皆為優勢基礎取向。優勢基礎取向的整體目標與正向心理學一致，以下分別說明。

快樂生活：航向幸福

華盛頓大學醫學院教授 Robert Cloninger（2004, 2006）發展了 DVD 為基礎的心理教育課程：「快樂生活：航向幸福」（The happy life: voyages to well-being）。Cloninger 認為曾有過精神問題但治療成功或已無症狀者，仍然沒有經歷過高層次的幸福感，發展航向幸福課程就是去協助那些從心理問題康復的人，藉由增加他們的自我導向（self-directedness）、合作、自我超越（self-transcendence）來提升幸福，以上都可以透過氣質與特質問卷（Temperament and Character Inventory）（Cloninger *et al.*, 1994）來測量。課程大綱見**表 9.3**，課程的練習運用了認知行為治療法（CBT）、正念冥想、神經科學。雖然這個課程的元素，例如挑戰負向自動思考和冥想，都是以實證為基礎的治療方法，但整體課程的評估研究尚未發表（Carr, 2009a）。

表 9.3　Cloninger 的航向幸福課程

第一組	• 什麼會使你快樂？辨識什麼帶來高興？ • 什麼會使你不快樂？了解思考上的陷阱。 • 感受幸福：平息心理的風暴。 • 與自然合一：生理感受的覺醒。 • 找到意義：靈性感受的覺醒。
第二組	• 超越心智的意念：培養靈魂的意念。 • 觀察和評估你的想法。 • 觀察和評估你與人的關係。 • 繪製出你的成熟與整合。 • 存在的冥想。
第三組	• 你能學會減壓嗎？ • 平撫你的恐懼。 • 觀察生命中力量的探索者。 • 對迷思的審慎思考。 • 持續的覺察。

資料來源：根據 Cloninger, C. R. (2006). The science of well-being: An integrated approach to mental health and its disorders. *World Psychiatry*, 5, 71-76.

優勢模式

美國堪薩斯大學的 Charles Rapp 發展優勢基礎取向協助慢性和嚴重心智問題的治療，例如精神分裂症患者（Rapp & Goscha, 2006），這個模式代表精神修復的實用新取向，也是對以傳統醫療模式治療嚴重心理障礙的反動。在傳統的醫療模式中，嚴重慢性心理問題的人會被問題標籤和定義，如被認為預後（prognosis，預期恢復的狀況）較差，在有精神衛生所和庇護的工作所內治療，被安置在機構內，或被視為生活品質較差。相反的，在復原模式中，有心理問題的人們，除了問題之外，也會被看見優勢，投入治療的過程可以提升生活品質，可以在社區中居家治療，也有可能迎向更充實的生活。以優勢模式的專業與個案合作協助他們復原，這個模式有四個階段，所有的細節都描述在治療手冊中（Rapp & Goscha, 2006）：投入階段、優勢評估、設計個人計畫、資源獲得及退出。在投入階段，治療師與個案形成一個穩固且尊重的合作性治療同盟。評估階段則注重在個案個人優勢以及環境中可運用的優勢，優勢評估可協助個案設定目標和達成的工作事項，為了滿足這些工作事項，協助個案取得實行復原計畫所必要的社區資源和支持，這能促進他們和社區生活整合在一起。當個案的自主增強且備受支持時，而且個案在社區中能夠更獨立時，諮商師可考慮循序漸進地退出。一系列的實徵研究顯示，若要提升對這些心理疾患的復原力，確實運用這些模式後，優勢模式比傳統精神病理的服務更有效率。

美好生活模式

紐西蘭威靈頓大學的 Tony Ward 教授建立了美好生活模式治療性犯罪者（Ward & Gannon, 2006），這個模式根源於正向心理學針對性犯罪者在認知行為復發預防課程的進化，復發預防的課程的目標是協助犯罪者了解犯罪過程，處理將他們置身在再犯風險的情境和心理因素。美好生活的治療應該不只是整合風險的管理，也要納入更好的生活。符合犯罪者所需的美好生

活，有知識、在玩與工作表現卓越、在組織表現傑出、內在平和、友誼、社群、靈性、快樂以及創造力，美好生活模式的主要目標則是藉由適當的方式提供犯罪者美好生活所需的技能、價值、機會及社會支持，降低復發風險。

在美好生活模式中，治療是基於綜合性的評價，焦點不只在性犯罪的相關問題（情緒問題、社會困難、犯罪—支持性想法、同理不足、異常的性喚起），也包括生活型態如何導致他們犯罪、讓生活維持美好的方式、目前的優勢、能力與偏好，以及離開監獄後追求美好生活的條件。美好生活模式的療效仍有待評估。

正向治療介入的效果

如同第一章所提到，Lyubomirsky 等人（2005a）整理一些證據後發現，幸福當中有約有 40% 的變異是意圖行為，有約 60% 來自基因（50%）和生活環境（10%）。Lyubomirsky 和他的同事因此表示要能穩定增加快樂，必須要投入符合自己價值和興趣且可強化好心情的意圖活動，也要嘗試用多元的方式去進行這些活動，以避免習慣快樂和快樂水車效應的適應。請個案用多元的方式確認和追求有價值的個人目標，是正向心理學運用此理論去治療的基本原則，但要避免像是累積物質或財富這些導致習慣狀態的活動。然而，這個理論預期其他正向心理學的介入，包含意圖活動和正向個人價值觀也都可以增進幸福。Sin 和 Lyubomirsky（2009）所做的後設研究也支持這個理論，在包含 4266 位個案的 51 篇研究中，正向心理的介入增加了中度治療效果量（d=0.61）的幸福感，而介入效果評估包括追求有價值的個人目標、使用特徵優勢、顯現可能最好的自己、練習寬恕、投入或回憶仁慈行為、累積祝福或表達感恩、表達希望或樂觀、回憶或撰寫正向生活事件、練習冥想、信仰、運動、參與正向介入的課程。

很多研究不包含在 Sin 和 Lyubomirsky 的後設分析中，而且在他們研究的回顧中也沒有其他正向心理學介入的評估。Kurtz（2008）發現聚焦在正

向生活經驗中即將到來的結束可以增加樂趣，例如書寫即將畢業的學生會比書寫未來才要畢業的學生，獲得更大的快樂。Koo 等人（2008）發現思考生活中某些正向事件的缺席（例如當時遇見了一個浪漫的伴侶）會增進幸福。Mackenzie 等人（2008）發現樂觀表達性書寫可以改善照護人員在長期壓力下的心智健康。

Mazzucchelli 等人（2010）提出行為活化（behavioural activation）介入，例如請個案投入一個愉悅的社交活動，或加入憂鬱症的認知行為治療練習，根據 Lyubomirsky 等人（2005）的理論，這些都可以增進憂鬱者或非憂鬱者的幸福。Mazzucchelli 等人（2010）在包含 1353 位參與者的 20 篇研究之後設分析中發現，行為活化介入顯著的增加了健康成人的幸福感，另外，與控制組相比，也增進了憂鬱傾向者的幸福感，這項後設研究顯示一個中度治療效果量 $d=0.52$。

生活中的幸福療法

這章所提到的增進幸福的策略，摘要在**表 9.4** 中。這些策略可用於自我練習或整合在臨床實務。

治療的價值

持續的爭論是在現代正向心理學家和 Abraham Maslow（1908-1970）、Carl Rogers（1902-1987）傳統的人本心理學家之間；另外則是關於治療實務量化研究的價值（Friedman, 2008）。正向心理學遵從科學研究，希望建立正向心理治療以證據為主的實證研究。人本心理學的傳統上，並不如此看重在臨床實務上以量化研究方法建立的實證證據，而是重視治療實務、理論形成、質性個案資料。第二個爭論就是正向心理學的優越感（Christopher & Hickinbottom, 2008），正向心理學的目標在建構超越文化界線的統一性、

科學性事實，批判家反駁隱含在正向心理學和正向心理治療之中的是西方自我概念的個人主義，抱持個人滿足就是美好生活的觀點。第三個爭論過度重視個人，忽略正向心理學中更廣大脈絡中的社會幸福（Becker & Marecek, 2008）。當 Seligman 提出正向組織、正向情緒和正向特質都是正向心理學所關心的議題時，事實上很多研究和正向心理學的治療介入（除了正向家族治療）都著重在正向情緒、個人特質多於關係、社會組織和更大的社會、經濟、文化與政策的脈絡，但這些也在人類生活品質扮演了重要角色。

 總結

　　傳統取向的心理治療主要關心減緩壓力，正向心理治療的目的則在培養正向情緒、建立優勢、增進有意義的關係，包括正向心理治療、快樂課程的 14 項基本原則、幸福療法、生活品質療法、個人中心方法、創傷後成長療法、焦點解決治療、正向家族治療，以及處理嚴重問題的優勢基礎治療。正向心理治療是由 Rashid 和 Seligman 所發展及評估的，介入的方法包括：品味生活，增進愉悅和愉悅的生活；鼓勵個案運用特徵優勢投入生活，例如感恩、寬恕；強化家庭與組織內的關係，以提升意義的生活。Fordyce 為了協助健康的人們增進幸福，發展快樂課程的 14 項基本原則，包括大量的自我練習。義大利的 Fava 發展了幸福療法，為焦慮症或憂鬱症病人的復發－預防介入，可由 Ryff 的心理幸福感量表加以評估療效。生活品質療法由 Frisch 發展，整合了認知治療與正向心理學的概念，治療計畫來自生活品質量表十六個面向的測驗結果，從中挑選出優先處理的目標。個人中心方法之於正向心理治療，是基於 Carl Rogers，由英國的 Joseph、Linley 和美國的 Sheldon 發展出來，Joseph 和 Linley 的正向治療則重視治療關係的品質。Sheldon 的自我決定理論取向是設計來符合個案能力、連結性和自主的需求。美國的 Calhoun 和 Tedeschi 建立了一個治療取向，目的在提升創傷後的成長，根據許多創傷後生還者報導的研究，正向改變來自於他們開始處理痛苦

表 9.4　各種正向心理學的練習

使用特徵 優勢	• 完成優勢分類調查。確認你的特徵優勢。訂定一份計畫每天至少使用一項特徵優勢，並持續書寫日記記錄你所使用的優勢及使用這些優勢的感覺，並在幸福十點量表評分。工作結束後回顧你的日誌，並記錄從這項練習中所學會的事情。 • 如果你想增進與伴侶的關係，請互相分享彼此的特徵優勢，告訴對方你看到他使用自己的特徵優勢於增進你們的關係，而你是如此欣賞。
訃告	想像自己活得很長壽、充實且美好。寫下一份訃告，並說明你希望誰在你的葬禮上為你念出，內容著重在說明你的優勢及所有美好的事。請反思這個活動說了你的優勢與價值是什麼，以及什麼事在你的生活中具有優先性。
隨機的 善良行為	每天做一件你平常不會做的善良行為，並每天記錄你所做的善良行為，寫下這些事件並評估這些感覺在幸福十點量表的分數。反思每個善良行為後的感受和受惠者的反應。
三件好事	• 每個晚上睡前，在日誌寫下一天當中發生的三件好事，回憶和想像它們的發生，在幸福十點量表測量寫下回想這些事的感覺。一個禮拜的最後，回顧這些日誌並寫下這些練習帶來的收穫。 • 如果你想增進跟伴侶的關係，雙方都必須每天晚上練習寫下這個關係中所發生的三件好事，思考你與伴侶是如何讓這些好事發生的。一個禮拜的最後，你們一起回顧這些日誌，討論從這些練習得到的收穫。
感恩拜訪	• 對某人寫一封感恩的信，這個人曾幫助過你，但你從沒表達過感謝。在信件中說明他如何幫助過你、這些幫助對你生活的影響和給你的感受，以及你現在是如何的感恩，請當面、透過電話或網路對這位恩人讀這封信。反思這些過程如何影響你的幸福感。 • 如果你想增進跟伴侶的關係，彼此寫一封感恩的信給對方並大聲的念出來，反思這個過程對你們關係品質的影響。
表達感謝	• 每晚在日記寫下五件感恩的事，回憶和想像它們的發生，在幸福十點量表測量寫下回想這些事的感覺。每個禮拜的最後，回顧這些日記並寫下你從這項練習得到的收穫。
寬恕信件	• 選擇一個曾經傷害過你但你想原諒他的人，寫一封信讓他了解自己曾受傷過、這個傷害的深度及這個傷害帶來的憤怒，並寫下儘管如此你還是願意原諒的理由，同理他那時因為處境的關係對你造成了傷害，當時的狀況是如何使他犯下這個傷害，但並不是為對方找理由，而是表達寬恕。思考撰寫和閱讀這封信給你的感覺，以及這如何影響你對於傷害、憤怒、同情、幸福的感受，也考量寄出這封寬恕信的利弊。 • 如果你想增進跟最近傷過你的伴侶的關係，而且你正考慮原諒他，你也許會希望寫一封類似上面所提要點的寬恕信，你可能也開始思考有好幾次當你傷害你的伴侶時，他選擇原諒了你，在被原諒之前你會感到罪惡與羞恥，以及寬恕這份禮物發生在你身上的影響。這些想像都會讓你更容易同理另一半的處境。
釋懷怨恨	寫下你對某人的怨恨，並在幸福十點量表上評估想到怨恨中的細節時；在列出欣賞這個人的二十件事後，評估自己在幸福十點量表上的分數。反思你從這項練習得到的收穫。

（續）表 9.4　各種正向心理學的練習

品味生活中的快樂	• 每天挪出一些時間享受自己真正喜歡的事。當下感受某些事情，例如看海或天空，想像過去的愉悅或成就，在未來更細膩的參與這些樂趣與成就。寫下你每天品味生活的經驗，評估這些影響在幸福十點量表上的分數。每個禮拜的最後回顧你的日記，並寫下這項練習帶來的收穫。 • 如果你想增進跟伴侶的關係，可以與伴侶一起練習。
積極和建設性的回應好消息	當你的朋友、伴侶或家庭成員告訴你一些好消息，積極、有建設性的回應他們，告訴他們為什麼你覺得這是好消息以及你想為此慶祝。
設定目標	每個月一次，挪出一些時間思考人生中你重視的是什麼，以及長期目標是什麼。寫下你的長期目標，你可以每天回顧，每天早上寫下你認為今天要做的事，一個禮拜的最後，反思自己的完成度。
滿意	在一個禮拜的時間裡，放棄最大的策略（從所有的機會中最好的），嘗試用滿意（當回顧一些機會時，選擇一個夠好的）來取代。每晚寫下自己一天中做了什麼滿意事情。一個禮拜的最後，反思自己在這項練習中的收穫。
分享或撰寫過去正向的生活事件	告訴你的親密朋友或伴侶你人生中快樂時光的細節，之後將這樣的感覺用幸福十點量表評分。一個禮拜的最後，回顧你與朋友或伴侶的對話，或回顧一週所寫的東西，並記錄這項練習中你所得到的收穫。
樂觀表達的撰寫	每天挪出 15 分鐘，持續一週以樂觀和有希望的角度撰寫，內容是未來的某個時刻你正在做什麼，並將樂觀方式的撰寫帶給你的感覺記錄為幸福十點量表之評分。一個禮拜的最後，回顧這一週的撰寫並寫下在這項練習中的收穫。
逆境後的成長	每天挪出 15 分鐘，持續一週撰寫你生命中艱難的時刻，像失去愛的人、失去某些珍貴的東西或受到很深的傷害，然後寫下這些內容對你情緒的影響。寫下在這些挑戰事件後你如何繼續前進，你如何順利通過這些艱難的時刻。一個禮拜的最後，回顧這一週的撰寫並寫下在這項練習中的收穫。
從生活中除去正向事件	挪出 30 分鐘撰寫：如果沒有某些很重要元素，現在的生活會是什麼樣貌，例如如果沒有遇到你現在的伴侶，現在的生活會如何；如果你沒有要好的朋友群、如果你沒有上大學、如果你沒有發展運動或音樂才能等，然後用於幸福十點量表評估這個書寫帶給你的感覺，以及從這個練習中的所學。
冥想和放鬆	每天早上挪出 20 分鐘冥想、做一些放鬆或想像的運動、聽抒情音樂或散步到某個平靜的地方。將做這些日常活動之前和之後的感覺記錄在日記中，並用幸福十點量表評分。注意這些日常活動增加或降低了多你多少的幸福感。一個禮拜的最後，回顧這些日誌，並反思這項練習的收穫。
尋找解決方法	寫下最近發生的問題或執著的壞習慣。然後，描述一個特殊情節：你預期會發生的問題或壞習慣並沒有發生。看看你能否在一週內讓這個例外發生幾次，當週的每天晚上都寫下你希望這個例外能再度發生，並用 1 到 10 分來記錄你有多成功。一個禮拜的最後，回顧這些日誌，並反思這項練習的收穫。

和這些創傷遭遇。在傳統家族治療中工作的 Steve de Shazer 和 Insoo Kim Berg，發展了焦點解決治療，目的在確認問題之外，個案預設會發生卻沒有發生的例外時刻。Conoley 發展的正向家族治療，結合了家族治療與正向心理學的想法與實務，Cloninger 建構了心理疾病復原的航向幸福課程、Rapp 針對從慢性嚴重精神狀況復原的優勢模式、Ward 發展治療性犯罪者的美好生活模式，都是優勢基礎取向，也都促進了嚴重心理問題者的生活。根據後設分析的資料，實驗或非實驗的研究結果皆指出，正向心理介入可以增進一般人或臨床個案的幸福感。然而，目前介入效果的評估仍在發展初期，少數已完成的研究支持正向心理治療的效果。這個領域的爭論則是在現代正向心理學與傳統人本心理學之間的關係，且正向心理學的民族中心主義和過度重視個人等都是追求幸福的脈絡中所忽略的。

問題與討論

個人發展

1. 你最近有使用本章所提到的方法來提升自己的幸福嗎？
2. 本章所提到的哪個方法是你最近沒有使用到的？但如果它會影響你的幸福，你願意嘗試嗎？
3. 運用這些方法的代價和收穫是什麼？
4. 運用一個或者更多方法，再藉由第一章所提到的幸福量表之前、後測，評估其對幸福感的影響。

進一步研究

評估任何一項正向心理介入影響的研究加以複製與延伸，例如累積祝福、累積仁慈、寫一封寬恕信、樂觀地撰寫未來的事等。

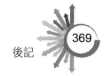

後記

　　如果到目前為止，你已經讀完本書的九章，我猜你可能會問：整體來說，本書要傳達什麼？這是很誠實的問題。本書所傳達的訊息是樂觀的，科學研究結果指出有三個可靠的方式可以找到快樂：

　　1. 建立深層依附和承諾的關係。
　　2. 運用你的優勢、天賦及興趣投入工作和休閒活動。
　　3. 建立一個你預期會最好的，樂觀而且邁向未來的生活觀。

　　如果你有錢買這本書，它可能不會像中樂透那樣持續影響你的快樂。不要一味追求物質，它可能會使你不快樂。

　　由於快樂的設定點很大部分是由基因所決定的，因此期待有天你會一直非常快樂不太實際，目標剛好在快樂設定點上就可以了。

　　這些簡單的結論對政府的政策有很大的影響。

　　政府應該讓人們更加喜歡以下的事情：

　　1. 創造與維持長期的友誼和家庭關係，包括婚姻、親子及親屬關係。
　　2. 在工作上運用優勢、天賦及興趣。
　　3. 追求可以展現優勢、天賦和興趣的休閒活動。
　　4. 對未來樂觀。

　　政府不應鼓勵為了增加財富而超時工作，因為那會損失更重要的家庭關係。政府應該發展更彈性的政策，支持和獎勵能維持高品質長期婚姻、能照顧小孩與長者的三代同堂家庭，以及能培養長期友誼的人。

　　政府應該發展和教育、職業及娛樂相關的政策，促進人們在長期生活中運用優勢和天賦，建立教育、職業及娛樂的角色。

　　政府應該立法抵制那些錯誤灌輸人們快樂是來自於更多物質享受的廣告。

　　從臨床的觀點來說，正向心理學提供一個優勢為基礎的實務取向。它補充了過去傳統臨床醫生訓練的缺陷取向，而且將焦點放在個案和病人的復原力更甚於缺點。

　　從科學的觀點來說，正向心理學在未來的研究領域充滿可能性。年輕的科學研究者有很大的機會去修正舊有的知識，建立和幸福有關的生理、社會和心理理論，也有很大的機會從實務經驗去檢驗幸福與其他變項之間的假設。正向心理學領域的年輕科學研究者，諾貝爾獎正在等著你。

　　如同本書最初，讓我們以 James Joyce（1992）的話做結尾：邀請你「以全新的世界取代過去」。

名詞解釋

adaptive defences ｜ **適應性防衛**

包括有預期、親和、利他主義、幽默、自我肯定、自我觀察、昇華，以及壓抑。

alexithymia ｜ **述情障礙**

對於表達和辨識情緒有困難。

amygdala ｜ **杏仁核**

兩個像杏仁核的結構位於大腦內側顳葉，與情緒的學習和歷程有關。

analytic intelligence ｜ **分析智力**

引導智力行為的訊息處理技巧。

attachment theory ｜ **依附理論**

Bowlby 認為當照顧者能符合或回應孩子的需求，孩子與照顧者間會發展出內在運作模式，這意味著照顧者提供一個安全的基礎，讓孩子安全感地探索這個世界。當照顧者無法符合或回應孩子的需求時，則產生不安全依附。內在運作模式和依附型態（安全或不安全）是在兒童早期既發展出來的特定模式，影響後來成人期的親密關係。

attributional retaining ｜ **歸因再訓練**

學習去檢視、挑戰對成功或失敗的悲觀歸因，並用樂觀歸因取代之。

autic and alloic states ｜ **關注自我和關注他人狀態**

在反轉理論（reversal theory）中，經驗個人與他人之間關係的兩種後設動機狀態（metamotivational，又譯超越動機）。在關注自我的狀態，個人評估其行為結果能幫助自己多少；在關注他人的狀態，個人評估其行為結果能幫助他人多少。

autistic spectrum disorder traits ｜ **泛自閉症障礙特質**

缺乏辨識和經歷他人情緒狀態的能力，也無法做出適當的回應。

autotelic activties ｜ **自發性活動**

能產生心流經驗且發自內在動機之活動。

balance theory of wisdom ｜智慧的平衡理論

Sternberg 認為智慧是實用智力的應用，像這種智力的內隱知識（tacit knowledge）是以達到大眾利益的方式解決問題。

benign forgetting ｜良性遺忘

不再回憶負向資訊。

Big Five ｜五大人格特質

五個人格特質，包含情緒穩定（神經質）、外向、對經驗的開放、隨和以及謹慎。

broaden and build theory ｜擴展與建立理論

Fredrick 認為正向情緒能擴展瞬間思考－行為機制，並提供機會啟發創造力和生產力，以增進心理資源和個人成長。

circumplex model of interpersonal behavior ｜人際行為的環狀模式

以一種特別的形式與他人產生人際互動之模式，環狀模式由二維座標軸所構成，縱軸為支配到屈從，橫軸為冷漠到友善。

coping strategies ｜因應策略

有意識地選擇某些規則，以處理壓力負荷與可用資源間不一致的情況。

correlation ｜相關

測量兩個變項間關係的強度，以 r 值表示。相關性從－1到＋1。相關取絕對值，0.1 代表相關性低，0.9 代表相關性高。相關係數普遍使用斯皮爾曼相關係數（Spearman r）。有許多不同形式的相關，有些是以 ρ 符號表示，但在這本書裡全都使用 r 值表示相關。

creative intelligence ｜創造智力

利用過去經驗來處理新奇或不熟悉資訊的能力。

creatively ｜創造力

產出新奇和實用作品的能力。

defence mechanisms ｜防衛機制

調節內在心理負向影響的潛意識過程。藉由排除意識中的實際創傷經驗；降低在不被接受的衝動與意識禁止之間所引發的焦慮；或者是在希望表現出照顧者、家庭中重要他人或社會網絡所不能接受的衝突，以及藉由順從而獲得重要他人或內攝表徵的支持，兩者之間的焦慮得以紓緩。

denial ｜否認

不承認真實世界之威脅和壓力的存在或意義。

dialectical operations ｜辯證運思

Riegel 認為有一種推理形式的發展是在正式運作之後，也就是人們的想法依循正－反－合的不斷反覆歷程，在時間、空間及不同的社會脈絡中演變。

dispositional optimism ｜樂觀性格

整體期望認為未來的好事會多於壞事。

dual-process model of coping with loss ｜失落因應的雙向歷程模式

這個理論提出失落的因應方式是在失落情緒影響的因應（失落取向因應）與發展新的規則、角色和關係的實務議題（復原取向因應）之間的擺盪。

duplex theory of love ｜愛的雙重理論

這整合了三角理論和愛情故事，三角理論假定每一種愛的形式都會有不同程度的親密、熱情及承諾。愛情故事則是假定愛情發展的方式是取決於伴侶浪漫的愛情敘說。

effect size ｜效果值

這是用來測量介於兩個團體或變項間的關係強度，用 $d = (M_1 - M_2)/SD_p$ 表示，d 是效果值，M_1 是第一個變項或團體的平均數，M_2 是第二個變項或團體的平均數，SD_p 是共同標準差。在後設分析中，研究的平均值是轉換成效果值後再總和。效果值 0.2 是小的，0.5 是中間，0.8 是大的。效果值可以使用下列的表格轉換成相關。

正向心理學
positive psychology

-Cohen 的界定	- 效果值 d	- 相關 r
-	- 1.0	- 0.44
-	- 0.9	- 0.41
- 大	- 0.8	- 0.37
-	- 0.7	- 0.33
-	- 0.6	- 0.29
- 中	- 0.5	- 0.24
-	- 0.4	- 0.20
-	- 0.3	- 0.15
- 小	- 0.2	- 0.10
-	- 0.1	- 0.00

註：$r = \sqrt{\dfrac{d^2}{d^2 + 4}}$

資料來源：依據 Wampold, B. (2001). *The great psychotherapy debate: Models, methods, and findings*. Mahwah, NJ: Lawrence Erlbaum Associates, Inc (p. 53).

emotional creativity ｜ 情緒創造力
能擁有情緒新奇、有效及真實的情緒經驗能力。

emotional intelligence ｜ 情緒智力
能辨認和處理自我情緒與關係中他人情緒的能力。

eudaimonic ｜ 完善論
對研究幸福感而言，完善取向定義以充分發揮個人潛能來定義快樂與美好的生活。

expectationism ｜ 期望理論
此為 Wilde 的預防性策略，目的是強化人們知覺未來價值感，以減少當下因生活方式引發的疾病、意外、暴力及人口平均死亡率。

extrinsic motivation ｜ 外在動機
因為外在酬賞或避免處罰而投入活動。

family life cycle ｜家庭生命週期

一個階段模式，係指從家族成員生命歷程中看家庭的發展，特別是和每個階段有關的任務。

flow experiences ｜心流經驗

Csikszentmihalyi 提出，當我們運用相當的技能、完全專注以及發自內在動機，投入可掌控且有挑戰性的活動中，就會發生心流經驗。在心流經驗中，我們會逐漸失去意識，且時間的知覺也被改變。

giftedness ｜天賦

在某個或多個項度有傑出的能力和表現。

good lives models ｜美好的生活模式

特別針對性侵犯矯正的方法，包含預防再犯和美好生活的發展，此模式著力於滿足他們對知識的需求、遊戲和工作上的卓越、過渡期順利、內在平靜、友誼、社群、靈性、快樂，以及創造力。

happiness ｜快樂

對生活高度滿意、高度的正向情感，以及低度的負向情感之正向心理狀態。

happiness set-point ｜快樂設定點（情緒溫度計）

由基因所決定，個體在不同時間階段的情緒變化之恆定點。

hardiness ｜堅韌性

Kobasa 信念中的詞語，係指一個人生活情況的重要層面（significant aspects）是可掌控的、期望生命帶來挑戰，以及承諾獲得生活的意義。

hedonic ｜享樂主義

對研究幸福感而言，享樂主義以追求愉悅和避免痛苦來定義快樂與美好的生活。

hedonic treadmill ｜快樂水車

指快速的習慣或適應的歷程，亦即人們會用急增或驟降的快樂狀態，強烈地回應最近的正向或負向事件；但大部分的例子顯示短期內就會回到他們原本的快樂設定點。

heritability ｜遺傳

基因對特質影響程度的指標。雙胞胎研究中評估公式為 $h^2 = 2(r_{mz} - r_{dz})$，h^2 是遺傳，r_{mz} 是同卵雙胞胎特質的相關，r_{dz} 是異卵雙胞胎的相關。

hope ｜希望

排除障礙、通往所欲目標之路徑的計畫能力，以及使用這些路徑的動力或動機。

intrinsic motivation ｜內在動機

為了活動本身而投入，並非外在酬賞或逃避懲罰。

investment theory of creativity ｜創造力投資理論

Sternberg 和 Lubart 認為個體要能在某個領域做出創意貢獻，是當他們相信或採納一些不普遍、陌生，但具有成長潛力的想法。在它們變成更「新穎」且不普遍的想法之前，以創意投資這些想法並使之發展成「創意產品」。

IQ ｜智商

智商商數。通常平均數是 100，標準差為 15。在早期資優研究中，若人們的智商高於 140 會被界定為資優。

locus of control ｜控制信念

Rotter 提出的詞語，是指我們期待增強的重要來源是在自己控制中或受到外在因素之程度。這些外在因素如機會、命運或其他有力人士的行動。

McMaster model of family functioning ｜家庭功能的 McMaster 模式

描述家庭中有六個內在向度的模式：問題解決、溝通、角色、情感回應、情感表達，以及行為掌控。這些向度可藉由「McMaster 家庭評估工具」的自陳報告加以評估。

multiple intelligences ｜多元智力

Gardener 認為有八個不同智力：語言、邏輯－數學、空間、音樂、肢體動覺、人際、內省，以及自然觀察。

negative affectivity ｜負向情感

不同強度的不愉悅情緒感覺之層面。

negative self-schema │ 負向自我基模
一組有結構的想法,預期可能會收到關於自我的負向資訊,遂依此發展因應策略。例如因為我很害羞,所以在派對上話不多。

NEO-PI-R │ 五大性格因素量表修訂版
五大性格因素量表修訂版是評估五大人格特質和其各面向。

optimistic explanatory style │ 樂觀解釋風格
Seligman 所命名,對於解釋負面事件或經驗,傾向歸因於外在的、短暫的及特定的環境因素,例如考試失利是因為考題出得不公平。

pockets of incompetence │ 口袋裡的無能
處理關於自己的負面資訊是認定自己沒有能力,但卻相信有人可以用其他的方式勝任之。

positive affectivity │ 正向情感
不同強度的愉悅情緒感覺之層面

positive illusions │ 正向錯覺
Taylor 所命名,傾向用一種正向的方式看待自己。

positive psychology │ 正向心理學
是心理學的一支,包含了正向情緒、正向特質及正向組織,它以科學的研究發展關於愉悅的生活、投入的生活,以及意義的生活之知能。

positive selective attention │ 正向選擇性注意
聚焦在正向的事物而忽略負向事物。

post-traumatic growth │ 創傷後成長
在嘗試因應創傷的痛苦和遭遇中,產生正向改變,包括覺察個人優勢、覺察新的可能、增進關係、珍視生命經驗與其意義,以及靈性的提升。

practical intelligence │ 實用智力
運用分析和記憶的技能解決日常在家庭、工作及休閒中所發生的問題。

psychological mindedness ｜**心理感受度**

積極了解特殊經驗之現在和過去的認知、情感及行為因素。

psychological well-being ｜**心理幸福感**

一個人心理潛能的完全發揮。

quality of life ｜**生活品質**

是一個複合的結構，包括健康狀態、實踐日常生活的能力、工作角色狀態、追求娛樂興趣的機會、友誼和關係的社會功能、健康照顧的資源、生活水平，以及一般的幸福感。

quality-of-life therapy ｜**生活品質療法**

來自正向心理學的整合式認知治療實務，目標在提升生活品質量表所認定的生活品質。

repression ｜**潛抑**

不承認個人內在世界所不被接受的攻擊或性衝動。

resilience ｜**復原力**

承受特殊壓力和要求的能力，但沒有延伸出壓力的相關問題。

reversal theory ｜**反轉理論**

Apter 認為在某個特定的時刻，我們的動機會根據配對的後設動機狀態而不同，其中最重要的就是目標性（telic）和娛樂性（paratelic）狀態。從後設動機狀態反轉至另一個狀態，通常是因為外在刺激改變、挫折或厭膩，且此反轉將會導致一個情緒的瞬間改變，例如從放鬆到枯燥，或從焦慮到興奮。

risk homeostasis theory ｜**風險平衡理論**

Wilde 認為行為承擔風險的程度和損失的嚴重性是根據一段時間內意外和由生活方式引起的疾病之比率，除非人們在從行動中期望最大利益之風險的目標水準有所改變。

saticficing ｜**滿意法**

在一個範圍內的機會點中選擇一個夠好的。這與最大化是有所區別，最大化是在一個範圍內的機會點中選擇最佳的。

savouring ｜ **品味**

愉悅經驗的覺察，並且有意地強化和延宕這份愉悅。

selection, optimization, and compensation theory, SOC ｜ **選擇、最佳化及補償理論**

成功的老化是選擇個人覺得重要的面向，並最佳化這些面向的功能，藉此補償因年紀大所造成的限制。

self-determination continuum ｜ **自我決定的連續向度**

自我決定理論是從內在動機到無動機的連續範圍，其中伴隨外在動機的多樣變化也可被區辨出來。

self-efficacy ｜ **自我效能**

Bandura 所命名，是一種信念，係指我們能有效地在某個面向上展現有組織和執行任務的能力，以達到目標。

self-esteem ｜ **自尊**

James 提出，是一種自我價值感，從實際成功到自命不凡的比率。

sense of coherence ｜ **生活融通感**

Antonovsky 所提出，生活滿意來自對意義性、可理解性，以及可掌控性的知覺程度。

social comparison ｜ **社會比較**

自我和他人的比較過程，向下社會比較（他人比我們差）會增加快樂；但向上比較（他人比我們好）會降低快樂。

social well-being ｜ **社會幸福感**

在個人的社會網絡與社群中發揮最佳功能。

solution-focused therapy ｜ **焦點解決治療**

一種發展自傳統家庭治療的取向，目標在確認個案預期發生但實際沒發生的例外片段，協助個案讓這些例外片段更頻繁地發生。

strengths ｜ **優勢**

可以達到正向心理學中美德的性格特質。

strengths model ｜優勢模式

　　一個發展自傳統復原的方法，協助個案運用其優勢和社群資源，以解決嚴重的慢性心智問題，並發展一個正常的生活方式。

subjective well-being ｜主觀幸福感

　　如同上述對快樂的定義。

systems model of creativity ｜創造力的系統模式

　　Czikszentmihalyi 的觀點，創造力的提升來自於三個不同系統的互動歷程：(1)「個人」和其天賦、特質和動機；(2) 由符號系統、規則、技巧、慣例以及引導典範所組成的「領域」；(3) 由在相同領域工作中的人（藝術家、科學家、評論家、雜誌作者）所組成的「學門」，他們的活動受到相同的規則和慣例所管理。

telepresence ｜遠距臨場感

　　指我們在電腦媒介環境的存在感，而不是眼前的物理環境。

telic and paratelic states ｜目標性狀態和娛樂性狀態

　　由反轉理論所提出。目標性狀態，是指我們因外在動機而進行活動，以達成目標；而娛樂性狀態，是指我們為了活動本身的目的之內在動機而執行活動。

temperament ｜氣質

　　自嬰兒時期就呈現的性格型情感反應風格，是與生俱來或遺傳因素影響。

time perspective ｜時間觀點

　　聚焦於過去、未來或現在的傾向，行為的動機符合某時段的暫時性焦聚。

traits ｜特質

　　隨著情境變項，影響行為、認知及情感的相關長久穩定個人特質。

triarchic theory of intelligence ｜智力三元論

　　Robert Sternberg 提出的，有效的環境適應是結合分析智力、實用智力及創造智力。

VIA Classification of Character Strengths ｜優勢和美德的分類

這個系統包含24種優勢特質,且其被分類在6種美德之下:智慧、勇氣、人道、正義、節制,及心靈超越。

VIA-IS ｜優勢分類調查成人版

指評估成人的24種優勢特質的行為價值調查。

VIA-YS ｜優勢分類調查青少年版

指評估青少年的24種優勢特質的行為價值調查。

virtues ｜美德

與優良道德行為有關之廣泛的個人特性。

well-being therapy ｜幸福療法

此為已獲得治療之焦慮或憂鬱病患的一種預防復發介入,目的是為增進其對環境的掌握、生活目的、個人成長、自主性、自我接納,以及正向關係。

wisdom ｜智慧

卓越的個人和人際能力,包括傾聽、評估、提供促進自己和他人幸福之建議。

國家圖書館出版品預行編目（CIP）資料

正向心理學 / Alan Carr 作；鄭曉楓, 余芊瑢,
　朱惠瓊. -- 初版. -- 新北市：揚智, 2014. 08
　　面；　公分 --
　譯自：Positive psychology : the science
　of happiness and human strengths, 2nd
　ed.
　　ISBN　978-986-298-149-8（平裝）

　1.心理學

　170　　　　　　　　　　　　　103013845

心理學叢書

正向心理學（第二版）

Positive Psychology: The Science of Happiness and Human
Strengths（2nd Edition）

作　　　者 / Alan Carr
總 校 閱 / 鄭曉楓
譯　　　者 / 鄭曉楓、余芊瑢、朱惠瓊
出 版 者 / 揚智文化事業股份有限公司
發 行 人 / 葉忠賢
總 編 輯 / 馬琦涵
編　　　輯 / 吳韻如
地　　　址 / 222 新北市深坑區北深路三段 260 號 8 樓
電　　　話 / (02) 8662-6826
傳　　　真 / (02) 2664-7633
網　　　址 / http://www.ycrc.com.tw
E-mail / service@ycrc.com.tw
印　　　刷 / 鼎易印刷事業股份有限公司
I S B N / 978-986-298-149-8
初版一刷 / 2014 年 8 月
定　　　價 / 新台幣 480 元